HET INDIASE SUBCONTINENT
Mensen, mythen, machten

De kaftfoto's zijn gemaakt door de Heer en Mevrouw A. Beeckmans en W.M. Callewaert. De andere foto's en kaarten zijn van W.M Callewaert en uit het archief van Inforiënt

W.M. Callewaert

HET INDIASE SUBCONTINENT
Mensen, mythen, machten

PEETERS
LEUVEN
1986

Inforiënt-reeks

Hoofdredacteur: Dr. W.M. Callewaert

Redactieleden: Prof. U. Libbrecht
Prof. W. Vande Walle
Prof. U. Vermeulen
Adres: Blijde Inkomststraat 21, 3000 Leuven

1. **W.M. Callewaert** en **L. De Brabandere**, *India. Van de laat-mogols (1700) tot heden.*
2. **L. Meyvis**, *De Gordel van Smaragd. Indonesië van 1799 tot heden.*
3. **W.M. Callewaert**, *De Zuid-Indische tempels.*
4. **W. Vande Walle**, *Basho, dichter zonder dak. Haiku en poëtische verhalen.*
5. **C. Vertente**, *Tibet. Het stille drama.*
6. **W.M. Callewaert**, *Het Indiase subcontinent. Mensen, mythen, machten.*

ISBN 90-6831-057-7
D. 1986/0602/32

Inhoudstafel

Voorwoord

India

Hindī, wiens moedertaal?	Dr. Winand M. Callewaert	1
De vrouw in India	Dr. Winand M. Callewaert	7
Bruidsschat en bruidsmoorden	Gerard Hautekeur	20
Wijsheid uit India bij ons	Dr. Winand M. Callewaert	30
De hindoe vereert veel goden	Dr. Winand M. Callewaert	42
Tīrtha-yātrā: pelgrims over geheel India	Patrick Willems	50
Bhakti, avtār's en Krishna	Dr. Winand M. Callewaert	57
Liefdessymboliek in de Indische tempels	Dr. Winand M. Callewaert	76
De goden in de Ved's	Dr. Roger Stroobandt	87
De verering van Shiva. Historische schets	Prof. Frank De Graeve	119
De Gītā, een parel van Indische wijsheid	Dr. Winand M. Callewaert	131
De extreme geweldloosheid van de Jains	Magdalena Devocht	142
Zarathustra en de Parsen	Magdalena Devocht	150
De tien Sikh goeroes en de Granth	Dr. Winand M. Callewaert	159
De Sikhs tot aan de oceaan?	Jean-François Mayer	172
De ‚economische' dharma yudh van de Sikhs	Patrick Willems	178
De evolutie-visie van Shrī Aurobindo	Dr. Winand M. Callewaert	184
De Integrale Yoga van Shrī Aurobindo	Christel Brughmans	196
Mahātmā Gāndhī	Lieve De Brabandere	205
Jinnah, de ‚Vader van Pakistan'?	Gerard Hautekeur	222
Kashmir en de dood van Sjeikh Abdullah	Lieve De Brabandere	239
Ruimte voor de pers in India?	Patrick Willems	246

Nepal

Nepal, koninkrijk in de Himālaya's	Patrick Willems	261

Bangla Desh

Buitenlandse ‚hulp' voor Bangla Desh?	Gerard Hautekeur	270

Sri Lanka

Sri Lanka: Politiek-historisch overzicht	Patrick Willems	287
Een multi-raciale samenleving	Gerard Hautekeur	296
Sri Lanka: arm en toch rijk?	Prof. Nathan Katz	304
Tamils en Sinhalezen	Prof. Nathan Katz	323
Een Tamil staat in Sri Lanka?	Lieve De Brabandere	335

VOORWOORD

Een voorwoord wordt meestal geschreven als het boek af is, en dit voorwoord kan je ook best nadien lezen.

En je dan aansluiten bij mijn gevoelens van nederig opkijken naar de miljoenen in het verleden en het heden die de geschiedenis hier beschreven hebben gemaakt en nog maken. Het waren / zijn meestal doodgewone mensen die door de omstandigheden en een speciaal charisma werden gevormd om de mensengeschiedenis te maken.

Gevoelens ook van begrip, dat mensen overal gelijk zijn in hun poging naar een rechtvaardiger bestaan, en naar een oplossing (in het goddelijke) voor het probleem van de menselijke beperking. En in het zoeken naar die oplossing krijgen we de meest sublieme creaties in gebouwen, devotie en ritus.

Gevoelens van dank ook voor de auteurs die over een brede waaier van onderwerpen degelijke informatie bij elkaar gebracht hebben. Wie door het Indiase sub-continent geboeid is vindt er zeker iets dat nog niet geweten was, of dat nu systematisch uiteengezet en duidelijk is geworden.

Mijn dank ook speciaal aan Katleen Christiaens voor het zorgvuldig tikken, aan Ludo Meyvis en Bart Op de Beeck voor het nalezen van de tekst, en aan de mensen van de Computerdienst van de Faculteit Letteren en Wijsbegeerte die de floppy transfer naar de drukker mogelijk maken.

Noot over de spelling

In de regel heb ik de *Engelse spelling* van de Sanskriet woorden en eigennamen behouden. Om vastgeankerde, verkeerde uitspraken uit te roeien en de juiste uitspraak te bevorderen — met een duidelijk onderscheid tussen de korte *a* en de lange *aa* — heb ik de doffe eind *a* in Sanskriet woorden niet geschreven (*Mahābhārat, Ved's, Purān's, enz.*), behalve na een dubbele medeklinker (Krishna). Ook voor de *Upnishad's* heb ik de spelling aangepast aan de juiste uitspraak. Voor Shiv heb ik een toegeving gedaan en spel Shiva (niet Shivā). Ook Vishnu krijgt een speciale behandeling, en ik spel Vishnoe. Deze *oe* klank vinden we verder ook in Upnishad (Upanishad in de traditionele Engelse transcriptie).

HINDĪ, WIENS MOEDERTAAL?

Winand M. CALLEWAERT

In oktober 1983 heeft de Sovjet-Unie bij de Verenigde Naties een voorstel ingediend om er ook Hindī als officiële taal te aanvaarden en te gebruiken. Op het einde van dezelfde maand werd in Delhi het Derde Hindī Wereldcongres georganiseerd. Meer dan 5.000 deelnemers uit alle streken van India en een groot aantal buitenlandse gasten werden voor drie dagen naar Delhi uitgenodigd. Budget: 100 miljoen BF. Naast de vele mogelijkheden die dit congres creëerde voor de ontmoeting tussen Indiase en buitenlandse specialisten, was de politieke bedoeling van dit gebeuren onmiskenbaar. Om hierin inzicht te krijgen is een historische toelichting noodzakelijk.

Historische inleiding

Zoals uit bijgaande kaart blijkt zijn in India vooral twee taalgroepen vertegenwoordigd:
– Indo-Europees (vooral in Noord-India): Gujarātī, Punjābī, Hindī, Marāthī, Bengālī, Oriyā, Sanskriet, Sindhī en Assamees.
– Dravidisch (vooral in Zuid-India): Telugu, Tamil, Malayalam en Kannada.
Uiteraard zijn de bovenvermelde talen nog op te splitsen in verschillende dialecten. Ook zijn er talen die niet tot bovenstaande groepen behoren, zoals de tribale talen (Oeraon en de Munda talen, waarvan Santhālī het grootste aantal sprekers kent). Andere minderheidstalen zijn: de Bodo-Garo tak behorend tot de Sino-Tibetaanse groep, Manipurī (of Meithei) van de Tibeto-Birmaanse groep en Khāsī van de Austro-Aziatische taalgroep.
De taal van ongeveer elke deelstaat werd in India tot officiële taal verklaard, maar in de praktijk domineert op veel plaatsen in Noord-India het Hindī, terwijl het Engels een belangrijke verbindingstaal blijft. Als het aantal talen in India door sommigen op 250 wordt geschat,

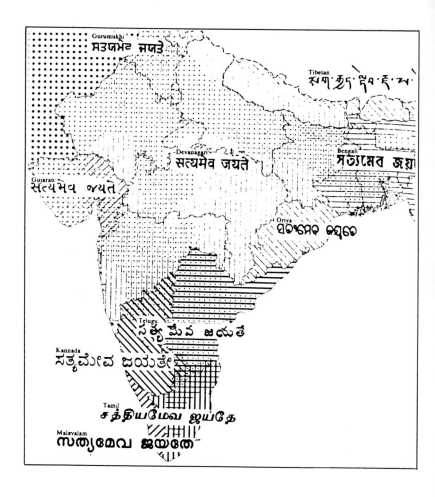

wordt daardoor vooral gesuggereerd dat er een groot aantal dialecten worden gesproken die nogal van elkaar te onderscheiden zijn. Niet in elk van die dialecten is er een eigen literatuur geschreven, maar de produktie van boeken en tijdschriften in toch een 20-tal talen is aanzienlijk.

Vanaf ca. 1200 tot de komst van de Engelsen werd een groot deel van India achtereenvolgens door het Delhi-sultanaat en de Mogolkeizers beheerst. De officiële en cultuurtaal was het Perzisch. Met de dood van Aurangzeb in 1707 wordt de macht van de Engelsen meer en meer uitgebreid, vanuit Calcutta westwaarts. Na 1750 hebben de vertegenwoordigers van de *East India Company* de heerschappij veroverd over het grootste deel van het subcontinent. Met de overblijvende kleine of grote *mahārājā's* (vorsten) werd een alliantie gesloten en het Engels kon in India binnendringen. Toen in 1858 het beleid van India rechtstreeks onder de Britse kroon werd geplaatst, was het buitenlandse Perzisch in veel gevallen nog steeds de officiële voertaal. Langzamerhand werd die plaats ingenomen door het Engels.

,Hindī' vanaf 1800

Het Hindī dat op het Derde Hindī Wereldcongres (okt. 1983) gepromoveerd werd, is ternauwernood 100 jaar oud. In 1800 werd door de Engelsen het Fort William College te Calcutta opgericht om de lokale talen te bestuderen en te doceren: Perzisch, Sanskriet, ,Hindī'. Laatstgenoemde taal was een *lingua franca* die zich ontwikkelde uit de regionale literaire talen (Avadhī, Braj), maar die gebouwd is op de spraakkunst en syntaxis van het Urdū. Urdū was de gesproken taal van de legereenheden van de latere Mogols en van de Engelsen rond Delhi. Het schrift en vocabularium van het Urdū waren Perzisch-Arabisch, de structuur was Indo-Europees. Het Hindī heeft een gelijkaardige taalstructuur als het Urdū maar heeft meer plaatselijke woorden (van Indo-Europese oorsprong) overgenomen.

Reeds in het begin van de 19de eeuw werden vertalingen van de Bijbel gemaakt in het Hindī. Literaire hoogtepunten in het Hindī treft men echter pas aan vanaf 1900.

Hindī, als Algemeen Beschaafde Taal van Noord-India, wordt duidelijk gepromoveerd als het medium van de hindoe meerderheid. De Urdū sprekende muslimgemeenschap is uiteraard een minderheid en voelt zich enigszins door de Hindī-promotie bedreigd. Hetzelfde geldt voor de niet Hindī sprekende deelstaten zoals het Dravidische Karnataka, Andhra Pradesh, Kerala en Tamil Nadu.

Volgens een zeer sterke tendens in de gemanipuleerde evolutie van het Hindī worden meer en meer woorden van zuivere Sanskriet oorsprong opgenomen. Taalpuristen durven zelfs mooie Sanskriet combinaties uitvinden voor bv. *rickshaw* en onlangs werd een voorstel gedaan om ook voor de Engelstalige uitzendingen van *All India Radio* de Sanskriet naam als aankondiging in te voeren: *This is Ākāsh Vānī*. Telefoon en televisie — vroeger als zodanig getranscribeerd in het Hindī schrift — worden nu op briefhoofdingen en in de kranten *dūrbhāsh* en *dūrdarshinī* geheten, maar de man op de straat lacht je met die Sanskriet termen uit. Zullen de taalpuristen het halen tegen het courant gebruik? Naargelang men meer Sanskriet of meer Arabisch-Perzische (naam)- woorden gebruikt, spreekt men ofwel Hindī of Urdū. Als de taal van de honderden ,Hindī' films jaarlijks in India gemaakt de echte volkstaal is, dan is het Hindī met Urdū vocabularium zeker het meest populair, tot ergernis van de Sanskriet purist. Het viel me onlangs op in Urdū-sprekend Pakistan, op weg naar Peshavar aan de Afghaanse grens, dat de buschauffeur zijn radio afstemde op de *All-India Ākāsh Vānī*, om er de mooie Hindī ,top 30' te beluisteren. Deze Hindī liedjes steken vol Urdū woorden.

Hindī en politiek

Het is een koloniale illusie te denken dat het Engels ook voor India een noodzakelijke vereiste is voor zijn internationale betrekkingen. De buitenlandse handelsbalans van Japan is toch ook niet in proportie met de kennis van het Engels bij de doorsnee Japanner. Het argument om Engels als verplicht vak te houden in het middelbaar en hoger onderwijs in India was precies dat, met het verdwijnen van dit vak, India ook zijn deuren naar de wereld zou sluiten. Zelfs als dit juist is, blijft de vraag of men het onderwijs van een totaal vreemde taal voor de grote massa in stand kan houden in een land dat nog kampt met analfabetisme. De generatie die vóór en kort na de onafhankelijkheid in India onderwijs heeft genoten sprak en schreef voortreffelijk Engels. De jongere genera- ties hebben deze kennis niet meer en het onderscheid tussen de weinige zeer rijken en de vele armen wordt er elke dag groter door: alleen de rijke kinderen gaan naar de English Medium Schools, gaan in de diplomatie en domineren de zakenwereld.

Ook taalkundig is India niet meer het juweel van de Engelse kroon: India gaat zijn eigen weg en in de babelse mengelmoes van zijn vele talen wordt nationale communicatie gezocht: Hindī! In de praktijk blijft de politieke en commerciële elite zich in het Engels uitdrukken, maar een sterke tendens is merkbaar om Hindī nationaal en internationaal op te krikken. Is het niet een teken aan de wand dat de Punjābī sprekende president van India, Zail Singh, ternauwernood Engels sprak bij zijn ambtsaanvaarding (1982)? En toch, Zuid-Indiërs in New Delhi gevestigd

4

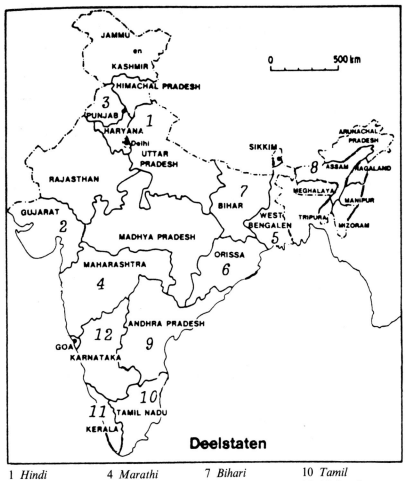

1 Hindi	4 Marathi	7 Bihari	10 Tamil
2 Gujarati	5 Bengali	8 Assamees	11 Malayalam
3 Punjabi	6 Oriya	9 Telugu	12 Kannada

Kaart van India met verschillende talen

hebben meer aanzien als ze Engels spreken, in plaats van hun (gebrekkig) Hindī.

En dit brengt ons tot Hindī, in het Wereldcongres geadverteerd met de slogan: *Hindī Rāshtra Bhāshā, Hindī Vishva Bhāshā:* Hindī als nationale taal, Hindī als wereldtaal. Om de politieke achtergrond te schetsen zetten we enkele beschouwingen op een rijtje:

5

– Hindī wordt begrepen door ongeveer 300 miljoen mensen in Noord-India en door een minderheid in het Dravidische Zuid-India.

– Hindī wordt gesproken als moedertaal, in de huiskring, door (mijn schatting en ervaring) wellicht 5-10 % van de bevolking in geheel Noord-India, hoewel meer dan de helft zich zeker in het Hindī vlot kan uitdrukken. Velen maken in hun dagelijks leven en werk gebruik van 3 talen (nl. Hindī, Engels en eigen ,dialect'). De straatborden in New Delhi geven de namen aan in vier schriften: Hindī, Engels, Urdū en Gurmukhī (schrift van de Sikhs).

– Dit gesproken Hindī heeft een groot percentage Urdū woorden; de puristen spreken Sanskriet-Hindī in taalcommissies en soms op academisch niveau. De taal gesproken in het onderwijs, zelfs op universitair niveau, is een boeiende mengeling van Hindī syntaxis met Urdū en Engelse woorden.

De centrale regering promoveert Hindī als bindtaal tussen de staten en als medium van de eigen partijpolitiek. Door velen, niet alleen in Zuid-India, wordt de promotie van het Hindī ervaren als een promotie van de centrale regeringspolitiek. India heeft natuurlijk een communicatie-medium nodig aangezien Engels te vreemd en onnatuurlijk is, en wellicht is Hindī de enige kandidaat om het Engels te vervangen, maar er zal nog veel water door de Ganges vloeien voor dit een realiteit wordt. Hindī wordt immers zelfs in Noord-India door weinigen als eerste taal gesproken.

Hindī wordt een wereldtaal geheten omdat nog velen onder de vierde-generatie Noord-Indiase immigranten in Trinidad, Suriname, Fiji en Mauritius een soort Hindī spreken. Feit is dat dit Hindī meestal een 19de eeuws dialect is en dat in die (ei)landen Hindī als officiële taal niet wordt aanvaard.

Het indrukwekkend spektakel van het Hindī Wereldcongres in het overweldigende Indraprastha Stadion (voor de Aziatische spelen van 1982 gebouwd) heeft zeker een blijvende indruk nagelaten op de velen die uit alle hoeken van India wellicht voor de eerste keer naar het schitterende New Delhi kwamen.

Het geeft ook een wrange nasmaak, en de vraag dringt zich op: zijn er geen andere projecten waar miljoenen beter aan besteed kunnen worden?

DE VROUW IN INDIA

Winand M. Callewaert

Elke veralgemening over India is een grove vergissing, die begaan wordt uit onwetendheid of omwille van vooroordelen. Daarbij is India een land vol contrasten. Indira Gandhi was 16 jaar lang de Eerste Minister, terwijl 78 % van de vrouwelijke bevolking kan lezen noch schrijven (voor mannen is dit 54 %, volgens de volkstelling van 1971). Sommige vrouwen bekleden belangrijke posities in de diplomatie, de zakenwereld en in de politiek, terwijl elk jaar nog gevallen van weduwen-crematie worden genoteerd; de kindersterfte van meisjes is groter dan die van jongens en de weduwe wordt — althans in orthodoxe kringen — verantwoordelijk geacht voor het overlijden van haar man.

Met zijn 700 miljoen bewoners en meer dan 3.500 jaar oude intense cultuur is India de grootste democratie ter wereld. India reikt van IJsland tot Sicilië, van Noorwegen tot Spanje en elk feit kan door een tegenovergesteld feit worden weerlegd. Alles is er mogelijk.

Dit gezegd zijnde mag gesteld worden dat de Indiase maatschappij gedomineerd wordt door de man. Zelfs na pijnlijke echtscheidingsprocedures herhalen vrouwen in interviews dat volgens hun aanvoelen het ideaal van de hindoe vrouw erin bestaat onderdanig te zijn aan de man en hem te dienen.

Elk maatschappelijk fenomeen (overal ter wereld trouwens) is sterk cultureel gebonden en is geworteld in een eeuwenoude traditie. Een inzicht in de Indiase traditie en in de positie van de vrouw in het Oude India kan ons helpen hedendaagse situaties te begrijpen en ons oordeel te nuanceren. Uit een historische schets blijft alvast één conclusie duidelijk: pas als men een actueel gegeven heeft begrepen in zijn historische evolutie, kan men op de juiste manier aan ontvoogding en verbetering denken. Immers, de vrouw zelf zit evenveel vast in een eeuwenoud patroon als de man die haar erin wil houden en een

7

‚modernisering' in de richting van gelijke rechten heeft evenveel te maken met de traditionele fundamenten van de maatschappij als met de man-vrouw relatie zelf.

De geschiedenis van de Indo-Arische vrouw in India is een tragisch verhaal van onderwerping, nauw verbonden met de ontwikkeling van het Brahmanisme dat veel aardse waarden opofferde voor waarden van het hiernamaals. Tegelijkertijd werden sociologische wetmatigheden van een religieus taboe voorzien en vereeuwigd. Let wel: sommige orthodoxe hindoe auteurs interpreteren de geschiedenis juist andersom: religieuze voorschriften worden stilaan sociologische taboes.

De *Rig-Vedische Ariërs* (1500-1000 v. Chr.) waren semi-nomaden die geen uitgesponnen theologische tractaten schreven. Als veehoeders en trekkende veroveraars was hun eerste zorg de bescherming en het gebruik van wat ze bezaten: ze dronken sterke drank en aten vlees, ze vochten met de hulp van hun martiale goden en hadden geen al te klare opinie over het hiernamaals. Het leven hier was goed en rijkdom, sociale en morele genoegens *(artha, dharma, kām)* waren de idealen. Het vierde ideaal van bevrijding *(moksha)* is er pas eeuwen later bijgekomen.

In een dergelijke maatschappij was een vrouw geen sieraad, maar een partner in het gevecht, het ritueel en de dagelijkse zorg. Er was geen sprake van kinderhuwelijk (pas later wordt de vóór-huwelijkse menstruatie met hellestraf bedacht). Vruchtbaarheid was belangrijk en een weduwe werd verondersteld kinderen te krijgen bij de broer van de overledene.

In tegenstelling met de gebruiken enkele eeuwen later neemt de Rig-Vedische vrouw deel aan het ritueel en de Vedische offers; ook de compositie van enkele hymnen wordt toegeschreven aan vrouwen.

En daar is het verhaal van Pradweshī, de kordate vrouw van de blinde ziener Dīrghatamas; zij gooit hem in de Ganges omwille van zijn wetsvoorstel dat een vrouw tijdens haar leven maar één man kon hebben. De avonturen van Dīrghatamas worden straks verder verteld, maar we zien hier reeds de eerste pogingen van de man om de vrouw in een hoekje te duwen. Op dit moment vliegt de man nog buiten.

Nog een toemaatje: de bekende zeven rondjes (letterlijk zeven stappen, *saptapadi,* waarbij de vrouw haar man volgt en 7 keer trouw belooft) rond het rituele vuur bij de hindoe huwelijksceremonie schijnt niet van Vedische oorsprong te zijn. Wel is de uitdrukking bekend: ,,we hebben samen zeven stappen gewandeld, dus zijn we in vriendschap verbonden''.

De aftakeling van de positie van de vrouw begint met de ontwikkeling van de eschatologie, van de noties over het hiernamaals, wellicht mede als een poging om sociale vereisten te bekrachtigen door ze een religieuze betekenis te geven. De theorie maakt opgang dat alleen zonen in staat zijn om hun ouders te helpen redden van de hel (later de wedergeboorten).

Tot op heden wordt bij de crematie van de vader de aanwezigheid van een zoon als gunstig aanzien: hij moet op een gegeven moment de schedel van de overledene stuk slaan. Dit heeft ook te maken met het oude (Arische?) gebruik van *pindadān* (letterlijk: voorzien van voedsel), waarbij alleen mannelijke afstammelingen kunnen instaan voor de geest van de overledene.

Een verhaal uit de *Mahābhārat* (400 v. Chr.) illustreert het geloof en de idealen van die tijd: een man is bedelmonnik geworden en komt aan een bodemloze waterput voorbij, waar zeven personen aan een ragfijn draadje hangen te bengelen en te kermen. De asceet vraagt of hij kan helpen en de sukkelaars antwoorden dat hij alléén hen (zijn voorouders) kan helpen, door te huwen en een mannelijke afstammeling te krijgen.

Bekend ook is het gebruik van de *putrikā* of het uithuwelijken van het meisje om zonen te baren die zullen ,behoren' aan haar vader.

Stilaan wordt aldus *de waarde van een vrouw geschat naar haar capaciteit om zonen voort te brengen.*

In de *Atharva Ved* wordt het inzicht geformuleerd dat de overledenen moeten verzorgd worden door een ritueel van oblaties. De zielen verblijven immers in het land van de voorvaderen (de idee van de cyclus van de wedergeboorten verschijnt pas in de latere *Upnishad*'s). De vraag wordt gesteld: wie is in staat om op perfecte wijze de oblaties op te dragen? Het antwoord luidt: zonen.

Een bijkomende praktische verklaring van dit voorschrift is het feit dat de dochter werd uitgehuwd en naar de schoonfamilie trok. De zonen bleven. Tegelijk ontwikkelden zich de noties van zuiverheid en onzuiverheid (vastgelegd door Brahmanen, die een betaalde, clericale job hadden gevonden). De vrouwen werden onrein verklaard, vooral tijdens de periode van de menstruatie, zwangerschap en het baren.

De zoon kreeg aldus een hogere status, omwille van zijn religieuze betekenis en zijn blijvende steun in de oude dag. De vrouw werd geacht — of geminacht — om haar capaciteit om zonen te baren. Deze mentaliteit vormde zich rond 500 v. Chr. en elke ontvoogdingspoging die deze historische dimensie niet in acht neemt, blijft een luttel krabben aan de immense Himālaya.

Vanaf de *post-Vedische periode* wordt het gedrag van de vrouw tijdens de zwangerschap zorgvuldig in het oog gehouden; immers, ‚alle foetussen zijn mannelijk en slecht gedrag van de vrouw verandert de foetus in een meisje'.

Het zesde hoofdstuk van de *Brihadāranyak Upnishad* is volledig gewijd aan de riten die moeten volbracht worden om een zoon te krijgen. Reeds in de *Shat-path Brāhman* (800 v. Chr.) wordt voorgeschreven dat de vrouw haar maaltijden moet nemen na de man en dat een ongehoorzame vrouw moet geslagen worden. We kunnen niet stellen dat reeds in die periode de vrouw echt onderdrukt was — integendeel; het was in elk geval beter dan in de latere Middeleeuwen.

We moeten aan de periode van de *Grihya Sūtra*'s (600 - 300 v. Chr.) voorbij gaan, met alleen een vermelding van negen soorten huwelijken beschreven in de literatuur. De negende vorm is het liefdeshuwelijk waarbij de partners zelf hun keuze bepalen; dit wordt ten strengste afgekeurd.

Bekend is de uitspraak van S. Radhakrishnan, voormalig president van India en professor in filosofie te Oxford: ,,We huwen niet de vrouw die we beminnen, maar we beminnen de vrouw die we huwen''. Tot op vandaag zijn de ‚love marriages' zeldzaam, waarbij de partners zelf hun keuze maken.

De *Mahābhārat* en de *Rāmāyan* zijn de twee bekende epen uit de Sanskriet literatuur. Verteld en samengesteld vanaf de 2de eeuw vóór Christus, geven ze in tal van verhalen een prachtig beeld van de heersende mentaliteit. Ze zijn ook (en nog altijd) medevormend voor de mentaliteit en de idealen van de hindoe gelovige. Enkele gebruiken en verhalen worden geciteerd als illustratie.

Het is onjuist te stellen dat al de hoofdfiguren uit de *Mahābhārat* kwamen uit een ‚onwettige' relatie, maar er zijn er zoveel dat we kunnen besluiten dat het belang van een zoon waardevoller was dan de procreatie binnen een traditionele huwelijksrelatie. Of kunnen we verder gaan en suggereren dat de ‚auteur' van de *Mahābhārat* vond dat genieën alleen buitenechtelijk tot stand komen? In alle geval is deze auteur, de legendarische Vyās, op een speciale manier verschenen: een beroemde Brahmaanse heilige is op stap langs een rivier en ziet een vissersmeisje (Visstank geheten) naakt in het water spelen. De Brahmaan voelde zich niet alleen aangetrokken tot het meisje, hij wist ter plekke ook plots dat dit meisje in haar vruchtbare periode was en dat de stand van de sterren een grote afstammeling voorspelde. Dus... de Brahmaan deed het meisje een voorstel, zij wilde wel maar haar visgeur zou de Brahmaan wellicht kunnen storen (let op de nuance). Daarop veranderde de Brahmaan de visgeur in rozengeur en om niet in het publiek te moeten acteren, schiep hij ook een rookgordijn. Als alles voorbij was ging de Brahmaan verder en de grote heilige Vyās, ‚auteur' van het epos de *Mahābhārat*, werd geboren.

Besluit: ook uit een sexuele relatie tegen alle kaste-voorschriften in (vissers zijn speciaal laag in de kaste-hiërarchie) kan een groot genie geboren worden.

In die periode is ook de gewoonte van *niyog* in zwang: aan de weduwe wordt de broer of een familielid van de overledene, of een ‚heilige Brahmaan' voorgesteld om kinderen te verwekken. Ook in geval van impotentie kan een vervanger worden aangeduid. Hierbij gold het gangbare principe van eigendomsrecht, waarbij de vrouw de eigendom was van de man of de clan: ,,wat gezaaid is op een akker behoort aan de eigenaar van de akker."

We nemen het verhaal op van Dīrghatamas (zie hoger): de sukkel wordt in het water gegooid maar kan zich redden aan een balk die voorbij drijft en hij spoelt aan bij koning Vali, die hem vraagt bij de koningin zonen te verwekken. De Brahmaan is lelijk maar ook blind en de koningin laat hem kinderen verwekken bij de meid. De koning schijnt het uiteindelijk toch door te hebben, maar zegt: ,,de meid is mijn eigendom en zo zijn haar elf zonen". Tenslotte verwekt de Brahmaan nog vijf zonen bij de koningin. Van dochters is geen sprake.

Tussen haakjes: met veel verontschuldigingen en verklaringen ver-

11

meldt de *Mahābhārat* de polyandrie van Draupadī, die met vijf broers gehuwd was.

Na de periode van het gelijkwaardig rollenpatroon in de *Ved*'s en de langzame aftakeling in de post-Vedische literatuur wordt het lot van de vrouw bezegeld in de *Dharmashāstra*'s. In deze Sanskriet teksten — een achttal kanjers in Engelse vertaling — werden sociale gedragingen besproken en vastgelegd, enkele eeuwen vóór onze jaartelling. Regelingen over koop en verkoop, erfenis, straffen voor overtredingen, enz. werden nauwkeurig beschreven. Zo stipuleert de oude wetgeving dat het commissieloon dat een goudsmid geeft aan de persoon die een klant aanbrengt, moet gegeven worden aan de echtgenote als ze haar man kan overhalen om voor haar juwelen te kopen. Dit commissieloon moet volledig als haar eigendom worden beschouwd.

Tot onder het bewind van de Engelsen waren deze overleveringen de basis van de rechtspraak over de hindoes, en de Engelse rechters moesten zich beroepen op drie verschillende codes: één voor de hindoes, één voor de muslims en één voor de christenen.

De voornaamste compilatie van de *Dharmashāstra*'s wordt aan Manu toegeschreven. Op enkele uitzonderingen na is het geheel van de Manu *Dharmashāstra*'s vol verachting voor de vrouw: haar rechten zijn gelijk aan die van de *shudra*'s, de slaven en de kinderen. Zij mag nooit onafhankelijk zijn: het meisje is afhankelijk van haar vader, de vrouw is afhankelijk van haar man en de moeder is afhankelijk van haar zoon. Een dergelijke, eeuwenoude uitspraak heb ik onlangs nog in India gehoord van een vrouw die, zonder rancune, er op wees dat ze zich eigenlijk altijd ,beschermd voelt'.

In het Vedisch huwelijk werden man en vrouw verenigd. Bij Manu gaat de vrouw verloren in de man, ,,zij neemt al zijn kwaliteiten over, zoals de rivier verdwijnt in de oceaan''. Men spreekt ook over *kanyā-dān*, ,de dochter wordt weggegeven ten huwelijk', zoals een Indische vriend, die me onlangs vertelde dat hij zijn vrouw naar India ,terug stuurde' (niet, ,zij neemt het vliegtuig naar India'). De term *kanyā-dān* is nu nog de courante uitdrukking voor het ,uithuwen' van een dochter door de ouders. Volgens het eigendomsrecht in de Manu *Dharmashāstra*'s is overspel niet toegelaten, want

„mannen die hun zaad zaaien op de akker van een ander, werken in het voordeel van de eigenaar van de akker, net alsof een stier 100 kalveren zou verwekken bij de koeien van een ander; de kalveren behoren toe aan de ander en de stier heeft zijn kracht voor niets verspild"!

We citeren verder:

„Toen God de vrouwen schiep, gaf hij hen liefde voor het bed, voor de stoel en voor juwelen; hij gaf hun ook onzuivere gedachten, boosheid, oneerlijkheid en slecht gedrag".

„Zelfs zuivere vrouwen kunnen niet worden aangenomen als getuige want het begripsvermogen van vrouwen kan falen".

De intellectuele capaciteiten van de vrouw worden zeer laag geschat en bij de keuze van een echtgenote moet vooral haar schoonheid in acht genomen worden:

„zij mag geen lichamelijke misvormingen hebben, moet een mooie naam hebben, mooi stappen als een zwaan of als een olifant, een matige hoeveelheid haar hebben op het lichaam, kleine tanden en zachte leden".

In de Sanskriet literatuur in het algemeen werd de slanke lijn niet aanbevolen. In het licht van deze verachting voor de vrouw in de Manu *Dharmashāstra*'s moeten de zeldzame raadgevingen dat mannen de vrouw moeten beschermen en vereren eerder gezien worden als de wijze raad aan een boer dat hij zijn vee goed moet verzorgen.

Vrouwen mochten niet meer deelnemen aan het ritueel en mochten geen Vedische hymnen reciteren, aangezien dit „de orde in de cosmos zou verstoren".

Het zal niemand verbazen dat, zonder te veralgemenen, deze opvattingen nu nog in India gangbaar zijn. Geregeld kan je nog horen dat ouders, bij de keuze van een partner voor hun zoon, als norm hanteren dat ze mooi moet zijn en liefst niet te veel gestudeerd hebben („met een afgestudeerde schoondochter heb je alleen maar last").

In de *Dharmashāstra*'s worden de voorschriften over het kinderhuwelijk steeds strakker. Ouders worden gestraft als ze hun dochter niet uithuwen vóór de puberteit, dit is vóór de eerste menstruatie. Immers, „de zonde van vernietiging zal haar foetus treffen bij elke menstruatie". De vader die zijn dochter uithuwt op 10 jaar, gaat naar de hemel van Indra. Als hij ze uithuwt op 9, gaat hij naar Vaikuntha (een hogere hemel), maar als hij ze later uithuwt, gaat hij naar de hel. Het ideaal tijdstip werd gesitueerd tussen 4 en 10 jaar. Sexueel contact kwam meestal voor na de eerste menstruatie of later; immers, het ging er vooral om de *mogelijkheid* van leven te eerbiedigen door de mogelijkheid van bevruchting te garanderen. Daartoe was een sacramenteel huwelijk voldoende. Het komt nu (1986) nog zeer geregeld voor dat een zoon gehuwd is en toch (bv. omwille van studies), verder bij zijn ouders inwoont en het meisje bij haar ouders. In de meeste gevallen is dit een kwestie van gewoonte en traditie en wordt de vraag naar de reden niet gesteld.

Het kinderhuwelijk illustreert dus duidelijk hoe een sociaal voorschrift uit de Vedische tijd (om sociale redenen) later een religieus voorschrift wordt (om religieuze redenen) en heden een traditie geworden is.

De klassieke *Dharmashāstra*'s werden geregeld vertaald en aangepast in latere talen en ze blijven een belangrijk onderdeel van de literatuur. Telkens wordt er de traditionele positie van de vrouw in bevestigd.

Reeds vanaf de periode van de *Dharmashāstra*'s (eerste eeuwen vóór Christus) dateert het ontstaan van de ,joint family', waarbij de gehuwde zonen met vrouw en kinderen bij de vader inwonen. Heden kan, in uitzonderlijke gevallen, een ,joint family' zich uitbreiden tot 80 personen, die in een enorm huis samenwonen; daarin heeft elke familie-eenheid zijn appartement of kamer. Alle (financiële) beslissingen worden door het ouderpaar genomen of beïnvloed.

Meestal beperkt de ,joint family' zich nu tot drie of vier generaties, met niet zelden een splitsing na het overlijden van het oorspronkelijke ouderpaar. De vele pijnlijke, persoonlijke situaties ten spijt, biedt de ,joint family' een veilige structuur, vooral voor de ouderen, en een drastische verandering kan grote maatschappelijke gevolgen hebben.

Jonge paren die — vooral wegens werkomstandigheden — alleen gaan wonen, vinden het aanvankelijk bijzonder moeilijk, mede omdat de ,joint family' een milieu biedt vol initiatieven en contacten.

De *Kāmasūtra* is één van de meest bekende Indische klassiekers over erotiek en sexualiteit. Geschreven door de verder onbekende Vatsyāyan tussen 100 en 400 na Christus, was het een handboek voor bourgeois-mannen die veel geld en tijd hadden. Deze bourgeois was fijnproever op alle · gebieden en in de *Kāmasūtra* vindt hij raadgevingen over een passend, sociaal gedrag; overdag in de tuin, versierd met fonteinen en dansende pauwen, en 's nachts bij zijn minnares. Dit liefje is de hoofdpersoon van het boek: zij is intelligent, kan Sanskriet gedichten citeren en is bedreven in allerhande, subtiele variaties van het sexueel spel. Zij is er vooral op uit om geld te verdienen; dit kan ze door de bourgeois op alle gebieden bevrediging te geven, met als enige lijfregel: wat je ook doet, moet je goed doen. De lectuur van de *Kāmasūtra* brengt ons binnen in een wereld die (wellicht) niet meer bestaat: de gehuwde man heeft een groot huis, met appartementen voor het personeel en voor zijn vrouw die er vooral is om kinderen voort te brengen; hij brengt zijn tijd meestal door in een ander deel van het huis, met zijn vrienden en zijn maîtresse(s).

Hoewel veel raadgevingen in dit boek ook vrouwen kunnen interesseren, is het eenzijdig geschreven vanuit een sterk chauvinistisch mannenstandpunt: de vrouw is er — en krijgt alle aandacht in het boek — omwille van de man, zijn verlangens en zijn bevrediging. Ook raadgevingen voor de verleiding van een gehuwde vrouw of het liefje van een ander worden in de *Kāmasūtra* gegeven. Een belangrijk deel van het boek wordt besteed aan de kunst van de verleiding maar tegelijk ook aan de methodes om de verleider af te weren.

Van de echtgenote werd verwacht dat ze zich niet zou vertonen buiten haar deel van het huis, behalve om de tempel te bezoeken. Als haar man, met zijn maîtresse, op reis gaat, wordt ze verondersteld te bidden voor zijn veilige terugkeer. Volledige trouw was haar plicht, wat haar echtgenoot ook deed. De plicht van de echtgenoot was volbracht als hij bij zijn vrouw kwam tijdens haar vruchtbare periode; verder was hij volledig vrij. Er bestond — in de beschrijving van de *Kāmasūtra* — een hiërarchie onder de vrouwen die voor geld ter beschikking waren en het was een eer voor een rijk man in de stad te kunnen rondstappen in het gezelschap van de ,duurste' dame.

De *weduwenverbranding* schijnt bestaan te hebben bij de Kelten, de Thraciërs en de Scythen. In het (Indo-Arische) Vedische India werd dit gebruik *(satī)* afgeschaft of niet aangemoedigd terwijl het heden (1986) weer in zwang is.

Dit ritueel is niet te verwarren met het misdadig verbranden van vrouwen in de schoonfamilie (soms met kerosine) zoals het wel eens in de recente pers wordt vermeld (zie verder, blz. 20).

15

De vroege wetgevers (Manu *Dharmashāstra*'s en andere) raadden de weduwe aan een heilig leven te leiden, af te zien van alle genot en haar zonde uit te boeten door de ,last te dragen van de joint family', dit is van de schoonfamilie.

In Griekse bronnen (Diodorus, 1ste eeuw vóór Christus) vinden we het merkwaardig verhaal van de verbranding van 300 edelen en een groot deel van de harem van een Zuidindische koning. Eén verklaring hierbij gegeven door historici is dat deze praktijk gold als een waarschuwing tegen het vermoorden van koningen. Sommige historici interpreteren zelfs de weduwen-verbranding als een ontmoediging tegen het vergiftigen van echtgenoten.

De verklaring van het oorspronkelijk gebruik is wellicht eerder te situeren in de context van en geloof in het voortleven na de dood.

In het epos de *Mahābhārat* (eerste eeuwen vóór Christus) vinden we het relaas van de crematie van Mādrī, de tweede vrouw van Pāndu. Op de brandstapel kreeg zij voorrang op de eerste vrouw omdat ze minder sexueel contact met Pāndu had gehad en dit goed kon maken in het hiernamaals. Immers, ook daar ,had de man een vrouw nodig'.

In de praktijk was de positie van de weduwe (vooral na een kinderhuwelijk) van die aard dat crematie soms te verkiezen was boven een ellendig leven. Er werd zelfs een religieuze betekenis aan gegeven en *satī* betekent letterlijk: trouwe vrouw, zij die haar man overal trouw volgt, tot in de dood.

In de periode van de muslim invallen in Noord-India (vanaf 1000 na Christus) krijgen we geregeld meldingen van *jauhar* of ,vrijwillige' crematie van de vrouwen van gesneuvelde koningen en soldaten, vooral in Rājasthān. Hier was de motivatie vooral de ontsnapping aan de veroveraar. Men spreekt wel van verdovende middelen die werden ingenomen vóór de crematie.

Des te dramatischer is het om te weten dat in heel wat gevallen de vrouwen zelf ,vrijwillig' beslisten om samen met hun man gecremeerd te worden en niet fysiek werden verplicht, hoewel dat ook gebeurde: de traditionele of morele druk was sterk genoeg voor de vrouw om tot deze beslissing over te gaan.

Sterven samen met de echtgenoot werd aanzien als hoogste (en laatste) voorbeeld van deugd en trouw en pas in de 19de eeuw gingen stemmen op, vooral van hindoe hervormers en de Engelsen, om dit gebruik te verbieden.

Echtgenoten konden bij het huwelijk de gelofte van *satī* eisen en koningen voegden bij hun laatste wilsbeschikking de verordening dat hun echtgenote (en een deel van de harem) hen moest volgen. Twee gevallen uit Kashmir worden geciteerd: een koningin koopt een minister om om haar te redden van de brandstapel; dit werd met succes geënsceneerd. In een tweede geval kwam de minister zijn afspraak niet na en kreeg én het koninkrijk én het smeergeld.

In 1829 besliste de East India Company in Calcutta dat weduwenverbranding „onwettig was en strafbaar voor het gerecht''. Daarom moest men enkel aan de Engelsen laten weten dat een weduwe zich ging laten verbranden en na een onderzoek over de ,vrije wil' van de weduwe, kon de toestemming worden gegeven. In de verslagen kan men lezen hoe de Engelsen hun verbazing uitdrukken over de moed en beslistheid van de weduwen. Ook wordt melding gemaakt van pogingen tot omkoperij om toestemming te verkrijgen. In 1803 werden 275 weduwenverbrandingen genoteerd.

Een weduwe kan volgens de orthodoxe hindoe voorschriften niet opnieuw huwen, hoewel hindoe theologen er in geslaagd zijn om zich te beroepen op contradicties in de eeuwenoude traditie om enkele ,uitzonderingen' te rechtvaardigen.

Zij wordt geacht — hier wil ik niet veralgemenen — verantwoordelijk te zijn voor de dood van haar echtgenoot, door haar eigen negatief *karma* of opgestapelde negativiteit uit vroegere levens. Zelfs als deze overtuiging niet wordt verwoord, kan ze toch nadelig inwerken op het meisje dat in de schoonfamilie blijft inwonen, bij de ouders wier zoon is overleden.

In 1982 werden in Delhi optochten georganiseerd door vrouwen (niet mannen) om het recht op weduwen-verbranding te vrijwaren. Er waren immers een achttal verbrandingen gemeld in de loop van enkele maanden en vrouwen eisten dat dit recht moest blijven bestaan. Vóór ze weduwe werd leefde de voormalige Eerste Minister Indira Gandhi niet meer samen met haar echtgenoot.

Ook de *echtscheiding* is volgens de hindoe wetgeving bijna onmogelijk en in de praktijk zeldzaam.

Merkwaardig is dat sociologische studies onder vrouwen die effectief gescheiden zijn verrassende attitudes aan het licht brengen: de meesten onder hen verkozen nog steeds het huwelijk geregeld door de ouders en vonden dat meisjes niet dezelfde voorrechten mochten krijgen als jongens wat bv. uitgaan betreft. Ze waren verder overtuigd dat de *dharma* of morele (traditionele) plicht van de vrouw er nog steeds in bestond onderdanig te zijn aan haar echtgenoot. Het huwelijk blijft heilig en de echtgenoot is tweede alleen na God. De meesten voelden zich niet uitgestoten door de kaste of de ouderen omdat ze van hun echtgenoot waren weggegaan; als ze thuis niet welkom waren was het vooral om financiële redenen of omwille van de slechte naam.

De extravagante proporties van de *bruidsschat* die door de ouders van het meisje wordt gegeven, zouden van recente datum zijn. Vroeger was het normaal dat een som of giften in natura werden meegegeven ,voor de vrouw' en de ontwikkeling van de misbruiken wordt soms geassocieerd met het ontstaan van een nieuwe maatschappij onder de Engelsen.

In 1961 werd door de *Dowry Prohibition Act* de bruidsschat als strafbaar verklaard maar in de praktijk is het een nog zeer verspreide gewoonte die in niet weinig gevallen een oorzaak van veel ellende is (zie verder, blz. 24).

En tot slot

Een alarmerende en verrassende vaststelling werd onlangs gemaakt door Indische demografen, nl. dat het percentage vrouwen in India sinds 1900 voortdurend afneemt: het tegenovergestelde van wat men zou verwachten in een meer ontwikkelde maatschappij. Volgens de volkstelling van 1901 waren er op 1.000 mannen, 972 vrouwen; dit cijfer verminderde bij elke volkstelling en in 1971 waren er dat nog 930. Dit is een gemiddelde voor geheel India: er is een groot onderscheid tussen de verschillende streken, tussen steden en het platteland, maar de vermindering is op zijn minst verrassend. Het blijft een feit dat in geval van hongersnood de meisjes en de vrouwen het laatst eten, in geval van ziekte eerst geld wordt besteed aan de jongens en dan pas aan de meisjes.

Mag ik hier aan toevoegen dat mijn vele ervaringen ,binnen de huiskring' in India duidelijk een man laten kennen die in de maatschappij veel meer kansen en rechten heeft dan de vrouw, maar dat de vrouw niet zelden ‚binnenshuis' de sterkere persoonlijkheid is.

En die persoonlijkheid komt gelukkig meer en meer naar buiten.

BRUIDSSCHAT EN BRUIDSMOORDEN

Gerard HAUTEKEUR

In de Indiase hoofdstad Delhi sterft iedere dag ten minste één jonge vrouw aan de opgelopen brandwonden. Ongeval, zelfmoord of moord? Niet zelden gaat het om gecamoufleerde moorden op de jonge, kersverse bruid. De onenigheid over de bruidsschat vormt de onmiddellijke aanleiding tot dergelijke praktijken.

,Underdog'

De lage sociale status van de Indiase vrouw komt duidelijk tot uiting op het vlak van het onderwijs, tewerkstelling, positie in het gezin, participatie in het politieke en sociaal-culturele leven.

Vanaf de geboorte springt de ongelijke behandeling tussen man en vrouw in het oog. Wanneer een jongen wordt geboren volgt een uitbundig feest. De vroedvrouw krijgt iets extra. Verwanten en vrienden worden met zoetigheden overstelpt. Wanneer een meisje geboren wordt kan het anders zijn. Vooral bij de ouders en de grootouders komt de geboorte van een meisje soms over al een straf van God. Voor de moeder kan het een persoonlijke blaam betekenen. Enkel en alleen meisjes ter wereld brengen kan al even erg zijn als steriliteit en is voor sommige mannen een voldoende reden om een tweede huwelijk aan te gaan. Op het platteland huwen rijke boeren soms een tweede of derde keer tot dat er een mannelijke nakomeling ter wereld komt. In de *Native Marriage Act* van 1872 werd polygamie nochtans verboden. Meer begoede families laten de zwangerschap van de vrouw wel eens onderbreken wanneer uit de zwangerschapstest blijkt dat een meisje wordt ,verwacht'. Dit bericht zorgde in de Indiase pers voor wat opschudding maar de praktijk wordt ongestoord verder gezet.

In de vorige eeuw was het in verschillende streken van Uttar Pradesh, Punjāb, Rājasthān en Gujarāt niet ongebruikelijk om de meisjes kort na de geboorte te doden. In 1821 werden in Malwā en Rājpūtānā niet minder dan 20.000 kinderen omgebracht. Aan het pasgeboren meisje werd een opiumpil of tabak gegeven zodat het langzaam stikte. Een andere manier was het insmeren van de moederborst met een vergiftigde drug. In het begin van de negentiende eeuw werd tijdens een onderzoek vastgesteld dat van een driehonderdtal dorpen dichtbij de heilige stad Benares er in 62 dorpen geen enkel meisje was beneden de zes jaar. Tegen 1901 waren de kindermoorden al sterk verminderd. Niettemin ging in de twintigste eeuw de vrouwelijke populatie in vergelijking met de mannelijke verder achteruit. Een demografische vergelijking toont aan dat er in 1921 955 vrouwen waren per 1000 mannen; in 1981 waren er slechts 934 per 1000.

Nu zouden er zo goed als geen kindermoorden meer zijn maar het sterftecijfer van de meisjes ligt dertig tot zestig procent hoger dan bij de jongens. Het sterftecijfer voor (levend geboren) meisjes is 74 per 1000 en voor jongens is het 48 per per 1000. Jongens krijgen prioriteit inzake voeding en verzorging. Meisjes worden bijvoorbeeld minder vlug naar het ziekenhuis gebracht of worden niet ingeënt tegen tyfus of cholera. De levensverwachting bij de geboorte is voor mannen 47,7 jaar en voor vrouwen 45,6 jaar.

Een ander symptoom van de verslechterde situatie is haar participatie op de arbeidsmarkt. In 1911 maakten de vrouwen 34,44% uit van de actieve bevolking en dit is terug gelopen tot 17,35% in 1971. Met de toenemende industrialisatie tijdens het Brits kolonialisme gingen tal van arbeidsplaatsen verloren in de ambachtelijke bedrijven. Miljoenen vrouwen hadden voordien een plaats in de textielproduktie. Met de invoer van goedkope textielprodukten uit Groot-Brittannië verloren veel vrouwen definitief hun plaats op de arbeidsmarkt.

De teruggang van de tewerkstelling hangt wellicht ook samen met de alfabetisering. In 1971 was de officiële alfabetiseringsgraad voor mannen 39,5% en voor vrouwen 18,4%. Dit zijn de officiële gemiddelden voor het ganse land. Op het platteland is de alfabetiseringsgraad voor vrouwen slechts 13,4%. Voor de gehele deelstaat Rājasthān bv. zijn 29,7% van de vrouwen alfabeet, maar op het platteland is dit slechts 4%.

Bij het huwelijk gaat de dochter over naar de familie van haar echtgenoot. De zonen blijven dus in de gemengde familie *(joint family)* onder het vaderlijk dak. Zij moeten instaan voor de opvolging (op het landbouwbedrijf) en voor de verzorging van de ouders in hun oude dag. Er bestaat immers geen sociaal zekerheidsstelsel. Verder heeft de zoon bepaalde verplichtingen bij religieuze ceremonies. Bij de crematie van de ouders is het de oudste zoon die het vuur moet aansteken voor de verbranding van het lichaam. De sociaal-culturele noodzaak om de dochter uit te huwen en haar een bruidsschat mee te geven heeft ertoe geleid dat het meisje soms wordt beschouwd als een (ondraaglijke) last. De dochter moet worden opgevoed niet alleen zonder dat de ouders economisch voordeel uit haar halen maar ze moeten zich vaak bijna ruïneren om haar uit te huwen. De discriminatie tussen de sexen betreffende voeding, gezondheidszorg en opvoeding is hiervan een direct gevolg.

Het huwelijk is een fel besproken gebeurtenis in het leven van het individu. Het belangt eveneens de gemeenschap aan omdat er nieuwe banden worden gesmeed met groepen van buitenuit. Aan het luisterrijk huwelijksfeest gaan intensieve voorbereidingen en keiharde onderhandelingen vooraf.

Het huwelijk wordt ,geregeld' *(arranged marriage)* door de ouders of verwanten die optreden als tussenpersoon. Er wordt in de eerste plaats rekening gehouden met de kaste en religie. Interkastehuwelijken en huwelijken met iemand behorende tot een andere godsdienst komen heel zelden voor. Echtscheidingen en interkastehuwelijken werden in de *Native Marriage Act* van 1872 nochtans toegelaten. Huwelijken uit liefde worden meestal niet aanvaard door de dorpsgemeenschap en in de commerciële Indiase films lopen dergelijke huwelijken altijd verkeerd af. In de grote steden hebben opvoeding en liberalisering in de middenklasse geleid tot veranderingen in de keuze van de partner. Huwbare kandidaten ontmoeten elkaar weleens vooraf op de familiefeestjes. Recente onderzoeken toonden echter aan dat de jonge generatie de zogenaamde ,geregelde' huwelijken verkiest. Dit bleek ook uit een enquête onder studentinnen aan een universiteit. Ze zijn enerzijds voorstander van een losser en vrijer samenkomen van alle studenten. Anderzijds gaat hun voorkeur uit naar de ‚geregelde' huwelijken onder leiding van de ouders. Ze willen wel een grotere zeggenschap in de beslissing. In de meeste gevallen zal men zonder de toestemming van de zoon of dochter het contract tussen beide partijen niet afsluiten.

In oude geschriften zijn er enkele gevallen van zelfkeuze („svayamvar") door de bruid. In de overbekende *Rāmāyan* van Vālmīki kon Rām de beeldschone Sītā verwerven na een competitie in het boogschieten. Gegevens over de zelfkeuze van de vrouw vinden we in de teksten van de elfde eeuw. Wetboeken schreven voor dat wanneer een meisje bij het bereiken van de puberteit nog niet was uitgehuwelijkt, ze haar eigen keuze kon maken. Zo toerde prinses Savitri het hele land rond in haar (strijd)wagen tot haar keuze viel op Satyavant, de zoon van een houthakker.

Huwelijksleeftijd

In een van de wetteksten die toegeschreven zijn aan Manu is de ideale huwelijksleeftijd voor het meisje een derde van die van de man. Voor een meisje van acht jaar zou de ideale partner dus 24 jaar zijn. Deze filosofie bracht met zich dat de meisjes overstapten van kindertijd naar volwassenheid zonder jeugdperiode. Ze misten elke kans op onderwijs en zelfontplooiing. De wetgeving (onder de Britten) bleef njet uit maar kon weinig aan de situatie verhelpen. In de *Native Marriage Act* van 1872 werd 14 jaar en 18 jaar voorgeschreven als de huwbare leeftijd voor respectievelijk meisjes en jongens. In de *Child Marriage Restraint Act* van 1929 werden kinderhuwelijken strafbaar gesteld, doch niet nietig verklaard. De minimum huwelijksleeftijd voor mannen was 18 jaar en voor vrouwen 14 jaar. Met een amendement werd dit later op 15 jaar gebracht. In de *Special Marriage Act* van 1954 werd de minimum leeftijd voor mannen gebracht op 21 jaar en voor vrouwen op 18 jaar. In een recente studie van de *Indian Council of Social Science and Research* werd vastgesteld dat er over het gehele land nog veel kinderhuwelijken voorkomen. Uit gesprekken met de meeste ondervraagden leek een wenselijke huwelijksleeftijd voor een meisje 14-15 jaar te zijn.

Volgens de census van 1971 is de huwelijksleeftijd voor mannen gestadig gestegen van 20,2 jaar gedurende 1901-1911 tot 22,2 gedurende de periode 1961-'71. In dezelfde periode was er voor vrouwen een stijging van 13,2 tot 17,2. De gemiddelde huwelijksleeftijd in de deelstaten Madhya Pradesh, Bīhār, Rājasthān en Uttar Pradesh was in 1961 lager dan 15 jaar. In de laatste jaren is de huwelijksleeftijd verhoogd omdat de man eerst een economisch meer zekere positie wil opbouwen en voor het meisje wordt het huwelijk een tijdje uitgesteld om voldoende bruidsschat bijeen te sparen.

Bruidsschat en bruidsprijs

Verschillende criteria worden bij de selectie van de huwelijkspartners gehanteerd: reputatie, gezondheid, voorkomen, eigendom, opvoeding en vast werk. Wie de lange lijst huwelijksadvertenties in de zondagskranten doorneemt merkt vlug dat met ,voorkomen', de kleur van de huid wordt bedoeld. Jongeren met een *fair complexion* (lichte huidskleur) zijn het meest in trek. Van de bovenvermelde criteria zijn de laatste drie doorslaggevend. Er is wel een verschuiving merkbaar in de criteria. Na het overaccentueren van de eigendommen (in vastgoed) wordt nu meer en meer belang gehecht aan de opvoeding en de mooie carrière van de man.

Van alle elementen die meespelen bij het selecteren van de partners krijgt de bruidsschat bijzonder veel aandacht. De status van de vrouw in de gemengde familie hangt ook mede af van de positie van haar echtgenoot in het gezin. Als zijn inbreng in het gezinsbudget groter is, kan ook haar aanzien vergroten. In de middenklasse is de grootte van de ingebrachte bruidsschat meestal doorslaggevend voor haar sociale positie. Over de betekenis en de oorsprong van de bruidsschat zijn de meningen verdeeld. Theoretisch is er de act van het geven *(dān)* om een spirituele verdienste te verkrijgen. Bij de voltrekking van het huwelijk *(kanyādān:* letterlijk ,geven van het meisje'), wordt de maagdelijke dochter door haar vader aan de bruidegom geschonken. Volgens de Hindoe ,Wetboeken' blijft de rituele gift van de bruid onvolledig als de ontvanger geen *Dakshinā* (uit erkentelijkheid gegeven gift) krijgt.

In de *Dharmashāstra*'s wordt de bruidsschat onderscheiden van de *strīdān* Met de *strīdān* werden de middelen bedoeld die de persoonlijke eigendom bleven van de vrouw, los van de eigendom van de verwanten, bestaande uit juwelen en goud. Reeds in de periode van de *Vinay Pitak* waren er vrouwen die aanzienlijke persoonlijke bezittingen hadden. Maar op de bruidsschat kon de vrouw geen enkele aanspraak maken, die maakt deel uit van het patrimonium van de gemengde familie.

Bij de tribalen en bepaalde hogere kasten wordt bij de overdracht van het meisje een bruidsprijs ontvangen. De ouders van het meisje krijgen voor het verlies van een arbeidskracht een compensatie. De dochter wordt hier dus niet beschouwd als een last maar als een potentiële bron van inkomsten. In de armere gemeenschappen van de tribalen heeft de betaling van de bruidsprijs soms geleid tot een hopeloze afhankelijkheid van de geldschieters. Soms werd de schoondochter gedwongen om zich te prostitueren voor de afbetaling van de schulden.

Oorspronkelijk kwam de praktijk van de bruidsschat alleen voor in de steden maar nu is hij algemeen verspreid over heel India en bij alle kasten. In India vragen niet alleen de hindoes een bruidsschat aan de ouders van de bruid maar ook bij de muslims, Jains en Sikhs komt dit meer en meer voor. Ook bij de Indiërs in het buitenland zet de traditie zich verder.

Er bestaan vele interpretaties over de betekenis van de bruidsschat. Is het een ante-mortem erfenis als een soort compensatie omdat de vrouw niet meeërft in de eigendom van de familie? Is het een geschenk voor de bruidegom of voor de schoonouders van de bruid? Of moet de bruidsschat gezien worden als een verzekering tegen een economische crisis in het huishouden van de bruid?
Nu is de bruidsschat niet zelden een middel om op de huwelijksmarkt een geschikte partner te vinden voor de dochter. Naarmate de bruidsschat groter wordt zal de status van de dochter en dus indirect die van haar ouders toenemen. Voor de familie van de bruidegom is het een welkome manier om een hogere levensstandaard te verwerven. De geschenken kunnen variëren van huishoudartikelen (juwelen, koelkast, auto's, T.V.) tot een ticket voor een buitenlandse reis, en oplopen tot één miljoen B.fr en meer.

De ouders van de bruidegom vragen grote compensaties voor de gedane studies van hun zoon. Hoe hoger de diploma's van zoonlief, hoe hoger de geëiste bruidsschat. De ouders van het meisje daarentegen zien op tegen extra uitgaven voor haar opvoeding daar alle geld zal moeten gespendeerd worden voor de bruidsschat. Met de grotere circulatie van het zwart geld (in India even groot als de officiële geldomloop) zijn de uitgaven voor de bruidsschat de laatste jaren fenomenaal gestegen.

Veel families steken zich diep in de schulden om de gevraagde bruidsschat te kunnen betalen. Afgezien van de vernederende ervaring zich telkens te moeten presenteren (en laten interviewen) door geïnteresseerden, wordt het meisje dikwijls getraumatiseerd door angst en onzekerheid gedurende de onderhandelingen die weken of maanden kunnen duren. Ze heeft ook nog het pijnlijke besef gedurende de discussies over de uithuwelijking dat haar kwaliteiten en kunde niet doorslaggevend zijn bij een keuze. Met de aanslepende discussies over de bruidsschat ervaart zij heel concreet de toenemende ‚devaluatie' van de vrouw in de Indiase samenleving.

Bruidsmoorden

Het huwelijk doet in heel wat gevallen denken aan een zakelijke transactie. Vooral in de lagere middenklasse is het voor de familie van de man een onbetwiste manier om hoger op te klimmen. De bruidsschat moet gegeven worden vóór het huwelijk plaats vindt. De grootste spanningen in de gemengde familie waar de jonggehuwde vrouw intrekt ontstaan vaak door de onenigheid over de bruidsschat. Ofwel was haar familie niet in staat om de integrale bruidsschat ineens te geven en wordt de schoondochter ‚zachtjes' aangespoord om zo vlug mogelijk het resterende bedrag te geven. Ofwel wordt in de eerste maanden van het huwelijk haar het leven zuur gemaakt zodat de ouders ingaan op de chantage en haar een grotere dan de afgesproken bruidsschat geven. Soms beginnen de zaken van de man na enkele maanden of jaren huwelijk slecht te gaan en wordt de vrouw als ‚gijzelaar' gebruikt om meer geld af te persen. Wanneer de situatie voor bepaalde vrouwen helemaal ondraaglijk wordt vluchten ze naar het huis van hun ouders. Terug bij hun ouders zijn ze ook niet dadelijk welkom. Vrouwen die van hun man gescheiden zijn, worden door de omgeving gestigmatiseerd. Als ze opnieuw bij haar ouders inwoont wordt ze niet alleen als een extra last ervaren maar ze vormt een bedreiging voor de uithuwelijking van de andere broers of zusters (een slecht voorbeeld in de familie!). Moeilijke verhoudingen in de gemengde families leiden soms tot zelfmoord of zelfmoordpogingen van de jonggehuwden. In India komt zelfmoord het meest voor in de leeftijdsgroep van 19-34. Het aantal zelfmoorden bij vrouwen is veel groter dan bij mannen. Van de vrouwen die zelfmoord plegen is 62% ongeletterd en de grote meerderheid is gehuwd. Nu zijn er ook verschillende gevallen die als zelfmoord geregistreerd staan maar in feite gecamoufleerde moorden zijn.

In 1982 stierven er in Delhi 610 vrouwen aan de opgelopen brandwonden. Slechts 40 gevallen staan bij de politie vermeld als *dood volgend op de betwisting rond bruidsschat*. Uit de statistieken van Safdarjang Hospital in New Delhi bleek dat in de categorie brandwonden er 75% vrouwelijke patiënten waren. De meeste slachtoffers bevinden zich in de leeftijdsgroep 25-30 jaar.

Dagelijks vermelden de kranten ongevallen waarbij de *saree* van de vrouw vuur vat tijdens het koken en de vrouw daarna is bezweken aan de opgelopen brandwonden. Een ander veel voorkomend bericht is dat *de vrouw zich overgoten heeft met kerosine en zichzelf daarna in brand heeft gestoken*. De heel beknopte verslaggeving in de kranten verhult vaak een lugubere werkelijkheid. Nemen we als typevoorbeeld de lotgevallen van Pradesh Kumari. Zij was 21 jaar, afkomstig uit Kathpura, Faridkot Punjāb. Op 14 augustus 1978 huwde ze met Madan Lal Puri wonende in Gali nummer 28, huisnummer 3911, Karol Bagh, New Delhi. Haar vader was een melkventer. Voor de bruidsschat en het huwelijksfeest spendeerde hij ongeveer 125.000 B.fr. Omdat de bruidsschat niet voldoende leek werd de schoondochter voortdurend lastig gevallen en slecht behandeld. Op 29 augustus stierf ze in de keuken van haar schoonouders. Informatie over de dood van hun dochter kregen ze van de buren, die de rook in de keuken hadden opgemerkt en hadden alarm geslagen. Op het politiestation werd duidelijk gemaakt dat de ouders van de bruid hun tijd en geld aan het verliezen waren met het indienen van een klacht. Na een petitieactie van de bewoners en het onophoudelijk aandringen van de bloedverwanten van de vermoorde werd de klacht uiteindelijk toch geregistreerd. Op 10 juli 1979 vernamen de ouders van de vermoorde bruid dat de zaak zonder gevolg was geklasseerd.

Bruidsmoorden komen voor bij Sikhs, hindus en muslims. De meeste gevallen situeren zich in de lagere middenklasse in Noord-India, met name in Punjāb, Haryāna, Delhi en in de Saurāsthra streek van Gujarāt. Delhi telt met minstens één bruidsmoord per dag een triest record. In geheel India gebeuren er ongeveer tien bruidsmoorden per dag. De moordenaars (haar man en schoonouders) gaan meestal vrijuit door de corruptie van de politie, chantage of omkoping van de getuigen en omwille van de ingewikkelde en tijdrovende gerechtelijke procedure.

Wetgeving

Met de *Dowry Prohibition Act* van 1961 werd het geven van een bruidsschat strafbaar gesteld. De wet omschrijft *dowry* of bruidsschat als de eigendom of datgene wat gegeven wordt met het oog op de afsluiting van het huwelijk. Dus alles wat uit liefde of uit persoonlijke overweging wordt gegeven valt niet onder ,bruidsschat'. Een eventuele klacht moet ingediend worden binnen het jaar na het huwelijk en een schriftelijke verklaring moet voorhanden zijn die aantoont dat een bruidsschat werd gegeven. De politie kan pas optreden nadat een klacht werd ingediend. Voor het onderzoek van een bruidsmoord heeft de politie de voorafgaande toestemming nodig van de rechtbank. Meestal worden de onderzoeken geleid door lagere politieambtenaren. De politie is niet alleen slecht uitgerust maar vaak ook niet voldoende gemotiveerd om in te grijpen. Als vader heeft de politieman wellicht zelf een bruidsschat ontvangen of gegeven!

Kortom, door een gebrekkig onderzoek en het ontbreken van afdoende bewijzen worden de feitelijke bruidsmoorden afgedaan als ongeval en zonder gevolg geklasseerd.

Vrouwenbeweging

De laatste jaren zijn tal van vrouwenorganisaties ontstaan die via openbare bijeenkomsten, straattheater en demonstraties de pers en de publieke opinie willen beïnvloeden. *Strī Sangharsh* (strijd van de vrouw), *Sahelī* (metgezellin), *Strī Mukti Sangharsh* (strijd voor de bevrijding van de vrouw), e.a. zijn vrijwilligersorganisaties die de laatste jaren erg actief zijn. In de zomer van 1982 zijn in Delhi een dertigtal organisaties toegetreden tot het *Dahej Virodhī Chetnā Manch*. Dit is een front dat mensen wil bewustmaken om zich krachtig te verzetten tegen het geven of ontvangen van een bruidsschat. Van het platform maken hoofdzakelijk vrouwenorganisaties, jeugdgroeperingen en studentenorganisaties deel uit.

Bepaalde vrouwenorganisaties voeren ook acties voor het bekomen van basisvoorzieningen zoals drinkwater, huisvesting en openbare toiletten. Sommigen zetten coöperatieven voor vrouwen op. De kwetsbare positie van de vrouw heeft in de eerste plaats te maken met haar sociaaleconomisch minderwaardige positie. Werkgelegenheid betekent echter evenmin dat de vrouw nu automatisch economisch onafhankelijk zou zijn. Dit geldt alleen voor de vrouwen die ook controle hebben over de te spenderen middelen. De grote meerderheid van de vrouwen in de derde wereld werkt in slecht betaalde en ongeschoolde jobs. In deze gezinnen beslist de armoede waarvoor het verdiende loon zal worden aangewend. In haar studie benadrukt Malvika Karlekar dat er verschillende categorieën vrouwen bestaan, die met problemen worden geconfronteerd en die op hun beurt specifieke oplossingen vergen. Op dit ogenblik behoort de grote meerderheid van de vrouwen die geëngageerd zijn in de vrouwenproblematiek tot de middenklasse. Velen van hen zijn niet erg vertrouwd met de arbeidssituatie van de vrouwen die een job hebben met een lage sociale status.

Acties tegen kinderhuwelijken en de bruidsschat zijn absoluut nodig, maar ze hebben slechts een kans tot slagen op voorwaarde dat ze kaderen in een brede emancipatiebeweging van de vrouw in de Indiase samenleving.

WIJSHEID UIT INDIA BIJ ONS

Winand M. CALLEWAERT

Inleiding

In zijn boek *Turning East*[1] signaleert Harvey Cox een vijftigtal Oosterse godsdienstige bewegingen die floreren in Cambridge (USA), het ,Benares-on-the-Charles'. Hoewel onze gewesten en onze literatuur niet op deze manier overspoeld worden door het Oosten, is de invloed ervan toch duidelijk merkbaar en kunnen een classificatie en inleidende historische situering van enkele hindoe bewegingen nuttig zijn. Aangezien hier niet meer dan een inleiding gegeven kan worden, geef ik tevens bibliografie en adressen.

Rāmakrishna Mission

Shrī Rāmakrishna (1836-1886), de mysticus uit Calcutta, blijft bekend om zijn hoogstaande religieuze ervaringen, zijn boodschap en om zijn leerling Vivekānanda, die de Rāmakrishna Mission stichtte. Rāmakrishna verdiepte zich in het Christendom en de Islam en gaf, in de vorm van parabels, zijn boodschap van tolerantie en universele liefde, namelijk dat alle wegen (van de religies) naar hetzelfde doel leiden. Niet in het minst in het verscheurde India maar ook in andere landen waar verscheidene godsdiensten (moeten) samenleven, wordt hij als inspiratiebron geciteerd. Een korte biografie van Rāmakrishna en een selectie uit zijn parabels is in het Nederlands uitgegeven. Het zogenaamde *Gospel of Rāmakrishna*, gebaseerd op een gedetailleerd dagboek bijgehouden door een leerling, bestaat nu uit vijf volumes. De authenticiteit van deze tekst is nog niet kritisch onderzocht. Rāmakrishna heeft zelf niets geschreven, heeft geen organisatie gesticht noch een beweging op gang gebracht. Overtuigd van zijn zondigheid heeft hij ook geen enkele aanspraak

---

[1] HARVEY COX, *Turning East*, Simon and Schuster, 1977; Penguin Books, 1979. In het Nederlands: *Oostwaarts*, Ambo, 1980.

gemaakt op een speciale afkomst, in tegenstelling met zijn leerlingen, die van hem een *avtār* (menselijke verschijning van God; zie verder, blz. 58) hebben willen maken.

Na de dood van Rāmakrishna werd in 1897 door Vivekānanda (1863-1902) de bekende Rāmakrishna Mission gesticht, die in India en in het Westen centra heeft, met nadruk op een contemplatief leven, intellectueel werk en sociale dienst. Vivekānanda is een typische neohindoe uit de vorige eeuw, sterk beïnvloed door de westerse filosofie; een nationalist, een man van actie en niet zozeer van contemplatie, een gevierd spreker en ijverig propagandist. Zijn *Chicago Rede* (1893) op het Wereldparlement van de Godsdiensten en later zijn voordrachten in Londen trokken sterk de aandacht. Vooral in India hebben de boeken van Vivekānanda grote invloed bij de ontwikkelde hindoes, die er een moderne verwoording in vinden van de oude Vedānta wijsheid. Tegelijk wordt de nadruk gelegd op dienst aan de armen, verdraagzaamheid tegenover andere godsdiensten en verwerping van de bijgelovige praktijken van vele hindoes.

Ramana Maharshi

Ramana Maharshi (1879-1950) wordt als een der belangrijkste recente vertegenwoordigers van de Indiase mystiek beschouwd. Volgens een niet verklaarde Indiase traditie was hij als tweede van drie broers ,voorbestemd' om als asceet plots uit de familiekring te verdwijnen, nadat hij op zeventienjarige leeftijd een acute doodservaring had meegemaakt. Daarbij had hij het basisinzicht van zijn leven opgedaan: het lichaam vergaat maar het ,Ik' blijft. Na deze radicale omwenteling gaat hij enkele jaren in grotten en tempels leven, mediterend, vrijwel zonder te eten en in volledig stilzwijgen. Na enkele jaren beginnen zich leerlingen in zijn buurt te vestigen en vanaf de jaren dertig heeft hij internationale faam verworven. Arthur Osborne, Paul Brunton en vele anderen worden regelmatige bezoekers. In tegenstelling met vele lawaaierige hindoe goeroes, die bij ons bekend zijn, sprak Ramana weinig of veelal niet en hij trok niet rond om volgelingen toe te spreken: mensen komen naar hem toe, volgens de aloude hindoe traditie.

Zijn ,leer' is geworteld in de Vedānta filosofie van de *Upnishad*'s, maar blijkt toch volledig gebaseerd te zijn op zijn eigen ervaring. Op latere leeftijd heeft hij filosofische commentaren gelezen en daarin alléén maar herkend wat hij reeds aanvoelde: het Ik is het enige belangrijke, al de rest is voorbijgaand. Dit Ik leren kennen, daar alléén komt het op aan. Zijn diepe, inwendige wijsheid en zijn innemende persoonlijkheid hebben tal van mensen steun gegeven. Bewust van de onmacht van woorden heeft Ramana weinig geschreven. Zijn prozawerk (meestal in Tamil, ook in Telugu, Sanskriet of Malayalam) bestaat uit vraaggesprekken over de mogelijkheden om Zelf-Realisatie te bereiken en over het werkelijke wezen van de mens. Het gebeurde niet zelden dat Ramana tijdens deze vraaggesprekken antwoord gaf door gebaren of door korte zinnetjes neer te schrijven. Verder schreef hij, naast vijf hymnen, ook enkele filosofische gedichten, meestal geschreven na herhaald aandringen van leerlingen en toehoorders.

Shrī Aurobindo

Wellicht meer bekend bij ons is Aurobindo Ghose (1872-1950), geboren in Calcutta en afgestudeerd in Cambridge, met eerste prijzen in Latijns en Grieks opstel. Na een aantal jaren politieke activiteit tegen de Britten krijgt hij, in de gevangenis, op zevenendertigjarige leeftijd een bekeringsvisioen. Hij vertrekt naar (het toenmalige Franse) Pondicherry in Zuid-India, om er jaren lang in reflectie en schrijven door te brengen. Met een grondige kennis van de westerse én de Indische filosofie ontwikkelt hij zijn leer van de Integrale Yoga (zie verder, blz. 184 en 196). Dit is een levenshouding waardoor de mensheid in een lineair evolutieproces naar een geestelijke staat moet opstijgen, die zo grondig van het huidig menselijk niveau zal verschillen als het dierenniveau van de steen. Het instituut dat gegroeid is rond deze weg naar een goddelijke bestemming is de *Aurobindo Āshram* in Pondicherry. Daar leefde Shrī Aurobindo volledig teruggetrokken in meditatie. Contacten met leerlingen en met de groeiende publieke interesse werden verzorgd langs ,de Moeder', Mira Richard (1869-1963), een in Frankrijk opgegroeide Joodse, die Shrī Aurobindo heeft ontmoet in 1914 (zij was toen 45, hij 42). De Moeder creëerde de communauteit rond Shrī Aurobindo en heeft in Europa en Amerika grote invloed uitgeoefend. Een aantal bloemlezingen van geschriften van Shrī Aurobindo en de Moeder zijn in het Nederlands vertaald. Het volledig filosofisch oeuvre van Shrī Aurobindo beslaat 30 delen en is uitgegeven.

In Pondicherry bestaan nu twee organisaties: de *āshram* telt ongeveer 2.000 leden en beschikt over een groot aantal eigendommen in de stad, met eigen hotels, hostels, drukkerijen, kunstateliers, reisbureau, enz. Ook westerlingen behoren tot deze gemeenschap, die de diepzinnige beschouwingen van Shrī Aurobindo in de praktijk probeert te beleven door het beoefenen van de integrale yoga. Na het overlijden van Shrī Aurobindo en de moeder zijn een zekere verstarring en neiging tot institutionalisering ingetreden, die de inspiratie dreigen te verstikken. Daarbij komt dat het principe van de nauwe verbinding tussen lichaam en ziel, van materie en geest, dat inherent is aan het systeem van Shrī Aurobindo, bij de Moeder tijdens haar laatste levensjaren geleid heeft tot occulte praktijken, door haar geloof dat de materie volledig overwonnen wordt en de geest triomfeert.

Hiermee gaat een mystificerende verering van Shrī Aurobindo en de moeder gepaard. De indruk ontstaat dat een kleine kern van uitverkorenen zich aan het vergoddelijken is, terwijl massa's Indiërs buiten de *āshram* zich met enkele vonken van het goddelijke vuur moeten tevreden stellen.

Een tweede onderneming: in 1968 werd de grondslag gelegd van de stad van de toekomst, Auroville, met subsidies van de Indiase Staat en de Unesco. ,Auroville' behoort aan de mensheid; maar om in Auroville te wonen moet men bereid zijn om ,het goddelijke bewustzijn te dienen', staat te lezen in het charter van de stad. Het toekomstplan gaat uit van een bevolking van 50.000 personen. Voorlopig is alles nog in een voorbereidingsstadium, met een 2.000-tal inwoners, vooral westerlingen, die zich aan een of andere seculiere job wijden en de inspiratie van Shrī Aurobindo proberen te beleven. De relaties met de *āshram* zijn niet altijd optimaal.

Svāmī Shivānanda Sarasvatī

Een onrechtstreekse maar wellicht zeer grondige invloed werd in het Westen uitgeoefend door Svāmī Shivānanda Sarasvatī (1887-1963), die zelf nooit naar het Westen is gereisd, maar door zijn voorbeeld en diepe gedachten heel wat heeft bijgedragen om de hindoe filosofie in het Westen te verspreiden. In zijn *Yoga Vedānta Forest Academy* in Rishikesh, aan de voet van de Himālaya's, zijn talloze yogaleraren gevormd, onder andere Boris Sacharow, André van Lysebeth, en anderen. In 1936 werd de *Divine Life Society* (niet te verwarren met de *Divine Light Mission,* zie verder) opgericht, die vooral in India grote uitbreiding heeft gekend. In de Vredesboodschap (1957) van Shivānanda lezen wij:

> „Gij zult tot de ervaring komen dat het Ene Ik of het Zelf in allen woont en dat één kosmische wil zich in ontelbare wezens openbaart; dat alle verschillen mensenwerk zijn en dat grenzen alléén voorstellingen en inbeeldingen zijn; gij zult menselijk beginnen te leven, volgens de universele religie van de liefde. Wendt Uw blik naar binnen, sluit de deur van de zonde. Vernietig het twijfelende intellect, mediteer, bid en wacht."

Krishnamurti (Madras 1895-Los Angeles 1986)

Toen hij dertien jaar oud was werd Krishnamurti ,ontdekt' als Verlosser door Annie Besant, die toen in Madras werkzaam was in de Theosophical Society (opgericht in 1875 door Blavatsky). A. Besant, Leadbeater en anderen geloofden dat alle grote religieuze leiders overschaduwd worden door Maitreya, die ongeveer om de 2.000 jaar geïncarneerd wordt. In 1911 werd de *Order of the Star of the East* opgericht, met Krishnamurti als hoofd, die, aldus Besant, het uitverkoren medium was voor de komende manifestatie van Maitreya. De leden van de orde hadden als doel zichzelf en de wereld voor te bereiden op de komst van de leraar.

De jonge Krishnamurti werd naar Engeland en Frankrijk gebracht om er ,opgevoed' te worden voor zijn taak. Toen hij in 1921 naar India terugkeerde was de bijzonder intelligente maar schuchtere jongeman niet in staat om lezingen te houden. Vooral dank zij zijn devotie voor A. Besant werd hij stilaan een goed spreker. Hij reisde naar Australië en Californië en in Nederland werd hem een prachtig landgoed bij Ommen ter beschikking gesteld.

Elk jaar werden grote bijeenkomsten georganiseerd, in Ommen of op een landgoed in Californië; daar hield Krishnamurti, meestal bij een kampvuur, zijn toespraken. Rond 1926 begon hij storende uitspraken te doen en het werd voor de leden van de orde stilaan duidelijk dat hij niet de zachte Christus-cum-Boeddha figuur zou worden die ze gewenst hadden. Tot hij op een grote vergadering, in aanwezigheid van A. Besant, verklaarde dat hij niet langer de Verlosser wilde zijn en de

Orde ontbond: „Waarheid is een land zonder paden; je kunt de Waarheid niet vinden langs een pad, een godsdienst of een andere secte ... Ik wil geen volgelingen ... Wie wil trachten te begrijpen moet vrij zijn, mij niet volgen, van mij geen kooi maken die een religie wordt, een secte. Hij moet alle vrees afleggen, vrees van godsdienst, vrees van verlossing, vrees van spiritualiteit, van de liefde, van de dood en van het leven zelf ... Gij kunt nu iets anders organiseren en iemand anders ,verwachten' ... Dat is niet mijn zorg; het is ook niet mijn zorg geweest dat nieuwe kooien worden gemaakt ... Ik wil alleen de mens volledig vrij maken."

De eenzame wolf reisde de volgende 50 jaar de wereld rond en sprak grote en kleine groepen toe, iedere zomer in Saenen (Zwitserland), ieder najaar in Brockwood (Engeland) en verder vooral in de Verenigde Staten en India. Hij wordt in kleine kernen beluisterd door middel van video-opnamen en bemediteerd in zijn boeken. Hij is nooit ergens langer dan enkele maanden gebleven en heeft praktisch geen persoonlijk bezit. Het is moeilijk om zijn ,leer' samen te vatten of te systematizeren. De hoofdtoon is een poging om de toehoorders bevrijding te bezorgen in deze verwarrende tijden. Van ongeveer 60 boeken, uitgegeven lezingen en bloemlezingen (in het Engels) zijn er méér dan 40 in het Nederlands beschikbaar.

Transcendente Meditatie

Tanscendente Meditatie (TM) is een natuurlijke techniek om, door regelmatige afwisseling van meditatie en activiteit, te komen tot een progressieve verfijning van het zenuwstelsel. De techniek komt uit India en wordt verspreid door Maharshi Mahesh Yogi (sinds 1958), die de wetenschap gekregen heeft van zijn leraar.

De geestelijke capaciteiten, aldus TM, worden verruimd omdat het bewustzijn voortdurend diepere lagen van het denken en eventueel een eindeloze voorraad aan energie en creatieve intelligentie bereikt. Het volgende beeld wordt gegeven ter verduidelijking: men kan zich een enorme grote luchtbel indenken op de bodem van de oceaan; steeds kleiner wordende luchtbelletjes stijgen op naar de oppervlakte en raken de mens, als afstralingen van de grote voorraad beneden. TM is nu de techniek die de mens in staat stelt steeds lager te dalen naar steeds grotere luchtbellen; tot hij eventueel kan putten uit de eindeloze voorraad crèatieve intelligentie.

De techniek bestaat erin twee keer per dag ongeveer 20 minuten te relaxeren-mediteren, met behulp van een Sanskriet formule die bij de initiatie in vertrouwen gegeven wordt door de leraar. Het is de klankcombinatie, de op de juiste manier aangewende vibratie van de formule die het denken verruimt, niet zozeer de inhoudelijke betekenis. Immers, het is precies het afzien van denkinhouden dat mogelijk maakt de diepere, transcendente lagen van het denken te bereiken. Tot zover, in het kort, de beschrijving die door de organisatie zelf gegeven wordt.

De beweging heeft een efficiënte wereldorganisatie uitgebouwd, met kernen verspreid over alle landen, behalve het Oostblok en China. Dit hangt samen met de overtuiging dat een maatschappij wordt vergeestelijkt door de aanwezigheid van een aantal TM beoefenaars: de magnetische uitstraling van de kernen vermindert de agressiviteit en misdadigheid in de totale bevolking. Als nu TM kernen kunnen functioneren in elk hoekje van de wereld, zou de agressie volledig kunnen verdwijnen. Naast deze volledige vergeestelijking heeft de TM-techniek vooral positieve gevolgen voor de individuele beoefenaar die zijn denkvermogen verhoogt, zijn algemene gezondheidstoestand verbetert en zijn slechte gewoonten verwijdert. In de literatuur van de beweging wordt in tal van statistieken aangetoond hoe in vergelijking met een controlegroep een groep TM-beoefenaars beter een genormaliseerde bloeddruk krijgt, het verbruik van alcohol en rookartikelen vermindert, slapeloosheid vermindert, het lichaamsgewicht normaliseert, enz. Er is ook een gunstige invloed op asthma, hartklachten, atletische prestaties, concentratievermogen, studieprestatie enz.

Deze en dergelijke positieve resultaten blijken ook gepaard te gaan met de beoefening van de Zenmeditatie. TM heeft ze echter wetenschappelijk bewezen, met fysiologische tests uitgevoerd in de *Maharshi European Research University* (afgekort MERU, wat toevallig ook de naam is van een belangrijke legendarische bergtop in de Himālaya's) in Zwitserland. In 1973 werd in Californië de *Maharshi International University* (MIU) opgericht.

Men kan zich vragen stellen over de indrukwekkende levensstijl van de Maharshi, in acht genomen het feit dat het cursusgeld (een tiental lessen) 10.000 BF bedraagt voor wie een maandsalaris heeft boven de 40.000 BF. Ook de Messiaanse taal kan de gunstige indruk van de mogelijke resultaten vertroebelen. De beweging stelt zich op als de verlosser van onze eeuw, die door de uitbreiding van de (magnetische) stralingsvelden het menselijk ras moet vergeestelijken. Het jaar 1980 was het Zesde Jaar van de Tijd van de Verlichting. Er zouden nu ongeveer 2 miljoen TM beoefenaars zijn in de wereld.

TM is geen godsdienst, hoewel een religieuze achtergrond aanvaard wordt, aangezien alle religies in wezen de mens willen leiden naar een groeiend innerlijk bewustzijn. Er wordt ook geen religieuze terminologie gebruikt: men spreekt van Stichting Ideale Samenleving, Creatieve Intelligentie enz. Hoewel de techniek inhoudelijk niet kan worden vergeleken met een ‚theïstische’ meditatie, kan ze wel nuttig zijn voor de gelovig mediterende. Toch moet men opmerken dat de sterkte en de techniek uiteindelijk ook haar beperking wordt. Als men namelijk de diepe lagen van het bewustzijn bereikt, komt men inhoudelijk in een leegte en het kan dat een ‚gelovige’ op dat punt opnieuw stof voor zijn meditatie gaat zoeken.

Vergeleken met de klassiek Indiase yoga is TM een techniek die aangepast is aan de actieve westerling. De klassieke yoga beoogde de volledige ascese van de totale mens; TM streeft een geestelijke ontplooiïng na van een persoon die in het materiële leven actief blijft.

Paramahamsa Yogānanda

Met zijn boek *Autobiography of a Yogi* (1946) heeft Paramahamsa Yogānanda (1893-1952) er ongetwijfeld veel toe bijgedragen om India in het westen te doen voorkomen als het land van de wondere yogi’s. Met beschrijvingen van grote leraars en hun wondere daden brengt hij de westerling binnen in een wereld van mirakels die (pseudo-)wetenschappelijk worden verklaard. Daarnaast geeft hij ook een gedetailleerde beschrijving van zijn leven bij de grote goeroe Shri Yukteshwar (1855-1936).

In diens boekje *The Holy Science* (1894) wordt aangetoond dat er in feite geen verschil is tussen wat het hindoeïsme leert en wat de bijbel zegt: „Het is te danken aan het onfeilbaar geestelijk inzicht van Shri Yukteshwar dat het nu, door middel van dit boek, mogelijk wordt een fundamentele harmonie tot stand te brengen tussen het moeilijke bijbelse hoofdstuk der Openbaring en de Sāmkhya-filosofie in India”. Yogānanda heeft de idee ‚bewezen' en verspreid dat Jezus en de profeten van het Oude Testament vertrouwd waren met de yogatechniek. Minder bekend bij ons is de *Selfrealisation Fellowship,* in 1920 door Yogānanda opgericht. In de centra worden weekends georganiseerd waarin de fundamentele Vedische waarheden worden aangeboden als oplossing voor de problemen van vandaag. De geestelijke leiding is nu in handen van Mevr. Sri Dayā Mātā, die 40 jaar lang leerlinge was van Yogānanda.

Hare Krishna Beweging

De novicen van de Hare Krishna Beweging (ISKCON, *International Society for Krishna Consciousness*) zijn/waren een vertrouwde verschijning geworden in onze westerse wereld, met hun Indiase rok, kaalgeschoren hoofd met lange kruin, en hun verkoop van gewijde boeken, grammofoonplaten en kunstartikelen. In 1965 bracht A.C. Bhaktivedānta Svāmī Prabhupāda de hernieuwde Krishnadevotie naar het Westen. Sindsdien zijn talrijke jongeren naar India getrokken, na een initiatieproces in een van de vele centra in Europa en Amerika.

In de tempels van deze cultus worden de beelden van Krishna en Rādhā 's morgens na een ritueel bad prachtig getooid, gevoed; op vaste momenten van de dag wordt er voor gezongen en gedanst en 's avonds worden de beelden te slapen gelegd. Er wordt Krishnabrood gegeten, Krishnamelk gedronken: het hele universum is vol van Krishna.

Hier kan enige historische en theologische situering van de devotie *(bhakti)* tot Krishna van nut zijn (zie ook verder, blz. 57 en 63). *Bhakti* is een onvoorwaardelijke overgave aan een persoonlijke God (naar keuze binnen het hindoepantheon), met intens verlangen tot vereniging en met pijn bij scheiding. Het is een stroming in de hindoe mystiek die reeds enkele eeuwen vóór Christus, tijdens en na de periode van de hoogvliegende filosofische speculaties in de *Upnishad*'s meer en meer de volksdevotie beheerste. Een grote stimulans werd aan deze stroming gegeven in de *Bhagavad Gītā,* het pareltje van de hindoe literatuur (ca. 2de eeuw vóór Christus, na de bijbel het meest vertaalde werk in de wereldliteratuur, zie verder, blz. 131), waarin de prins Krishna uit de epische tijd verheven wordt tot de status van incarnatie van de God Vishnoe. Een dergelijk vergoddelijkingsproces na verloop van enkele eeuwen is niet uitzonderlijk in het Hindoeïsme, maar daar kunnen we hier niet verder op ingaan (zie verder, blz. 61).

Tegelijk met de evolutie van het godsbegrip langs Krishna ontwikkelt zich in een ander episch verhaal uit de Sanskrietliteratuur *(Rāmāyan)* de devotie tot Rām, een volgende incarnatie van de God Vishnoe. Maar vooral de devotie tot Krishna krijgt een zeer antropomorfische vorm en vanaf het jaar 1000 na Christus krijgen we een volumineuze biografie van Krishna: in de *Bhāgavat Purān* (18.000 dubbelverzen) worden zeer gedetailleerde feiten beschreven uit het leven van Krishna in de streek van Vrindāban ten zuiden van Delhi. Krishna, die in het heelal alomtegenwoordig is, heeft er onder de boerenbevolking gewoond, een getrouwde vrouw, Rādhā, wordt zijn speciale minnares, terwijl ook tal van herderinnetjes van zijn liefkozingen en plagerijen kunnen genieten. Krishna wordt het centrale thema in heel wat literatuur, ook in de miniatuurkunst (hij wordt gewoonlijk blauw of zwart afgebeeld) en in de tempelsculpturen.

Met de heilige Chaitanya (1486-1534) begint een nieuwe traditie van intense devotie en de huidige Hare Krishna beweging beroept zich op een directe geestelijke verbinding met Chaitanya en ziet hem aan als de voornaamste goeroe. Hun basiservaring is dat Krishna alle mystieke en materiële noden voldoet; hun doel is hiervan de gehele wereld te overtuigen. De middelen zijn: verkoop van grammofoonplaten met extatische muziek en devotionele gezangen, van tekstuitgaven en van commentaren (ook in het Nederlands vertaald) op heilige teksten die op Krishna betrekking hebben. De *Bhagavad Gītā* en de *Bhāgavat Purān* zijn de basiswerken.

Divine Light Mission

De jongste hindoe goeroe, die in 1971 op dertienjarige leeftijd zijn eerste wereldreis maakte, is Guru Mahārāj jī. Hij verkondigde zijn boodschap van vrede en liefde met de volgende woorden: „Reeds vele malen ben ik gekomen, maar nu ben ik met meer kracht gekomen. Geef mij Uw liefde, ik zal U eeuwige vrede brengen. Ik ben de bron van vrede in deze wereld."
Na de dood van zijn vader in 1966 besteeg hij de troon van de *Divine*

Light Mission (in 1949 door zijn vader gesticht). In 1973 werd in Texas, in aanwezigheid van 100.000 *premmie*'s (leerlingen, letterlijk liefhebbenden) het Millennium 73 afgekondigd, het begin van duizend jaar vrede. De moeder en de broer van de goeroe zijn de managers van het (financieel) gebeuren.

Slot

Een evaluatie? Na zijn beschrijving van een aantal oosterse godsdienstige bewegingen en een onderzoek naar de reden waarom (jonge) mensen uit het westen zich erbij aansluiten komt Harvey Cox *Turning East,* blz. 91) tot de volgende besluiten: De meesten zoeken vooral vriendschap en een beschermende groep en slechts in tweede instantie een meer directe ervaring van het goddelijke. Tegelijk zoekt men dikwijls te ontsnappen aan intellectuele en morele verwarring; men hoopt een onschuldig leven te vinden, zonder sexuele verstoring of technologische overorganisatie.

De vraag kan gesteld worden of dit zoeken naar oosterse godsdiensten wel een remedie biedt en niet eerder een symptoom is van een ziekte in onze maatschappij die deze bewegingen zelf niet kunnen genezen.

Publicaties en adressen

I. De Diana en G. Hulskramer, *Sri Ramakrishna, Mens en Boodschap,* Ankh-Hermes, Deventer, 1973.

Centre Védantique (Ramakrishna Mission),
9, Chemin des Gravannes,
1246 Corsier, Geneva, Zwitserland.

The Ramakrishna Vedanta Centre,
Unity House,
Blind Lane, Bourne End,
SL8 5LG Bucks, Engeland.

A. Osborne, *Ramana Maharshi,* 3de uitg., 1977
The Collected Works of Ramana Maharshi, 4de uitg., 1974
In het Nederlands,
A. Osborne, *Sri Ramana Maharshi, zijn leer in gesprekken en citaten,* Kluwer, 1971.
en *De weg tot het Zelf,*
Ankh-Hermes, 1972.

Voor Aurobindo, zie verder, blz. 184.

KRISHNAMURTI,

> Stichting Krishnamurti,
> Mortierstraat 11,
> 9850 Poesele, België

> Stichting Krishnamurti,
> Weikamperweg 93,
> 7351 TG Hoenderloo, Nederland

> Ook: K. v. Gelderlaan 16A,
> 6861 CC Oosterbeek, NL, tel 085-332705

N.M. WIJNGAARDS, *Wat is Transcendente Meditatie,*
MIU Nederland, 1976.
R. KRANENBURG, *Transcendente Meditatie. Verlangen naar zinvol leven en religie,* Kampen, 1977.

Svāmī Yogānanda.
SHRI YUKTESHVAR, *The Holy Science, 1894.*
In het Nederlands: *De Heilige Wetenschap,* Kluwer, 1968.

> Self Realisation Fellowship
> San Rafael Avenue 3880
> Los Angeles,
> 90065 California, USA

Hare Krishna

> De Internationale Gemeenschap voor Krishna Bewustzijn,
> Chateau de Petite Somme, 5482 Septon (Durbuy), Belgïe
> Tel. 086 322929

DE HINDOE VEREERT VEEL GODEN

Winand M. CALLEWAERT

Eenheid in verscheidenheid

Het is slechts in de Judaïsche tradities dat God zag dat het goed was en de zevende dag rustte. En zo rust de helft van de wereld op zondag. De hindoe werkt altijd door, en vereert zijn/haar — gemakshalve wordt dit hoofdstuk in de hij-vorm geschreven — goden op alle mogelijke dagen van de week.

Het Hindoeïsme is een millennia oude religieuze traditie die een enorme verscheidenheid vertoont, in inhoud en uiterlijke vorm. Deze verscheidenheid — soms heel verwarrend voor de buitenstaander — is het gevolg van een voortdurende interactie en assimilatie die tot vandaag bezig is. Het best merk je die verscheidenheid door de bijzonder vele vormen van eredienst waardoor de hindoe zijn goden en godinnen eer bewijst en tot hen bidt. Die eredienst kan zeer complex zijn of heel eenvoudig, uit te voeren door de meest gespecialiseerde brahmaan of door een eenvoudige boer. Eén doel echter is overal gemeenschappelijk: door een specifieke eredienst probeert de hindoe geheel zijn leven een sfeer van eredienst te geven.

Om de verwarring wat te verminderen kunnen enkele inleidende beschouwingen over basishoudingen van de hindoe nuttig zijn. De grote verscheidenheid is voor een groot deel te wijten aan de basisvrijheid om ,een god naar keuze' te bepalen. Dit heeft te maken met het pluralisme waartoe het Hindoeïsme is geëvolueerd en ook met de eerbied voor de verscheidenheid in temperament van elk individu. Je kiest de god die je ligt, of dat aspect van het goddelijke dat je het meest aanspreekt: dat wordt jouw *ishta-dev,* of ,jouw voorkeursgod'. Nauw hiermee verbonden ook is de grote vrijheid die veel hindoes (niet allen!) hebben tegenover goden in andere religies. Het ligt voor de hand dat de meest populaire vormen van het goddelijke gevonden worden in de *avtār*'s of nederdalin-

Het complexe hindoe ritueel kan voor een buitenstaander verwarrend lijken

gen van de god Vishnoe in aardse vormen (zie blz. 61). Vooral de menselijke nederdalingen van Vishnoe als Krishna of Rām trekken bijzonder aan. De *Bhagavad Gītā* (zie blz. 131) is bij uitstek het pareltje van literatuur waarin de devotie tot Krishna wordt bezongen en aangeprezen. Veel redenen en motivaties kunnen meespelen om een bepaalde godheid tot persoonlijke voorkeursgod uit te kiezen: de familie heeft traditioneel een voorkeur, ikzelf heb een bepaalde voorkeur omwille van mijn temperament, of bepaalde citaten (*mantra*'s) hebben mij ergens getroffen en trekken me dan aan naar een bepaalde god. Veel hindoes voelen zich terecht aangetrokken tot ,vrouwelijke goden' waar het gaat om de schepping en instandhouding van de cosmos. Is het moederlijke of vrouwelijke aspect van het goddelijke niet slechts tweedehands in de Judaïsche cultuur (zie blz. 76)? Het is ook niet ongewoon dat leden van één familie een verschillende persoonlijke god vereren.

En dit hoeft niet tot conflict te leiden. Immers elke godheid wordt volledig geïdentificeerd met eigenschappen van ,God' (almacht, alwetendheid, alvriendelijkheid) en is geen rivaal van een andere godheid. De eenheid van God wordt even sterk beklemtoond als de noodzaak tot verscheidenheid in verering. En dit doet denken aan de bekende uitspraak van hindoes (uit de *Ved*'s en de *Bhagavad Gītā*): alle wegen leiden tot God.

Gevoelens en houdingen

De motivaties tot keuze kunnen verschillend zijn, toch is er één grote gemeenschappelijkheid in de gevoelens waarmee een hindoe naar zijn god gaat.

Met de houding van een knecht *(dāsya bhāv)* kan hij God vereren als zijn Meester. Meer intiem en persoonlijk is de houding waarbij men God als een vriend benadert *(sakhya bhāv)*, aan wie men altijd zijn hart kan openen. God is altijd nabij. Verder vereren veel vrouwen en moeders hun god als een kind *(vātsalya bhāv)*. Krishna als kleine baby roept diepe gevoelens van verering op en veel moeders kunnen devotie vinden in de identificatie met de moeders van Krishna en Rām. En alles wordt een basis van gods-ervaring. Ook kan men zichzelf indenken als kind en God vereren als een vader of een moeder. De meest indringende houding — maar veel houdingen lopen door elkaar — is de intense verering van God als echtgenoot *(madhur bhāv)*: God is de echtgenoot en de gelovige is de echtgenote, Hij is de eeuwige geliefde naar wie ik verlang.

Opvallend ook voor de hindoe verering is de grote verscheidenheid in symbolen en voorstellingen. Veel buitenlandse bezoekers aan hindoe tempels geraken hierdoor in de war en vinden dat het onderscheid tussen beeldenverering en ‚afgoderij’ niet duidelijk is. We moeten beklemtonen dat de gelovige hindoe — zijn er niet overal uitzonderingen? — het beeld dat hij vereert niet echt gelijk stelt met God. Voor de meesten is God niet beperkt tot een beeld *(mūrti)* van steen of klei. Dat beeld is geen doel op zichzelf. Het is een duider naar bepaalde eigenschappen van de god die men heeft uitgekozen. De hindoe zal zelfs zeggen dat het beeld van God niet alleen van klei hoeft te zijn: ook een bloem, een stuk fruit of een zonsondergang is een *mūrti,* een beeld dat verwijst. Het beeld is zoals een altaar: het concentreert de aandacht en laat de gelovige toe uitdrukking te geven aan zijn verering. De traditionele beelden proberen — in de beperking van vorm — uitdrukking te geven aan bepaalde eigenschappen van God. De vier — of zelfs 18 armen — van Vishnoe en Shiva suggereren zijn almacht. Uit de rijke schat van hindoe gebeden vertalen we:

In mijn meditatie heb Ik U vormen gegeven, Gij-zonder-vorm.
In mijn lofzang heb ik ontkend dat Gij niet kunt worden beschreven.
Door bedevaarten heb ik Uw alomtegenwoordigheid tegengesproken.
Heer van het heelal, vergeef me deze beperkingen.

,Vereer God binnenshuis'

Voor de gelovige hindoe is de huiskamer nog steeds de plaats bij uitstek voor verering. Je mag India een traditionele maatschappij noemen, maar het gezin is er de plaats waar ,waarden' en houdingen worden doorgegeven. Ook is de hindoe nergens verplicht om op bepaalde dagen naar de tempel te gaan, zoals hij ook door (praktisch) geen axioma's en geloofspunten is gebonden. De ,praktizerende' hindoe kan wel even in een tempel binnenwippen of op bepaalde feestdagen of dagen bepaald door de stand van de maan in de tempel een offergave aanbieden. En de ,niet-praktizerende' hindoe zal niet aarzelen om ook eens mee binnen te lopen als het gezelschap of een andere reden daar de aanleiding toe zijn. ,Gemeenschappelijke vieringen' — zoals de christelijke Eucharistie in essentie is — behoren niet tot de meest populaire vormen van verering. De hindoe gaat meestal alleen bidden. Uitzonderingen zijn de zang-sessies die soms worden georganiseerd en waar ieder kan binnen — en buitenlopen.

De verering zelf — *pūjā* geheten — is een opeenvolging van verschillende daden van een gelovige tegenover zijn ,god naar keuze', symbolisch aanwezig in het beeld of een afbeelding. Als het ritueel strikt wordt gevolgd vertoont de *pūjā* veel gelijkenis met het bezoek van een gast en met gastvrijheid:

- de god wordt aanroepen *(āhvān)*,
- en uitgenodigd om te gaan zitten.
- de voeten van de godheid worden gewassen,
- bloemen worden aangeboden,
- wierook wordt gebrand en
- vuur wordt hoog rondgedraaid *(ārtī)*.
- Voedsel wordt geheiligd *(naivedya)*, terwijl voortdurend gebeden worden gepreveld.

Tenslotte wordt *prasād* uitgedeeld: dit is het voedsel dat door de offerande werd geheiligd. Wie *prasād* aanneemt, beduidt hiermee dat hij voelt dat alle goeds van God komt. Toevallig, *prasād* betekent ook ,genade'

Veel hindoe huizen — zelfs eenvoudige huisjes op het platteland — hebben een kamertje of een hoekje waar de beelden van de *ishta-dev*'s of goden naar keuze zijn opgesteld, of een foto van een god. Zo tref je in deze hoekjes soms ook beelden van Christus aan, naast die van Boeddha, Mahātmā Gāndhī en Nehroejī!

Al naargelang de familie wordt de *pūjā* thuis meer of minder frequent verricht. Bij sommigen kan er een dagelijkse *pūjā* zijn door een lid van de familie (niet zelden de moeder) of door een priester daarvoor dagelijks uitgenodigd en betaald. Meestal wordt een omslachtige *pūjā* slechts enkele malen per jaar uitgevoerd, en dan nog op feesten die de familie uitkiest (bv. Lakshmi-pūjā op het Divālī feest).

Het rondzwaaien van vuur *(āratī)* is een belangrijk onderdeel van de verering, in de tempel en binnenshuis. Het vuur (brandende oliepitjes) wordt door elk lid van de familie overgenomen; het vuur wordt symbolisch aangeraakt en de handen worden naar het voorhoofd gebracht: symbool voor de ontvangen zegen.

Mooie gedichten (meestal in het Sanskriet) worden hierbij geciteerd. Eén voorbeeld maar uit de *Kath Upnishad* (2de e. v.C.?):

De heerlijkheid van de zon, de maan en de sterren
kan U niet verlichten,
ook niet het felle licht van de bliksem.
Waartoe dan dit klein lichtje?
Door U kan dit alles schijnen,
door Uw heerlijkheid zijn ze zichtbaar.

Een ander aantrekkelijk onderdeel van de verering is het zingen van gedichten *(bhajan)* bij de licht-ceremonie *(āratī)* of zomaar, om de avond te vullen. Deze gedichten zijn meestal heel lyrisch, vol persoonlijke devotie tot God en geschreven in de volkstalen. Ze dateren niet zelden uit de 15-16de e., toen de persoonlijke devotie tot God *(bhakti)* een overrompelende bloei kende in India (zie blz. 57). Getuigen hiervan zijn de gedichten van Kabīr, Sūr Dās, Tulsī Dās en ook Nānak (de eerste goeroe van de Sikhs).

Een ander soort zangsessie wordt gevuld met *kīrtan,* of litanieën die de namen van God of een persoonlijke godheid opsommen. Met de meeslepende muziek en sterke ritmiek zijn deze sessies een boeiende ervaring.

Een ander belangrijk onderscheid met onze ritus is het feit dat alle hindoe ‚sacramenten' *(samskār)* thuis worden gevierd, meer of minder uitgebreid. Dit vooral bij de geboorte, de initiatie (op 12-jarige leeftijd), huwelijk of overlijden. Ze zijn een sociale, maar vooral religieuze aangelegenheid, met uitgebreide *pūjā.*

De tempel

Verscheidenheid domineert ook in de soorten tempels: machtige gebouwen, millennia oud, of... een stuk steen onder een boom. Elk van deze sites is sacraal gemaakt en brengt het goddelijke onder de mensen[1]. Een tempel kan gewijd zijn aan uitsluitend één godheid, of aan meerdere tegelijk. Ook zijn er tempels die over geheel India befaamd zijn omwille van de aanwezigheid van een zeer sterk ‚geladen' beeld van de godheid. Veel tempels zijn meestal niet alleen rijk, ze zijn schatrijk, met fabelachtige eigendommen en investeringsmogelijkheden. De cijfers over

De hindoe tempel kan majestatisch groot en schatrijk zijn
of eenvoudig en onopvallend

[1] Zie W.M. CALLEWAERT, *De Zuid-Indische Tempels,* Leuven, 1985, blz. 167-180, ‚Beelden en tempels als microcosmos'.

het jaarlijks inkomen van sommige tempels gaan alle verbeelding te boven. Veel dorpstempels daarentegen kunnen heel armtierig zijn.

Bij elke tempel hoort een priester: in de kleine tempels in de dorpen is hij een brahmaan die ook het land bewerkt. In grote tempels zijn het groepen priesters die het beeld moeten verzorgen en instaan voor het ingewikkelde ritueel van elke dag. De godheid in de tempel wordt behandeld met de eer aan een koning verplicht. Vroeg in de morgen wordt hij wakker gemaakt met zachte, plechtige muziek en gebeden. Daarna volgt het ritueel bad, en wordt het beeld gezalfd met olie, zijn koninklijke gewaden worden aangetrokken en hij wordt versierd met juwelen en bloemen. Op verscheidene momenten elke dag worden gebeden opgezegd en offeranden aangeboden. De dag eindigt met *ārati,* of het rondzwaaien van het vuur. Alleen op grote feesten wordt het beeld in processie naar buiten genomen. Dat kan niet in elke tempel, want sommige beelden zijn meer dan duizend jaar oud en te heilig (en te zwaar) om te verplaatsen.

In regel is de voornaamste bedoeling van een bezoekje aan de tempel het voorrecht om de godheid te kunnen zien, of schouwen: *darshan.* Dit concept *darshan* is oud en bijzonder heilig voor de hindoe. Het betekent veel meer dan gewoon de godheid te zien, in zijn fysische verschijning. Het is een inwendig schouwen, een overstappen van het wereldse naar het geestelijke. Deze *darshan* is niet elk moment mogelijk, en gebeurt soms alleen op verzoek. Dan wordt het gordijn op zij geschoven en mag je van de godheid ,een *darshan* hebben'. In zeer beleefd taalgebruik in het Hindi heb je ook een *darshan* van een hoge persoonlijkheid! Als je de tempel bezoekt bied je bloemen en wat geld aan, en je verlaat de tempel niet zonder *prasād* (geheiligd voedsel of offergave) mee te nemen, symbolisch voor de genade van God. Christenen in India noemen de heilige Communie *param prasād* of ,allerhoogste *prasād.*'

Tot slot moet er nog eens op gewezen worden dat voor de hindoe de alledaagsheid van dit soort ritueel maar zin heeft als het een mijlpaal is om elk moment van het leven een ritueel maken. M.a.w. als het een wegwijzer is die de mens optilt naar een hoger niveau.

We lezen in de *Bhagavad Gītā:*

Laat al wat je doet,
al wat je eet,
al wat je offert,
al wat je weggeeft
en al wat je je ontzegt,
een offer zijn aan Mij.

TĪRTHA-YĀTRĀ: PELGRIMS OVER GEHEEL INDIA

Patrick WILLEMS

Elke godsdienst heeft zijn eigen ,heilige plaatsen' waar zijn volgelingen periodisch samenkomen. Van de oudste beschavingen tot in de nieuwste tijd blijken bepaalde centra een sterke aantrekkingskracht uit te oefenen op de gelovigen. Joden en Christenen bezoeken het heilig land en talrijke muslims van waar ook ter wereld, ondernemen hun *hajj* naar Mekka. Voor miljoenen hindoes gaat er een gelijkaardige aantrekkingskracht uit van de talrijke heilige plaatsen in India. *Het op tocht gaan in een religieuze context* is een algemeen menselijk verschijnsel, dat in de westerse, geïndustrialiseerde samenleving sterk aan betekenis heeft ingeboet. Pelgrimage blijft echter een concept dat aanwezig is in alle ,,grote" religies.

Tīrtha-Yātrā

De betekenis van de hindoe pelgrimage ligt gevat in de uitdrukking *tīrtha-yātrā*[1], wat letterlijk ,het ondernemen van een reis naar de oevers van de rivier' betekent. In het algemeen spraakgebruik wordt het bezoek aan eender welke heilige plaats *tīrtha-yātrā* genoemd. Men zou deze term dus kunnen vertalen als ,het ondernemen van pelgrimstochten".

Tīrtha-yātrā impliceert echter veel meer dan dat. De Indiase auteur A. Bharati benadrukt het feit dat de hindoe terminologie met betrekking tot de pelgrimage dikwijls van erg metaforische aard is. Een yogi, die letterlijk geen voet verzet heeft, kan via zijn specifieke meditatie een pelgrimage ondernemen naar de zeven ,hemelen'. Zowel de pelgrimstocht als de ,heilige' plaats van bestemming krijgen een ruimere betekenis. Pelgrimage mag dan begrepen worden als het ,deel hebben aan', en de heilige plaats kan staan voor een bepaalde kwaliteit zoals bv. ,waarheid'. Dit wordt nog duidelijker wanneer we in een vers van de

---

[1] *Yāthrā* met ,th' is de Zuid-Indiase spellingswijze.

Skandapurān lezen dat „waarheid, vergevingsgezindheid, zelfbeheersing, respect voor het leven en eenvoud allen *tīrtha*'s zijn".

Tīrtha-yātrā betekent dus niet enkel de fysische aanwezigheid op een bepaalde heilige plaats, maar omvat eveneens een mentale en morele discipline. Zonder dit laatste zou het louter op tocht gaan weinig zin hebben.

Pelgrimage in het Hindoeïsme is een logische voortzetting van de onderliggende filosofische principes. Vier dominante principes, nl. *Dharma, artha, kām* en *moksha* beheersen de hindoe levensopvatting.

Dharma, de redelijke ordening, beschrijft hoe men zich behoort te gedragen. *Artha* omvat het materiële voordeel en gewin terwijl *kām* staat voor liefde en genot. Deze drie aspecten van het leven convergeren in het ultieme doel, het geestelijk geluk. Het vierde principe, *moksha* is het principe van de geestelijke realisatie en de emancipatie van het ,zelf'. Dit kan begrepen worden als het loskomen van de bestendige kringloop *(samsār)* en het ontsnappen aan de opeenvolging van sterven en weder geboren worden. Om dit doel te bereiken vindt men in het Hindoeïsme een waaier van mogelijkheden Zo is er bv. de weg der kennis in de *jñān-yog* en de liefde, toewijding en onderwerping in de *bhakti-yog*. Pelgrimage wordt dus, alhoewel het niet de meest geëigende methode is, geacht een wezenlijke bijdrage te leveren op weg naar het *moksha*. Pelgrimstochten zijn enkel zinvol en nuttig wanneer de persoon in kwestie leeft volgens het *dharma* principe. Verschillende teksten in de religieuze hindoe-literatuur wijzen op de belangrijkheid van een zedelijk leven als voorwaarde voor het verwerven van enige verdienste door middel van het bezoek aan *tīrtha*'s. De pelgrimstocht is voor de gelovige een tijdelijke gelegenheid om zich van alle dagelijkse zorgen te ontlasten en de vrijgekomen tijd te besteden aan bezinning en gebed.

Een oude traditie

De eerste vermeldingen van pelgrimstochten in de Indische literatuur vindt men in de *Aitarey Brāhman,* een commentaar op de *Rig Ved*. Het lijkt erop dat deze pelgrimages als een boetedoening moeten geïnterpreteerd worden, waarbij de loutering en verlossing van de zonde werd beoogd. Dit is trouwens nog steeds een motief dat sterk meespeelt. De Ariërs van de Vedische periode vereerden de rivieren. Dit blijkt ondermeer uit de bekende rivier-hymne *(nadīstuti)* uit de Rig Ved. Mogelijkerwijze vindt de term *tīrtha* (oever) hier zijn oorsprong.

De pelgrimage had zeker nog niet de rijke betekenis die het later zou krijgen. Niettemin zijn er enkele elementen aanwezig die later ook nog terug te vinden zijn. Zo is er bv. de vereniging van het water en de verdienste (loutering van zonde) van de pelgrimage. Een volgende verwijzing wordt gevonden in het wetboek *Manu-Smriti*. Hier wordt echter het belang van het bezoek aan Kurukshetra en het baden in de Ganges — in latere tijden als heilige rivier bestempeld — gerelativeerd. Misschien is het zinvol erop te wijzen dat ook nu geen enkele hindoe-school het baden in de Ganges waardevoller acht dan de meditatie. Immers in het Hindoeïsme ligt de nadruk steeds op de zelfbeheersing en de pelgrimage vormt hiervoor zeker geen substituut.

Na de Vedische periode lijkt het ondernemen van pelgrimstochten enkel maar aan populariteit gewonnen te hebben, zoals bv. blijkt uit het grote epos, de *Mahābhārat* (200 v. Chr.). Terwijl het Hindoeïsme evolueerde naar een meer geformaliseerde religie, werden ook de rituele elementen steeds belangrijker. De rituele details werden neergeschreven in de Purāns. Eens deze laatsten aanvaard werden als de autoriteit inzake geloof en religie, bereikte de pelgrimage — sterk aangeprezen in de Purāns — een niet eerder gekende status in het hindoe geloof. Een

Evenveel als een beeld in de tempel is voor de hindoe een natuurgegeven aanleiding tot eredienst

minder hoog verheven oorzaak die de ‚pelgrim-gewoonte' onmiskenbaar heeft gestimuleerd (en dit nog steeds doet) ligt in het feit dat de offergaven van de pelgrims de bron vormen voor het levensonderhoud van de dienstdoende priesters. Deze laatsten zullen dan ook eerder geneigd zijn de verdiensten van de pelgrimage op te hemelen, en het bezoek aan ‚hun' *tīrtha*'s aan te moedigen.

Het bezoek aan de *tīrtha*'s was in het verleden, en blijft ook in het heden erg populair onder de hindoe bevolking. Men zou zelfs kunnen beweren dat het aantal pelgrims nu veel groter moet zijn dan het ooit is geweest. Dit ligt niet zozeer aan een bijzondere geloofsrevival onder de hindoes dan wel aan de toegenomen transportmogelijkheden op het Indiase subcontinent. Het aantal pelgrims dat per jaar de bekende hindoe *tīrtha*'s bezoekt wordt geschat op tientallen miljoenen. Speciale gelegenheden, zoals het Kumbhmelā in Allahabad, trekken meer dan één miljoen gelovigen die allen verlangend uitkijken naar een bad in de heilige rivier, tijdens een speciaal gunstige periode om de 12 jaar.

Verspreiding van de tīrtha's

Het Indiase subcontinent is enorm rijk aan heilige plaatsen, met belangrijke en minder belangrijke pelgrim-steden. Bepaalde gebieden bezitten een sterke concentratie aan heilige plaatsen, terwijl andere delen duidelijk ondervertegenwoordigd zijn. Een ander opvallend kenmerk is de nabijheid van water voor de meeste steden.

Wanneer we deze spreiding vergelijken met de pelgrimsoorden die ons bekend zijn uit de *Mahābhārat* dan krijgen we een analoog beeld. Ook hier komt de duidelijke associatie met water naar voor. De zuiverende werking ervan vormde blijkbaar reeds vroeg een zeer belangrijke lokalisatiefactor. Daarnaast stellen we eveneens vast dat bepaalde regio's weinig of niet worden vermeld. De in onze tijd belangrijke pelgrimsoorden in Zuid-India zoals Rameshvaram, Tirupati en Shrīrangam komen niet aan bod. Het is mogelijk dat deze plaatsen nog onbekend waren in het noorden en hun belangrijkheid slechts verwierven in een latere periode. Dat er reeds noordzuid-verbindingen waren tot stand gekomen blijkt duidelijk uit de vermelding van enkele rivieren en steden uit het zuiden.

De afwezigheid van ‚heilige plaatsen' in bepaalde noordelijke zones van het subcontinent heeft een andere reden. De meeste *tīrtha*'s liggen in die gebieden waar er hoofdzakelijk hindoes leefden. Het lijkt plausibel te veronderstellen dat de regio's niet vermeld in de *Mahābhārat* nog niet voldoende in aanraking gekomen waren met het Arische kultuurgoed. Voldoende bewijsmateriaal voor deze stelling is er nog niet, naar het lijkt een aanvaardbare hypothese. Een vergelijking, met de huidige woonplaats van de tribalen duidt in dezelfde richting. Waarom nu vooral in die streken een tribale bevolking kon blijven bestaan kan in verband gebracht worden met de leefgewoonten van de Ariërs. Zij waren een landbouwvolk dat reeds gebruik maakte van de ploeg en de technieken van de rijstteelt onder de knie had. De fysische omstandigheden maakten het Gangesbekken bijzonder geschikt voor deze rijstkultuur.

Wanneer de Ariërs een verdere uitbreiding van hun territorium beoogden, lijkt het logisch dat vooral die gebieden met een eveneens gunstig klimaat in aanmerking kwamen. Minder aantrekkelijke gebieden kwamen slechts later in contact met de Ariërs. Op die manier zouden bv. de verschillende *tīrtha*'s gelegen in de smalle kuststrook ter hoogte van Andhra-Pradesh en Orissa verklaard kunnen worden.

De hindoe kultuur ten tijde van de *Mahābhārat* kende haar eigen *tīrtha*'s, met een eigen relatieve belangrijkheid. Deze was niet identiek met de situatie in onze tijd. Zo is er bv. Pushkar, toendertijd het vertrekpunt van elke grote pelgrimstocht. Herhaalde malen worden de verdiensten van dit pelgrimsoord, dat gewijd was aan Brahmā, geprezen. De verdienste voor de pelgrim die een bezoek bracht aan Pushkar werd in de *Mahābhārat* gelijkgesteld met een paardenoffer, *ashvamedha* genoemd. Dit is een aanwijzing dat Brahmā in de epische periode van veel groter belang was dan tegenwoordig.

Vārānasī, dat anno 1986 nog steeds een van de belangrijkste pelgrimsoorden is, was toendertijd minder belangrijk dan Pushkar. De verdienste van een bezoek aan Vārānasi werd in het bovenvermeld epos evenwaardig geacht aan de offers bij de plechtigheid ter ere van het koningschap, het *rājasūy yajña*. Dit laatste stond echter minder hoogaangeschreven als het *ashvamedha*. Vandaag de dag is de cultus rond Brahmā relatief onbelangrijk geworden in India. Slechts één voorname heilige plaats is nog aan hem gewijd, met name Pushkar. In de periode van de samenstelling van de grote epen waren echter talrijke bedevaartsoorden verbonden met deze godheid. Verondersteld wordt dat door het naar voren treden van andere goden, het belang van Brahmā overscha-

54

duwd werd. Zowel Vishnoe, Shiva als Krishna werden slechts in latere tijden geassocieerd met belangrijke pelgrimsoorden.

Doel van de pelgrimstocht

Welke motieven zetten mensen ertoe aan om op tocht te gaan en ontberingen te trotseren, zonder dat dit enig materieel gewin met zich meebrengt. Algemeen kan men stellen dat dat verlangen, al naargelang de persoon in kwestie, erg verschillende gronden kan hebben. In de religieuze hindoe-literatuur zijn er talloze uitdrukkingen of zinsneden waaruit de grote waardering voor het pelgrimeren blijkt. Pelgrimstochten worden omschreven als acties van heiligheid. Zo vermeldt de *Padma Purān* het volgende:

> „door omgang — ontdaan van alle lust en hebzucht — met heilige mannen, kan men een grotere kennis verwerven van de kosmische realiteit (Bhagwān) die vervolgens tot vereniging en identificatie met deze realiteit kan leiden."

Het hoogste verlangen van de religieuze mens is het actief betrokken zijn in deze heilige orde. De ,heilige plaatsen' zijn dus als het ware eilanden in een profane wereld, waarvan de religieuze practicus gelooft dat ze tot die gewijde orde behoren. Het motief van de *tīrtha-yātrā* ligt in dit verlangen om te leven in een zuivere en heilige orde. De *tīrtha*'s vormen geen gewoon deel van de wereld, maar vertegenwoordigen een geestelijke en morele orde. Het is te verwachten dat niet iedere pelgrim die deze heilige oorden aandoet een gesofisticeerde en filosofische verklaring kan geven voor zijn bezoek. Niettemin moet men bij gebrek aan voldoende materiële drijfveren, andere gronden inroepen om zijn handelswijze te begrijpen. Heel het gebeuren in en rond de *tīrtha*'s is omgeven door een waaier van rituele handelingen die het sacrale karakter van deze plaatsen extra beklemtonen. Elke pelgrim zal dit aanvoelen en wenst actief deel te nemen aan heel het gebeuren door o.a. het brengen van offers, het baden in de rivier, het zingen van *bhajan*'s (dit zijn religieuze gezangen), het volgen van erediensten en het deelnemen aan andere religieuze rituelen die specifiek zijn voor het pelgrimsoord of de reden van zijn tocht. Het baden in de rivieren mag dan niet enkel begrepen worden als een zuiveringsceremonie, het heeft ook een veel diepere zin. Zo zal dit bij het Kumbha-feest in Allahabad (of op andere plaatsen) gelijk zijn met het baden in het *amrit,* de nectar of het leven-gevend water. Dit *amrit* is niet enkel symbolisch aanwezig. Voor de pelgrim wordt een hele kosmische wereld tot leven geroepen, waarin hij zichzelf actief betrokken weet. In die zin wordt de mythe geactualiseerd op een specifieke plaats en tijd, en neemt de pelgrim zijn bad in het oorspronkelijke *amrit*.

Een andere motivatie die meespeelt bij het pelgrimeren is het verwerven van verdiensten en het vergeven van zonden. Alhoewel de meeste pelgrims dit liever niet openlijk bekendmaken is de religieuze literatuur erg expliciet over de verdiensten-schenkende en de zonden-uitwissende kracht van de *tīrtha-yātrā*.

Een aantal andere motieven behoren tot een minder mystieke categorie en zijn terug te brengen tot het sociale leven waar rituelen en riten, taken en verplichtingen moeten uitgevoerd worden om als lid van een bepaalde religie, kaste, sekte of klasse (h)erkend te worden. Verschillende van deze riten markeren de belangrijke momenten in de levenscyclus. Zo zijn er bv. de *mundan,* d.i. het tonsureren van de mannen als teken van eerbied voor de overledene, het *shrāddha,* eveneens een ceremonie ter ere van de overledene, het louteringsbad voor de toekomstige bruid en vele andere. Deze rituelen vinden bij voorkeur plaats bij bepaalde *tīrtha*'s, zodat men over een zekere graad van functionele specialisatie kan spreken. De verschillende rituelen m.b.t. de overledenen vinden in Noord-India bij voorkeur plaats in Haridwār of Vārānasī. Andere, eveneens belangrijke motieven, worden bepaald door de materiële of sociale noden en behoren helemaal niet tot het spirituele. Toch kunnen deze verlangens — om te trouwen, om een zoon te ontvangen, of om een goede oogst enz. — gesitueerd worden binnen het domein van de religie. De pelgrim demonstreert, in al deze wereldse aangelegenheden die hem nauw aan het hart liggen, zijn afhankelijkheid van een bovennatuurlijke kracht. Deze afhankelijkheid vindt zijn uitdrukking in het naleven van de religieuze voorschriften.

De *tīrtha*'s zijn nog steeds belangrijke en dynamische centra in het moderne India, en sommige ervan zijn uitgegroeid tot universitaire centra, waar zowel geloofszaken, onderricht van het Sanskriet als de exacte wetenschappen aan bod komen. Bovendien heeft elke rechtgeaarde hindoe er alles voor veil om minstens één maal een pelgrimstocht aan te vatten, en liefst dan nog naar Vārānasī.

BHAKTI, AVTĀR'S EN KRISHNA

Winand M. Callewaert

Er zijn situaties en gebeurtenissen die zich eigenlijk alleen in India kunnen afspelen. Eén daarvan is ongetwijfeld de Eenheids-Ritus *(ekāt-matā yajña)* die tijdens de maand november 1983 van het noorden naar het zuiden en van het oosten naar het westen door India trok. Deze Ritus — bestaande uit enkele vrachtwagens en jeeps met heilig Ganges-water — trok door 300.000 dorpen en legde een totaal van 80.000 km af. Met drie hoofd-routes en 89 secundaire routes, bereikte de Ritus een ongelooflijk grote massa hindoes en anderen. Heilig water werd ver-kocht en 's avonds weer bijgevuld, met een geschatte opbrengst van 8 miljoen Bf, het dubbel van de organisatiekosten. Hoe kwam men erbij?

Met de slogan ,India kan niet één worden als niet alle hindoes worden verenigd' gingen leiders van de ongeveer 85 hindoe secten in de maand mei 1983 akkoord om op deze manier nieuw leven te blazen in het Hindoeïsme dat „bedreigd wordt door hernieuwde bekeringsaktiviteiten van muslims en christenen". Grote massa's kwamen zelfs samen bij de aankomst van de ,Ritus' in de buurt van de Sikh Gouden Tempel in Amritsar. Sindsdien is in die buurt veel gebeurd dat niet louter econo-misch of politiek te verklaren is.

De diepere achtergronden van deze gebeurtenis wil ik hier niet uit de doeken doen; wel is het een aanleiding om dieper in te gaan op de religieuze ziel van de hindoe.

Het fabeltje is al lang voorbijgestreefd dat in India de mystiek van de bomen druipt. Een definitie of zelfs een sluitende beschrijving geven van ,De Hindoe' is ook een vergeefse inspanning. Het is voldoende dat hij/zij bij de huwelijkspraktijken en eetgewoonten enkele kaste-voorschriften in acht neemt, zich vaag bewust is van het principe van de hergeboorte volgens de wet van het *karma* en eerbied heeft voor de koe, om als hindoe gekwalificeerd te worden. Daarbij mag hij agnosticus, atheïst of polytheïst zijn, of een geloof in volledige overgave hebben.

Op dit ‚geloof in volle overgave' of *bhakti* voor een *avtār* of ‚nederdaling van Vishnoe', wordt hieronder dieper ingegaan.

De avtār's of nederdalingen van Vishnoe

Veel gelovige hindoes beginnen hun morgengebed met een weesgegroet aan alle goden die het hindoe pantheon bevolken. In de oude *Ved*'s telde men 33 goden, dit is 3 maal 11 voor elk van de drie werelden. Maar naarmate de tijd voortschreed, steeg het aantal goden tot een eindeloze versnippering, zodat men in de *Purān* literatuur stelt dat er niet minder dan 330 miljoen goden zijn of, evenveel als er haren staan op het vel van een koe. In de *Ved*'s leest men dat vuuroffers werden opgedragen die volgens zeer minutieuze beschrijvingen moesten worden uitgevoerd. Gezien de nomadische context van het vedische volk werden vooral natuur-elementen als goddelijke kracht, als god vereerd. Stilaan verzwakt de identiteit van deze goden en gaat de efficiëntie van het offer — dat precies volgens de voorschriften moest worden uitgevoerd — alles overheersen. Daarbij worden de managers, de ingewijden van de ritus zeer machtig. Dit zijn de brahmanen: zij kennen de teksten, zij kennen de ritus en hebben macht over de mens-god relatie.

En dan komt de volgende stap: het offer vermindert op zijn beurt in waarde en *de kennis van de ritus* en het waarom ervan levert evenveel verdienste op als vroeger de ritus zelf. Dit brengt ons naar de speculatieve periode van de *Upnishad*'s en — tegelijk — tot de reformatie, bijna letterlijk tot de reactie van de ‚protestanten' tegen:

    1. de overheersing van de brahmanen en het brahmanisme — en dit wordt het einde van de brahmaanse religie in de strikte betekenis.
    2. het hermetisch filosoferen, waar de gewone mens niet veel bij gebaat was.

We krijgen het Jainisme, het Boeddhisme, én — enkele eeuwen later, wellicht als een poging van de orthodoxe hindoe-leer om de massabekeringen tot het Boeddhisme tegen te gaan — de opkomst van de *avtār* theorie, met al zijn devotie op mensenmaat. Deze ruw geschetste evolutie van actie en reactie in het godsdienstig gebeuren van India kan gedeeltelijk een verklaring bieden voor de zeer complexe ontwikkeling van het *avtār* systeem.

Een klassieke benadering van het Hindoeïsme spreekt over de drie-godheid, of drie aspecten van het goddelijke: Brahmā, Vishnoe, Shiva. Terzelfdertijd suggereren sommigen dat dit schema nogal theoretisch is en dat in de praktijk eigenlijk ofwel de god Vishnoe of Shiva een alomvattende god is.

Vishnoe

In de *Rigved* zijn slechts 5 hymnen aan Vishnoe gewijd en het voornaamste element daarin zijn de drie stappen die hij zet, een beeld dat later wordt opgenomen in de Dwerg *avtār*. In het huidig theologische denken en ook in de devotie van de Vishnoe-gelovige is Vishnoe de god met wie 1) het begrip van een stabiel universum en 2) het begrip van de *avtār* is geassocieerd.

Omwille van het populaire karakter van de *avtār* avonturen, mogen we het eerste element — dat van de stabiliteit — niet uit het oog verliezen. Vishnoe houdt de universele orde, de *dharma* in stand. Hij verschijnt op het toneel waar de orde dreigt verstoord te geraken, en dat wordt populair benadrukt in de *avtār* verhalen: Vishnoe is god — voor de mens — als steunpilaar van de kosmos.

Wanneer men de filosofische optiek even terzijde laat en binnentreedt in de symboliek van de gelovige hindoe, bemerkt men dat in de eeuwige cyclus van kosmische hernieuwing en vernietiging het universum gezien wordt als een Gouden Ei, *(hiranyagarbha)*, met onderaan slangen die de kosmische wateren symboliseren. Boven op deze slangen-oceaan staat de kaarsrechte figuur van Vishnoe, bijna even groot als de as van het ei, zijn armen uitgestrekt om de uitgestrektheid van het universum te symboliseren.

De hindoe cyclus van de evolutie ziet er als volgt uit:

1. *Krit-yug* (Gouden Tijdperk) 1.728.000 jaar
2. *Tretā-yug* 1.296.000 jaar
3. *Dvāpar-yug* 864.000 jaar
4. *Kali-yug* (Verval) 432.000 jaar

Na de dood van Krishna zijn we het Tijdperk van Verval begonnen.

Deze vier Tijdperken *(yug)* samen vormen 4.320.000 jaar of één *mahāyug (Groot Tijdperk)*.

1.000 *mahāyug*'s vormen één *kalpa,* of één dag van Brahmā. Brahmā's leven duurt honderd Brahmā-jaren, van elk 360 *kalpa* dagen, of ... menselijke jaren.

Voor de duur van elke *kalpa* dag, schept Brahmā. Daarna slaapt hij evenlang en komt de kosmos tot stilstand. Daarna moet Vishnoe hem wekken.

Na 100 Brahmā jaren gaat Brahmā terug naar het Opperste wezen en er volgt een evenlange periode van rust, tot een nieuwe Brahmā wordt aangeduid.

De cijfers zijn minder belangrijk. Essentieel is te onthouden dat voor de hindoe de evolutie eeuwig terugkerend is, ‚cyclisch' en dat zelfs de Godheden daaraan zouden onderworpen zijn. Wat is dan ons menselijk bestaan, behalve een bliksemschicht door een enorme ruimte?

Het is Vishnoe die op de slang rust na de vernietiging van de kosmos, tijdens het interludium vooraleer een nieuwe Brahmā wordt aangeduid om een nieuwe kosmos te scheppen. Uit Vishnoe emaneren dan drie figuren: Brahmā, met zijn vier hoofden Shiva, die alles terug tot verwoesting zal brengen op het einde der tijden, in een woeste vuurdans op het ogenblik dat de mensen de *dharma* volledig zullen vergeten zijn; de derde figuur is Hay Grīv, die de zon symboliseert.

Van belang bij de bijna apocalyptische visie van Vishnoe rustend op de slang is het feit dat Vishnoe wordt gezien als de god die de orde in de kosmos in stand houdt en toeziet dat de kosmos altijd opnieuw herschapen wordt. Hij is daarom ook neergedaald naar de geschapen wereld op verscheidene momenten in de evolutie om als redder op te treden. Dit wordt o.a. in een zeer uitgebreide devotie tot en literatuur en beeldende kunsten over Rām en Krishna tot uiting gebracht.

Eén belangrijk punt mogen we echter niet uit het oog verliezen: de hindoe voelt zich vrij om — volgens zijn kaste, zijn opvoeding thuis, zijn streek, enz. — één of andere god uit te kiezen voor speciale verering: Shiva of Kālī (vrouw van Shiva), Rām of Krishna, de Godin van de Pokken of een andere dorpsgod (zie blz. 42). Tegelijk betoont hij ook eerbied aan al de andere goden en kan hij zich tot een andere god — wij zouden wellicht zeggen tot een andere heilige — wenden voor een specifieke nood.

Wat de tempels en de tempelgang betreft, wordt wel een belangrijk onderscheid gemaakt, met name tussen de tempels van Shiva en die van Vishnoe, maar dit betekent niet dat een Shiva-'volgeling' nooit in een Vishnoe-tempel zal gaan bidden.

Avtār's of nederdalingen

De eerste sporen van het begrip *avtār* vinden we in de *Shat-path Brāhman*, ca. 1000 vóór Chr.: Prajāpati (de monistische Schepper) laat uit zijn ledematen de wereld ontwikkelen en daalt neer in de vorm van een vis *(matsya)*, om de eerste mens Manu te redden. We lezen er ook over Prajāpati als de schildpad *(kūrma)* die dient als steun-as bij het karnen van de oceaan en de ever *(varāh)* die de aarde boven de waters moest tillen.

In hetzelfde boek verschijnt Vishnoe in de vorm van een dwerg *(vāman)*. In een gevecht tussen de goden en de demonen *(asur's)* hebben de goden het onderspit gedolven. De demonen willen de wereld verdelen en onder leiding van de dwerg komen de goden en vragen als aalmoes alleen die grond die de dwerg in drie stappen kan betreden. De *asur's*, niet bewust van de uitzonderlijke machten die de dwerg bezit, willigen de vraag van de goden in. En de dwerg Vishnoe stapt over de drie werelden. Aldus worden de goden gered en rest voor de demonen niets meer.

Het is belangrijk hierbij te benadrukken dat in de oude literatuur de *avtār* niet beperkt werd tot één god, en de *avtār* werd toen ook niet vereerd!

Er is een grote verscheidenheid in het aantal *avtār's*, maar men kan stellen dat vanaf 800 na Christus de klassieke reeks van 10 *avtār's* reeds stevig wortel heeft geschoten:

Vis *(matsya)*,
Schildpad *(kūrma)*,
Ever *(varāh)*,
Man-Leeuw *(nar-simha)*,
Dwerg *(vāman)*,
Parashurām (de brahmaanse krijger die alle Kshatriya's 21 keer doodt);
Rām (de prins van Ayodhyā);
Balarām (de oudere broer van Krishna);
Krishna;
Boeddha en tenslotte
Kalki die op het einde van de Kaliyug (zie blz. 59) zal verschijnen op een
wit paard gezeten.

Bhakti

In de religieuze geschiedenis van India bekleedt de *bhakti* literatuur
een belangrijke plaats, vooral vanaf de jaren 1200 n. Chr. Met *bhakti*
wordt dan bedoeld de ,onvoorwaardelijke overgave aan een persoonlijke
godheid'. Dit uit zich vooral tegenover Krishna en Rām *(avtār's* van
Vishnoe) en tegenover de persoonlijke God van dichters-mystiekers
Santa's genaamd, zoals Nāmdev, Kabīr en Nānak. In de Sanskriet
literatuur echter heeft *bhakti* een bredere betekenis: de aardse liefde
tussen heer en dienaar, tussen de goeroe en de leerling, de liefde van
God tot de mens en van de mens tot God.

De heden zeer geladen term *bhakti* in de mystieke hindoe literatuur
heeft dus een brede basis, op menselijk niveau. Niet elke hindoe beleeft
zijn religiositeit op het niveau van *bhakti* en van de 85 hogergenoemde
,secten' legt slechts een minderheid de nadruk op deze beleving van het
religieuze. Maar in de kringen en de stromingen waar het wordt beleefd,
vinden we hoogtepunten van religieuze ervaring, met uitspraken als
,God is liefde, God is mijn vader, God is mijn moeder' enz.
Wie is de god die het doel is van deze overgave? Kunnen we een
beschrijving geven met onze westerse, christelijke termen?

Krishna is een moeilijk te plaatsen figuur in de geschiedenis van de
godsdienst; verschillende fasen doen zich in de verering van Krishna
voor.
In de oudste delen van het beroemde epos *Mahābhārat* (ca. 400 vóór
Chr.) wordt hij beschreven als een held, een ridder. In de latere delen
echter wordt hij voorgesteld als een *avtār* van Vishnoe. We weten uit o.a.

de beschrijving van de Griek Megasthenes (200 vóór Chr.) dat een Vāsudeva Krishna als god werd vereerd in Mathurā, ten zuiden van Delhi.

Aanvankelijk was er blijkbaar geen verband tussen deze Vāsudeva Krishna en Vishnoe. Wellicht was een Vāsudeva Krishna uit de 6de eeuw de stichter van de Bhāgavat-sekte en werd hij vergoddelijkt door zijn volgelingen. Ongeveer 300 vóór Chr. wordt de identificatie gemaakt tussen Vāsudeva Krishna en Vishnoe, als een deel van de réveilbeweging van het Brahmanisme tegen het sterk opkomende Boeddhisme en Jainisme.

Vanaf 200 na Chr. wordt de biografie van Krishna als herdersjongen in Vrindāban uitgesponnen in de volgende Sanskrietwerken: *Harivamsha, Vishnoe Purān, Bhāgavat Purān, Brahmāvaivarta Purān*.

Nog later ontwikkelde zich de devotie tot het kindje Krishna.

Biografie en datering van Krishna

Wanneer de gegevens uit het leven van Krishna op een rijtje worden gezet is het moeilijk uit te maken welke gegevens historisch zijn, want de bronnen — de *Mahābhārat,* enz. — zijn compilaties van verhalen over vele eeuwen verspreid.

Trouwens de vraag naar de historiciteit is een typisch westerse vraag: de gelovige Vishnoe-hindoe hecht meer belang aan de existentiële waarde van Krishna voor de mens vandaag.

Voor hem zijn alle bekende gegevens over Krishna historisch. ,,Als er mythen rond Krishna gegroeid zijn, is het precies omwille van de bovenmenselijke kwaliteiten die hij bezat''.

We lezen in de *Bhāgavat Purān* XII, 26-32: ,,Toen de heerlijkheid van Vishnoe, genaamd Krishna, terug naar de hemelen trok, begon de Kaliyug of Tijd van Verval waarin de mensen begonnen te zondigen. Zolang Krishna de aarde wijdde met zijn heilige voeten, kon de Kaliyug de aarde niet raken''.

Volgens deze gelovige datering werd de *Mahābhārat* door Vyās gedicteerd aan Ganesh, Shiva's zoon-met-olifantenkop. Het epos *Mahābhārat* verhaalt o.a. de veldslag in Kurukshetra die zou hebben plaatsgehad in 3102 vóór Chr. tussen de Pāndav's en de Kaurav's.

Andere astrologische berekeningen verschillen enkele tientallen jaren, maar het zou dus vaststaan dat de Kaliyug begon met de dood van Krishna, rond 3000 vóór Chr., d.i. — in ons westers historisch perspectief — 1500 jaar vóór de Ariërs in India binnenvielen.

Krishna-devotie

Volgens de westerse historische analyse was Krishna een historisch figuur rond de jaren 700 v.Chr. Sommige Indische geleerden plaatsen hem vóór 3000 v.Chr. Hij zou een heldenrol hebben vervuld in de talrijke volkse verhalen die toen (en heden nog) in India door barden werden verteld. Studies rond orale tradities in culturen zonder geschreven documenten hebben duidelijk gemaakt dat aan de kern van een verhaal talloze details worden toegevoegd, al naargelang de interesse en instelling van het publiek. Deze barden leefden trouwens van giften en de gastvrijheid van de dorpskernen of de ‚nobelen' die hen uitnodigden. Het is zelfs bekend dat — niet zelden op het hoogtepunt van een spannend relaas — de bard even onderbrak en vroeg wie hem de maaltijd en het onderdak voor de nacht zou geven. Bij een positief antwoord ging zijn verhaal verder, weken aan een stuk.

En zo krijgen we na eeuwen traditie de omvangrijke ‚geschiedenis' van helden en goden, in de Sanskriet literatuur beschreven. Onbegonnen en nutteloos werk is het — op basis van geschreven teksten, nu voorhanden — naar de nucleus of het archetype van een dergelijk verhaal te speuren.

In dat oerwoud van verhalen zit ook Krishna verborgen en we ontmoeten hem — op basis van de literatuur later op schrift gesteld — als God, als de Nederdaling *(avtār)* van Vishnoe.

Vanaf de 2de eeuw v.Chr. wordt Krishna geregeld vermeld en zonder twijfel ook op vele plaatsen vereerd als God. Tot Hem ontwikkelt zich een bijzondere devotie, aan Hem geven mensen zich volledig over, in *bhakti.*

Krishna en de herdersmeisjes

De literatuur over Krishna wordt uitgebreider naarmate de tijd verder gaat. Belangrijk is te weten dat de talloze verhalen over de jeugd van Krishna gesitueerd worden in de streek rond Vrindāvan, ten zuiden van Delhi. Daar kun je vandaag nog de rotsen aanraken waar Krishna zijn voeten op plaatste en daar is de soms bijna uitzinnige devotie tot

Krishna tot grote bloei gekomen. Een bekend fenomeen met deze devotie verbonden is de Hare Krishna Beweging (zie blz. 38), die (vooral) in het westen fervente volgelingen heeft. Als je hun tempel in Vrindāvan bezoekt, kan je er ‚Krishna-brood' eten. Indrukwekkend is er geheel de atmosfeer, die je sympathie doet voelen voor de eenvoudige boer die je komt vertellen dat je 's avonds in de dorpen nu nog Krishna kunt ‚zien'. Het tilt je naar een niveau waarop wij ons in onze betonnen maatschappij niet meer bewegen.

Een belangrijk gebeuren uit de Vrindāvan-periode van Krishna is zijn relatie met de plaatselijke herdersmeisjes. Zijn geliefde bij voorkeur is

Krishna heeft de kleren van de badende herdersmeisjes weggenomen

Rādhā, een jonge, wondermooie maar gehuwde vrouw. Tegen de gangbare moraliteit in wordt Rādhā de geliefde die alle taboes veracht voor haar minnaar Krishna. Een zeer geladen symboliek vinden we in deze mens-God relatie en alle aardse verhalen worden mystiek verklaard.

Als op een bepaalde dag Krishna bij de rivier de herdersmeisjes een bad ziet nemen, steelt Hij hun kleren en komen ze naakt voor Hem staan. Dit ideaal thema voor de miniatuurkunst wordt theologisch verklaard als een poging van God om de mens in zijn kwetsbaarheid bloot te stellen en aan te sporen om alleen het essentiële te zoeken.

Krishna en Rādhā

Maar de *bhakti* tot Krishna gaat verder. In de theologische tractaten vanaf de 15de eeuw wordt Rādhā niet alleen het ideaal van de zuivere devotie van de mens tot God; zij wordt zelf ook vereerd als een goddelijke kracht. Hier komen we op een nieuw terrein dat enige verklaring verwacht binnen de hindoe kontekst. De dualiteit in devotie tot Krishna en Rādhā vindt zijn oorsprong in de yoga cultus en het Sahajīy Boeddhisme, die poneren dat de Goddelijke Realiteit in zich de mogelijkheid heeft van twee aspecten, één statisch en één dynamisch, of één zuiver bewustzijn en één activiteit. In het zuivere Zijn van het Goddelijke zijn deze twee aspecten één, maar bij de (mens)wording krijgen we een dualiteit. En verder — volgens het Tantrisme en de Sahajīy Scholen — wordt aangenomen dat het onderscheid tussen man en vrouw in de aardse schepping zijn feitelijke basis vindt in de ontologische situatie van het goddelijke (zie blz. 76). De realiteit bestaat gewoon uit twee aspecten, en dat uit zich op menselijk niveau in het onderscheid tussen man en vrouw.

En dan begrijpt men het yoga principe waarbij het lichaam wordt gezien als een microcosmos, symbool van de macrocosmos of Realiteit: de mannelijke kracht (Shiva) verblijft in de top van de schedel en de vrouwelijke kracht (Shakti) verblijft aan de onderkant van de ruggegraat als een opgerolde slang. Als deze twee worden verenigd bereikt de zoeker het Absolute.

Deze ervaring van twee-heid wordt in de *bhakti* tot Krishna beleefd als een ervaring van Krishna en Rādhā. In zijn/haar lichaam ervaren man en vrouw in feite de ontologische realiteit van het Goddelijke, van

Shiva en Shakti, van Krishna en Rādhā. Om het Absolute te ervaren moeten man en vrouw zichzelf ervaren als Krishna en Rādhā en een eenheid nastreven. En dan komt de moraal: zoals Rādhā en Krishna één zijn, zo moet jij, in *bhakti* of volledige overgave, één worden met Krishna. Rādhā is niet alleen symbool voor de vrouw die zoekt naar haar minnaar, zij is ook symbool voor de gelovige die zoekt naar het Goddelijke.

We spraken over het Sahajīy Boeddhisme en het Tantrisme. Zonder in detail te gaan, moeten we onthouden dat in die stromingen, die zeer sterk de Krishna *bhakti* hebben beïnvloed, de sexuele eenheid met partner-gelovigen als een stap naar het Goddelijke werd gezien. En, als man en vrouw zichzelf ervaren als Krishna en Rādhā, dan wordt de menselijke liefdesrelatie een goddelijke relatie, identiek aan de liefde die eeuwig bestaat tussen Krishna en Rādhā. Tegen de achtergrond van deze denkwereld moeten we de uitgebreide verhalenliteratuur over Krishna in de streek van Vrindāvan situeren.

Samengevat: als *avtār* of nederdaling van Vishnoe wordt Krishna voorgesteld als de onuitputtelijke minnaar van de herdersmeisjes; sommige verhalen spreken van 28.000 ,relaties' op één nacht, hoewel Krishna tegelijk wordt voorgesteld als puber. De terminologie is heel menselijk: de meisjes zijn triestig omdat Krishna niet naar hen omkijkt, of ze zijn in extase omdat ze Hem achter een boom hebben gezien enz. Op een bepaald moment komen negenhonderdduizend meisjes naar de fluitspelende Krishna, die in evenveel verschijningen met elk ,omgaat'.

Wanneer Hij niet in Vrindāvan aanwezig is, geeft Krishna opdracht aan zijn vriend Udhav aan de meisjes de volgende boodschap te geven: zoek niet naar Mij alleen in mijn menselijke verschijning, Ik ben overal en alom tegenwoordig. En aldus identificeert de gelovige zich met de meisjes die naar God verlangen, die pijn hebben als Hij afwezig is. God als Krishna overstijgt de Krishna van Vrindāvan en is de Alomtegenwoordige.
Deze theologische evolutie gaat verder met de tijd. In de 16de-eeuwse teksten wordt dieper ingegaan op de ontologische liefdesrelatie tussen Krishna en Rādhā. Er is niet alleen sprake van de pure *bhakti* van Rādhā voor Krishna; Krishna zelf vertelt aan zijn vrienden hoe verliefd

Hij is op Rādhā (lees: de mens), hoe Hij in slapeloze nachten voortdurend aan Rādhā denkt.

Dit brengt ons dan tot het theologisch inzicht in de liefde van God: ,God is Liefde' (Johannes) en ,Liefde is Gods kaste, liefde is zijn persoon, liefde is zijn lichaam, liefde zijn kleur' (Dādū, Noord-India, 16de eeuw).

Krishna in de Mahābhārat (4de eeuw v.Chr.?)

Er is een boeiende evolutie merkbaar in de figuur van Krishna, in zijn moraal en zijn ,goddelijke' natuur door de eeuwen heen. Het erotische element wordt steeds belangrijker en tenslotte, vanaf de 15de eeuw, triomfeert zijn partner Rādhā als Shakti van Krishna.

De eerste referenties naar Krishna vinden we in het reuze-epos, de *Mahābhārat.* Hier gaan we niet in op de vraag hoe de ,oorspronkelijke' kern van dit epos eruit zag en hoe in die kern Krishna werd beschreven. Feit is dat we in de huidige vorm van dit werk — de vroegste handschriften dateren van de 13de eeuw n. Chr. — toch twee lagen kunnen onderscheiden. Het goddelijk karakter van Krishna is duidelijk meer benadrukt in de latere laag, terwijl in de vroegere laag hij meer menselijk wordt voorgesteld. Maar het algemeen beeld van Krishna in het epos blijft dat van de ridder die geïdentificeerd wordt met de Heer Krishna en beschouwd wordt als een *avtār* (nederdaling) van de God Vishnoe. In latere teksten wordt die identificatie beklemtoond en worden allerhande details aan de biografie toegevoegd. In deze toevoegingen precies is een evolutie merkbaar die na 1000 jaar een volledig nieuwe Krishna het voorwerp maakt van uitbundige, soms extravagante devotie.

Hoe ziet de biografie van Krishna in de *Mahābhārat* er uit?

De prins Krishna, van de Yādav clan, doodt de tiran Kamsha in Mathurā, ten zuiden van Delhi en trekt westwaarts naar Dvārakā aan de Indische Oceaan, ten noorden van Bombay.

Daar wordt hij bevriend met de Pāndav clan en fungeert hij als raadsman en bondgenoot. Hij is betrokken bij de militaire expeditie tegen koning Jarasandha in Magadh en doodt zelfs diens generaal Shishupāl *(Shishupāl-vadham* in het Sanskriet).

En dan komt de epische oorlog tussen de Pāndav's en de Kaurav's, die uitgevochten wordt in het vlakke landschap van Kurukshetra ten noorden van Delhi. Krishna stelt zijn eigen leger ter beschikking van de Kaurav broers en wordt de adviseur van de tegenpartij, de Pāndav broers!

Hij beslist zelf alleen wagenmenner te zijn voor de kampioen-boog-schutter Arjun, één van de Pāndav broers. Op die wagen wordt het gesprek gesitueerd tussen Krishna en Arjun, dat neergeschreven is in de *Bhagavad Gītā*, na de Bijbel het meest vertaalde religieuze werk in de wereld (zie blz. 131). Tijdens de strijd geeft Krishna aan de Pāndav's allerhande militaire raadgevingen en na de veldslag zalft Krishna de oudste Pāndav broer, Yudhisthir, tot koning en gaat huiswaarts naar Dvārakā. Door een vervloeking wordt de volledige Yādav clan uitge-roeid en tenslotte wordt Krishna bij dom toeval doodgeschoten door een jager. Rukminī en enkele van zijn koninginnen sterven mee op de brandstapel en de andere trekken naar het bos voor een leven in boete.

Uit de honderden lange en korte verhaaltjes die in het epos worden verteld krijgen we een beeld van Krishna, dat niet immer ,goddelijk' en flatterend is. Niet alleen is hij dikwijls een bedrieger: hij geeft ook raad die regelrecht ingaat tegen de gebruikelijke, ridderlijke code van een Kshatriy ridder. We geven drie voorbeelden van zijn valsheid.

– Dron, een van de 100 Kaurav broers, is onoverwinnelijk. Krishna adviseert de Pāndav's aan Dron te berichten dat zijn zoon Asvatham dood is. De Pāndav's doden een olifant met dezelfde naam en Dron vraagt aan Yudhisthir, hét voorbeeld van oprechtheid in geheel het verhaal, of het bericht wel juist is. Volgens het advies van Krishna antwoordt Yudhisthir luidop: ,Asvatham is gedood', en stilletjes: ,een olifant is gedood'. Daarop wordt Dron overvallen door zijn — ver-wachte — troosteloosheid en kan hij gemakkelijk worden gedood.

– Karna is een andere Kaurav broer die niet te verslaan is. Krishna adviseert om hem aan te vallen als hij ongewapend het wiel van zijn vastgelopen wagen aan het optillen is. Dit gaat regelrecht tegen de riddercode in!

– En tenslotte wordt Duryodhan (de oudste broer van de Kaurav's) gedood, op advies van Krishna, door een stoot onder de gordel: ,anders was hij niet te verslaan'.

Er zijn nog voorbeelden waar Krishna duidelijk laat blijken dat het doel de middelen wettigt: in de gevallen waar andere middelen falen mag je valse methodes aanwenden. Hij beweert zelfs geregeld dat situaties zich kunnen voordoen waar waarheid onwaarheid wordt en onwaarheid waarheid: in dat geval mag je onwaarheid spreken! In de kritische tekstuitgave van de *Mahābhārat* worden drie situaties beschreven: als je van al je bezittingen wordt beroofd, in levensgevaar en op het ogenblik van huwelijk. Een latere uitgave noemt er nog twee bij: in het liefdesspel en als het ten bate komt van de brahmanen!

Krishna in de Bhagavad Gītā

Dit pareltje uit de Indische literatuur — totaal 700 dubbelverzen — is een deel van de *Mahābhārat*. Het is niet onmogelijk dat een zekere Vāsudev Krishna een religie predikte die later de naam *Bhāgavat* kreeg. Zijn leer zou zijn gebundeld in de *Bhagavad Gītā*, waarin Hij werd vergoddelijkt en voorgesteld als de Heer Krishna: Hij staat voor de juiste moraal en verkondigt het belang van *bhakti* of totale overgave aan God. Opvallend is dat deze Krishna totaal verschillend is van de Krishna in het *Mahābhārat* epos en de *Purān*'s. In de *Gītā* leert hij de doctrine van daden-zonder-gehechtheid. Hijzelf is actief, zegt Hij, zonder maar enig verlangen te hebben naar het resultaat van zijn daden. Alleen de dwazen handelen omwille van het resultaat dat ze er mee bereiken, de wijze handelt alleen voor het welzijn van de wereld, zonder gehechtheid aan het resultaat van zijn handelen.

Casuïstiek is het juiste woord, daarentegen, voor de manier waarop Krishna elders in het epos zijn zeer onridderlijke houding in militaire aangelegenheden probeert te verdedigen. En de leer van de *Gītā* herkennen we geenszins meer in de avonturen van de Krishna beschreven in de *Purān*'s: daar legt hij niet de minste onthechting aan de dag, wanneer het erop aan komt de herdersmeisjes te benaderen. Tegen alle sexuele taboes van de tijd in gaat Krishna met ongehuwde en gehuwde vrouwen vrij om en latere theologen hebben zich in allerhande kronkels gedraaid om dat ethisch te verantwoorden.

Krishna in de Purān's (vanaf 4de eeuw na Chr.)

In de *Mahābhārat* speelt het leven van Krishna zich vooral af rond Dvārakā en vernemen we alleen dat hij in Mathurā de tiran Kamsha doodt, en vlucht.

In de *Vishnoe Purān* en de ietwat latere *Harivamsha Purān* vernemen we de heldendaden van de jeugdige Krishna in de buurt van Mathurā. Het hoofdaccent in deze Purān's ligt op de boodschap dat de god Vishnoe nederdaalde in de vorm van Krishna om de aarde te bevrijden van de demonen. Het kind Krishna doodt dan ook een groot aantal onderdrukkers en verricht grote mirakels. Het meest indrukwekkende mirakel is het opheffen van de berg Govardhan, om de bevolking te behoeden tegen Indra, de regengod (of een overstroming?). Hij wordt natuurlijk een grote held, maar van echte *bhakti* in de latere betekenis is hier nog geen sprake. Tussen haakjes: in de Govardhan episode is ook een verborgen machtsstrijd tussen de verering van de Vedische regengod Indra en het opkomende Bhāgavat-isme, waarvan Krishna wordt voorgedragen als vertegenwoordiger.

Verder gaat hij naar Dvārakā (Gujarāt), waar hij Rukminī en 7 andere koninginnen en 16.100 (16.000 in de *Harivamsha)* vrouwen huwt. Het groot aantal vrouwen duidt hier eerder op zijn grootheid en insinueert niet de erotiek van latere biografieën. Al bij al zijn deze teksten nog sober en leren we een Krishna kennen die is nedergedaald om de aarde van demonen en van het kwaad te bevrijden.

De Rondedans *(rās-līlā)*

Een ander beeld krijgen we in de *Bhāgavat Purān* (6de eeuw na Chr.?), een zeer belangrijk werk in de religieuze geschiedenis van India. Nieuw hierin is dat vooral aandacht wordt besteed aan de jeugdjaren van Krishna: zijn verblijf in de buurt van Mathurā, zijn omgang met de herdersmeisjes en de nadruk op *bhakti* of totale overgave.

We krijgen de prachtige beschrijvingen van de Rondedans *(rās-līlā)* als volgt: Krishna ziet de meeslepende schoonheid van het herfstlandschap bij volle maan; hij geraakt in vervoering en verlangt naar de herdersmeisjes. Op slag verdubbelt de schoonheid van het bos. Krishna begint op zijn bamboefluit te spelen om ze te lokken. Geen enkel meisje kan daaraan weerstaan: ze lopen naar het bos en laten huis, echtgenoten en kinderen achter. Sommigen worden met geweld door de familie tegengehouden, maar o wonder: ze contempleren Krishna in hun hart en dit is voldoende om hen van alle zonde te bevrijden. Op dit punt vraagt koning Parikshit aan de verteller Shukadev:

„Hoe kunnen deze meisjes bevrijding bereiken door zich op Krishna te concentreren? Alleen Brahma geeft bevrijding."

En het verbluffende antwoord luidt:

„Werd niet Shishupāl bevrijd door zijn haat voor Krishna? Elke relatie tot Krishna — vijandschap, sexueel contact, vrees of vrienschap-, elk contact is heiligend".

Krishna (tweede van links) danst, omgeven door de verliefde meisjes

Zelfs door Krishna te aanzien als hun geheime minnaar (taboe), werden ze ‚bevrijd'. Dit is een merkwaardige evolutie in de verhalen van de *Bhāgavat Purān:* zelfs de meisjes die in het geheim genoten van hun oneerbare relatie met Krishna, zonder in Hem de Heer te zien, ook zij werden bevrijd.

De andere meisjes komen bij Krishna aan. Hij geeft hen een sermoen over plichtsbesef en huwelijkstrouw, en maant hen aan terug naar huis te gaan. Ze smeken Hem en herinneren er Hem aan dat Hij God is en dat ze voor Hem alles hebben achtergelaten. Tenslotte geeft Krishna toe en speelt met hen. Maar o wee, de meisjes worden zo fier met hun voorrecht dat Krishna hen straft door te verdwijnen.

In het volgende hoofdstuk krijgen we een beschrijving van hun verdriet en hun pogingen om Krishna te vinden. Zo vinden ze de voetafdrukken van twee personen: Krishna heeft zijn voorkeurmeisje meegenomen. Maar een beetje verder zit ook het arme meisje in tranen: ook zij werd trots en Krishna liet haar zitten. Dan volgt een prachtig hoofdstuk met de lyrische gezangen van de meisjes die hun minnaar missen. Tenslotte verschijnt Krishna opnieuw en verklaart dat hij hun liefde wilde testen, en in een bucolische rondedans verschijnt Krishna in evenveel vormen als er meisjes zijn en speelt met ieder van hen. Daarna springen ze allemaal in de rivier Yamunā en gaan dan verder spelen in het bos.

Koning Parīkshit komt hier terug tussen met een vraag:

> ,,Krishna kwam toch op aarde om het kwaad te vernietigen en gerechtigheid te brengen. Nu gaat hij om met gehuwde vrouwen''!

Het antwoord:

> ,,Voor de Heer waren er geen beperkingen. Hij deed alles om de mens aan te trekken''.

En de *Bhāgavat Purān* leert verder: in contact met de Heer worden zelfs sexuele verlangens gezuiverd en leiden ze tot God. De *Purān* aanvaardt de zondigheid van de meisjes en het feit dat Krishna's daden ingaan tegen de gangbare gebruiken, omdat alles wordt gesublimeerd door *bhakti* en religieuze overgave. En we krijgen opnieuw het Leitmotiv van de *Bhagavad Gītā:* alle middelen zijn goed voor een goed doel!

Met deze simplistische uitleg geraakt men wel hopeloos in de war als men de historiciteit van de Rondedans echt aanneemt. Commentatoren gaan dan ook alle richtingen uit om het ‚symbolisch’ te verklaren. Hier volgen enkele voorbeelden.

Tussen Krishna en de meisjes kan er toch geen zondige relatie zijn geweest want de Heer woont toch in alle wezens, ook in de echtgenoten en in de kinderen.

Of, door hun hoge graad van overgave *(bhakti)* bereikten deze meisjes een hoog niveau van vergeestelijking, waar de gewone regels van de moraal niet meer van toepassing zijn. Het was toch ook Krishna die hen riep, niet omgekeerd? Wat is er zondig in het beantwoorden van Gods uitnodiging?

De meeste commentatoren benadrukken het ‚geestelijk’ karakter van de Rondedans. Krishna en de meisjes gedragen zich als verliefden, maar

Krishna en Rādhā kijken in een spiegel

in feite was er geen sexueel verlangen. Krishna had trouwens een geestelijk lichaam en door de kracht van *māyā* (illusie) verscheen hij in een lichaam van vlees en bloed. En precies omdat het genot van de Rondedans niet vleselijk, maar geestelijk is kan de *Bhāgavat Purān* poneren dat door meditatie op de Rondedans sensualiteit wordt overwonnen.

In moderne commentaren wordt gezegd dat Krishna eigenlijk een jongen van 10 jaar was.

De latere *Purān*'s gaan nog een stap verder. Het uitverkoren meisje uit de *Bhāgavat Purān* wordt Rādhā, die de eeuwige gezellin van Krishna wordt genoemd: de andere herdersmeisjes zijn vormen van Rādhā.

De Rondedans wordt dan beschouwd als een verschijning op aarde van het eeuwige spel dat in God omgaat, tussen Krishna en zijn Shakti's. Moraliteit speelt hier dus zeker geen rol. De bedoeling van de hemelse Rondedans is het steeds opnieuw ervaren van de zaligheid van Zijn Goddelijk wezen, tot genoegen van de bevrijde zielen. De bedoeling van de aardse Rondedans is mensen aan te trekken en naar het Goddelijke te richten.

Daarmee is de dans rond en kan men eigenlijk niet meer verder. Onthouden we wel dat voor de meeste gelovigen de Rondedans een historische realiteit was, in de bossen (toendertijd) ten zuiden van Delhi, aan de oevers van de Yamunā rivier.

LIEFDESSYMBOLIEK IN DE INDISCHE TEMPELS

Winand M. Callewaert

De tempels van Khajuraho zijn gevaarlijk. De toerist die ik er van het hoge wandelterras achterover zag vallen, was zeker niet de laatste: om de befaamde groep-seks fries mooi in beeld te krijgen met een gewone lens, stap je best wat achteruit, en dan nog een beetje, tot je 2,5 meter achterover naar beneden valt. Symbolisch voor de westerse mens die geboeid, geschokt of met veel vragen de mooie copulatie-beelden bestudeert die over geheel India op de oude tempels voorkomen.

Waarom zijn die beelden aangebracht? Ter plaatse vind je ofwel geen ofwel de meest uiteenlopende en bizarre verklaringen. De minst zinloze die ik hoorde: de goden hebben een (druk) seksueel leven en door die afbeeldingen in de tempels te zien wordt de gelovige aangespoord om zich ,goddelijk' te gedragen. Of, de confrontatie van de gewijde sfeer van een tempel met de seksuele (lees vulgaire) afbeeldingen moet bij de gelovige gevoelens van aversie opwekken voor dit dan toch lage niveau van menselijke aktiviteit.
Het moge herhaald worden: in India vind je alles.

Wat is er in een woord? Ik wil de relatie beschrijven tussen de sexuele vereniging afgebeeld in de Indiase tempels en … ,het transcendente, het religieuze, het goddelijke, de diepere realiteit, het niet-materiële'. Elk woord is geladen en gebrekkig omdat er in ons taalgebruik zoveel en zo weinig zit dat het te kort schiet. Mag ik — bij gebrek aan beter — spreken over de religieuze betekenis van de sexualiteit en de sexuele symbolen in het Oude India? En daarmee wil ik benadrukken dat de sexualiteit een betekenis had die wij nu niet meer kennen of die in het christelijk westen onderdrukt is geworden.
Al de namen die de mens aan de Supra-menselijke Energie heeft gegeven schieten te kort om ,Dat' te omschrijven. Tenslotte — in elke cultuur — valt de mens terug op zijn menselijk ervaringssysteem en

drukt hij zijn aanvoelen over het Supra-menselijke uit in menselijke bewoordingen. Wij stellen: ‚God' is een persoon, ‚Hij' weet alles, schept alles, is on-eindig, on-sterfelijk, enz. Deze menselijke bewoordingen zijn cultuur-gebonden en de Indische zieners hebben een inzicht verwoord dat duidelijk verschilt van wat wij gewoon zijn in onze Judaïsche traditie: God is ‚Hij-Zij'. Alweer een menselijke verwoording, maar in elk geval een verwoording die nauw aansluit bij de menselijke situatie. Onze ‚mannelijke' Bijbel en de christelijke taboes zijn daar (nog) niet aan toe. En de westerse toerist laat geboeid zijn camera glijden over de talloze ‚erotische' beelden in de tempels. Deze beelden doen vragen rijzen omdat ze niet passen op de voordeur van onze heiligdommen, maar ik durf stellen dat de Indische ervaring het westers theologisch denken kan verruimen en verrijken.

In deze bijdrage zet ik — summier — enkele punten op een rijtje om de ‚erotische beelden' te situeren in de volledig andere denkwereld die de Indische is.

Maar laten we aan het begin beginnen, de schepping.

De schepping uit twee

Omdat in het menselijke ervaringsniveau — op enkele uitzonderingen na — de schepping gebeurt door de samenkomst van hij en zij, heeft de Vedische ziener zijn verhalen over de Oorsprong van de wereld ook zo verwoord: de Vader van de schepping kwam uit een Gouden Ei *(hira-nya-anda* of *hiranya-garbha)* en brak het in 2 stukken: daaruit ontstonden de hemel en de aarde (lees man en vrouw). We lezen in de *Sat-path-Brāhman,* een commentaar op de *Ved*'s uit ca. de 9de e. v.C.:

> „In het begin was er alleen water,
> een zee van opgejaagd water.
> Het water wilde voort-brengen,
> en begon zware ascese.
> Door de hitte die ontstond
> werd het Gouden Ei voort-gebracht.
> Tijd bestond niet en
> het Ei bleef een tijdje ronddrijven.
> Die periode werd een Jaar,
> en uit het Ei werd Purush geboren,
> ook Prajā-pati genoemd".

En Prajā-pati werd de schepper van de wereld.

De paar-vorming van hemel en aarde en de schepping die daaruit voortkwam wordt reeds in de vroegste *Ved* beschreven *(Rig Ved* X, ca. 1200 v.C.?). (Ook wij spreken nu nog over Moeder Aarde, alleen de Vader is onbekend geworden). Talrijk zijn de citaten in de *Ved*'s waarin het symbool van de copulatie wordt gebruikt om het ontstaan en de evolutie van de schepping aan te duiden, tussen bv. Prajā-pati en Vāk (het Woord), tussen Purush en Virāj en tussen Prajā-pati en zijn eigen Dochter (Energie). Elk van de Vedische goden heeft trouwens ook zijn partner: Agni-Agnāyī, Varuna-Varunānī, Dev-Devī, Yaksha-Yakshinī, Suparna-Suparnī, Nāg-Nāgī, Kinnar-Kinnarī.

Eeuwen later wordt de symboliek uitgezuiverd en krijgen we de copulatie van alleen echtgenoten in de wereld van de goden. En we lezen in de *Brihad Āranyak Upnishad:*

> „In het begin was de Ātman alleen, en eenzaam, en hij verlangde naar een tweede. Zelf was Ātman zo enorm dat hij én man én vrouw in zich bevatte. Hij liet zichzelf in twee uiteenvallen, in man én vrouw. Zij copuleerden én daaruit is het menselijk ras ontstaan".

Vrouwenfiguren

De hindoe tempel begint te leven — voor mij pas na 20 jaar bezoek — als je er de diepe symboliek in begint aan te voelen: de kosmische betekenis van de beelden, de mythologische achtergrond van de taferelen, de mystieke drang van de bouwers, beeldhouwers en bezoekers. De hindoe tempel is gebouwd als een model, een afbeelding maar ook voorafbeelding van de hemelse realiteit. En belangrijk in dat model is de betekenis van de alleenstaande, vrouwelijke figuren op de muren en de pilaren.

Het grondplan is een *yantra* of diagram, dat door de gelovige gebruikt wordt om bepaalde aspecten van het goddelijke te localiseren in relatie tot het centrum: hoe verhouden zich mijn verscheidene ervaringsniveaus van het goddelijke tot het Goddelijke, eeuwige en onbewogen Centrum. De hindoe tempel functioneert op dezelfde manier, om de meditatie te bevorderen en de aandacht van het goddelijke (in mij) te concentreren op het Goddelijke. Het Goddelijke wordt gelocaliseerd in het allerheiligste, aan de buitenkant komen de Krachten *(shakti*'s) van het goddelijke voor. Zo krijgen we hemelse Schoonheden, de Meisjes van de

Richtingen enz., die zich als het ware op de buitenste cirkel van het diagram bevinden. Deze aantrekkingspunten trekken de gelovige van de uitwendige symboliek van het goddelijke naar het Centrum, het Aller-heiligste. Deze symboliek heeft te maken met de overtuiging — hoger reeds aangeduid — dat de ultieme ervaring op menselijk vlak (en dus ook op goddelijk, kosmisch vlak), ligt in de vereniging van hij en zij. Het menselijke is een afstraling van het goddelijke. In deze wereld van vormen en lijnen begeeft de gelovige zich langs de uitwendige tekenen van Vrouwenfiguren op de tempels naar de Vereniging op goddelijk vlak.

Een bijkomende beschouwing, gebaseerd op een boeddhistische tekst: aan de mannelijke bezoeker wordt de gelukzaligheid van copulatie met mooie vrouwen voorgespiegeld als een beloning te verwachten in de ,hemel', dat gebied van onsterfelijkheid en gelukzaligheid waar de mens (lees man) komt na een deugdzaam leven. Hoe contradictorisch het ook moge klinken, maar een boeddhistische tekst verklaart de sterke ascese van de Boeddha en de aanwezigheid van mooie meisjes die hem daar van afhouden door te verwijzen naar de beloning ,met mooie vrouwen' die de Boeddha (en ons) staat te wachten, als hij op het aardse vlak daar van afziet. En zo komen we terug bij de populaire verklaring bij het begin van het artikel: men kan de beelden ook ervaren als aversie-objecten.

Het is uit een groot aantal beelden duidelijk dat de vrouwenfiguren, ook de alleenstaande, suggestief in een man-vrouw symboliek zijn voorgesteld. De man is er symbolisch aanwezig:

- de vrouw vertrappelt een dwerg of kleine man,
- de vrouw staat op een olifant (mannelijke symbool), die soms een boom in zijn slurf houdt,
- de vrouw staat op een krokodil (het rijdier van Kām, de god van de passie),
- de vrouw staat op een paard met visstaart; het paard symboliseert sterke viriliteit,
- de vrouw omarmt een boom of speelt met een papegaai (de lieveling van de god Kām),
- na haar bad wringt het meisje haar haren uit, de druppels worden opgevangen door een zwaan (symbool van de verliefde),
- het meisje stampt tegen een Ashok boom of houdt een zwaard vast, enz.

Mede onder invloed van de sociale structuur beschreven en gecanoniseerd in de *Dharma-Shāstra* (ca. 2de e. v.c.) ontwikkelt zich in de literatuur het ideaal van het gehuwd koppel, dit in tegenstelling tot de nogal gevarieerde combinaties in de vroegere mythologie. In de verhalen over de goden in de *Mahābhārat,* de *Rāmāyan* en de *Purān*'s wordt een echtelijk leven van de goden beschreven dat sterk overeenkomt met de manier waarop ideale paren onder de mensen zich gedragen. Er zijn natuurlijk uitzonderingen en bij goden is veel toegelaten, maar het man-vrouw patroon wordt stilaan traditioneel in het pantheon.

In de evolutie van de denkpatronen en sociale structuren in India, ca. 2000 jaar geleden, krijgt elke mannelijke god dan ook een godin, liefst gekozen uit de bestaande populaire godinnen. En omgekeerd, alles in functie van of in navolging van de evolutie in de maatschappij. Tegelijk zien we in de literatuur de verhalen over het echtelijk leven van de goden verschijnen, met hun kinderen, hun problemen, avonturen en genoegens.

Een weerspiegeling daarvan vinden we terug in de vroegste (nog bestaande) tempel structuren: de rotstempels. De oudste dateren vanaf 250 v.C. en de hoogtepunten worden bereikt in de 5-8e eeuw n.C. Ook in de oudste gebouwde tempels (b.v. Aihole, ca. 500 n.C., e.a.) vinden we mooie goddelijke echtparen: Shiva en Pārvatī (vroeger Rudra en Ambikā), Vishnoe en Lakshmī, Brahmā en Sarasvatī, Kuber en Harītī.

Dat alles wordt afgebeeld, en de erotische taferelen staan er naast jachttaferelen, muziek — en dansvoorstellingen, drinkpartijen en ascetische toestanden. Ook op de friezen en in de muurschilderijen die het leven van de ascetische Boeddha illustreren komen erotische beelden voor. Alleen, de verleidelijke jonge dames fungeren er soms om de Boeddha van zijn heilige besluiten af te brengen. De andere, amoureuze koppels, verwijzen gewoon naar (gehuwde) tijdgenoten en familieleden, afgebeeld in een belangrijke aktiviteit: de omhelzing van hun vrouw.

Vanaf ruwweg 1000 n.C. merken we in de tempels dat erotische taferelen meer aan de buitenkant voorkomen (zie bv. de nissen in Khajuraho), terwijl de goddelijke paren rustig en sereen aan de binnenkant worden afgebeeld.

Vruchtbaarheidssymboliek en bi-sexualiteit

In de vierde *Ved (Atharva Ved)* wordt het coïtus-symbool gebruikt om de oren van het vee te brandmerken, want ,,deze oeroude gewoonte was gebruikelijk bij de goden, de demonen en de mensen. Daardoor groeide het vee in duizendvoud''. Op munten vanaf de 8e e. v.C. reeds komt dit motief voor. Uiteraard ook in de taferelen in de tempels had dit motief een fertiliteitsbetekenis voor de kunstenaar. We vinden het op de muren van de vroegste grottempels als een magisch symbool van overvloed en welvaart.

Mede omwille van een vruchtbaarheidssymboliek is in India een traditie van phallusvering het ultieme symbool van de cosmische aktiviteit geworden, in menselijke bewoordingen uitgedrukt. Deze phallusvering, gecentreerd op de god Shiva, kan hier slechts terloops worden aangeduid en vraagt meer ruimte om grondig te worden beschreven en gesitueerd (zie blz. 119). Belangrijk is te noteren dat ook in de beelden in de tempels — vooral de vrouwenbeelden — de vruchtbaarheidssymboliek terug te vinden is: breed bekken en dikwijls bijna onwerkelijk grote borsten. Deze sterk benadrukte vormen zijn in de latere beelden-canon stereotiep geworden, ook in beelden die rechtstreeks niets meer met de vruchtbaarheidssymboliek te maken hebben. De talloze mooie meisjes- en vrouwenfiguren op de gevels en de pilaren van de tempels beantwoorden aan een canon waarin de vruchtbaarheidssymboliek op een verfijnde manier aanwezig blijft.

Ook bi-sexualiteit (van de mens) en van het goddelijke was een boeiend inzicht van de Vedische zieners. We lezen in de *Rig Ved:*

,,Diegenen die als man worden voorgesteld
zijn in feite vrouw, en omgekeerd''.

Elke man heeft in zich een verborgen vrouw en elk vrouw heeft in zich een verborgen man. In dezelfde Ved wordt gezegd dat Brahman ook vrouw werd, en in de *Atharva Ved* wordt zijn verering als man én als vrouw sterk aanbevolen.

Deze ervaring van het goddelijke is prachtig uitgewerkt en uitgebeeld in *Ardh-nārīshvar,* de afbeelding van Shiva en zijn kracht *(shakti)* Pārvatī in één beeld: Shiva rechts (vanuit het beeld gezien), Shakti links met één borst. De halve Shiva herkent men aan de maansikkel, de schedel in zijn haar, de strijdbijl en slang, en het tijgervel. Zijn derde oog wordt op het voorhoofd van Pārvatī vervolledigd met de *tīkā* (het make-up puntje dat Indische vrouwen geregeld aanbrengen op het voorhoofd). Het verhaal hierover is wellicht een latere verklaring voor een oorspronkelijke basis-ervaring, als volgt: de asceet Bhringī werd gestraft omdat hij, ter aanbidding, alleen rond Shiva wilde stappen, niet rond zijn vrouw Pārvatī. Deze rondgang *(pradakshinā*, met de rechterhand naar het schrijn) is nu nog gebruikelijk bij het bezoek aan een heiligdom. Om Bhringī te verplichten ook rond haar te stappen — symbool van een sectaire evolutie? — verkreeg Pārvatī het voorrecht om in één lichaam met Shiva te worden verenigd. Bhringī was koppig, doorboorde de gemeenschappelijke navel en vloog als een bij rond Shiva. Uiteindelijk werd de ruzie tussen Bhringī en Pārvatī toch bijgelegd.

Mithun of volle gelukzaligheid

Mithun of het copulerend paar wordt in de Indische traditie voorgesteld als het summum van gelukzaligheid, van overvloed en van schoonheid. Er zijn natuurlijk nog andere heerlijke toestanden, beschreven als de Wensboom *(kalpa-druma)*, de Wensenkoe *(Kām-dhenu)*, het Volle Vat *(Purna-ghat*, symbolisch geplaatst bovenop de tempelspits) en het Land van Gelukzaligheid *(Uttar-kuru)*. In elk van deze toestanden worden alle dromen werkelijk, met overal één uitschieter die in zich alles samenbalt: de *mithun* of gelukzalige copulatie. Het motief van gelukzalig leven, ergens, waar naar hartelust alle wensen worden volbracht, komt voor in de boeddhistische, de jain én de hindoe mythologie, en overal is het hoogtepunt van het dromenland dat de koppels duizenden jaren ,samenzijn', zonder oud te worden.

De sexuele daad en de gehuwde staat krijgen in het Oude India een bijzonder positieve evaluatie. De weg van de ascese en het celibaat is ook hoog aangeschreven, maar niet ten koste van de gehuwde staat. Beide levensstaten hebben éénzelfde doel: onderwerping van *kām* of passie. De god Shiva onderwierp (de god) Kām door zijn huwelijk met Pārvatī; de heterodokse Boeddha onderwierp Kām door keiharde ascese.

Je kan natuurlijk alles citeren uit Indische teksten, maar tegen de achtergrond van onze christelijke, middeleeuwse moraal klinkt volgend citaat uit het *Mahābhārat* epos verfrissend:

> „De echtgenote ligt aan de basis van de Vier Streefdoelen *(purushārtha)* in het leven: juist gedrag *(dharma)*, welvaart *(artha)*, passie *(kām)*, maar ook van bevrijding *(moksha)*. Wie een vrouw heeft kan zijn plichten vervullen in deze wereld. Alleen zij kunnen een echt gelukkig leven leiden, hun leven is compleet".

Sexualiteit als magische bescherming

De maatschappij die de tempels bouwde had haar wortels in een verleden waar de afbeelding van het paar ook een magische betekenis had. Zeker in onze cultuur is die symboliek verdwenen.

Men stelt heden nog vast in Orissa (ten zuiden van Calcutta) dat in het volksgeloof erotische taferelen in de tempels worden verklaard als magische bescherming tegen bliksem, storm en andere rampen. Bijgeloof? We mogen niet vergeten dat ,vruchtbaarheidssymboliek' in een zeer brede betekenis moet worden begrepen, gaande van fysische vruchtbaarheid tot welvaart en geluk.

In het oude Oosten dichter bij ons vinden we praktijken en overtuigingen terug die voor de meesten onder ons wellicht zouden geklasseerd worden onder de Indische noemer ,Tantra'. Tempelprostitutie was gemeengoed in veel ,oude' culturen (Cyprus, Griekenland, West-Azië). Het was niet ongewoon dat een vrouw, vóór haar huwelijk, zich in een tempel moest overgeven aan een vreemde man en de opbrengst van die prostitutie aan de godin moest offeren. In Babylon moest elke vrouw zich ook ooit eenmaal in haar leven in de tempel prostitueren. De opbrengst hiervan moest ze aan de Moedergodin offeren. Sommigen moesten jaren aanschuiven om voor deze rituele daad in aanmerking te komen. Keizer Constantijn heeft aan deze heidense praktijken een einde gesteld en daar zullen wel redenen voor zijn geweest. Maar de gewoonte van tempelprostitutie — ook in India tot het begin van deze eeuw verspreid — heeft zeker een religieuze betekenis die wij nu niet meer kennen. En het biedt een bijkomende verklaring voor de betekenis van de symboliek in de tempels. De tempel is immers een samenballen van al wat menselijk en al wat goddelijk is. Op deze plaats van samenkomst tussen het menselijke en het goddelijke heeft ook de man-vrouw samenkomst een diepe, symbolische betekenis.

Coitus als Vedisch offer

In de commentaren op de *Ved*'s wordt de sexuele context van de procreatie onder de mensen verheerlijkt als het Hoogste (Vedisch) Offer, dat de mens verbindt met de goddelijke onsterfelijkheid:

> „Het lichaam is het altaar en
> het zaad is de gesmolten boter (van de offer-ritus).
> Zo komt het goddelijke onder de mensen".

83

Verscheidene commentaren op de *Ved*'s zijn in feite liturgische teksten, die een fertiliteitsbetekenis geven aan het paar:

„Het altaar is de vrouw, het vuur is de man.
De vrouw ligt neer en omarmt de man.
Uit hun coitus komen de nakomelingen voort".

Tijdens de Vedische periode had de brahmaanse priester inzicht in en macht over het kosmisch gebeuren omdat hij op minutieuze wijze de gecompliceerde offer-ritus kon volbrengen, zoals die was vastgelegd in de oude Sanskriet hymnen. Dit werd de basis van de clericale macht van de brahmanen. Maar in een uitdrukking zoals „procreatie is het offer" van de Commentaren vinden we de basis voor de revolutionaire, theologische ontwikkeling weg van de Vedische offer-suprematie naar wat later Tantrisme wordt genoemd: de verheerlijking van de sexuele daad tussen man en vrouw, tussen leraar en leerlingen of in groep, als ervaring van en toegang tot het goddelijke. In de *Upnishad*'s. worden uitvoerige en expliciete beschrijvingen gegeven van de ‚sexuele-daad-als-offer'.

De diepe, religieuze symboliek van het sexuele in het oude India vinden we in de Vedische literatuur, in het bekende ritueel van het Paarden-offer *(ashva-medh)*. Een paard werd een jaar lang losgelaten en het gebied dat in die periode werd doorlopen kon door een koning ritueel worden ingepalmd. Dit was niet een puur politieke aangelegenheid, het was een ritus. Op het einde van het jaar werd het paard geslacht-offerd en de koningin moest gaan liggen naast het geslachte paard of zijn afgesneden penis. Tegelijk moest de koning zelf achter het altaar naast zijn vrouw gaan liggen, in omarming maar zonder coitus en aldus geestelijke kracht verwerven.

De *Mahāvrat* is een andere Vedische ritus, waarbij een coitus met een prostituée publiek werd uitgevoerd, gevolgd door een groeps-coitus. Het doel was de viriliteit en de vruchtbaarheid van de groep te bevorderen. Wie daar (alleen) een moderne orgie-betekenis in zou zien kijkt naast de essentie. In geval van langdurige droogte werd de dochter van de koning verzocht een jonge asceet te gaan verleiden. Door de magische kracht van hun coitus moest de regengod toegeven en regen sturen. En Sītā (letterlijk betekenend ‚voor in een akker'), de vrouw van Rāmchandra in de *Rāmāyan,* wordt duidelijk geassocieerd met de ritus waarbij sperma in een ‚geploegde voor' werd gestort.

Belangrijk is hierbij aan te stippen — om het onderscheid met onze op dit punt onvolledige cultuur aan te duiden — dat deze riten vooral te maken hadden met de verering van de Moedergodin, een aspect van het goddelijke dat in ons christelijk westen nooit goed aan bod is gekomen. Uit die verering van de Moedergodin is een gedachtenstroming ontstaan (later in het Tantrisme tot grote ontwikkeling gekomen) die enkel in de sexuele, yogische praktijken alle zaligheid zocht. En zoals bij elk uitzwaaien van de slinger in één richting is ook hierbij het exces te eenzijdig...maar te verklaren vanuit het verleden.

En als de coitus een belangrijke magische kracht scheen te bezitten om een groep te beschermen is het ook maar natuurlijk dat beelden in die zin op de tempels voorkomen. We zijn verkeerd als we die taferelen interpreteren als producten van een permissieve maatschappij, er op uit om te stimuleren of om af te beelden wat in de maatschappij voortdurend omging.

In die zin ook moet de literatuur over sexualiteit *(Kok-Shāstra, Kām-Sūtra)* worden gelezen. Zoals onze sexualiteit enkele decennia terug werd de sexualiteit in het oude India fel benadrukt als een daad van procreatie (alleen). De hindoe moest (moet) kinderen hebben om de clan voort te zetten — is dat niet in elke agrarische maatschappij zo? Spoedig werd in India op dit sociologisch verschijnsel een religieuze stempel geslagen. Je moest (mannelijke) kinderen hebben om zeker te zijn van de ‚bevrijding' van je ‚geest' na de dood. De ‚geest' van een overledene bij wiens crematie geen (mannelijke) nakomeling aanwezig was, blijft rusteloos ronddwalen. Deze dwang is heden nog het grootste obstakel tegen geboortebeperking voor vele hindoes: er is de natuurlijke drang om kinderen te hebben als zekerheid voor de oude dag, en als psychologisch-religieuze zekerheid voor de periode na het overlijden.

In de Sanskriet literatuur wordt aldus de sexuele daad tussen man en vrouw zonder ophouden als een belangrijke gebeurtenis gezien (minder als een ‚noodzakelijk kwaad' zoals in sommige christelijke traities). Het is een plicht, een religieuze (en menselijke) noodzaak, niet ontmoedigd maar aangemoedigd door de religieuze traities. Daarbij — het wordt benadrukt — is het essentieel dat in het orgasme vooral de vrouw bevrediging vindt. Als een man ‚slordig' tot orgasme komt, gaan al de verdiensten van de procreatie naar zijn vrouw, niet naar hem.

Hoger werd reeds gewezen op de offer-implicatie van de sexuele daad in het Vedisch India.

De ontwikkeling van de traditie zien we verder in de *Upnishad*'s en de *Dharma-Shāstra*'s (de boeken die het sociaal gedrag beschrijven, ca. 2de e. v.C.?). Daarin wordt een dubbele functie van de sexuele daad beschreven: de rituele procreatie en het orgasme als magisch middel om regen, goede oogst, goed vee enz. ,af te dwingen' of om een soort magisch schild te scheppen.

Het zaligmakende effect van de sexuele vereniging wordt in het oude India aangeprezen, voor het gehuwde koppel of ook voor de alleen-levende asceet ,met om het even welke vrouw die in buurt was'. Vrouwen van lage kaste worden speciaal aanbevolen. In de verdere evolutie zien we hoe de Tantrische mystici in hun gezelschap voortdurend vrouwen hadden, als leerling. Allerhande acrobatie en zelfs bestialiteit zou daarbij te pas zijn gekomen, alles vanuit de overtuiging dat in de sexuele vereniging een grote stap naar de mystieke ervaring wordt gezet. Sociale moraliteit speelde in het Tantrisme geen rol: volledige sociale emancipatie was trouwens de eerste vereiste van deze weg. En daarbij werd alles omkleed met taboes en geheimzinnigheid (,het is een bijzonder gevaarlijke weg voor de niet-ingewijden'). Zo wordt stilaan een verklaring van de ,erotische' beelden duidelijk: ze passen bijzonder goed en op een natuurlijke wijze in het geheel van de menselijke ervaring, van de goddelijke ervaring en van de heiligdommen, want de vrouw is (veel meer dan in onze cultuur) een symbool van het goddelijke, met dezelfde rechten als de man. De verheerlijking van de huwelijksdaad en van de sexuele beleving is een essentieel onderdeel van de totale, menselijke ervaring.

De ,erotische' taferelen in de Indische tempels zijn niet storend of onverklaarbaar tegen de achtergrond van het religieus denken in het oude India. Integendeel. Als wij ze niet onmiddellijk kunnen plaatsen is het alleen omdat wij nog niet voldoende zijn ingeleid in het denken van de maatschappij die deze tempels en de beelden maakte. Net zoals we veel van de symboliek van andere beelden missen als we niet gaan denken in micro-macrokosmische dimensies, zoals de beeldhouwers en de tempelbezoekers in het oude India (zie blz. 47, n. 1).

En de verbazing over de aanwezigheid van erotisch geladen taferelen in de Indische tempels maakt stilaan plaats voor verbazing over het feit dat die afbeeldingen in onze heiligdommen niet voorkomen. Maar ook dat heeft natuurlijk zijn cultuur-gebonden verklaring.

DE GODEN IN DE VED'S

Roger STROOBANDT

De uiteenzetting over de goden, die nu volgt, is in twee delen opgesplitst. In een eerste deel zal ik het hebben over de Vedische goden in het algemeen, hun relatie tot de natuur en de verschijnselen waarop de Vedische godenmythologie berust. In een tweede deel probeer ik met de hulp van enkele Ved-hymnen, de voornaamste karakteristieken van de grote Vedische goden nader te omschrijven.

Overzicht van de Vedische literatuur

SAMHITĀ's	BRĀHMAN's	ARANYAK's	UPNISHAD's
	(commentaren)	(filosof. reflecties)	
Rig-ved	Aitarey	Aitarey	1. Aitarey
	Kausītakī	Kausītakī	2. Kauṣītakī
Sām-ved	Pancavimsha		3. Chāndogya
	Chāndogya		4. Ken
Yajur-ved	Taittirīy	Taittirīy	5. Taittirīy
			6. Mahānārāyan
			7. Kath
			8. Shvetāshvatar
			9. Maitri
	Shat-path	Brihad	10. Brihadāranyak
			11. Īsh (vāsya)
Atharva-ved		Go-path	12. Mundak
			13. Prashna
			14. Māndukya

1. *Vedische literatuur dóór en vóór de Ariërs geschreven*

De titel *De goden in de Ved*'s is met opzet gekozen en impliceert een beperking van het onderwerp om vooral twee redenen.

Een eerste reden is van antropologische, etnologische aard. Wanneer de patriarchale Indo-Ariërs, naar men aanneemt omstreeks 1500 vóór Chr., vanuit het noordwesten Indië binnentrekken, komen zij er in contact met een overwegend matriarchale autochtone bevolking die tot verschillende etnische groepen behoort. Het grootste gedeelte van deze autochtonen bestond uit het Dravidische bevolkingselement, dat wellicht verwant was met de enkele honderden jaren voordien verdwenen Indus-dalbeschaving. Op allerlei manieren nu probeerden de Indo-Ariërs hun eigen cultuur, hun eigen religie, hun eigen sociale structuren, enz. aan die inheemse bevolking op te dringen, pogingen nochtans die voor een zeer groot gedeelte mislukten. Een en ander leidde zelfs tot de opgang van de Arische in de niet-Arische culturen, met uitzondering dan van het patriarchale systeem. Welnu, de bronnen waarover wij voor die periode beschikken, de Vedische literatuur is, zeker wat de oudere teksten ervan betreft, uitsluitend van Arische oorsprong. Zij zijn geschreven dóór en ook enkel vóór leden van de Arische priesterstand en adel. Wij bezitten dus enkel informatie over inzichten die aan deze mensen eigen waren. Vandaar „in de Ved", en niet „in het Indië ten tijde van de Ved". Voor dit laatste beschikken we nl. over geen vaststaande gegevens.

Alleen hogere cultusvormen in de Rigved

Een tweede beperking is vervat in de aard, de samenstelling, de functie van de Vedische geschriften zelf, en dan vooral van de voornaamste bron, de Rigved, d.i. de verzameling van die teksten die door een van de drie voornaamste bij het grote Vedische offer betrokken priesters werden gebruikt om de goden tot de offer uit te nodigen. Die priester heette de *hotri*, letterlijk „de roeper". De andere twee waren de *udgātri*, de zanger, en de *adhvaryu*, de eigenlijke officiant. De Rigved handelt voornamelijk over hemelgoden en verder komen er omzeggens alleen hogere cultus-vormen aan bod. Maar kleine demonen, kwelduivels, kwade geesten, betoveringsformules, exorcisme, animisme, spoken, dodenverering en noem maar op: op dat terrein is de onvolledigheid van de tekst werkelijk in het oog springend. Bovendien worden in latere teksten deze lacunes slechts heel fragmentarisch aangevuld. Het accent zal dus eerder gelegd worden op de goden van hogere rang en niet zozeer op de godsdienst in het algemeen. Alhoewel, hoe kan het immers anders, ook dit laatste zal zeker aan bod komen.

Echte hiërarchie niet aanwezig in de Rigved

Wat deze goden betreft is er zelfs nog een beperking, en wel van dubbele aard. Ten eerste is deze Rigved geen aaneenschakeling van verhalen. Het is geen epos. De auteurs hebben niet de intentie het levensverhaal van de god uit te beelden. En het gehoor waarnaar ze zich richten, is evenmin menselijk. Nee, de Rigved is een verzameling van hymnen, lofliederen dus, en diegene die ernaar moet luisteren is in eerste instantie de godheid zelf, de god die het offer moet aanvaarden. En in die lofliederen is, om beurt, iedere god de grootste, de schitterendste, de mooiste, enz... Dus ook geen hiërarchie in de echte zin van het woord, geen Zeus die door een hoofdknik alle goden en godinnen van de Olumpus doet beven van schrik.

Mystieke enigma's in de Ved's

In de tweede plaats moet de uitgesproken lof, dat spreekt vanzelf, de godheid behagen. M.a.w. de hymne moet mooi zijn, d.w.z. kunstvol uitgewerkt. Welnu, het summum van kunstzinnigheid, dat is het werk van de geïnitieerde en is alleen verstaanbaar voor een andere ingewijde. Het resultaat hiervan is dat in vele gevallen het discrete allusie-maken-op voor een deel de uitgedrukte gedachte gaat versluieren. Het is dan ook helemaal niet te verwonderen dat de Ved, dat de Vedische religie, een zaak wordt van techniekers die zich verenigen in scholen en zich specialiseren in mystieke enigma's. En de goden zelf, hoe staan zij daartegenover? Wel „De goden houden van het mysterieuze", zo lezen we ergens, en „wat in duidelijke termen is uitgedrukt mishaagt hen". Gelukkig voor ons zijn niet alle Rigved-hymnen, en zeker niet de oudste, van deze cryptische geest doordrongen.

2. Algemeen beeld van de Vedische goden

Het essentiële van de Vedische religie bestaat in een aantal mythen. Al de rest, ook de kosmogonie, en zeker de eschatologie, staat volledig op de achtergrond. Deze mythen kunnen in drie groepen worden ingedeeld, overeenkomstig drie verschillende sociale klassen. Er zijn nl. soevereiniteitsmythen, oorlogsmythen en vruchtbaarheidsmythen. Zij vormen echter geen willekeurig gekozen geheel, nee, zij staan zonder twijfel in nauw verband met een aantal rituele activiteiten. Ik moet hier echter onmiddellijk aan toevoegen dat het verband tussen mythe en een of andere ritus ons voor een groot gedeelte totaal onbekend is.

Naturalistische en antropomorfe kenmerken van de goden

Het substraat van deze Vedische mythologie is duidelijk naturalistisch. Wij moeten ons voorstellen dat het universum dat de Vedische mens omgaf, vol bezielde machten was. De hemel, de aarde, het woud, de bergen, een boom, een dier, het water: alles was vol goede of kwade geesten. De krijger vereerde de god ,strijdwagen' en de godin ,pijl'; de dobbelspeler zijn dobbelstenen, de priester later de stenen waarmee Som geperst werd, de offerpaal, enz. Het kwam er voor de mensen op aan deze occulte machten te beheersen en hun eigenschappen ten goede aan te wenden. In dit stadium echter spreekt men nog steeds van magie, en niet van cultus.

Maar bovenop dit substraat, bovenop deze magische erfenis, ontwikkelde zich geleidelijk een hogere goden-theorie en een aan de vroegere magische praktijken superieure cultus.

En alle goden vertonen daarbij een gemeenschappelijke karaktertrek: ze zijn allen antropomorf. Het zijn mensen, geboren als mensen, met alles wat ons eigen is. Alleen de dood kennen zij niet. Dit was reeds zo op het ogenblik dat de Indo-Europeanen nog een eenheid vormden, in alle geval in de periode die onmiddellijk aan de scheiding en de opsplitsing voorafging.

Even duidelijk als dit antropomorfisme is het feit dat alle, tenminste bijna alle, oude Vedische goden de incarnatie zijn van natuurlijke verschijnselen of van krachten die daarin schuilgaan. Alleen is de band tussen de antropomorfe god en het natuurfenomeen waaraan hij beantwoordt, van zeer verscheiden aard. Soms namelijk verdwijnt het naturalistische substraat als gevolg van de menselijke incarnatie, en dit geheel of gedeeltelijk; soms overlappen beide mekaar. Een paar voorbeelden zullen wellicht zowel het verschijnsel zelf als de oorzaken ervan verhelderen.

Zo kan men zich afvragen waarom Agni, de vuurgod, minder lichamelijk is dan Indra, de god van het luchtruim, van donder en bliksem. En diezelfde vraag kan men stellen met betrekking tot Sūrya en Mitra, twee zonnegoden. Verschillende oorzaken kunnen daaraan ten grondslag liggen. In de eerste plaats de naam zelf van de god. De ene naam duidt immers al beter het natuurlijke fenomeen aan dan de andere. Het feit ook of het gaat om een oude of om een nieuwe antropomorfisering. Het naast elkaar plaatsen van Arische en autochtone godheden is een andere mogelijke oorzaak.

Maar de meest voor de hand liggende verklaring, is toch de aard van het natuurlijke substraat zelf. Agni, het vuur, of een ander voorbeeld, Ushas, de dageraad: het zijn twee fenomenen die men zich zonder moeite kan voorstellen. Men ziet ze immers voortdurend met de eigen ogen, niet zozeer als antropomorfe god, maar als natuurlijk verschijnsel. Wat kan men echter zeggen over Indra? In het onweer, in de storm, in de donder of de bliksem heeft niemand ooit iets gezien wat aan Indra beantwoordt.

Ja, men weet wel dat hij de wolken opensplijt om de hemelse wateren te bevrijden, maar, waar is hij? Hoe ziet hij er uit? Het spreekt vanzelf dat in dit laatste geval er op de mythisch geïnspireerde verbeelding geen enkele rem zal staan. Er is zelfs nog meer. Inderdaad, de voortdurende zichtbare aanwezigheid van Agni, het elke dag opnieuw komen en gaan van Ushas, het zijn evenzovele factoren die in feite de ontwikkeling van verdere mythen, en derhalve een verdere afwijking van het natuurlijke substraat, tegengaan.

Maar niets daarvan bij Indra. Zijn in de hemel gesitueerde exploot, de god die de wateren bevrijdt uit de wolk, dat wordt voor de geïnspireerde dichter van de Rigved zonder veel problemen de krachttoer van een held die de wateren der rivieren laat ontsnappen uit de rots. Vooral ook secundaire overwegingen, in dit geval het nuttigheidsaspect voor de mens, zetten de vereerder er toe aan in de god niet langer diegene te zien die dondert en razend te keer gaat, maar de overwinnaar, de veroveraar, diegene die rijkdom en vruchtbaarheid geeft aan hem die er voor offert.

Misschien kan hierbij zelfs gedacht worden aan stammen die in een eerder stadium van hun geschiedenis voornamelijk behoefte hadden aan regenwater, maar die zich in een later stadium gingen vestigen in de alluviale vlakten van grote rivieren. En dan denken we uiteraard onmiddellijk aan de Punjāb, of later de Ganges-Jumnā-streek. Het is het overwegen waard.

De uiteenlopende ontwikkeling van Sūrya en Mitra, zoals gezegd oorspronkelijk twee zonnegoden, heeft klaarblijkelijk een andere oorzaak. Sūrya is nl. de zon gebleven, het oog dat de wereld verlicht en tegelijkertijd bewaakt. Mitra, en trouwens ook Varun, waarmee hij nauw verwant is, die beide goden hebben een oog dat de zon is.

Het is het enige dat Mitra nog met zijn substraat bindt. En, waar bij Indra het secundaire nuttigheidsaspect de evolutie is gaan versnellen, zo is dat bij Mitra en Varun gebeurd door een andere overweging, nl. een van ethische aard. Mitra en Varun zijn de goden geworden die instaan voor de instandhouding van de morele orde. Als in hogere mate geantropomorfiseerd, zorgen zij ervoor dat dezelfde orde, waarvoor Sūrya wat de makrokosmos betreft verantwoordelijk is, dat diezelfde orde ook in stand wordt gehouden in de mikrokosmos, m.a.w. zij zijn de beschermers van de morele orde bij de mensen.

Een opmerking die ik eigenlijk helemaal in het begin had moeten maken, maar die ik, U zou het opzettelijk kunnen noemen, tot nu toe heb bewaard, is de volgende. De Vedische literatuur, van de oudste hymnen van de Rigved tot en met de Smriti of menselijke overlevering behorende geschriften van de Vedānga's, strekt zich in tijd uit over een periode van meer dan duizend jaar. Maar ook de samenstelling van wat globaal genomen het oudste van die Vedische geschriften is, de Rigved dus, ook die heeft vele honderden jaren in beslag genomen. Dat is de reden waarom ik tot hier toe voorzichtigheidshalve steeds heb gesproken van de ,,oude'' Vedische goden. Op het gevaar af onjuistheden te verkondigen, zou ik durven stellen: die goden die Indo-Europees, en zeker Indo-Iraans gemeengoed zijn.

Abstracte godheden

In een later stadium van het Vedisme vormen zich inderdaad ook andere godheden, maar dan wel in navolging van de oude. Het zijn dikwijls abstracte begrippen zoals Manyu, de toorn, Vāc, het woord of Puramdhi, de overvloed. De namen zelf van deze godheden onderscheiden hen reeds van de tot hiertoe genoemde Indra, Agni, Sūrya e.a. Maar de voortschrijdende abstrahering bracht ook een bepaald aspect van een god als Savitri voort, een god wiens naam eveneens zijn functie aanduidt. Met op de achtergrond de vaststelling of de overtuiging dat het kosmische leven een voortdurend bewegen is, stelde men zich de vraag wie dan wel voor de beweging verantwoordelijk was. En zo ontstond het latere aspect van Savitri, de ,deus excitator', de instigerende god, die alles wat leeft in de hemel en op de aarde aandrijft. Hij is het die de zon doet voortschrijden, die de nacht naderbij brengt, die 's morgens de mensen opnieuw wekt, enz. ...

Andere abstracties bestaan erin dat men ,,Heren'' creëert. Zo ontstaan Prajāpati, de heer van het nageslacht, of van de schepselen, Annapati, de heer van het voedsel, Vāstoshpati, de heer van de woning, Kshetrasya Pati, de heer van het veld, en nog enkele anderen. De voornaamste echter van deze reeks goden is Brihaspati, ook nog Brahmanaspati genoemd, de heer van het gebed. Deze god Brihaspati kan ik niet in detail behandelen. Maar het is een zo schitterend voorbeeld van de wijze waarop een abstract begrip tot leven komt en zich als het ware gaat voeden met de mooiste vruchten uit de korf die de mythologie in de loop der tijden heeft bijeengegaard, dat ik er hier toch iets meer wil over vertellen.

Zijn naam definieert Brihaspati perfekt. Hij is de onsterfelijke koning der gebeden. Uiteraard zingt hij ook zelf de heilige hymnen. Hij reciteert krachtige magische formules die de goddelijke genade opwekken, en hij deelt die ook mee aan de priester die er om vraagt. Hij wordt de hemelse incarnatie van de priester *purohita,* de opperpriester van de goden. En eens dit stadium bereikt, is het merkwaardig hoezeer zijn activiteit gaat uitbreiden. Gebed en magie zijn de machtige helpers van koningen en krijgers in de strijd. Brihaspati wordt dan ook de priester-strijder die Indra bij zijn heroïsche gevechten bijstaat. De morele en rituele orde *rita,* is de koord waarmee zijn boog gespannen is, en de magische kracht van het heilige woord vliegt als een pijl daaruit weg. In vele hymnen geassocieerd met Indra is hij het ook die de burchten van de vijanden vernietigt, de duisternis verdrijft en het licht doet schijnen. Maar zijn grootste verwezenlijking, op vele plaatsen vermeld, wordt de bevrijding uit de grot van de runderen die vrekkige offeraars aan de brahmanen wilden onttrekken. En uit runderen precies bestond het voornaamste offerloon dat aan de brahmanen werd gegeven. Tot daar het verhaal van de priester bij uitstek, de hemelse vertegenwoordiger van de priesterstand.

Ik heb er reeds op gewezen dat demonen van lagere rang in de Rigved praktisch niet worden vermeld, en dan nog enkel in delen die van latere datum zijn. Maar de weinige toespelingen die erop worden gemaakt, laten ons toch toe te stellen dat het de kwade geesten zijn die daarbij domineren. Zij staan lijnrecht tegenover de goden die misschien met uitzondering van Rudra, allen goede, weldoende wezens zijn. Dat dergelijke duidelijke verwijzingen naar volks animisme geen plaats vonden in werken waarvan de auteurs zich van dat volk wilden distantiëren, dat zal echter wel niemand verwonderen. Maar dat die magische praktijken oud zijn, wordt bewezen, deels door het feit dat de namen der demonen in niets verschillen van die uit de Perzische Avesta, en deels door de omstandigheid, dat het animisme zoals dat te voorschijn komt uit latere teksten, volkomen in overeenstemming is met dergelijke praktijken bij zowat alle volkeren ter wereld.

Theriomorfe verschijningsvormen van goden

Dit eerste, meer algemene gedeelte over de natuur der Vedische goden zou onvolledig zijn als we geen ruime aandacht geven aan de zoölatrie, d.i. de verering van, of ook de vrees voor, vergoddelijkte of semivergoddelijkte dieren. Ik heb al vermeld dat onze Indo-Europese voorvaderen nog vóór de opsplitsing in verschillende stammen, reeds het stadium van de antropomorfe goden hadden bereikt.

Nochtans zijn restanten van een volgens velen daaraan voorafgaande theriomorfe periode in de Vedische literatuur schering en inslag, de oudste Ved (Rigved) deze keer inbegrepen. De slangencultus is in dit verband overbekend. Daar zullen we het verder niet over hebben. Maar ook mieren worden overal aanwezige demonen, aan wie zoenoffers moeten worden gebracht. En de schildpad, de ,koning der wateren', zoals zij wordt genoemd, staat in nauw kontakt met de Manes, de geësten der afgestorven voorvaderen. Het zevende boek van de Rigved bevat zelfs een „Hymne aan de kikkers". Weliswaar zien velen daarin een goed uitgewerkte metafoor, maar het kan evengoed écht een aanroeping zijn van deze dieren op het moment dat ze door het begin van het regenseizoen tot leven worden gewekt. Aangezien zij net zoals de priester, de afwisseling der seizoenen observeren, moeten zij op de een of andere manier deel hebben aan de magische krachten die daarmee gepaard gaan.

Verder zijn verscheidene godinnen koeien, of zweven voortdurend tussen een antropo- en theriomorfe verschijningsvorm. Idā bv., de incarnatie van het voedsel waarmee de koe zo kwistig omspringt, wordt op een bepaalde plaats in de Rigved beschreven als „zij die de handen vol boter heeft", een legende uit de latere *Brāhman*'s maakt van haar een dochter van Manu, die een plas boter achterlaat in elk van haar stappen. Maar diezelfde Rigved stelt haar ook als een koe voor, de moeder van de kudde, en in de liturgie wordt de offerkoe aangesproken met de formule: „Kom, Idā! Kom Aditi"!. Ook deze laatste is een godin-koe, Aditi, de moeder van de Āditya's, de zeven grote lichtgoden. Aditi betekent „het niet-gebonden zijn", en in vele passages in de Ved's staat deze naam voor een moreel begrip: het vrij zijn van zonde en van elke straf die daaruit voortvloeit. Een vrij volledig systeem van verheven ethische ideeën is hier doorkruist door een primitieve mythe die aan een koe de geboorte van hemellichamen toeschrijft. Ook de Maruts, voorname helpers van Indra, en „zonen van Rudra" genoemd, zijn geboren uit een als koe voorgesteld wezen, Prishni heet zij. Dat betekent: „de gespikkelde". En zelfs al lost men het raadsel op door een veelkleurige wolk als moeder van stormgoden te zien, het blijft een bewijs van theriomorfisering.

De tijd van de Ved's kent dus dieren die zich, individueel of als soort, leenden tot vergoddelijking. Maar dit is niet alles. Ook de goden van eerste rang, die allen zoals gezegd min of meer uitgesproken antropomorf zijn, ook die goden omgeven zich met een soort goddelijke fauna.

De adelaar bv., die aan Indra de Som brengt, is in de *Avesta* een incarnatie van de god zelf. En ook in de Germaanse mythe die met de Indische Som-roof overeenstemt, verandert Odin zich in een adelaar om bij de reus Sutungr de dichters-mede voor de goden te gaan stelen. In andere mythologieën trouwens wordt de bliksem dikwijls als een vogel afgebeeld. Men kan zich dus terecht afvragen of de adelaar van Indra geen andere verschijningsvorm was van de god, van wie de bliksem toch een der voornaamste attributen is.

Een analoge redenering geldt ook voor de voornaamste helpers van Pushan, dat zijn bokken. Zoals Pushan alle geheime paadjes kent en wat verloren gegaan is terugbrengt, zo kan ook de bok of de berggeit haar weg vinden in de meest onbegaanbare streken. Vermeldenswaard hierbij is dat bij het begrafenisritueel samen met de afgestorvenen ook een bok wordt verbrand. Mogelijks deed men dit opdat hij de dode tijdens zijn moeilijke tocht zou leiden.

Dit hoofdstuk over zoömorfe verschijningsvormen van goden kunnen we afsluiten met de vermelding van de gevallen waarbij, in de loop van de rituele offerhandelingen, een god door middel van een dier aanwezig wordt gesteld. Het bekendste voorbeeld hiervan is de identificatie van Agni met een paard. Het gaat hier weliswaar uitsluitend om teksten van latere datum, maar het is heel goed mogelijk dat dit gebruik een reminiscentie is aan een periode waarin de machten die men wou bedwingen of gunstig wou stemmen, door dier-fetisjen werden voorgesteld. Diezelfde machten zijn later antropomorf geworden en die probeerde men dan niet meer met magie, maar met gebeden en geschenken voor zich te winnen.

Breuk in de culturele eenheid van de Indo-Iraniërs

Ik heb reeds enkele keren de *Avesta* vermeld, de heilige geschriften der Iraniërs, het volk dat van alle Indo-Europeanen het nauwst met de Vedische Indiërs verbonden is. Als slot van dit algemene gedeelte, tevens als overgang naar het tweede deel, zou ik het graag nog even hebben over een theorie die de redenen van hun scheiding probeert te achterhalen. Die theorie is voor ons onderwerp interessant omdat zij als oorzaak van die scheiding een religieuze tegenstelling formuleert. Zij luidt als volgt.

Omstreeks 2000 vóór Chr. verlaat een groep het stamland van de Indo-Europeanen dat zich bevindt in de steppen van de Kirgiezen. Het zijn de Indo-Iraniërs die al vlug een eigen dialect gaan ontwikkelen, taalkundig de shatam-talen genoemd. Deze Indo-Iraniërs vestigen zich na enkele omzwervingen waarschijnlijk in de vlakten van de Oxus en de Iaxartes, ten noorden van de Hindu Kush keten.

Op een bepaald ogenblik echter wordt de culturele eenheid van de Indo-Iraniërs verbroken. De oorzaak daarvan was van religieuze aard. De primitieve Indo-Europese religie kende alleen natuurgoden en een vuurcultus. Maar stilaan ontwikkelt zich bij de Indo-Iraniërs naast de vuurcultus een Som-cultus, de cultus van een roesverwekkende drank, en naast de verering van natuurgoden, een verering van abstracte, ethische goden. De oorspronkelijke eredienst wordt de *daiva-* cultus genoemd, de andere, de nieuwe, de *asura-* cultus. De tegenstelling bleef echter niet alleen van religieuze aard. De *asura*-cultus kende vooral aanhangers bij het meer geciviliseerde sedentaire type van de bevolking, terwijl de *daiva-* cultus hoofdzakelijk beoefend werd door het primitievere deel van de gemeenschap, waarbij de nomadische trekken nog steeds domineerden.

Het resultaat van een en ander was dat de *daiva-* vereerders verder zuidoostwaarts trokken en op die manier hun intrede deden in Indië. Maar niet alle *asura-* vereerders waren gebleven. Een minderheid was meegetrokken, maar het was wel een cultureel sterke minderheid, die het tenslotte zou halen. Reeds in de oudste delen van de Rigved wordt Indra een *asura* genoemd en bezit hij hun kenmerkende eigenschap, nl. *māyā*, dat zoveel betekent als „magische kracht". De *daiva-* vereerders bekeken de verheven kunst- en nijverheidsprodukten van hun *asura-* rivalen als waren ze verwezenlijkt door middel van magie.

Ik geef U deze theorie voor wat ze waard is, zonder er verder nog op terug te komen. Misschien is zij een hulp bij de interpretatie van begrippen, die straks bij de behandeling van de goden als Indra en vooral Mitra en Varun, nog zullen terugkeren.

3. *Overzicht van de voornaamste Vedische goden, hun eigenschappen en hun verwezenlijkingen*

Er zijn in totaal 33 Vedische goden, die in de *Brāhmana*'s worden opgesplitst in 8 Vasu's, 11 Rudra's, 12 Āditya's en 2 losstaande goden. De *Nirukta,* een tot de Vedānga behorend laat-Vedisch prozawerk, dat etymologische en mythologische verklaringen van de Rigvedtekst bevat, deelt ze in in hemelgoden, atmosferische goden en aardse goden. Ik zou hier nochtans een andere indeling willen volgen en achtereenvolgens behandelen:

1) de zgn. soeverein-goden, dit zijn Varun en Mitra, en daarbij aansluitend de Āditya's;
2) de strijdende goden: Indra, de Maruts en Rudra;
3) los daarvan de Ashvins, Vishnoe, Pūshan en Savitri;
4) tenslotte de vergoddelijkte manifestaties van de ritus: Agni en Som.

De soeverein-goden: Varun, Mitra en de Āditya's
Varun

Varun wordt slechts in een 12-tal hymnen alléén aangeroepen (één daarvan is RV VII 86), maar toch is hij naast Indra de grootste der Vedische goden. In een veel groter aantal hymnen wordt hij samen met Mitra vermeld (o.a. VII 61), terwijl aan deze laatste afzonderlijk slechts één hymne is gewijd (III 59). Mitra heeft nauwelijks individuele trekken, maar de twee samen hebben bijna dezelfde attributen en eigenschappen als Varun alleen.

Varun's antropomorfe trekken zijn niet uitgewerkt. Hij heeft een aangezicht, een oog, armen, handen en voeten. Hij beweegt zijn armen, wandelt, rijdt, zit, eet en drinkt. Van belang is zijn oog, want dat is, net zoals dat van Mitra, de zon (Sūrya) (VII 61.1).

Hij is vooral een koning, en meer bepaald een soevereine monarch, aan wie andere koningen en volkeren zich hebben onderworpen. Deze eigenschappen worden ook in III 59 (strofen 4 en 8) vermeld, een tekst uitsluitend aan Mitra opgedragen, (zie ook VII 86.5).

Het land is van hem afhankelijk, en veel gebruikte epitheta voor Varun als koning zijn *asura,* (meester), en *māyin, (iemand die māyā* of magische kracht bezit, kracht waarmee hij alles kan maken).

Hij wordt voornamelijk geprezen als instandhouder zowel van de fysische als van de morele orde. Hij is de grote meester van de wetten der natuur. Hij heeft hemel en aarde hun vaste plaats gegeven en houdt ze uit elkaar (III 59.1, VII 61.4, VII 86.1). Hij heeft het pad voor de zon gemaakt, en heeft de zon aan de hemel geplaatst. Elders heet het dat de wind die men hoort ruisen in de lucht, de adem van Varun is. Hij heeft ook de rivieren doen stromen. Door zijn kracht gedreven haasten zij zich alle naar de oceaan, zonder deze te vullen.

Naast de fysische zorgt hij ook voor de morele orde, en in dat opzicht is hij, samen met Mitra, met geen enkele andere Vedische god vergelijkbaar. Diegene die zich niet aan zijn wetten houdt, die bindt hij vast met de hem eigen banden, die straft hij. Eén van dergelijke straffen wordt vermeld in VII 61.4. Maar aan de andere kant is Varun zeer vergevingsgezind. Uit VII 86.5 o.a. blijkt dat hij iemands zonden vergeeft zoals men iemand uit een strik losmaakt (denk aan de reeds genoemde banden waarmee hij de zondaars bindt). Hij bevrijdt de mensen zelfs van de fouten door hun voorvaderen bedreven. In feite is er geen enkele hymne, aan Varun gewijd, waarin de zanger geen vergiffenis voor bedreven fouten vraagt. VII 86 is daarvan wel een uitstekend voorbeeld.

In de vierde strofe van dezelfde hymne staat dat Varun niet te misleiden is. Elders heet het dat een schepsel niet eens met de ogen kan knipperen zonder dat hij het weet. Hij wordt daarbij geholpen door zijn oog, de zon (VII 61.1). Maar hij beschikt ook over zogenoemde spionnen die hem alles over het gedrag der mensen moeten meedelen (VII 61.3).

De zondaars straft hij dus, maar de goeden worden overvloedig beloond. Lezen we in dit verband vooral III 59.2 en 3. Andere beloningen zijn een lang leven of een groot nageslacht. Dit vinden we o.a. in VII 61.2 en 4.

Opmerkelijk bij dit alles is dat noch met de persoon van Mitra, noch met die van Varun, ook maar enige mythe verbonden is. Wat de associatie van beide goden betreft, in latere teksten dan de Rigved gaan ze zich in zekere zin tegenover elkaar opstellen. Tegenover de met het daglicht verbonden Mitra, stelt Varun dan de nacht voor. Zonder twijfel moet men daarin de tegenstelling maan-zon zien. Sommige onderzoekers trouwens beschouwden Varun als een oorspronkelijke maangod, een opvatting echter die nu niet meer wordt verdedigd. Waarschijnlijk was hij een oude ,koning der goden', en in dit opzicht dringt een vergelijking met de oude Griekse god Ouranos zich op.

Niet alleen bestaat er een taalkundige overeenkomst tussen Varun en Ouranos, maar het ceremonieel van het *rājasūya-* offer een koningswijding, levert nog een ander vergelijkingspunt op. Op een bepaald ogenblik tijdens het offer simuleert de koning een strooptocht op een kudde runderen die aan een van zijn buren toebehoort. Welnu, volgens het *Shat-path-brāhman* is het doel van deze strooptocht het terugwinnen van de mannelijkheid, die de buur aan de koning heeft ontstolen. Dit zou dan de geritualiseerde tegenhanger zijn van een verloren gegane mythe van Varun, de god die inderdaad het *rājasūya-* offer presideert.

Eén ding is in elk geval zeker: het bestaan van de Indische Varun en zijn Avesta-tegenhanger Ahura Mazdah, de oppergod inderdaad, laten op zijn minst een Indo-Iraanse Varun veronderstellen.

Mitra, de god van de waarachtige sociale verhoudingen

De persoonlijkheid van Mitra is, zoals reeds gezegd, in de Rigved eerder onbeduidend. Maar alles wijst er op dat zijn rol ooit veel belangrijker is geweest en dat zijn attributen en specifieke eigenschappen hem door Varun zijn ontnomen. Als een soort schadeloosstelling mocht hij dan wel Varun's eer blijven delen.

Eén enkel kenmerk is eigen aan hém alleen. We treffen het aan in de aan hem opgedragen hymne (III 59). Die begint nl. met „Mitra wordt hij genoemd omdat hij de mensen in de juiste verhouding tegenover elkaar plaatst", en in de 5de en 6de strofe wordt dit thema nog eens herhaald. ‚Mitra', een woord dat in de gewone taal ‚vriend' betekent, is de god die de mensen houdt aan hun verplichtingen, een god van het contract misschien, iemand die de sociale verhoudingen binnen het rijk regelt, zowel als de verhoudingen met andere vreemde vorsten.

In elk geval lijkt hij tegenover de eerder strenge en zelfs sinistere Varun eerder het welwillende, het rechtvaardige en priesterlijke aspect van de soeverein te incorporeren.

De *Āditya*'s

Varun en Mitra tenslotte maken deel uit van de groep der Āditya's. Het zal U opgevallen zijn dat in III 59 Mitra verschillende keren met Āditya wordt aangesproken. In de Ved's zijn ze met zeven, slechts de *Brāhman*'s maken er twaalf van. Naast de twee die we reeds kennen, is Aryaman verder de voornaamste. Hij is oorspronkelijk eveneens een zonne- of lichtgod, maar wordt in de Ved de god van het huwelijksgeluk, van de gastvrijheid ook en van het huis.

Het zijn waarschijnlijk godheden van Babylonische oorsprong. Wat de godin Aditi betreft, daarover hebben we het reeds gehad, over haar theriomorfe vorm, de koe, en over het ethische aspekt dat zij vertegenwoordigt. Waarschijnlijk echter is haar naam afgeleid van de term Āditya, en niet omgekeerd, net zoals men nog later ook de godin Diti en haar zonen, de Daitya's, van haar naam heeft afgeleid.

RV VII 61.1

Op stijgt, Mitra en Varun, uw beider goden oog, Sūrya met het mooie aangezicht, die zijn licht heeft uitgespannen en alle wezens overschouwt. Zo neemt hij in zich wat bij de stervelingen leeft in hun gedachten.

RV III 59.4

Mitra hier, de vererenswaardige, de goedgunstige, is geboren als een koning die een goede heerschappij voert, die de offerbuit gelijkelijk verdeelt. Mogen wij bestaan in zijn welwillendheid, de offerwaardige, in zijn gunstige goedgezindheid.

RV III 59.8

Aan Mitra, wiens kracht is gelegen in de bijstand die hij geeft, hebben de vijf volkeren zich onderworpen. Hij draagt alle goden.

RV VII 86.5

Maak de misdaden van onze vaderen van ons los, en de misdaden die wij zelf hebben bedreven. Maak, o koning, Vasishtha los, die als een veedief is gebonden, maak hem los zoals men een kalf uit een strik losmaakt.

RV VII 61.4.

De namen van Mitra en Varun zal ik verheerlijken. Met grootheid dwingt hun energie hemel en aarde uiteen. Voor hen die niet offeren zullen de maanden voorbijgaan zonder zonen. Diegene die aan het offer denkt, die zal zijn huiskring vermeerderen.

RV VII 86.1

Door zijn grootsheid, die hemel en aarde uit elkaar houdt, al waren ze wijds, heeft alles wat geschapen is een vaste plaats gekregen. Het grote hoge uitspansel heeft hij voortgestoten, en dubbel zo hoog de zon, en hij heeft de aarde uitgebreider gemaakt.

RV VII 61.3

Mitra en Varun, die beiden overvloedig geeft, die waakt zonder de ogen neer te slaan, gij plaatst bespieders vooruit die ons bespieden vanop de wijdse aarde, vanuit de grote hoge hemel. Gij plaatst ze in de planten, in de woningen. Onopgemerkt bewegen zij zich voort.

RV III 59.2

Die mens, o Mitra, moet vooraan staan, met overvloedige religieuze verdienste, die mens die voor u, Āditya, zijn krachten inzet zoals overeengekomen. Hij die onder uw bescherming staat wordt niet gedood, niet overwonnen; benauwenis bereikt hem niet, noch van bij, noch van verre.

RV III 59.3

Zonder ziekte, ons vermeiend in verkwikking, de knieën stevig geplant op de uitgestrektheid van de aarde, ons in ons gedrag richtend naar de overeenkomst met de Āditya, zo mogen wij bestaan in Mitra's welwillendheid.

RV VII 61.2

Naar u beiden, Mitra en Varun, laat deze geïnspireerde wijze die zich aan de orde houdt, zijn gedachten gaan, en zij worden tot ver gehoord. Hij verwacht immers dat gij beiden, gij die goed van geestkracht zijt voorzien, zijn gebeden zult begunstigen. Daarin vraagt hij dat gij, zoals gij zijn geest met geestkracht vult, ook zijn jaren volledig zoudt maken.

RV III 59.5

De grote Āditya, die men met eerbetuiging onderdanig moet benaderen, die de mensen in de juiste verhouding plaatst, die voor de zanger zo goedgunstig is, aan deze zeer vererenswaardige, aan Mitra, moet gij hier in het vuur dit aangename plengoffer brengen.

RV III 59.6

De hulp van Mitra, de god die de stammen een definitieve plaats toekent, brengt rijkdom. Zijn heerlijkheid bezit een luisterrijke faam.

Tot daar Varun, Mitra en de Āditya's, goddelijke machten die een totaal andere afkomst laten veronderstellen dan de god die nu aan de beurt komt, en dat is Indra.

De strijdende goden: Indra, de Maruts en Rudra

Indra

Ongeveer één vierde van alle hymnen van de Rigved, en dat zijn er in totaal 1028, is aan hem gewijd. Hij is de favoriete nationale god van het Vedische volk. Maar niet alleen daardoor is hij de belangrijkste god van de Ved. Geen enkele andere is in die mate geantropomorfiseerd als hij, geen enkele andere ook is met zoveel roemrijke daden bedacht.

Indra is in de eerste plaats de god van de donderstorm, die in die hoedanigheid de demonen van de droogte en van de duisternis verdrijft en zodoende de wateren laat stromen en het licht bevrijdt (II 12.3,7). In de tweede plaats is hij de oorlogsgod, die de zegevierende Ariërs helpt in hun strijd tegen hun vijanden, de Dāsa's (II 12.4). De volgorde echter zou ook wel eens omgekeerd kunnen zijn. Inderdaad, Indra is in de Avesta de naam van een demon; maar de Vedische Indra, met als voornaamste epitheton *Vritrahan,* (,de doder van Vritra'), stemt overeen met de god *Verethraghna* uit diezelfde Avesta. Het Avestische *Verethraghna* zou echter betekenen „de god van de overwinnende aanvalskracht", Indra's tweede kwalificatie dus. En het zou pas in een tweede stadium zijn geweest, Indra als incarnatie van de donderstorm, dat het Avestische Verethra de Vedische demon Vritra is geworden.

RV II 12.3
   Hij die de slang doodde en de zeven stromen bevrijdde, die Vala vernietigde en de runderen liet gaan, die tussen twee rotsen vuur maakte, hij die zich in gevechten van alles meester maakte, die, o stamgenoten, is Indra.

RV II 12.7
   Onder wiens bevel de paarden staan, en de koeien, de dorpsgemeenschappen en alle wagens; hij die de zon, hij die de dageraad te voorschijn heeft gebracht, die de leider is van de wateren, die, o stamgenoten, is Indra.

RV II 12.4
   Hij door wie de aarde in opschudding is gebracht, hij die het Dāsa-ras heeft onderworpen en vernietigd, die de vruchtbare bezittingen van de vijand voor zich heeft genomen zoals de winnende dobbelspeler de inzet, die o stamgenoten, is Indra.

Wat er ook van zij, zijn fysiek die een onnoemelijke kracht uitstraalt, wordt ten overvloede beschreven. Zijn gestalte is reusachtig. Ook al was de aarde tien keer zo groot als ze nu is, hij zou nog even groot zijn als zij. Geen enkele god of mens kent de grenzen van zijn kracht (II 12.1). „Kracht" is dan ook een essentieel bestanddeel van aan hem toegekende epitheta. Zijn buik is reusachtig groot. Dit komt door de ontzaglijke hoeveelheden Som die hij drinkt. Hij wordt derhalve dikwijls „de Somdrinker" genoemd. Deze drank stimuleert hem om grootse daden te verrichten. Vóór de vernietiging van Vritra bv. dronk hij aldus drie meren vol Som leeg. Een ganse hymne, X 119, is een monoloog waarin Indra, door Som geïntoxiceerd, zich beroemt op zijn grootheid en zijn macht.
   Ook zijn armen worden dikwijls vermeld, want zij zwaaien de donder-

hamer (d.i. bliksemschicht) als zijn exclusieve wapen (II 12.13). Die donderhamer was gemaakt door Tvashtri, de architect, de technieker van de goden. Volgens sommige bronnen is diezelfde Tvashtri tevens zijn vader. U moet ook weten dat Indra de énige Vedische god is, waarvan expliciet gezegd wordt dat hij geboren is in de echte betekenis van het woord. Volgens andere passages is zijn vader dezelfde als die van Agni, nl. Dyaus, de hemel. Agni wordt in alle geval zijn tweelingbroer genoemd, en ook Pūshan is een broer van hem. Zijn vrouw, die verschillende keren wordt vermeld, is Indrānī. Verder is hij met verscheidene andere goden geassocieerd. Zijn voornaamste gezellen zijn de Maruts. Met Agni vormt hij het meest een zgn. dualis-godheid, d.w.z. samen in één hymne aanroepen. Maar dat is hij ook met Varun en met Vāyu, de god van de wind, en in mindere mate met Som, Brihaspati, Pūshan en Vishnoe.

RV II 12.1

De oppergod, nauwelijks geboren van geestkracht voorzien, de god die de goden deed gedijen door zijn kracht, voor wiens brullende energie hemel en aarde beefden van schrik, met de grootsheid van zijn mannelijke kracht, die, o stamgenoten, is Indra.

RV II 12.13

Hemel en aarde buigen voor hem, zelfs de bergen zijn bang voor zijn brullende kracht; de god met de bliksem-arm, de Som-drinker bij uitstek, hij die de bliksem in de hand houdt, die, o stamgenoten, is Indra.

De centrale mythe die de basis vormt van Indra's natuur, wordt in de Ved's op ontelbare plaatsen, maar ook met veel variatie, vermeld. De kern ervan is dat hij, aangehitst door het drinken van Som, en doorgaans vergezeld van de Maruts, de voornaamste droogtedemon aanvalt. Deze laatste wordt meestal Vritra genoemd, maar dikwijls ook alleen de „slang". Met zijn donderhamer vernietigt hij Vritra die de wateren belet om neer te stromen. Het resultaat van de strijd, die wordt beschouwd als een conflict dat voortdurend wordt hernieuwd, is dat hij de berg opensplijt en de wateren bevrijdt die er als gevangen genomen koeien in opgesloten zijn (II 12.3, 11). De wolken worden voorgesteld als bergen, waarin de demonen rondzwerven, waarvan Indra de demonen naar beneden werpt, of die hij openklieft om zo de wateren te bevrijden. Of de wolk is een rots die de koeien, zoals de wateren dikwijls worden genoemd, gevangen houdt. Diezelfde wolken verschijnen tevens als de bewegende burchten van de hemelse demonen, gemaakt van ijzer of steen, en 90, 99 of 100 in aantal. Zoals reeds gezegd is, als gevolg van deze strijd, Indra's voornaamste epitheton *Vritrahan,* (de doder van Vritra). Bij die strijd zijn de Maruts zijn vaste gezellen, maar ook Agni, of Som, of Vishnoe staan hem bij.

Nauw verbonden met de bevrijding van de wateren is de verwerving van licht, zon en dageraad. Wanneer hij Vritra had gedood en de wateren voor de mensen had vrijgemaakt, op datzelfde ogenblik plaatste hij de zon zichtbaar aan de hemel. Vaak echter is hierbij ook géén verwijzing naar de strijd tegen Vritra. Er wordt dan alleen gezegd dat Indra het licht heeft gevonden. Hij verwierf de zon, of vond ze in de duisternis en maakte een pad voor haar. Hij opent de duisternis met de dageraad en met de zon. De koeien die samen met de zon, of met de zon én dageraad, vermeld worden, en waarvan gezegd wordt dat Indra hen bevrijdt, die koeien zijn waarschijnlijk de eerste morgenstralen, die elders nog vergeleken worden met vee dat uit zijn donkere stallen te voorschijn komt. De koeien van de nacht zouden dan de sterren en andere hemellichamen zijn die 's nachts aan de wolkenloze hemel zichtbaar zijn.

Als de vernietiger van demonen in de strijd, wordt Indra voortdurend door krijgers aanroepen. Hij moet de Ariërs helpen in hun strijd tegen hun vijanden. Hij beschermt het Arische ras en onderdrukt de Dasyu's of Dāsa's, termen die duidelijk naar autochtone bevolkingsgroepen verwijzen (II 12.4,9). Dit gegeven is de reden waarom vele aan Indra gewijde hymnen oorspronkelijk strijd- of overwinningsliederen waren, en tot het oudste patrimonium van de Vedische literatuur behoren.

Indra is de beschermer, de helper, de vriend van zijn vereerders (II 12.6). Hij geeft hun dan ook rijkdom in overvloed, hoofdzakelijk op vijanden veroverde buit. Zijn vrijgevigheid is karakteristiek en het epitheton *maghavan,* de milddadige, wordt bijna exclusief voor hem gebruikt (II 12.14,15).

Naast zijn strijd tegen Vritra zijn ook andere verhalen in de Indra-cyclus opgenomen. Zo vernietigde hij op zekere dag de wagen van Ushas, de dageraad, waarschijnlijk toen door haar fout het zonnelicht te lang op zich liet wachten.

Met de hulp van Saramā, een vrouwelijke hond, roofde hij de koeien die demonen, Pani's geheten, in een spelonk hadden opgesloten.

En verder was hij betrokken bij de reeds genoemde Som-roof. Het was nl. bij hem dat de adelaar de onsterfelijkheidsdrank bracht uit de hoogste hemel. Tenslotte hielp hij ook nog individuele menselijke beschermelingen, zoals koning Sudās, in hun strijd tegen aardse vijanden.

Terzelfdertijd is Indra de énige Vedische god die gebreken heeft, die zelfs op vele manieren immoreel handelt. Niet alleen gaat hij zich te buiten aan eten en drinken, maar hij vermoordt zelfs zijn eigen vader, Tvashtri. Hij steekt in dit verband schril af tegen een god als Varun, de andere grote monarch van de Ved, die de verdediger bij uitstek is van de morele orde als één der basiswetten van de natuur.

Al deze gegevens duiden in de richting van een oorlogsgod, een god van de fysieke kracht (II 12.4,8,9), maar zonder twijfel, oorspronkelijk een sterfelijke held, achteraf vergoddelijkt. In Iran werd hij gedegradeerd tot demon, maar aan Indische zijde absorbeerde hij alle vroegere bestaande helden. Dat hij zo nauw bij de Som-roof betrokken was, wijst er misschien op dat hij aanvankelijk geen recht had op zulk een offer, en zich dat recht heeft moeten toeëigenen.

RV II 12.6
Hij, die de smekeling en de zwakkere helpt, die de brahmaan, de dichter die om hulp smeekt, verheft, de god met de mooie lippen, die de man bijstaat die de persstenen op elkaar brengt en Som perst, die, o stamgenoten, is Indra.

RV II 12.8
Hij, die twee legers, het verste en het dichtste, beide vijanden, elk afzonderlijk aanroepen als ze luid schreeuwend op elkaar losstormen; hij, die zowel strijder als wagenmenner aanroepen, als ze zich op dezelfde wagen hebben gesteld, die, o stamgenoten, is Indra.

RV II 12.9
Hij, zonder wie volkeren niet overwinnen, die men in de strijd om hulp vraagt, hij die tegen alles opgewassen is, die het onwankelbare aan het wankelen brengt, die, o stamgenoten, is Indra.

RV II 12.11
Hij die Sambara, de heerser in de bergen, achtervolgde en vond in het veertigste jaar, hij die door zijn kracht te tonen Vritra, de slang, doodde op zijn leger, die, o stamgenoten, is Indra.

RV II 12.14
Hij die met zijn hulp bijstaat wie Som perst, wie een offer in het vuur bereidt, wie verzen reciteert, wie zich bij het offer moeite getroost, hij voor

wie de offerformule, voor wie de Som, voor wie deze gave hier een stimulans is, die, o stamgenoten, is Indra.

RV II 12.15
   De geweldenaar, die hier op dit ogenblik in overvloed rijkdom uitspreidt — Voorwaar, Indra, gij zijt wat ik zeg over u. Mogen wij steeds in uw gunst staan en rijk zijn aan krachtige zonen. Wij willen u het offer aankondigen.

Maruts

   Zoals gezegd zijn de voornaamste helpers van Indra de Maruts. Zij worden in de Rigved als belangrijk beschouwd, want 33 hymnen zijn aan hen gericht. En daarbij komen er nog eens zeven samen met Indra, één samen met Agni en één samen met Pūshan. Zij worden beschreven als een groep jonge mannen, en hun aantal is driemaal zestig of driemaal zeven. Zij zijn de zonen van Rudra, zoals we kunnen lezen in de eerste strofe van de aan hen gewijde hymne, RV I.85, en ze worden dan ook Rudra's of Rudriya's geheten. Hun moeder is Prishni (einde 2de strofe), een gespikkelde koe (begin 3de strofe), die waarschijnlijk de gevlekte stormwolk voorstelt.
   Er wordt in de teksten voortdurend verwezen naar hun schittering. „Goede onstuimige strijders, die met hun speren voortschitteren...", zo staat het in de vierde strofe. Elders wordt de bliksem hun speer genoemd. Zij worden dan ook dikwijls met de bliksem geassocieerd. Zij dragen gouden mantels, gouden sieraden, gouden helmen, armbanden en enkelringen. Zij smukken zich op als vrouwen, stond er ook nog in de eerste strofe. Zij doorkruisen de hemel op wagens die schitteren van bliksemschichten, bespannen met gespikkelde paarden, zoals in strofe vijf. Maar die paarden worden ook nog roodbruin en snel als de gedachte genoemd. Zij zijn gekleed met regen. Zij laten de regen stromen, zij doen de storm opsteken en ophouden en — wij lezen verder (RV I 85.5) — „dan doordringen zij de aarde, als een huid, met waterstromen."

   Het lawaai dat zij maken, hun gedruis, is de donder en het gebulder van de wind. Maar soms worden zij zangers genoemd, zoals in de tweede strofe: „zij zingen de bliksem". Zij zijn de zangers van de hemel. Wanneer Indra de slang doodde, zongen zij een lied en persten zij de Som. Zij worden op die manier zelfs vergeleken met priesters, en

107

worden, wanneer zij in Indra's gezelschap zijn, ook als priesters aangesproken. Een allusie daarop vinden we in strofe zeven.

RV I 85.7 Aan de Maruts
Nadat zij zich in de hemel een plaats hadden verworven, maakten zij een wijdse offerruimte. Inderdaad, wanneer Vishnoe de excitatie verwekkende Som aanbood, zetten zij zich als vogels neer op de geliefde barhis.

Wanneer zij niet met Indra optreden, dan vertonen de Maruts vaak de kwaadwillige eigenschappen van hun vader Rudra. Men vraagt hen dan hun kwade wil van de mensen weg te houden. Maar net zoals Rudra, brengen zij ook genezing, remedies tegen ziektes. Dat kunnen we o.a. lezen in de 13de strofe van de aan Rudra gewijde hymne (II.33). Deze remedies blijken dan te bestaan uit water, want de Maruts brengen genezing door de regen.

De meeste onderzoekers zien in de Maruts zuiver stormgoden. Maar er is ook een andere theorie. De Maruts zouden nl. de transpositie zijn van een sociaal fenomeen: het zou een soort „wilde" gemeenschap van mannen geweest zijn, zeer krijgszuchtig en met allerlei esoterische praktijken.

RV II 33.13
Die zuivere geneesmiddelen van u, o Maruts, die hoogst heilzame, o krachtigen, die verlichtende, die Manu, onze vader, uitkoos, die wens ik van Rudra tot heil en voorspoed.

Rudra

De Maruts brengen ons automatisch bij hun vader, bij Rudra. In tegenstelling met wat de vijftien strofen van RV II.33 laten veronderstellen, bekleedt Rudra in de Rigved slechts een ondergeschikte plaats. Drie volledige en één halve hymne zijn aan hem gewijd, en in één wordt hij samen met Som geëerd.

RV II 33.3 Aan Rudra
Rudra, door uw heerlijkheid zijt gij de schitterendste van wat geboren is. Gij zijt de sterkste onder de sterken, gij met uw bliksemarm. Breng ons naar de overkant, van de ellende naar het heil. Verwijder elke aanval van lichamelijk gebrek.

RV II 33.4
Wij hebben niet het inzicht, o Rudra, u toornig te maken met onze

eerbewijzen, met misplaatste lof, o stier, met een aanroeping die eigenlijk andere goden passen. Verhef onze krachtige mannen met geneesmiddelen. Ik weet uit betrouwbare bron dat gij de beste zijt onder de artsen.

RV II 33.5
Wie bidt daar bij de aanroepingen onder het plengen: „Moge ik Rudra door mijn lofliederen verzoenen"? Met zijn zachtmoedig innerlijk, gemakkelijk te aanroepen, de donkerbruine, met de mooie lippen: het is toch algemeen bekend dat hij ons niet onze toevlucht laat nemen tot dergelijke misplaatste devotie.

RV II 33.7
Waar is, o Rudra, deze uw barmhartige hand, helend en verfrissend? Gij die lichamelijke ellende wegneemt, gij die van de goden voortkomt, o stier, moogt gij mij nu gunstig gezind zijn.

RV II 33.11
Prijs de beroemde, die op zijn plaats zit in de strijdwagen, de jonge man, die als een vreeswekkend dier besluipt en bespringt, de geweldige. Nu gij geprezen wordt, Rudra, wees vriendelijk tegenover de lofzanger. Uw wapens moeten een andere, niet ons, neermaaien.

RV II 33.12
Een zoon, zo is het, buigt respektvol voor zijn vader, wanneer die vader, gij, o Rudra, naderbij komt. Ik zal bezingen de meester bij uitstek, de gever van overvloedig goed. Nu gij geprezen wordt, geef nu aan ons genezing.

RV II 33.14
Moge Rudra's werpwapen langs ons heen draaien; laat toch de machtige slechte wil van de geweldige over ons heen gaan. Ontspan uw stevige wapens voor diegenen die vrijgevig dit offer inrichten. O gij, genadige, wees barmhartig voor onze kinderen en verwanten.

RV II 33.15
Aldus, o donkerbruine, krachtige stier, o gij die u zovele keren kenbaar maakt, voor zover gij, god, niet slaat, geef nu gehoor, Rudra, aan onze aanroeping. Wij willen bij de verdeling der offergaven luid tot u spreken en zodoende goede krachtige zonen verwerven.

Wat in deze strofen voornamelijk opvalt, is zijn tweeslachtig karakter. Hij is in eerste instantie duidelijk een boosaardige god. De mensen, ook zijn vereerders, zijn ontzettend bang van hem. De gebeden die men tot hem richt, zijn louter afbidding. Men moet ten allen prijze zijn toorn zien af te wenden.

Maar men moet daarbij wel voorzichtig te werk gaan. Men mag hem zijn boosaardigheid niet verwijten, men moet hem ervan overtuigen dat de lof die men hem toezwaait, oprecht is. Men noemt hem dan eufemistisch „gemakkelijk te aanroepen", „milddadig", „zachtmoedig", en in andere hymnen „shiva", de vriendelijke, de genadige. Aan de andere kant is hij ook echt hulpvaardig, de magische genezer. Hij is de beste onder de artsen (II 33.4), en hem wordt duidelijk om genezing gevraagd.

Hoe is deze tegenstelling in Rudra's karakter te verklaren? Het is mogelijk dat men daarbij moet denken aan de storm, maar dan vooral het destructieve aspekt ervan. De oorsprong van zijn genezende en weldoende krachten moet dan gezocht worden, deels in de bevruchtende en zuiverende activiteit van diezelfde storm, deels ook in een negatieve activiteit, die erin bestaat dat hij diegenen die hij had kunnen doden, toch heeft gespaard. Op die manier leidde de afbidding van zijn woede dan tot het epitheton Shiva, de naam van Rudra's opvolger, zo wordt aangenomen, in de post-Vedische mythologie.

Tegenwoordig echter stappen velen van deze verklaring af. Men geeft er de voorkeur aan, de populaire, wilde, half-demonische Rudra uit latere Vedische teksten op de voorgrond te plaatsen, een figuur die eigenlijk niet zo goed past bij de hemelse Rudra uit de Rigved. Die latere Rudra zou een god van de dood zijn geweest, en terzelfdertijd een vruchtbaarheidsgod. En het zou dan die Rudra geweest zijn die het ontstaan, of mede het ontstaan zou hebben gegeven aan de latere hindoe god Shiva.

De licht- en zonnegoden: Ashvins, Vishnoe, Pūshan, Savitri

Nu volgen een viertal afzonderlijke goddelijke machten, die alle op de één of andere manier in verband staan met de zon of met het licht.

Ashvins

Na Indra, Agni en Som zijn deze twee goden de meest geëerde in de Rigved. Meer dan 50 hymnen zijn aan hen gewijd. Het zijn tweelingen en ze zijn onafscheidelijk. Ze zijn jong en toch zeer oud. Ze worden beschreven als schitterend, als heren van luister, getooid met lotuskransen. Ze bezitten een grote wijsheid en occulte machten. Ze worden *dasra,* wonderbaarlijk, en *nāsatya,* heren van de geordende kosmos, genoemd.

In RV VII 71.1 lezen we: „De nacht wijkt voor haar zuster Ushas. De zwarte ruimt de baan voor de rode. O gij die paarden en runderen schenkt, u beiden mogen wij aanroepen. Houd dag en nacht de pijl (van ziekte en dood) voor ons verborgen". En in RV VII 71.3: „Bij de dageraad die zopas is aangebroken moeten de welwillende hengsten uw beider wagen naderbij wentelen. Gij moet, o Ashvins, uw wagen hierheen voeren, met zijn teugels van stralen, getrokken door paarden, ingespannen in de wereldorde, uw wagen die alle goed inhoudt".

Inderdaad, zij verschijnen tussen dageraad en zonsopgang. Het is de dageraad die hen wekt. Zij spannen hun wagen in om naar de aarde af te dalen en nemen er de offeranden van hun vereerders in ontvangst.

Dat zij met een wagen rijden, is duidelijk uit de strofen 2 tot en met 4. Hij wordt getrokken door welwillende hengsten, ingespannen in de wereldorde, en hij houdt alle goeds in. Elders wordt hij getrokken door vogels, of door gevleugelde paarden, soms door één enkele ezel. Hun wagen heeft verder stralen als teugels en drie zitplaatsen, elders ook drie wielen, en hij is gemaakt door de *ribhu*'s, de drie goddelijke handwerkers.

In de 2de strofe worden zij „rijk aan *madhu*", honing of zoetigheid in het algemeen, genoemd. Geen enkele van alle goden is zo nauw met honing verbonden als zij. Zij drinken het overvloedig. Hun huid is vol honing. Hun wagen is honingkleurig en vervoert ook honing. Zij geven honing aan de bijen en worden ook met bijen vergeleken.

Over hun afkomst wordt in deze hymnen niet gesproken. Maar zij zijn zonen van de hemel, van Dyaus. Pūshan wordt één keer hun zoon genoemd en Ushas lijkt hun zuster te zijn. Zij zijn echter vooral eng verbonden met de zon. Zij zijn de twee echtgenoten van diens dochter Sūryā, die hen op hun wagen vergezelt. Vandaar trouwens de zoëven genoemde drie zitplaatsen. In alle huwelijksriten worden zij speciaal aanroepen.

Het zijn typisch hulpvaardige goden. Maar de hulp die zij geven is uitsluitend van vreedzame aard (strofen 5 en 6).

De Ashvins zijn hoogstwaarschijnlijk een personificatie van de morgen — en de avondschemering, gecombineerd met de morgen — en avond-ster. Als Ashvins, letterlijk „paardrijders", doen zij ons in alle geval sterk denken aan die twee beroemde paardrijders uit de Griekse mytho-logie, zonen van Zeus en broers van Helena: de Dioskouren. Alhoewel de naam van de Ashvins zuiver Indisch is, is hun oorsprong zeker te zoeken in een ver Indo-Europees verleden.

Vishnoe

De volgende god is Vishnoe, in het later Hindoeïsme de tweede god van de triade, maar in de Ved's nog volkomen onbelangrijk. Er zijn slechts vijf of zes hymnen aan hem opgedragen.

De enige antropomorfe trekken zijn de drie stappen die hij uitzet en zijn beschrijving als een jonge man die geen kind meer is. Het belangrijkste gegeven hierbij zijn de drie stappen, waarvan slechts de twee eerste zichtbaar zijn voor de mensen. Zijn derde stap is de verblijfplaats van de goden en van godvruchtige mannen (RV I 154.1,4). Deze drie stappen verwijzen klaarblijkelijk naar de activiteit van de zon.

Een allusie op de 360 dagen van het zonnejaar, ingedeeld in vier seizoenen, is ook het feit dat hij zijn 90 paarden met hun 4 namen in beweging zet zoals een wentelend wiel.

Vishnoe's tweede belangrijke kenmerk is zijn verbondenheid met Indra, die hij helpt in zijn strijd tegen Vritra. Eén hymne is trouwens aan de twee goden samen gewijd, zoals ze ook in de laatste strofe van RV I.154 tesamen worden aangesproken.

RV I 154.1
Ik wil nu gaarne verkondigen de krachtige daden van Vishnoe, die de aardse ruimten heeft doorschreden, die het hogere verblijf heeft bevestigd na drie maal, wijds, zijn stappen te hebben uitgezet.

RV I 154.6
Naar die verblijfplaats van u beiden, Indra en Vishnoe, wensen wij te gaan, waar de schitterende runderen met de vele horens zich bevinden. Daar inderdaad schittert de hoogste stap van de wijd-schrijdende krachtige god overvloedig neerwaarts.

Pūshan

Van Pūshan staat de identiteit niet helemaal vast. Sommige trekken heeft hij gemeen met Agni, andere met Sūrya. De goden hebben hem aan diens dochter Sūryā ten huwelijk gegeven, en met zijn gouden luchtschip fungeert hij tevens als de bode van de zonnegod. Antropomorfe trekken heeft hij praktisch niet, maar één attribuut is typisch voor hem alleen. Hij kent en hij bewaakt de wegen, hij beschermt mens en dier tegen gevaren ervan. Hij leidt hen en vindt verloren gegane dieren en voorwerpen terug. Over zijn eventuele theriomorfe verschijning als bok hebben we het reeds gehad. In de hymne RV VI 54.7 wordt hem gevraagd de runderen van de offeraar achterna te gaan.

RV VI 54.7
Geen enkele mag verloren gaan, geen enkele mag schade lijden, geen enkele mag iets breken in een put. Kom integendeel terug hierheen met ongeschonden runderen.

Pūshan betekent „hij die doet gedijen". Mogelijks was hij van oorsprong een zonnegod, een incarnatie eigenlijk van de weldoende invloed van de zon, hoofdzakelijk op het gebied van de landbouw en de veeteelt.

Savitri

De laatste van de reeks licht- en zonnegoden is Savitri. RV I 35, één van de elf hymnen die volledig aan hem zijn gewijd, laat over zijn identiteit en zijn eigenschappen niet de minste twijfel bestaan (RV I 35.2,5,8,9,10).

RV I 35.2
Hij rolt aan doorheen de donkere ruimte en brengt de onsterfelijke en de sterfelijke tot rust. Met zijn gouden wagen komt Savitri, de god, naderbij, en houdt de wereld in het oog.

RV I 35.5
De zwarte paarden met de witte poten, die de wagen met de gouden voor-as trekken, hebben de mensen tot zoëven verlicht. Steeds opnieuw rusten de volkeren en het ganse universum in de schoot van de goddelijke Savitri.

RV I 35.8
De god Savitri, met het gouden oog heeft de acht spitsen der aarde verlicht, de vlakten, drie yojana's lang, de zeven stromen. Hij is hierheen gekomen en geeft aan de offeraar begerenswaardige schatten.

RV I 35.9
De goudenhandige Savitri, de overweldiger, gaat op en neer tussen beide,

hemel en aarde. Hij verdrijft pijnlijke ziekte. Hij brengt de zon in beweging. Doorheen de duistere ruimte dringt hij door tot in de hemel.

RV I 35.10
De goudenhandige, de asura, de goede leider, de goedgunstige, hij die alles zelf beschikt, hij moet naderbij komen. De god die iedere avond wordt bezongen, is de demonen en boosdoeners komen verdrijven.

Zijn voornaamste kenmerk is zijn schittering, zijn gouden schittering meer bepaald. Hij heeft een gouden wagen, met parels afgezet en met een gouden as. Hij rijdt met twee schitterende zwarte paarden met witte poten. Savitri zelf heeft een gouden oog en gouden handen.

Hij gaat langs een opwaarts en langs een neerwaarts pad, en, waarschijnlijk 's nachts, langs een voorbijlopend pad, vanwaar hij alles wat verkeerd gegaan is, verdrijft. Hij wordt speciaal in verband gebracht met de morgen en met de avond. Hij beschermt de mensen gedurende de nacht.

Het is duidelijk: Savitri is een zonnegod, oorspronkelijk de zon als een grote stimulator van leven en beweging op aarde. Later is zijn functie uitgebreid. Hij is de *deus excitator,* de instigerende god bij uitstek geworden, die elke beweging in het ganse universum, zowel bij de goden als bij de mensen, instigeert, een god ook met een morele functie en op dat gebied in feite een hypostase van de god Varun.

Agni en Som

Met de twee goden die nu volgen, beiden vergoddelijkte manifestaties van het ritueel, betreden we een gans ander domein. Hun band met de ritus is direkt en permanent.

Agni

De eerste van hen, Agni, is na Indra de belangrijkste Vedische god, tot wie minstens 200 hymnen zijn gericht. Hij is het vuur in al zijn verscheidene vormen, maar vooral in de vorm van het aardse haardvuur dat men aansteekt voor het morgenoffer. Onvermoeibaar beschrijven de dichters zijn gouden kaken, zijn vlammend haar, zijn drie of zijn zeven tongen, zijn schittering, de zwarte sporen die hij nalaat, het lawaai dat hij maakt, of de ontzetting die hij veroorzaakt. In dit laatste geval krijgen we beelden van bosbranden geschilderd.

114

Als hemels vuur, de zon, als het vuur van het luchtruim, de bliksem, en als het vuur op aarde, is hij drievoudig. Op die manier werd hij de eerste Indische drieëenheid en ontstond er een ganse mystiek rond het getal drie. Ook de drie rituele vuren gaan daarop terug.

Aangezien hij elke dag opnieuw wordt geboren, is hij eeuwig jong. Anderzijds is er geen enkele offeraar die ouder is dan hij. Immers, hij was bij het allereerste offer aanwezig.

Geen enkele god staat zo dicht bij het leven der mensen als Agni. Hij is de huisheer, dikwijls ook de gast in de huizen der mensen. Hij is de god die bij de mensen woont en wordt vaak beschreven als de vader, de broer, of zelfs de zoon van zijn vereerders. Hij brengt het offer naar de goden en de goden naar het offer. Hij is dus de bode bij uitstek tussen hemel en aarde, en omgekeerd (RV I 1.5).

Als de eigenlijke offeraar, als het centrum van het offer, wordt hij de goddelijke tegenhanger van de priester. Het priesterschap is in feite het meest opvallende aspekt van zijn persoonlijkheid. Hij is de grote priester, zoals Indra de Grote strijder is (RV I 1.1,8).

De naam Angiras, (mv. Angirasas) is de naam van een zeer oude priesterfamilie, waarvan Agni doorging als de leider. Men zegt dat zij de eerste offerritus hebben uitgedacht (RV V 11.6).

Het Sanskrit *Agni* is verwant met het Latijnse *ignis*. Het woord was waarschijnlijk nooit kunnen uitgroeien tot een zo belangrijke god, zonder de combinatie met het beeld van de priester-officiant en het ganse metaforische offerapparaat (RV I 1.1). De grootsheid van Agni verraadt eerder de rituele obsessie van de Ved, dan dat zij de echo zou zijn van een uitgebreide verering van het vuur in vroege Indo-Europese of Indo-Iraanse tijden.

RV I 1.1
Ik vereer Agni, de purohita, de god en officiant, de hotri, hij die in hoge mate rijkdom brengt.

RV I 1.5
Agni, de god, de hotri, met de geestkracht van een ziener, door wiens roep de goden echt naar het offer worden gebracht, hij zal met de goden hierheen komen.

RV I 1.8

Gij regelt de voltrekking van de offers; gij zijt de lichtende beschermer van de rituele orde, gij die aangroeit in uw eigen woning op het altaar.

RV V 11.6

Naar u, Agni, hebben de Angirasas gezocht en zij hebben u gevonden, u die in het verborgene waart geplaatst, die u ophieldt in elk stuk hout. Aldus, tot bestaan komend uit een wrijvende draaibeweging, wordt gij geboren vol reusachtige energie. Men noemt u, o Angiras, de zoon van de onoverwinnelijke vegetatieve kraht.

Som

Niet alleen bij Agni, maar ook bij Som hebben we te maken met een ritualistisch-naturalistische voorstelling die zich zonder moeite tot een goddelijke functie heeft verheven.

RV VIII 48.6

Zet mij volledig in vlam, zoals een vuur dat aangestoken wordt. Doe mij schitteren. Maak ons beter en rijker. Dan immers wanneer ik mij in uw roes bevind, Soma, beschouw ik mij als rijk. Tred binnen in ons tot gedijen.

RV VIII 48.11

De droogtes, de ziektes, zij zijn weggegaan. De duistere machten zijn weggevlogen, door schrik bevangen. Soma, de krachtige, is in ons binnengevaren. Wij zijn daarheen gegaan waar men onze levensloop zal verlenen.

Het Som-offer is het Vedische offer bij uitstek. Het bestond uit het plengen en het drinken van een soort dronken makende, roesverwekkende drank, getrokken uit een plant die tot hiertoe niet is geïdentificeerd (RV VIII 48.6). Alle bewerkingen die de plant moest ondergaan, zijn nochtans tot in de kleinste details bekend. Waarschijnlijk is het drinken van Som beperkt gebleven tot het ritueel. En zelfs daar werd het restant dat overbleef na de plenging aan de goden, slechts gedronken door de inrichter van het offer als die een brahmaan was, en door de uitvoerende priesters.

Aangezien de plant zelf en het sap de dichters voortdurend voor ogen stonden, is het duidelijk dat de antropomorfe uitbeelding ervan praktisch onbestaande is. De Som is steeds in de eerste plaats de vergoddelijkte offerplant gebleven. Het ganse negende boek van de Rigved is aan deze Som gewijd. Hyperbolisch is er sprake van het gedruis dat hij maakt als hij zich uitstort, en de gedachte daarbij aan de donder heeft natuurlijk ook de bliksem meegebracht. Men vergelijkt de Som met een loeiende stier, en het water waarmee hij zich mengt, zijn koeien.

Som is schitterend en snel. Hij schenkt onsterfelijkheid. Hij stimuleert het woord, veroorzaakt een soort extase en brengt alle geluk en voorspoed mee. Zoals Agni, is ook Som een wijze en een priester. Hij is weldadig zowel voor de goden als voor de mensen (RV VIII 48.11).

De aardse verblijfplaats van Som is de berg Mújavant, maar zijn echte land van afkomst is de hemel. De Som werd op aarde gebracht door een adelaar, die hem ging roven uit de bronzen burcht waar hij bewaakt werd door hemelgeesten of door de boogschutter Krishānu. Deze schoot de adelaar zelfs een veer uit. Het spreekt vanzelf dat de Som de heer der planten is. In rituele teksten wordt hij vaak ook de koninklijke genoemd.

Varun en de Asura's zouden de eerste gebruikers van Som zijn geweest. Pas daarna zou het gebruik ook zijn overgegaan op de deva's en op Indra. Onwillekeurig denkt men hier terug aan de theorie over de opsplitsing der Indo-Iraniërs.

Waarschijnlijk heeft de Som in de Indo-Iraanse periode de Indo-Europese honingdrank of mede, vervangen. Hij wordt trouwens *mede,* in het Sanskriet *madhu,* genoemd. In de Avesta heet de plant *haoma* en de overeenstemming met de Vedische Som klopt tot in de details.

Vooraleer het overzicht van de goden in de Ved's te beëindigen, wil ik nog even de aandacht vestigen op een opvallend kenmerk van de Vedische hymnen.

Op het ogenblik dat men een godheid aanroept, beschouwt men haar als de godheid bij uitstek. Men bekleedt haar met de hoogste prerogatieven en kent haar eigenheden toe die in feite aan andere godheden toebehoren. Voorbeelden ervan zijn legio, een echte hiërarchie ontbreekt.

Het gevolg daarvan zal zijn: een nivellering op grote schaal. Die gelijkschakeling is voor een deel te wijten aan de techniek van de Vedische hymnologie zelf, die voortdurend put uit een arsenaal van onderling verwisselbare formules. Maar voor een even groot gedeelte werd zij veroorzaakt door een onmiskenbare *tendens in de richting van een monotheïsme.* Het is deze tendens die — langs termen als *ekam,* het Ene, of *tad,* ‚dit' — zal uitmonden in het *brahman* van het latere brahmanisme. De individuele voorstelling van de goden verzwakt, de rituele handeling gaat de mythe overheersen, en tenslotte zal ook die rituele handeling op haar beurt verdrongen worden door de doctrine, waarbij de kennis van de ritus, van het waarom ervan, evenveel verdienste oplevert als vroeger de ritus zelf.

Maar dan zitten we meteen in het tijdperk van de laatste Upnishad's.

Tekstkritische uitgaven en vertalingen van de Ved's:

BLOOMFIELD, M.; Hymns of the Atharva-Veda. Oxford, 1897; Benares, 1967.

OLDENBERG, H.; Vedic Hymns. Part 2, Hymns to Agni. Oxford, 1897.

PANIKKAR, R.; The Vedic Experience. Mantramanjarī. Londen, 1977.

VARENNE, J.; Le Veda. Premier livre sacré de l'Inde. Verviers, 1967, 2 vol.

WHITNEY, W.D.; Atharva-veda samhitā. Delhi, herdruk 2de ed., 1971, 2 vol.

Een alomvattende studie over de Vedische literatuur met uitgebreide bronnenvermelding kan men vinden in het boek van J. GONDA; Vedic Literature, Wiesbaden, 1975 in de reeks *A History of Indian Literature.*

DE VERERING VAN SHIVA. HISTORISCHE SCHETS

Frank De Graeve

Volgens de Indische traditie zelf zou het Shaivisme als zodanig begonnen zijn rond de zesde eeuw vóór Christus, uit de cultus van de tot dan toe niet bepaald op de voorgrond getreden Vedische god Rudra. Aanvaarden we dit, dan staan we voor een traditie van 25 eeuwen, die trouwens ook een pre-Arische voorgeschiedenis zou kunnen hebben, hetzij via de Indusvallei-cultuur, hetzij via de Dravidiërs, hetzij via beide.

In feite heeft men in de Vedische traditie Shiva en zijn cultus altijd als een buitenbeentje beschouwd. Ofschoon hij, zoals we zullen zien, op goede gronden geacht kan worden in de continuïteit te staan van de Vedische god Rudra, zijn er voor zijn specificiteit evenzeer negatieve als positieve gegevens te vinden in de Vedische teksten: als eigennaam komt Shiva er niet voor, en er zijn een paar teksten die een sterk antagonisme impliceren tegen de vereerders van de *shishnadevah,* de god van de phallus (Cfr. *Rigved* III. 21; 5 en X. 99; 3.) Dat wordt vrij algemeen geïnterpreteerd als bewijs dat op Indische bodem een godsdienst van een ithyphallische godheid bestond, die door de Vedische traditie met een zekere agressiviteit als vreemd wordt afgewezen. ‚Ithyphallisch' wil zeggen: met de phallus in de staat van erectie, een sexueel-erotisch of vruchtbaarheidssymbool, of, uiteraard, beide samen in hun onderlinge complementariteit.

Dravidische, Harappaanse en Hittitische invloeden?

Het Shaivisme heeft in het Dravidische Zuiden van India altijd zeer sterk gebloeid en er zich niet zelden zeer onorthodox tegen de Vedisch-brahmanistische normativiteit opgesteld. Dit leidde tot de hypothese van een langzame osmose van de primitieve vruchtbaarheidsreligie der Dravidiërs met de Vedische godsdienst van de Ariërs die zich in de vruchtbare valleien, eerst van de Indus, en dan van de Ganges hadden neergezet.

Toen echter, in de jaren dertig, sir John Marshall, in zijn opzienbarende studie over de opgravingen van de ver gevorderde cultuur van Mohenjo-Daro en Harappa (Indusvallei) begon te spreken van een proto-Shiva, zwaaide men van de Dravidische hypothese naar de Harappaanse en zelfs Hittitische hypothese over, met een niet altijd omzichtige haast. De iconografische bewijzen zijn vrij schaars. Bovendien zou een zeker voorbehoud in acht dienen te worden genomen tot het schrift van deze beschaving ontcijferd is. De vondst van een tot proto-Shiva uitgeroepen ascetenfiguur in een klassieke yogin-positie, van lingam-symbolen en misschien zelfs een ithyphallische god, van een moedergodin met een niet te miskennen vruchtbaarheidssymboliek, van dieren in het gezelschap van de yogin, wat hem meteen tot Pashupati maakte, riep als vanzelf het verband op met de niet-Arische achtergrond en oorsprong van de Shaiva-ideologie.

En vermits er op andere gronden reeds hypothesen werden geformuleerd over de Mesopotamische herkomst van de Indusvallei-cultuur, duurde het niet lang vooraleer men er op wees dat de Hittitische Teshub op een stier stond afgebeeld en Hepat op een leeuwin en dat de Hittitische godheden, net als Shiva en Pārvatī, met bergen in verband werden gebracht. Bij het verder onderzoek betreffende de mogelijke Mesopotamische en Anatolische achtergronden van de Indusvallei-cultuur zal er o.i. terdege rekening moeten worden gehouden met het soepele syncretisme van Hittitische beschaving (o.a. in haar vermenging van Indogermaanse met andere bestanddelen), haar absorptievermogen voor verscheidenheid (in religieus opzicht bv. ten overstaan van de Hurrieten) zonder haar eigen duidelijk profiel te verliezen, en de wijze waarop zij als een soort makelaarscultuur fungeerde.

Hier zoals elders, mag men niet onkritisch een hermeneutiek laten bepalen door hypothesen die zelf op schaars materiaal met heel wat onopgehelderde aspecten berusten. Het is met name onvoorzichtig de Harappaanse en de Hittitische hypothesen onderling exclusief te achten als verklaring voor de wel vaststaande niet-Arische achtergrond van het Shaivisme. Die invloeden zijn immers niet momentaan, intentioneel en lokaal bepaald geweest, maar schier ongemerkt uitgespreid in een acculturatie van generatie na generatie terwijl de endogene ontwikkeling van het Arische erfgoed haar eigen verloop kende.

Inmiddels is het wél van belang te noteren dat zowel in de ene als in de andere hypothese de belangrijke factor is: de osmose van de in het subcontinent binnengevallen nomadische veetelerscultuur der Ariërs met de reeds sedentaire en dus agrarische culturen. Hoe is die osmose tot stand gekomen, en hoe kwam het, dat de Vedische god Rudra de figuur was die binnen de Arische cultuur het element van continuïteit vertegenwoordigde?

Van Rudra tot Shiva

In de *Rigved* is Rudra een angstwekkende god, wiens woede bedaard moet worden, en die de vader en leider is van een woeste bende, de Maruts of vernielers , wier hiërofanie de vernietigende stormwinden zijn. Hijzelf wordt aan het werk gezien in de verschrikkelijke kracht van de storm, in donder en bliksem, en wordt ook symbolisch geassocieerd met Agni, de god van het vuur, eveneens een vernietigende kracht. De Rudra-hymne *(Rigved* II, 33) is bijzonder typisch voor de latere ambivalentie van Shiva, en heeft zeer interessante epitheta. Zijn helende kracht staat er sterk op de voorgrond. Eenmaal *(Rigved* X. 92,9) wordt Rudra het adjectief *shiva* (de milde, de goedgunstige) toegevoegd, maar dat gebeurt ook bij andere goden, en zou op zichzelf gewoon kunnen verklaard worden als het goedstemmende vleien van een gevreesde figuur. Veel belangrijker lijkt het ons dat, van vergelijkend standpunt uit, de stormgod een ambivalentie heeft die hem tot in zijn verwoestingen toe de drager maakt van een auspicieuse mildheid en goedgunstigheid, die van de vruchtbaarheid, die door de dood zelf het leven vernieuwt. We nemen de vrijheid, in navolging van andere auteurs, het onnederlandse adjectief auspicieus te vormen, omdat gunstig o.i. niet voldoende het gunst-belovende of gunst-voorspellende aspect weergeeft dat hier bedoeld wordt.

De continuïteit Rudra-Shiva, reeds duidelijk waarneembaar doorheen de epitheta van Rudra in *Rigved* II, 33 wordt door de hiërofanie van de storm verzekerd. Het is geen toeval dat, wanneer de vader-god of Schepper-god een *deus otiosus* wordt, hij zo vaak opgevolgd wordt door de zoon, storm-god. En dit laat ook begrijpen waarom Shiva niet, zoals Rudra, een god tussen de goden van het polytheïsme wordt, maar de henotheïstische god van de goden. In zijn *coïncidentia oppositorum* belichaamt hij a.h.w. het wezen van het Heilige als een simultaneïteit van *mysterium tremendum* en *mysterium fascinans.* Men zou in zekere zin kunnen zeggen dat Rudra-de-wilde Shiva-de-milde kon worden, dank zij de ambivalentie van de stormgod, in een existentiële situatie waarin het leven-door-de-dood-heen van de vruchtbaarheid, de eenheid van het lethale en het vitale, een nieuwe ervaringsdimensie schonk aan de *coïncidentia oppositorum* of de transcendentie.

Maar tegelijkertijd is hij de ithyphallische god die vreugde vindt in de verering van zijn *lingam* (phallus) en de vruchtbaarheid in al haar weelde schept en herschept. Zijn dans is een uitzinnige viering van het leven *(nat-rāj* of koning van de dans), maar ook de verwoesting van het leven in de dronken razernij van de *tāndav* (de kosmische dans van destructie en herschepping).

Dit alles wordt weelderig geïllustreerd in de legenden en verhalen van de *Itihāsa*'s en de *Purān*'s, en hun dramatische en plastische weergave in toneel, dans en vooral iconografie van de 68 *mūrti*'s (houdingen) van Shiva zelf.

Shiva in de Shvetāshvatar Upnishad

De preciese ontwikkeling van Rudra tot een duidelijke Shiva is in de Vedische geschriften niet vast te stellen. In de *Satarudrīy* van de *Taittirīy Samhitā* verschijnt Rudra als de vreeswekkende god, op wiens goedgunstigheid men toch beroep doet. Maar in feite is het slechts in de theïstische ontwikkeling van de *Upnishad*'s (en specifiek in de *Shvetāshvatar Upnishad* en de minder bekende *Atharvashiras Upnishad)* dat we een echte doorbraak vinden. Het zou wel zeer moeilijk zijn in de huidige stand van zaken een bewijskrachtige historische grond te vinden voor een echte Shiva-traditie in de zesde eeuw vóór onze tijdrekening. Maar indien we aanvaarden dat de *Shvetāshvatar* ouder is dan de *Bhagavad Gītā* (die er anderhalf vers van citeert in XIII, 13-14) zou dat wel eens betekenisvol in verband gebracht kunnen worden met het feit dat de eerste historische referentie naar de Shaiva's gevonden wordt bij Patanjali (2de eeuw vóór Chr.), die ze als Shiva-bhāgvata's met hun drie-tanden zag rondtrekken, en dat de eerste muntstukken met een Shivaïtische thematiek dateren van de eerste eeuw van onze tijdrekening.

De *Shvetāshvatar,* hoewel ze de *Upnishad* thematiek handhaaft, is doorslaggevend geweest voor het aanvaardbaar maken van het Shivaïsme in de Arische traditie. We zullen niet zo ver gaan te beweren dat de *Shvetāshvatar* voor Shiva gedaan heeft wat de *Bhagavad Gītā* deed voor Krishna, maar in elk geval ziet deze tekst in hem de *Maheshvar* of ,de

Opperste Heer' en identificeert hij hem, over de beminnelijk gemaakte Vedische god Rudra heen, met het eeuwige, absolute Brahman.

Het slot, dat evenwel een later toevoegsel zou kunnen zijn, zegt uitdrukkelijk:

> „Mensen zouden eerder in staat zijn de ruimte als een huid op te rollen dan zonder de Heer te kennen de verlossing te bereiken" *(Shvet. Up.* VI, 20)

en:

> „Intense liefde voor de Heer en, gelijkerwijs, voor de goeroe, is een voorafgaandelijke voorwaarde tot het vinden van het ware pad." *(Shvet. Up.* VI, 23).

De bhaktimārga

Deze tekst geeft meteen aan dat de richting waarin het Shaivisme zich ontwikkelt die is van de *bhaktimārga,* waarin de liefdevolle en totale overgave aan de godheid, (en instrumenteel, aan zijn verschijning of manifestatie in de goeroe) de enige weg naar de verlossing is.

Dit is reeds het geval in de Pāshupat sekte, waarvan de Indiase auteur Bhandarkar het optreden in de 2de eeuw vóór Christus situeert, maar die voor het eerst vermeld wordt in de Nārāyanīy-sectie van de *Mahābhārat.* Tussen twee haakjes, de literatuur van het vroegere Shivaïsme is vooral episch van aard, zeker in de oorsprong, zij het dan nog oneindig meer in de *Purān*'s dan in de *Itihāsa*'s. Volgens de *Vāyu Purān* en de *Linga Purān* trad Shiva in een dood lichaam binnen en incarneerde zichzelf als een asceet in Nakulish of Lakulīsh (letterlijk: de knuppeldrager). Lakulīsha's vier discipelen, Kushik, Garga, Mitra en Kaurushya (of Rushta) zouden de stichters zijn van de vier groepen die men onder de Pāshupat's kan onderscheiden.

De naam ,Pāshupat' heeft natuurlijk te maken met Shiva's functie als Pashupati, heer der dieren. Hoewel later andere functies van Shiva op de voorgrond komen, blijft dit toch een belangrijk aspect. In de Purān literatuur schijnt hij een voorkeur te hebben voor theriomorfe incarnaties: de stier Nandi is zijn rijdier en de gazelle behoort tot zijn attributen. Vooral echter is er tussen hemzelf en zijn *bhakta*'s (volgelingen) een *patipashu* verhouding: de Pāshupat's waren yogi's die een extase bereikten door verlossingstechnieken waarbij de zielen die als vee, *pashu,* vastgebonden *(pāsh* = band) lagen aan de stof, tot *duhkhānta* (het einde van *duhkha,* dus de verlossing) komen via de yogische vereniging met Pati, de heer. Dit geschiedt door eigen intiatief (rituele handelingen, overweging, bewustzijn) maar ook door het onderhouden van *vidhi* (het gebod), gerealiseerd door geloften *(vrat)* en deuren *(dvār)* die zich veelal uitdrukken in bizarre gedragingen: de *vrat* eerder in het macabere genre, de *dvāra* eerder in het incoherente van de trance, waar ze een techniek zouden kunnen van zijn. Men vindt vergelijkbare verschijnselen in het sjamanisme, waar de techniek van extase ook niet zelden symbolen van de bewustzijnstransformatie van de sjamaan hanteert als middelen om die transformatie te bereiken[1].

Voorbeelden van *dvār* in het Shaivisme zijn: bibberen, snurken, stamelen, incoherent schreeuwen of handelen, uitstoten van onomatopeeën, manken, enz. De *vrat*'s hebben vooral te maken met de levenswijze van de asceten, die ze zich als een verplichting opleggen: het zich bestrooien of beschilderen met asse van gecremeerde lichamen, het zich ophouden op de crematieplaatsen, het eten uit schedels op die plaatsen gevonden, enz. Het typisch Shivaïtische teken *(tilak* of drie horizontale strepen, die vaak als de symbolen van *pati, pāsh* en *pashu* worden begrepen), wordt ook dikwijls met as aangebracht.

De later uit de Pāshupat ontstane sekten van het Shaivisme (de Kāpālik of schedeldragers en de Kālāmukh of zwarte gezichten), worden trouwens Mahāvratadhar of Mahāvratin (onderhouders van de grote gelofte) genoemd, en onderscheiden zich door dezelfde macabere gewoonten. Er zit in deze sectevorming een typische dynamiek naar esoterisme, Shaktisme en Tantrisme. Ze worden trouwens vrij regelmatig beschuldigd van een cultus van het vrouwelijke en van orgiastische rituelen.

Zoals gezegd echter, waren er andere aspecten van Shiva die geleidelijk meer op de voorgrond traden. De Shiva van het Shaivisme heeft 1.008 verschillende namen. In feite zijn dat natuurlijk attributen of titels, maar ze verwijzen dan toch naar verschillende aspecten van zijn wezen.

---

[1] In zijn *Shamanism. Archaic Techniques of Ecstasy,* (Bollingen Series LXXVI, New York, 1946), geeft Mircea ELIADE dit als het belangrijkste kenmerk aan van het sjamanisme. In zijn *Yoga. Immortality and Freedom,* (Bollingen Series LVI, New York, 1958) onderzoekt hij de mogelijke verbanden van bepaalde Indische yoga-systemen met het waarschijnlijk van afstamming Altaïsche sjamanisme.

Enkele van de meest voorkomende namen zijn: Mahādev, Maheshvar, Shambhu, Vishvanāth, Bhūtanāth, Bhuvaneshvar, Indubhūshan, Yogeshvar, Gangādhar, Shrīkanth, Pīnākī, Kāl, Suresh, Har, Bhav, Shankar, Bhairav, Ashutosh, Nāteshvar, Sarva, Umāpati, Durgesh, Girīsh, Pramathanāth, Bholānāth, Ugra, enz.

Zoals men mocht verwachten ligt ook hier de *coïncidentia oppositorum* uitgedrukt. Hij die, zoals de *Shvetāshvatar* zegt:

> „de Opperste Heer is transcendente God en meester van het vergankelijke en het onvergankelijke, het eindige en het oneindige, die samen de wereld van Brahman vormen",

de aanbiddelijke, mengt zich voortdurend in het triviale bedrijf van de mensen. Hij die ronddwaalt op de plaatsen waar de lijken gecremeerd worden, gekleed in een olifantenhuid of in een tijgervel, met een halssnoer van schedels, met slangen in zijn verward haar, is degene die in eeuwige sublieme beschouwing, onbenaderbaar troont op de berg Kailāsh, geïsoleerd *(keval)* in zijn onveranderlijk wezen.

Shiva is de grote asceet, die zichzelf onvoorstelbare gestrengheden oplegt, de verstorvene bij uitstek. Maar hij is ook bij uitnemendheid de levenwekkende, erotische, die de sexualiteit zelf verzinnebeeldt en door haar symbolen verzinnebeeld wordt, en in die symbolen de tedere toewijding en verering van zijn *bhakta*'s (volgelingen) vindt. Zij hechten zich bereidwillig aan hun Pashupati in een intens persoonlijke relatie. Zij laten zich door hun Nat-rāj (koning van de dans) meeslepen in de verrukkende dans der schepping. Hij van wie de *Shvetāshvatar Upnishad*, IV. 19 zegt: „er is geen vorm voor hem die Hoogste heerlijkheid genoemd wordt", krijgt als koning van de dans de volmaakte vorm, een concrete gestalte.

Maar terzelfdertijd wordt hij de Mahādev, de grote god, de god der goden, heer der heren, meester der meesters, wiens gelijke niet bestaat op het vlak der goddelijkheid. Zoals ook in andere vormen van het *bhakti* theïsme voorkomt (zie blz. 57), maar wellicht nog met grotere passie, wordt de god van hun devotie met een jaloerse exclusiviteit beleden. Men begrijpt dan ook hoe Krishna in de *Mahābhārat* door zijn goeroe, Upamanyu, ingewijd wordt in de Shiva-Yoga, tot hij in een visioen de Mahādev schouwt, vereerd door alle goden, met inbegrip van Indra, Vishnu en Brahmā.

De Shaiv literatuur

Het Shaivisme heeft zich met een merkwaardig dynamisme verspreid (reeds het Pāshupati Shaivisme, een vroege sekte, drong door tot het ,Indië der eilanden' of Insulinde), vooral wanneer men bedenkt dat zijn Vedische oorspronkelijkheid niet helemaal als onverdacht kan worden beschouwd. Ook later heeft het trouwens een eigen handboekliteratuur, de *āgam*'s, een canon van 28 teksten met 198 *Upāgam*'s (ancillaire teksten), even extrinsiek aan de Vedische traditie als bv. de Tantra's. Elke *āgam* werd verdeeld onder vier hoofdingen:

- *kriyā* (het ritueel van de gemeenschap),
- *caryā* (de dagelijkse riten en individuele gedragingen),
- *yog* (de psycho-somatische technieken voor het bevorderen van de Shivaïtische levenswijze),
- *vidyā* (de leerstellige inhoud).

Er bestonden wel degelijk pogingen om a.h.w. het Shaivisme te ,vertalen' in de systematiek van de zes orthodoxe scholen van het Hindoeïsme die alle op orthodoxe wijze aan de *Ved*'s vasthouden, maar in feite volgde het veelal de intentionaliteit van zijn eigen *āgam* literatuur.

Het Tamil-Shaivisme

Een belangrijke haard van Shaivisme was het Tamil-sprekende gebied van Zuid-Indië, waar het zeker vanaf de zesde eeuw van onze tijdrekening het Jainisme en het Boeddhisme begon te verdringen. Het was een typische vroomheidsbeweging, geconcentreerd rond ,heiligen' *(siddha*'s), vertegenwoordigers van een soort *bhakti* (devotie) die sterk herinnert aan deze van de Vaishnav (Vishnoe volgeling). Zoals deze laatste haar 13 grote Alvār-wijzen heeft (de ,diepen'), zo heeft het Tamil-Shaivisme zijn 63 Nāyanār-heiligen (de ,leiders'), vooral de vier zogenaamde *ācārya*'s, die elk hun eigen methode en hun eigen *mārga* (,weg', ,pad') hebben.

Zo specialiseerde Appar (7de eeuw) zich in *caryā*, en staat zijn weg bekend als de *dās-mārga* (het pad van de dienaar), een optimistische *bhakti*. Sambandhar, die op hem volgt, bewoog zich op het terrein van *kriyā*, en stond een *satputra-mārga* (weg van de zoon) voor, met de mystieke formule van de vijf lettergrepen *namah shivāya*. Sundar (8ste eeuw) ontwierp een yoga, leidend tot een *sahamārga* (weg van de

126

vriend). De *Padigam* of hymnen van deze drie waren bijzonder populair in het Tamilgebied en werden samengebundeld in de beroemde verzameling *Devārām*.

De vierde en wellicht de grootste mysticus van de groep is Mānikka Vācagar (9de eeuw) die een *jnān* (inzicht) ontwikkelde tot een *sat-mārga* (weg van het ,zijn'). Zijn meesterwerk, *Tiruvācagam,* is in zekere zin de bron van de latere Shaiva-vroomheidsliteratuur in Zuid-Indië. Hij verwerpt met grote nadrukkelijkheid elke vorm van polytheïsme en bezingt de oneindige zaligheid die de bezielde *bhakta* vindt in de mystieke vereniging van zijn bevrijde ziel met de Nat-rāj (Shiva als koning van de dans), voor hen de grote manifestatie van de Heer. Door zelfverloochening, gebed en cultus maakt de mens zich nederig, zodat de vrije gave van de genade zijn ziel zuivert van elke zinsbegoocheling en haar tot bekering voert.

Andere grote mystieke dichters van het Shaivisme waren: Nandanār, Āuvai (een vrouw), Meykāndar, Ārunagri, Tayumanawar, Rāmalinga, enz.

Langzamerhand werden er toch pogingen gedaan om een speculatief-systematische doctrine van het Shaivisme uit te werken. Men ontleende daar uiteraard begrippen voor aan de grote scholen van het klassieke Hindoeïsme, vooral aan de combinatie Sāmkhya-Yoga. Het ,dualisme' van *purush* (geest) en *prakriti* (materie) leende zich goed voor dat van Shiva en Shakti. In feite wordt in het Tamil Shaivisme een positie ingenomen, *bhedābhed* genoemd, die het midden houdt tussen dualisme *(bhed)* en monisme *(abhed),* wat meteen verwijst naar bepaalde Vedānta themata.

Deze systematiek wordt in het Tamilgebied *Shaivasiddhānta* genoemd (,gevolgtrekkingen betreffende Shiva') en berust, behalve op de 28 *āgam*'s (die trouwens geleidelijk worden vervangen door de 14 *Siddhānta-shāstra*'s) op een allesbeheersend onderscheid tussen het zuivere en het onzuivere domein, elk met hun eigen *tattva*'s (hoedanigheden, karakteristieken), 36 in het geheel.

In de 13de eeuw ondernam Meykāndar (of Meykāndadevar) Karulturai de eerste poging tot theologische systematisatie in zijn *Shivajnānbodham,* een werk dat voortgezet werd in het klassieke tractaat *Shiva-jnān-siddhiyār* van Arulnandi, en in acht complementaire werkjes van Umāpati.

Evenwijdig, zij het dan niet volstrekt synchronisch met het zuidelijk Shaivisme, was er ook een beweging in Kashmir, ogenschijnlijk ontstaan vanuit een soort syncretisme met het Boeddhisme. In de achtste eeuw, in nog niet helemaal opgehelderde omstandigheden, was er een Shivaïtische anti-boeddhistisch reactie ontstaan, die door de traditie in verband wordt gebracht met een bezoek-bekeringsmissie van Shankar. Het is in elk geval een feit dat deze noordelijke beweging meer gnostisch-vedāntisch gericht was en tot een soort Shivaïtisch monisme leidde: het Opperste Woord *(parā vāk)* manifesteert zich als een kosmische kiemcel die een ervaarbaarheid heeft, *madhyamā vāk,* welke dan via het denken tot menselijk woord wordt in de Shaiva-geloofsleer. Volgens de traditie wordt deze geloofsleer uiteengezet in drie bundels geschriften. Eerst en vooral in de *Āgam-shāstra,* een reeks van 92 *āgam*'s, waarvan de voornaamste geconstitueerd worden door de *Shiva-sūtra*'s, een Shivaïtische geïnterpreteerde *advait* metafysiek (door Shiva zelf geopenbaard aan de wijze Vasugupta, eerste helft van de 9de eeuw). Ten tweede in de *Spanda-shāstra* die ofwel aan Vasugupta zelf, ofwel aan zijn discipel Kallata (ook de auteur van een *Spandakārikā)* wordt toegeschreven. Ten derde in de *Pratyabhijñān-shāstra* van een andere discipel van Vasugupta, nl. Siddha Somānanda (ook de auteur van een *Shivadrishti),* wiens discipel, Utpaladev een werk schreef dat door sommigen beschouwd wordt, als het belangrijkste van het Kashmir Shaivisme, de *Īshvarapratyabhijñān-sūtra.*

Al deze geschriften ontwikkelen verder de monistische visie van Shiva als de Paramāshiva, met Shiva en Shakti als twee aspecten, transcendent en immanent, onveranderlijk en actief, van dezelfde Absolute en Totale Realiteit. *Shakti* is het hart *(hriday)* van Shiva: hun onderlinge relatie is er één van identiteit *(tādātmya)* en volmaakt evenwicht *(sāmarasya).* De kosmos is een wederafspiegeling van de weerspiegeling van Shiva in zijn Shakti, *ābhās* genoemd. *Pratyabhijñān* is ‚het herkennen' door de ziel van haar eeuwig wezen in Shiva, en dat is *moksha* (bevrijding). De hindernissen die dat herkennen in de weg staan, worden *mal* (onreinheid) genoemd, *ānav, māyā* en *karma,* die slechts door Bhairav — een vorm van Shiva — opgeklaard worden. *Dīkshā* (inwijding) kan tot *jīvanmukti* (de toestand van een levend-verloste) leiden. Weer wordt in het hele proces veel belang gehecht aan de persoonlijke leiding van een goeroe.

Waarschijnlijk rond het midden van de twaalfde eeuw ontstond in het gebied van Karnātaka en Mahārāshtra een nieuwe beweging — het Vīr-shaivisme of Lingāyat — door de bemoeiingen van de Brahmaan Basava (of Vrishabh) die in het prinsdom Kalyān, niet ver van het huidige Bombay, een Shivānubhav-mandap stichtte (een centrum van Shiva-ervaring). Onder het voorzitterschap van de grote leraar Allama Prabhu vergaderden daar mannen en vrouwen die op een intense wijze problemen van religieuze betekenis bespraken en uitdiepten, met de kennelijke bedoeling om een hindoe dam op te werpen tegen het Jainisme en het Boeddhisme, waar ze bepaalde elementen aan ontlenden. Ook van het Kashmir Shaivisme vinden we factoren terug: de *dīkshā*, (inwijding), de goeroe, de *ānav-, māyā-* en *karma-mal*, enz.

Tegenover de *Ved*'s is hun houding ambivalent, in elk geval negatief wat het Vedische ritueel en dus de *Brāhmana*'s betreft.

Er is ook een ethische vernieuwing: verwerpen van het kinderhuwe-lijk, aanmoediging van het hertrouwen van weduwen, relatieve opheffing van sociale discriminatie, nadruk op het belang van een sobere levens-stijl. Het kloosterleven staat in hoog aanzien, en doordesemt deze Shivaïtische beweging. Wellicht in verband daarmee wordt de crematie veelal vervangen door de begrafenis, en wordt het strikte vegetarisme aanbevolen of opgelegd.

Zoals vaak het geval is in de oosterse tradities, kan de Vīrashaiv levensbeschouwing geschikt worden uiteengezet aan de hand van opsom-mingen: de *shat-sthal* (zes niveau's of trappen), de *panc-ācār* (vijf gedragsregels) en de *asht-āvaran* (acht schilden).

De zes trappen schetsen de ontwikkelingsgang van de Godservaring. Ze zijn: *bhakti-sthal*, de trap waarop men zich totaal aan God toever-trouwt; *Mahesh-* of *Maheshvar-sthal*, waarop de Godservaring uitgezui-verd wordt; *Prasād-sthal* waarop de genade van God in onverstoorbare rust ervaren wordt; *Prān-lingasthal*, waarop het eigen levensbeginsel als *linga* (phallus) wordt beschouwd; *Sharan-sthal*, waarop men zijn toe-vlucht tot God neemt; en tenslotte *Aikyasthal*, waarop de eenheid van God zich openbaart in haar identiteit met zijn Shakti, resulterend in de zalige Godservaring[2].

---

[2] Wij volgen hier Shri Kumaraswamiji in *The cultural Heritage of India*, (Vol. 4, p. 106), en Gonda in *Der jungere Hinduismus*, (p. 250), maar er zijn heel wat afwijkende interpreta-

De vijf gedragsregels zijn de *lingācār,* de cultus van de ene God Shiva, gecentreerd op het lingasymbool; de *sadācār,* een voorbeeldig leven van liefdadigheid; de *shivācār,* de broederschap der Shiva-volgelingen zonder discriminatie; de *bhrityācār* of geest van deemoed, en de *ganācār* of de totale beschikbaarheid.

De acht schilden zijn: de Guru, de onmisbare gids naar volmaaktheid en verlossing; de *linga,* (phallus) manifestatie van Shiva's godheid zelf, door de Lingāyats rond de arm of rond de hals gedragen; de *jangam* of bedelmonniken; *pādodak, prasād* en *bhasam* (gewijd water, voedsel en asse); *rudrāksha,* de Shaiv rozenkrans, en de *mantra* of het steeds weer herhaalde *namah shivāya.* Een beroemde Tantrische tekst zegt dat Shiva zonder zijn Shakti een lijk is. Ook is de Shaiv iconografie ondenkbaar zonder de voorstellingen (mét of zonder Shiva) van Pārvatī en Umā, van Durgā en Kāli, van de moederlijke tederheid of de sexuele kracht van het vrouwelijke. Zo ook zou deze inleiding over het Shaivisme onvolledig zijn zonder het Shaktisme te vermelden, dat er, in bepaalde ontwikkelingen, het meest opvallende kenmerk van is.

Anderzijds is dit onderwerp zo uitgebreid dat het een behandeling op zichzelf verdient. Naast het Shakti-Shaivisme trouwens, dat binnen de verering van Shiva zijn ‚vrouwelijk aspect' essentieel betrekt, bestaat er ook vooral waar de Tantrische tendensen overwegend zijn, in zekere zin ook een Shiva-Shaktisme, dat de Shakti a.h.w. aan Shiva substitueert.

---

ties van de *Shatsthala* zoals Dasgupta zegt in *A History of Indian Philosophy,* (vol. V, p. 60): ... we are all confused as to what the satsthala might have been." En, op dezelfde pagina: ... the sthalas have not been the same in the various authoritative works."

DE GĪTĀ, EEN PAREL VAN INDISCHE WIJSHEID

Winand M. CALLEWAERT

Het meest bekende werk uit de 3000 jaar oude literatuur van het Indiase subcontinent is zonder twijfel de *Bhagavad Gītā*, kortweg *Gītā* genaamd. Reeds meer dan 2000 jaar is dit boekje voor velen in India de basistekst geweest voor reflectie en werd het door de meest uiteenlopende filosofische strekkingen becommentarieerd. Door de dikke bolster van oosterse bewoordingen heen kan de diepe boodschap van dit pareltje door de westerse lezer niet gemakkelijk worden benaderd. Onze korte inleiding beoogt dan ook alleen het werk te situeren en er enkele basisbegrippen van te omschrijven.

De Mahābhārat

De achttien hoofdstukjes van de *Gītā* zijn te vinden in het zesde Boek (hfdst. 25-42) van het reuze-epos de *Mahābhārat*. Zoals in andere landen, probeerden de koningen in India vroeger hun afstamming luister bij te zetten door roemrijke verhalen over hun voorouders te verspreiden. Reeds vanaf de zesde eeuw vóór Christus gingen barden en dichters van het ene hof naar het andere om aan deze nood te voldoen; een ridderlijke daad van vroeger kreeg nationale allure en een kleine veldslag werd een episch feit. Verscheidene reeksen verhalen werden toen ongetwijfeld gecreëerd, maar twee ervan groeiden uit tot episch formaat: de *Rāmāyan* en de *Mahābhārat*. De kern van het verhaal in de *Mahābhārat* is de strijd tussen twee takken van één koninklijke familie, een strijd die — en hier wordt de *Gītā* gesitueerd — losbarst in een gewelddadige oorlog.

De *Mahābhārat* is echter meer dan een episch gedicht. Tijdens de periode van compilatie (400 v. Christus tot 400 na Christus?) werd het verhaal ook voor het gewone publiek gezongen en werden legenden, moraliserende instructies, filosofische speculaties en wettelijke voorschriften ingelast. In zijn huidige vorm is deze ,schatkist van het Oude

131

India' drie en een half keer zo groot als de volledige Bijbel. Reeds van kindsbeen af hoort elke hindoe daaruit vele verhalen, die door de (groot)moeders worden verteld en door rondreizende toneelgezelschappen in de dorpen worden opgevoerd. In de kern van dit grote epos situeert zich de *Gītā:*

> ,Twee takken van een familie staan tegenover elkaar: aan de ene kant de Kaurav's, dit zijn de honderd zonen van Dhritarāshtra, geleid door de oudste broer Duryodhan en aan de andere kant de vijf Pāndav broers, geleid door hun oudste broer Yudhisthir. In een kansspel had Yudhisthir zijn koninkrijk verloren aan zijn neef Duryodhan en samen met zijn vier broers moest hij veertien jaar in het woud gaan rondzwerven. Na die periode echter wilde Duryodhan het koninkrijk niet meer afstaan, zelfs niet de vijf dorpen waarmee de pacifist Yudhisthir zich uiteindelijk zou tevreden stellen. Ten einde raad stuurt Yudhisthir zijn vriend Krishna, die het hoofd is van een naburige clan, om verzoening te bewerken.
>
> Krishna is echter niet zomaar een gewone ridder. Hij is — in de mythische evolutie van het epos — een nederdaling *(avtār,* zie blz. 58) van de god Vishnoe, de persoon in de hindoe Drie-godheid (Brahmā, Vishnoe, Shiva) die de mensen beschermt en op verschillende ogenblikken in de geschiedenis is ,neergedaald' om de mensen te redden. Yudhisthir en zijn broers wisten dit evenals Duryodhan en zijn broers. En toch wijst Duryodhan de verzoeningspogingen van Krishna — van God zelf — af en daagt hij de vijf broers uit tot een oorlog. Zo wordt de strijd onvermijdelijk en alles staat klaar voor de broedermoord. Nog één probleem: op het laatste nippertje slaat Arjun, de beste soldaat van de vijf broers in paniek en hij weigert de strijd in te gaan die zijn eigen familie moet uitmoorden'.

Op dit gespannen moment van het epos krijgen we de beroemde achttien hoofdstukken van de *Gītā*, het pareltje van filosofische reflectie en mystieke diepte: de dialoog tussen Arjun en zijn vriend-wagenmenner Krishna. Om Arjun te overtuigen dat hij moet vechten verklaart Krishna, met zijn goddelijke wijsheid, de mysteries van de kosmos, van de mens en van de relatie God/mens. Dit is de kern van de *Gītā.*

Laten we dit nu wat meer systematisch gaan bekijken.

De Gītā: een synthese van diverse stromingen

Het gemengde karakter van de *Gītā* maakt eerst de situering en beschrijving van enkele filosofische stromingen in het Oude India noodzakelijk.

Het dualisme van de Sāmkhya school gaf aan de *Gītā* het dubbele principe van de (veranderlijke) natuur of ,materie' en de (onveranderlijke) geest. De auteur van de *Gītā* heet 'materie' alles wat dynamisch is en aan verandering is onderworpen, inclusief de zintuigen en het intellect. De geest, anderzijds, is het niet-gebonden, eeuwig principe dat tijdelijk in een organisme inwoont, maar dat buiten tijd en ruimte eeuwig is. Deze begrippen worden door Krishna gebruikt om aan Arjun de structuur van de kosmos en van de mens uit te leggen.

De leer van de *Gītā* gaat echter verder dan het dualisme van de Sāmkhya school, in die zin dat de elementen van 'materie' in feite de lagere natuur zijn van Krishna, van God, en dus ook met goddelijkheid omgeven. De sfeer van de geest is dan de 'hogere' natuur. Naar vereniging met deze 'hogere' natuur van God streeft de auteur van de *Gītā*.

Een andere stroming, vooral ontwikkeld in de filosofie van de *Upnishad*'s, preekte dat 'bevrijding' wordt verkregen door de juiste kennis. De *Gītā* daarentegen houdt voor dat de liefdevolle verhouding met een persoonlijke God daar ver boven staat.

Ook Yoga krijgt een nieuwe oriëntering. Oorspronkelijk was de bevrijding van de mens bij middel van de eigen inspanningen het doel van yoga. De *Gītā* erkent de inspanningen van de yogi maar stelt als enig doel voorop de verhouding en vereniging met de persoonlijke God.

Uit dit kort overzicht blijkt reeds dat de centrale idee van de *Gītā* gezocht moet worden in de teksten die spreken over de overgave aan God, *bhakti* (zie blz. 57). Het is ook duidelijk hoe deze synthese van diverse stromingen aanleiding kon zijn voor de meest contradictorische interpretaties, ook bij moderne commentatoren. Het feit dat de auteur de *Gītā* elementen uit vele denkrichtingen opnam was voldoende om de volgelingen van die denkstromingen er toe aan te zetten hún idee als centraal te beschouwen in de *Gītā* en de rest als secundair.

De achttien hoofdstukken van de Gītā.

In hoofdstuk 1 bevindt Arjun zich tussen de twee opgestelde legers. Hij weet dat deze broederstrijd alleen maar miserie kan voortbrengen en hij weigert te vechten. Hij bekent zijn onbehagen aan zijn wagenmenner en vriend Krishna.

Hoofdstuk 2: Krishna spoort Arjun aan om te vechten. Daartoe geeft hij argumenten uit de Sāmkhya filosofie: er is een onderscheid tussen het

De wagenmenner Krishna (l.) onderricht Arjun juist vóór de strijd

vergankelijke lichaam dat handelt, lijdt en sterft en het onvergankelijke
dat onaangeroerd blijft door uitwendige handelingen, want

> „Dat waardoor geheel dit universum werd tot stand gebracht is onvernie-
> tigbaar; niemand kan Dat vernietigen dat niet kan worden vernietigd"
> (2.17).
> „Dit Ego kan niet moorden en kan niet vermoord worden" (2.19).

Dan vervolgt Krishna met argumenten uit Yoga: Arjun moet leren de
volmaakte onthechting te beoefenen.

> „Een mens vindt pas vrede als hij alle verlangens opzij zet, als hij niet
> meer denkt ‚dit ben ik' of ‚dit is van mij'" (2,72).

Hoofdstuk 3 : Als je dan moet onthecht blijven van elk handelen,
vraagt Arjun, waarom moet je dan nog handelen? Krishna: handelen is
onvermijdelijk voor de mens zolang hij in een lichaam rondzwerft.
Verlangen en passie in het handelen brengen iemand tot verderf, niet het
handelen zelf.

Hoofdstuk 4: Geloof me, zegt Krishna, want ik ben God mensge-
worden.

„Reeds vele malen ben ik geboren; ik ben ongeboren en onveranderlijk, ..., en toch kom ik in de (menselijke) natuur, kom ik in de tijd" (4.6.).
„Wanneer gerechtigheid tot verval geraakt en de ongerechtigheid groeit, dan word ik geboren;
om het goede te beschermen, het kwaad te vernietigen, om de wet van gerechtigheid te vestigen word ik altijd opnieuw herboren" (1.8).

Hoofdstuk 5: Wat moet je dan verkiezen: handelen of niet handelen ? Krishna antwoordt dat de twee niet tegengesteld zijn: het lichaam en het intellect moeten handelen terwijl het Ego onveranderlijk blijft. Dit is dan de perfecte asceet:

„Hij jubelt niet als iets prettigs hem overkomt en hij is niet verontrust als iets onprettigs hem overvalt" (5.21).

Dit hoofdstuk eindigt met de nadruk op de centrale idee:

„Als je weet dat ik het ben aan wie alle offerande en versterving wordt opgedragen, dan bereik je diepe vrede" (5.29).

Hoofdstuk 6: De perfecte zelfbeheersing wordt beschreven met Yoga-terminologie: je moet streven naar controle over de zintuigen en over het intellect, naar onbewogen concentratie en rust in de ziel. De perfecte yogi is hij die met al zijn inspanningen streeft naar God.

„Als je Mij overal ziet, en het Al ziet in Mij, dan ben ik niet voor jou verloren en jij niet voor Mij" (6.30).
„Van alle zoekers is diegene bevrijd en in Mij opgenomén, die Mij bemint en vereert" (4.47).

Hoofdstukken 7 tot 12 zijn de prachtige hoofdstukken in de *Gītā* die handelen over *bhakti,* dit is de liefde voor en verering van de persoonlijke God.

Hoofdstukken 13 tot 18 worden soms als een later toevoegsel beschouwd. Deze hoofdstukken geven aparte verhandelingen, die vooral termen uit de Sāmkhya filosofie gebruiken om het juiste inzicht en het juiste handelen te beschrijven. Ze handelen maar sporadisch over de centrale, mystieke idee van de *Gītā* en vergen een uitgebreide inleiding voor de niet ingewijde lezer.

Voornaamste themata

Centraal in de *Gītā* staat de persoon van de God-wagenmenner

Krishna en we moeten onze aandacht op hem toespitsen om de boodschap te ervaren die ook — of misschien vooral — voor de moderne westerse lezer belangrijk kan zijn. In onze hedendaagse wereld van technologie, verzekeringen en horizontale mede-menselijkheid confronteert de *Gītā* ons met de diepe werkelijkheid van een persoonlijke God. We hoeven ons hier geen theologische vragen te stellen over de *avtār* theorie van Krishna: de ervaring van de Indische wijzen, 2500 jaar geleden, kan sterk genoeg zijn om ons nu nog te inspireren en ons accenten te doen ontdekken, die we wellicht uit het oog verloren hadden.

a. Het eerste argument dat Krishna gebruikt om de weifelende Arjun tot rede te brengen is de *onsterfelijkheid van het Ego* of het ,zelf' *(ātman)*. Deze argumentatie is ook logisch aangezien Arjun niet alleen vreest voor zijn eigen dood maar ook voor de dood van zijn familieleden. Dit ,zelf' — wij zouden zeggen ,ziel' — is een begrip dat veelvuldig voorkomt in de filosofische teksten vóór de *Gītā*. Het ,zelf' is als ,klein deel' van God (15.7) onsterfelijk, buiten de tijd, het

> ,,wordt niet geboren en sterft niet, nooit kan het opnieuw bestaan;
> het is ongeboren, eeuwig, van voor alle tijden'' (2.20).

Hoe kan Arjun dan spreken van echt vermoorden? Dit ,zelf' wordt wel belichaamd en op die manier

> ,,wordt het altijd opnieuw geboren en sterft het opnieuw'' (2.26).

Op zichzelf is het statisch, eeuwig en buiten de tijd, maar in zijn zwerven van het ene lichaam naar het andere is het verbonden met een menselijke persoonlijkheid. Bevrijding — wij spreken van verlossing — bestaat dan precies in de onafhankelijkheid die het ,zelf' bereikt tegenover de materiële persoonlijkheden waarmee het verbonden wordt in de cyclus van hergeboorte.

De mens is echter wel degelijk een psycho-somatische eenheid en de *Gītā* legt er de nadruk op dat het ,zelf' het centrum is van de gehele persoonlijkheid. Het werkt als een magneet voor de verscheidene dimensies van de menselijke persoonlijkheid: zijn sterkste invloed wordt uitgeoefend op de ziel (of het contemplatief intellect), minder op het rationeel intellect en het minst op de zintuigen. Voor een precieze beschrijving van dit onsterfelijk ,zelf' in de mens kunnen we het best de *Gītā* zelf citeren:

„Deze lichamen zijn begrensd, ze zijn bewoond door een onvernietigbaar en niet te meten ‚zelf'. Het wordt niet gedood als het lichaam gedood wordt" (2.21).

„Wapens kunnen het niet snijden en vuur kan het niet branden, water maakt het niet nat en de wind droogt het niet" (2.24).

„Uitzonderlijk kan iemand het aanschouwen, uitzonderlijk kan iemand er iets over zeggen of er iets over horen, maar zelfs als men er over hoort, kent niemand het" (2.30).

In de wereld van levende wezens is er een klein deel van Mij, eeuwig, dat een levend (zelf) wordt; het trekt tot zich (als een magneet) de vijf zintuigen en het intellect" (15.7).

Dit zelf dan verhuist van het ene lichaam naar het andere, „zoals een man oude kleren weggooit en nieuwe kleren aantrekt" (2.22).

b. Een onmiddellijk gevolg van deze beschouwingen over het eeuwige ‚zelf' is dat Arjun *de waarde van zijn handelingen* moet leren *relativeren*. Het veel geciteerde vers uit de *Gītā* moet dan ook in het licht van deze onsterfelijke ziel worden begrepen:

„Alleen de handeling moet je interesseren, nooit de gevolgen van je handelen, en toch ook niet je gehechtheid aan het niet-handelen" (2.48).

„De wijze mensen die door het zelf gedomineerd worden en die geen aandacht schenken aan de gevolgen van hun handelen, zij zullen bevrijd worden uit de boeien van de hergeboorte" (2.51).

Deze beschouwingen kunnen een aanleiding zijn om een ethisch probleem verkeerd aan te pakken; ze worden echter overduidelijk als men ze begrijpt volgens de context van het ‚zelf' in de *Gītā*. Immers

„De drie elementen van de materiële natuur (twee intellecten, en de zintuigen) verrichten elke handeling; je bent verkeerd als je denkt ‚ik doe dit'" (3.27).

Als je weet dat je ‚zelf' niet handelt, dan ben je ook niet gehecht aan de gevolgen van je handelen.

Zolang de mens dan in de wereld blijft moet hij handelen, al was het maar om in leven te kunnen blijven, en volgens zijn handelen zal zijn volgende geboorte ook bepaald zijn. Dan komt de vraag: als je moet handelen maar door je handelen voortdurend bevestigd wordt in de cyclus van hergeboorte, hoe kun je dan ooit aan deze kringloop ontsnappen? Het antwoord is eenvoudig: door onthechting. De mens moet zijn zoals God en streven niet alleen naar eeuwige rust maar ook naar onthecht handelen. God heeft de menselijke samenleving op gang gebracht en de regels vastgesteld om het geheel in goede orde te houden (4.13) en Hij verwacht dat de mens daaraan meewerkt (3.25).

In deze context vinden we de sociale, moraliserende dimensie van de *Gītā*. Aangezien de meeste mensen niet gedomineerd worden door het ,zelf' maar door hun zelfgenoegzaamheid, moet de wijze man een voorbeeld geven van onthecht handelen. En zo krijgt ook het valse dilemma over handelen en niet-handelen zijn oplossing: je moet handelen, onthecht niet alleen aan de resultaten van je handeling maar ook van elk zelfgenoegzaam motief. Op deze manier spoort Krishna zijn vriend Arjun aan om toch de strijd te beginnen.

Kort samengevat is dit dan de les van de *Gītā* over het handelen: elke handeling compromitteert je, dus blijf er van onthecht. Doe wat God verlangt dat je zou doen — de nadruk op de persoonlijke God is typisch voor de *Gītā* — en aanvaard succes en mislukking met een gelijk gemoed, onverschillig voor het gevolg, want handelingen gaan door je heen, ze behoren je ,zelf' niet toe.

c. De centrale idee van de *Gītā* is de *devotie tot de persoonlijke God Krishna*. En dit is nieuw. Want in de godsdiensten of gedachtenstromingen die aan de *Gītā* historisch zijn voorafgegaan, wordt de persoonlijke relatie met God nooit met zo een directheid beschreven als in de *Gītā*. In het Boeddhisme en in de *Sāmkhya* filosofie, waaraan de *Gītā* blijkbaar veel ontleende, speelt God zelfs geen enkele rol. In de *Upnishad*'s wordt geen duidelijk onderscheid gemaakt tussen de persoonlijke God en de absolute Godheid Brahman. Je kan wel mediteren over God, maar Hij is geen persoon die je kan beminnen.

Dan krijgen we de *Gītā*, waarin vanaf vers 6.30 als een reusachtige waterval een geheel nieuwe dimensie in de Indische mystieke literatuur verschijnt: vanaf dat vers immers wordt duidelijk beschreven dat het proces van identificatie met Brahman gebeurt langs de liefde voor Krishna, de persoonlijke God. Dat mag allemaal normaal lijken voor een christen die opgevoed is in het geloof aan de persoonlijke God van het Evangelie; in de eeuwenlange Indische reflectie brengt de auteur van de *Gītā* een nieuwe lente en een nieuw geluid. De teksten die over deze persoonlijke relatie handelen, zijn overvloedig en diep inspirerend, vooral in de hoofdstukken zeven tot twaalf. Enkele citaten:

> ,,Als je al je werken aan Mij toevertrouwt, alle aandacht op Mij vestigt, als je op Mij mediteert en al het andere op zij laat, als je Mij vereert,

138

zal ik je verheffen hoog boven de oceaan van immer terugkerende dood, want je gedachten zijn op Mij gericht.

Denk alleen aan Mij, span je in om bij Mij te komen en je zult in Mij je ware thuis vinden" zegt Krishna (12.6-8).

„Als je zelfs maar één blad of fruit, één bloem of wat water aan Mij opdraagt, met devotie en liefde, Ik neem het aan, want in liefde is het opgedragen.

Wat je ook doet, wat je ook eet, wat je ook offert of in aalmoezen weggeeft, elke ascese die je beoefent, draag het aan Mij op" (9.27-28).

„Ik ben gelijk in alle wezens. Ik haat geen enkel en Mijn Liefde is gelijk, en toch, als je in liefde naar Mij toekomt, ben ik in je en jij in Mij" (9.30).

„Arjun, ik verzeker je: wie Mij vereert met liefde, die kan niet verloren gaan" (9.32).

„Wie Mij in alles ziet en het Al ziet in Mij, voor die persoon ben ik niet verloren en is hij niet verloren voor Mij" (6.30).

„Ik ben de bron van alles; van Mij gaan alle dingen uit; wijze mensen weten dit en zoeken met Mij een verhouding van liefde" (10.8).

d. Tot slot nog enkele beschouwingen over het begrip *verlossing* of ‚bevrijding’. De *Gītā* start aan het eindpunt dat zijn voorloper, de Boeddhistische reflectie, had bereikt. De Boeddhisten spraken immers van bevrijding als een negatieve situatie: daar is geen zon en geen maan, men is er niet geboren, niet geworden enzovoort. De *Gītā* gaat een hele stap verder: er is bevrijding van, maar ook bevrijding tot; de persoonlijkheid is niet zoals de uitgedoofde vlam van het *nirvān,* maar blijft een bewust ‚zelf’.

Voor een goed begrip van de ‚bevrijding’ of ‚zelf-realisatie’ in de *Gītā* moeten we een goed inzicht hebben in de leer over het ‚zelf’ (zie hoger). Als een mens dat niveau bereikt waar al de krachten van zijn persoonlijkheid opgenomen worden in en door het eeuwige ‚zelf’, dan kan dit ‚zelf’ zijn eigen identiteit opnieuw volledig beleven: als eeuwig elementje in de kosmos en als deeltje van God.

Over die situatie geeft geen enkele godsdienst duidelijke omschrijvingen en ook de *Gītā* geeft niet de laatste verklaring. We leren echter wel dat het zelf Brahma benadert, het goddelijke Zijn, buiten alle tijd en ruimte. Het élan van de *Gītā* zuigt de lezer op naar de visie van een bestaans-niveau dat we ons niet kunnen voorstellen; wel moeten we het Lam Gods van Van Eyck, met al zijn engelen en heiligen geknield voor God de Vader met de baard, ver van ons afzetten om ruimteloos binnen te treden in het onsterfelijk verder bestaan van het ‚zelf’.

De *Gītā* legt er de nadruk op dat de persoon die dat niveau bereikt een volmaakte vrijheid geniet, als een wolk of als een bliksemschicht in de hemel, ongebonden. Dit zelf wordt als het ware ‚gelijk aan God', omdat het zoals God in staat is om het (onsterfelijke) element te ontdekken dat in alle sterfelijke dingen leeft. Met deze kracht tot onderscheiding en distantiëring staat de nieuwe persoon aan de andere kant, en toch is hij niet God, want een volledige identiteit maakt de liefdesrelatie tussen twee personen onmogelijk. We kunnen het best weer citaten voor zichzelf laten spreken:

> „Als je Mijn goddelijke geboorte en handelen kent, zul je je lichaam achterlaten en nooit meer opnieuw worden geboren; je komt dan tot Mij. Velen verzaken passies, vrees en woede en komen in Mij, in Mij als in een heiligdom; gezuiverd door wijsheid en boete, komen zij delen in Mijn eigen manier van zijn" (4.9-10).
> „Hierdoor zul je alles in je ‚zelf' kunnen bekijken en dan in Mij" (4.35).
> „Laat deze zoeker zijn ‚zelf' gedurig controleren en zijn geest in toom houden; dan zal hij die vrede bezitten die in het *nirvān* culmineert en in Mij bestaat" (6.15).
> „Als zijn geest tot rust is gekomen ervaart deze zoeker de diepste vreugde: alle passies zijn gestild en vrij van alle smet wordt hij Brahman" (6.27).
> „Als het zelf er zich van bewust wordt dat alleen deze (zintuigen, intellect, enz.) handelen en als hij weet wat daar achter is,
> dan wordt hij deelachtig aan Mijn manier van zijn" (14.19).

Nabeschouwingen

De *Gītā* is geen leesboek dat men cursief doorneemt of zelfs gewoon door-leest. Het is eerder een boek ter overweging, waar men op de diepe stukken stilhoudt en blijft stilstaan. Voor de niet gespecialiseerde lezer is daarom een thematische lectuur de meest aangewezen methode om in deze diepe wijsheid binnen te dringen.

Voor een gelovige hindoe is de *Gītā* een geïnspireerd boek — het is wel niet *shruti* of ‚gehoord' zoals de *Ved's*- en zijn de woorden van Krishna de woorden van God. Hij zal zich ergeren aan onze vraag of Krishna als zodanig wel ooit heeft bestaan en of deze dialoog ooit historisch is geweest.

Wij beschouwen de *Gītā* eerder als het produkt van de oude Indische wijzen, die hun reflectie mythologisch situeerden in de figuur van Krishna. Deze opmerking, schokkend voor een gelovige hindoe, mag zeker gemaakt worden; we kunnen toch moeilijk aannemen dat Krishna

140

5.000 jaar vóór Christus bij de veldslag van Arjun aanwezig was — zoals de traditionele Indische tijdrekening voorhoudt — terwijl we historisch zeker zijn dat de eerste Ariërs pas rond 1.500 vóór Christus India zijn binnengevallen.

Er is nog een tweede bemerking te maken en wel over het bevrijdings- of verlossings-ideaal dat de *Gītā* voorhoudt, namelijk als een volledig uittreden uit de materiële wereld en uit de cyclus van hergeboortes naar het eeuwige en naar God toe. Hierbij wil ik opmerken dat ook binnen deze wereld verlossing en bevrijding moeten bewerkt worden; deze belangrijke dimensie wordt niet uitgewerkt in de Gītā.

Deze opmerkingen willen de waarde van de *Gītā* niet verminderen, maar er toch voor waarschuwen dat het boek niet een volledige synthese geeft van de middelen tot volwaardige menselijke ontplooiing.

DE EXTREME GEWELDLOOSHEID VAN DE JAINS

Magdalena Devocht

Inleiding

In het maatschappelijk leven in India vormen de Jains een zeer belangrijke minderheid.

Als meest frappant kenmerk springt hun extreme geweldloosheid en hun allesdoordringende eerbied voor alle leven onmiddellijk in het oog. Het grote beginsel dat zij huldigen is *ahimsā* of het gebod ten allen prijze te vermijden ,leven', *jīv,* te doden.

Voor de Jains is het gehele universum vol van leven; ook de aarde, de mineralen, de lucht, het vuur... Zo lezen wij in de *Kritānga Sūtra:*

> ,,wie vuur ontsteekt, doodt leven; wie het vuur dooft, doodt het leven in het vuur. Een wijze man, die naar de wet leeft, onthoudt er zich van vuur te ontsteken.''

In overeenstemming met dit beginsel trokken de Jains zich dan ook terug uit de landbouw en aanverwante beroepen. Zij legden zich toe op handel en bankwezen en werden zo tot een machtige en zeer welvarende groep in India. Ook op het gebied van kunst, architectuur, literatuur, astronomie, logica en wiskunde hebben ze een belangrijke bijdrage geleverd. Zij maken zich ook verdienstelijk door het bouwen van scholen en hospitalen.

Sinds zijn ontstaan heeft het *ahimsā* beginsel nog steeds niets van zijn levendigheid ingeboet, en op de drempel van de eenentwintigste eeuw onderwerpen Jains zich aan nieuwe gedragsregels, ingegeven door hun universeel respect voor het leven.

Dat de Jains strict vegetarisch eten zal niemand verwonderen — onlangs kwam hierbij het verbod op het verbruiken van kaas. Voor de bereiding van kaas is het noodzakelijk gebruik te maken van het leb-ferment om de melk te doen stremmen; dit ferment is afkomstig uit de leb-maag van jonge kalveren. Het vervaardigen van kaas noodzaakt het doden van kalveren, vandaar dit nieuwe taboe.

Het *ahimsā* beginsel geeft dan ook aanleiding tot verschijnselen die voor onze westerse mentaliteit hoogst vreemd zijn. Sinds mensenheugenis dragen de Jain monniken een doek voor hun mond: zij willen immers vermijden het leven dat in de lucht aanwezig is te vernietigen; tijdens de moessonperiode blijven de monniken bij voorkeur binnenskamers en wijden zij zich aan meditatie en vasten zij. De reden is dat tijdens de moessonperiode er méér insecten — dus méér leven — zijn. Wanneer de Jain monniken zich op pad begeven, worden zij vooraf gegaan door Jain leken, die het stof op hun weg wegborstelen, alweer om te voorkomen dat door achteloosheid leven gedood zou worden.

Ook gebeurt het in India wel eens dat men er last heeft van luizen, zelfs de welvarende Jains kan dit overkomen. Als iets dergelijks zich voordoet, verbiedt het taboe op het doden van leven hen de kwaal bijvoorbeeld chemisch te bestrijden. Sommige Jains lossen het probleem dan op door plaatsen te reserveren („reservaten') voor het deponeren van de toch wel storende luizen.

Tenslotte, als een getuige voor de grote verspreiding van het Jainisme, tot ongeveer 1000 na Christus, bewonderen we in Shravanabelgola (bij Mysore in Zuid-India), het reusachtige beeld van Gomateshvar, in 983 uit één stuk graniet gehouwen, 17 meter hoog. Dit naakte beeld is bekend aan alle toeristen en is een zeer belangrijke bedevaartplaats voor de Jains.

Deze asceet wordt hier afgebeeld in de volmaakte sereniteit en onthechting van de Jains: de slangen kronkelen rond zijn voeten en de mieren kruipen tot aan zijn dijen.

Historische situering

De tweede helft van de zesde eeuw vóór Christus is, wat betreft het ontstaan van nieuwe religieuze en wijsgerige stromingen, een uiterst vruchtbare periode geweest, niet alléén in Griekenland en China, maar ook in India: een Boeddhistische tekst vermeldt het bestaan van wel 63 verschillende filosofische scholen. Teksten uit de Jain traditie vermelden nog véél méér niet-orthodoxe doctrines. De verschillen tussen deze leerstellingen zijn echter subtiel en beperken zich tot bepaalde varianten in de doctrine en in de practische voorschriften.

Wat deze doctrines gemeen hebben is dat zij een reactie zijn tegen de hoogzwevende filosofie en ritualistiek van het Brahmanisme van die tijd.

De twee voornaamste van die stromingen zijn het Boeddhisme en het Jainisme. Het merkwaardige is dat het Boeddhisme uit India verdwenen is, terwijl het Jainisme, in haast ongewijzigde vorm, nog steeds 2,6 miljoen aanhangers telt.

De historische stichter van het Jainisme was Mahāvīr. Maar de Jain-legenden projecteren het ontstaan van de gemeenschap in een vroegere half-mythische periode. Ze leren ons dat Mahāvīr slechts de vieren-twintigste Jain leraar, *tīrthānkar*, was. De eerste van deze legendarische leraars zou koning Rishabha geweest zijn, die na zijn koningschap de status van heilig man en *tīrthānkar* verwierf. Op basis van de Jain legenden is het onmogelijk te preciseren wanneer hij leefde; wel wordt hem een leven van verschillende miljarden jaren toegeschreven en zijn grootte was in de orde van 3 kilometer. In deze oertijden was het leven immers nog ongerept en de mensen leefden er in haast eeuwigdurende gelukzaligheid.

De drieëntwintigste *tīrthānkar*, de leraar Pārshva, over wiens histo-rische authenticiteit twijfel bestaat, stierf 250 jaar vóór Mahāvīr. Een biografie van Pārshva vinden we in het bekende boek van de Jains, de *Kalpasūtra*'s, toegeschreven aan priester Bhadrabāhu (ca. 300 vóór Christus). De aard en de stijl van deze levensbeschrijving laat echter niet toe te bevestigen dat Pārshva ook werkelijk geleefd heeft.

De *Kalpasūtra*'s geven wel uitsluitsel over de vier geloften waartoe zijn volgelingen zich verbonden : 1) onder geen voorwaarde leven te doden *(ahimsā),* 2) steeds waarheid te spreken *(satya),* 3) niet te stelen *(astey)* en 4) geen aardse goederen te bezitten *(aparigrah).* De mon-niken van de secte van Pārshva gingen sober gekleed.

Aan de vier geloften van Pārshva voegde hij als vijfde de gelofte van kuisheid en celibaat toe *(brahmacarya).* Aan Mahāvīr wordt ook toege-schreven dat hij van de Jain monniken eiste dat ze naakt zouden zijn.

Gedurende 12 jaar leidde Mahāvīr een ascetisch leven van meditatie en vasten. Op dertigjarige leeftijd bereikte hij de status van *tīrthānkar* en wist hij zich te bevrijden van de onderwerping aan genot en pijn. In een oude Jain tekst wordt dit moment als volgt beschreven:

„In het dertigste jaar van zijn leven, in de tweede maand van de zomer, in de vierde halve maand, in het licht van Vaishākha, op de tiende dag, Suvrat geheten, toen de maan in conjunctie stond met het sterrebeeld Uttar-Phālgunī, toen de schaduwen zich oostwaarts bewogen, en de eerste wake ten einde liep, even buiten het dorp Jrimbhibagrām, op de noordelijke oever van de Rijupālikā rivier, op het veld van Samaga, in noord-oostelijke richting van een antieke tempel, niet ver van een Sāl-boom, gezeten in een gehurkte houding, de hielen om elkaar geslagen, de knieën hoog opgetrokken en het hoofd laag, en zo zich aan de verzengende hitte van de zon bloot stellend en verzonken in diepe meditatie, bereikte Mahāvīr het *nirvān:* de volledige, onbelemmerde, onbeperkte, oneindige en hoogste waarheid en intuïtie, *keval* geheten".

Zo wordt Mahāvīr beschreven op het moment dat hij een overwinnaar (jin) en een volmaakte ziel *(kevalin)* wordt en alwetende kennis verwerft over de wereld, mensen en goden, waar ze vandaan komen en waarheen ze op weg zijn.

Vanaf dat ogenblik brak er voor Mahāvīr een nieuwe periode aan in zijn leven; als religieuze leraar stond hij aan het hoofd van de religieuze secte die zich aanvankelijk *nirgrantha*'s (vrij van boeien) noemde. Deze benaming raakte echter spoedig in onbruik en werd vervangen door de nu nog gangbare Jain, dit is volgeling van Jina. Toen hij 72 jaar was stierf Mahāvīr te Pāvā (niet ver van Patna, hoofdstad van de staat Bihar). Hij stierf tengevolge van een langdurig en volgehouden vasten, de ritus die *sallekhan* genoemd wordt. Historici noemen 468 vóór Christus als sterfdatum. Orthodoxe Jains situeren zijn dood 60 jaar vroeger. Nog steeds is Pāvā voor de Jains een bedevaartsoord.

Van oudsher maken de Jains binnen de gemeenschap een onderscheid tussen enerzijds de monniken, zowel mannen, *sādhus,* als vrouwen, *sādhvī,* en anderzijds leken, *shrāvak*'s en *shrāvikā*'s. De leken dragen de verplichting te voorzien in het onderhoud van de monniken, die zich aan zeer strenge ascetische leefregels onderwerpen.

Het schisma tussen Shvetāmbar's en Digambar's (300 v. Christus).

Een twaalf jaar durende hongersnood die de streek van Bengalen teisterde was de concrete oorzaak die leidde tot een splitsing van de Jain-gemeenschap in twee secten: de Shvetāmbar's (of zij die zich ‚in witte gewaden hullen') en de Digambar's (of zij die zich ‚met lucht omhullen' of naakt zijn).

In de naam van de secten is meteen één van de discussiepunten aangegeven die het verschil tussen beide secten uitmaakt, namelijk of de monniken zich volgens de orthodoxie al dan niet mogen kleden. Dit heeft voor gevolg dat de secte van de Digambar's, in de lijn van de Indiase traditie, geen vrouwelijke monniken opneemt. Verder geloven zij dat vrouwen niet in staat zijn de supreme bevrijding te bereiken; in hun cyclus van wedergeboorten moeten zij het moment afwachten dat zij — dankzij verworven verdiensten — als man herboren worden.

Ten tijde van de hongersnood trok een groep Jains onder leiding van Bhadrabāhu naar het zuiden van India, de huidige staat Karnataka. Bij hun terugkeer naar het noord-westen van India bleek er een divergentie te zijn gegroeid tussen hen en de groep die gebleven was. De monniken die in Karnataka een toevluchtsoord gevonden hadden, hielden zich rigoereus aan de traditionele leefregels.

Meer fundamenteel was de discussie die tussen beide secten ontstond ten aanzien van de waarde en authenticiteit van de — hoofdzakelijk mondeling — overgeleverde canonieke teksten.

Op het einde van de hongersnood droeg Bhadrabāhu het leiderschap van de gemeenschap over aan Sthūlabhadra; hij zelf trok zich terug in Nepal om er als eenzaam asceet het einde van zijn leven af te wachten.

Daarbij komt nog dat in die periode de originele Jain teksten in de vergetelheid raakten. Om aan dit euvel te verhelpen riepen de Shvetām-bar's in Pātaliputra (het huidige Patna) een algemene raad samen om de traditionele teksten samen te brengen en te zuiveren. Het toeval wilde nu dat de *pūrva*'s of de oudste teksten alleen perfect gekend waren door Bhadrabāhu, die echter een teruggetrokken leven leidde in Nepal. Sthūlabhadra kende wel alle 14 *pūrva*'s van zijn voorganger, maar hem werd het verbod opgelegd de vier laatste *pūrva*'s aan derden verder te leren, daar getwijfeld werd aan de juistheid van zijn kennis.

De canon die werd opgesteld kreeg de naam *Siddhānta* en is slechts fragmentarisch te noemen; enkel de Shvetāmbar's erkennen deze canon.

De Digambar's houden het bij de stelling dat, sinds Bhadrabāhu zich in Nepal terugtrok, de originele teksten definitief verloren zijn gegaan.

De Digambar's, die veruit in de minderheid zijn, leven in de Deccan-vallei, hoofdzakelijk in Mysore. De meerderheid van de Shvetāmbar's leven in Gujarāt en in Rājasthān.

De leer van de Jains

Fundamenteel voor de Jains is hun overtuiging dat het gehele univer-sum doordrongen is van leven *(jīv)*. Vandaar het primeren van het *ahimsā* voorschrift: de Jains zijn wel zo realistisch om in te zien dat het doden van leven onvermijdelijk is. Het *ahimsā* beginsel moet dan ook positief vertaald worden als het gebod zo weinig mogelijk leven te vernietigen.

Jīv en Ajīv

De Jains ordenen de levende materie, *jīv,* in vijf categorieën. Het principe van ordening is het aantal zintuigen waarover de dingen beschikken:

1) De hoogste klasse bezit de 5 zintuigen; hiertoe behoren mensen, goden, hogere dieren en de wezens in de hel. Naast de vijf zintuigen hebben de wezens uit deze eerste categorie ook intelligentie en bewustzijn. Ook apen, runderen, paarden, olifanten, papegaaien, duiven en slangen beschikken volgens de Jains over intelligentie.

2) De wezens uit de tweede categorie missen het gehoor. Het is de klasse van de grotere insecten, zoals vliegen, vlinders en wespen.

3) De wezens uit de derde klasse beschikken enkel over de reuk-, tast- en smaakzin. Hier horen de kleinere insecten thuis, zoals mieren, vlooien, kevers, motten en nachtvlinders: omwille van hun ongelukkige gewoonte zich tegen lampen te pletter te vliegen, menen de Jains dat ze blind zijn.

4) Wezens die slechts over twee zintuigen beschikken, het tactiele en de smaakzin, horen thuis in de vierde categorie: wormen, bloedzuigers en schaaldieren.

5) In de laatste klasse, van wezens die enkel het tactiele zintuig hebben, komt het originele van de Jain classificatie het best tot uiting. Tot deze grote klasse behoren bomen, knolgewassen, aarde, stenen, klei, mineralen, juwelen, ,waterleven', ,vuurleven', ,wind-leven' en aardgassen.

In zijn zuivere bevrijde staat is de ziel, *jīv,* de spiegel van de wijsheid van het hele universum en is ze bevrijd van alle banden met het bezwarende *ajīv,* het levenloze.

De niet-levende substantie is samengesteld uit vijf basiselementen (*astikāyā's*):

- beweging *(dharma)*
- rust *(adharma)*
- ruimte *(ākāsha)*
- grove materie *(pudgal)*
- tijd *(kāl)*

147

Deze vijf elementen zijn eeuwig en niet geschapen, zoals er niets geschapen is in het Jain universum.

Karma

De band tussen *jīv* en *ajīv* is *karma*. Het *karma* of wet van beloning-en-straf-voor-goede-en-slechte-daden, is voor de Jains een uiterst subtiele materie die binnendringt via de zintuigen en zich als het ware op de ziel vastzet en deze zo hechter verbonden maakt met het *ajīv*. Het *karma* dat gedurende het leven geaccumuleerd wordt, blijft de ziel bezwaren — ook bij latere wedergeboorten.

Zelfs ongewild doden heeft wel als gevolg dat men negatieve verdiensten verzamelt (slecht *karma)*, zodat — om een beeld te gebruiken — vlekken komen op de ongerepte spiegel van het ego. De zuiverheid van deze spiegel bepaalt de kwaliteit van de volgende geboorte.

Wil de ziel de definitieve bevrijding bereiken dan moeten tegelijkertijd twee tactieken gevolgd worden; enerzijds het *karma* uit het verleden doen verdwijnen *(nirjar);* dit kan de Jain, monnik of leek, bereiken door vasten, ascese en het stellen van goede daden: ,,De gloed van de ascese verbrandt het *karma".* Anderzijds het vermijden dat de ziel verder wordt bezoedeld door nieuw *karma.*

De *tīrthānkar*'s schrijven twaalf vormen van ascese, tapas, voor aan hun volgelingen. Daaronder zijn de voornaamste, verschillende vormen van vasten: gedeeltelijk of geheel, eventueel tot de dood erop volgt. Ook de meeste feestdagen van de Jains worden gevierd door te vasten. Het zoeken van lichamelijk ongemak in alle vormen. Onderdanigheid aan de monniken en de wijze mannen van de gemeenschap. Strenge controle over de zintuigen, taal en intellect. Het bekennen van begane fouten. De leken bekennen hun tekortkomingen aan een *sādhu,* de monniken aan de hoge priester.

Een mooi gebruik dat nu nog in zwang is, is ,De Vraag tot Vergeving', *Kshamā-yācanā:* in november stuurt men aan vrienden en familie een gedrukte kaart waarbij men om vergeving vraagt voor alle begane fouten tijdens het voorbije jaar.

Nirvān

Het doel dat de Jains trachten te bereiken doorheen de cyclus van de wedergeboorten is het *nīrvan:* de toestand van de ziel die volkomen van

148

alle *karma* is bevrijd. Dit gebeuren wordt als volgt beschreven in de *Uttaradhyān Sútra:*

> „de ziel neemt de vorm aan van een rechte lijn, en in één ogenblik bereikt de ziel het allerhoogste (ākāsha), zonder iets aan te raken, zonder de ruimte te raken, en in die hoogte ontplooit de ziel haar natuurlijke vorm, bereikt ze haar volmaaktheid en eindeloze gelukzaligheid, verlost van alle lijden".

Gradueel klimt de ziel op tot dat *nirvān.* Op deze tocht moet de ziel veertien etappes *(gunasthān's)* doorlopen. Deze etappes markeren graden van steeds groter wordende zuiverheid.

De leken kunnen normalerwijze slechts de vijfde stap bereiken; wanneer zij er toch in slagen deze te overstijgen, verwerven ze de status *(tīrtha)* van *sādhu.* De *jīv* die de dertiende stap bereikt, wordt *arhat* genoemd:

> „de volkomen ziel, ofschoon nog ingesloten in een menselijk lichaam, maar reeds voorbereid op de glorie van de *moksha,* die de ziel ten volle zal bereiken in de volgende en laatste etappe. Wanneer de ziel deze veertiende stap neemt, wordt ze *siddha* of bevrijde ziel genoemd en gaat de ziel over tot de toestand van *moksha* (bevrijding)."

De ziel heeft nu het stadium bereikt om opgenomen te worden in de rangen van de *tīrthānkar's.* Hiervoor is het noodzakelijk dat deze bevrijde ziel als leraar van het Jainisme een eigen gemeenschap sticht en zich verdienstelijk maakt in het tonen van de juiste weg aan anderen.

De Jains nu

Na zijn ontstaan in 550 vóór Christus in de staat Bihar, verspreidde het Jainisme zich over het gehele subcontinent van India — buiten India vond het Jainisme practisch nergens ingang. Nu zijn er ongeveer 2,6 miljoen Jains in India of 0,48% van de totale bevolking. De Jains zijn voornamelijk geconcentreerd in de staten Mahārāshtra (27 % van de Jains), Rājasthān (19,7 %), Gujarāt (17,3 %), Madhya Pradesh (13,2 %) en Mysore (8,4 %). (De cijfers werden overgenomen uit de Censusatlas van 1971).

ZARATHUSTRA EN DE PARSEN

Magdalena DEVOCHT

„Deze Parsen zijn de rechtstreekse afstammelingen van Zoroaster. Het zijn de ijverigste, de meest beschaafde, de meest intelligente en de meest gestrenge bewoners van Indië. Tot dit ras behoren de rijkste inlandse handelaars van Bombay".

Dit schreef Jules Verne in zijn *Reis Rond de Wereld in 80 dagen*. Nog steeds leeft de meerderheid van deze relatief kleine, maar zeer hechte gemeenschap in de grootstad Bombay. Hoewel hun absoluut aantal, ca. 150.000, verwaarloosbaar is ten overstaan van Bombay's totale bevolking (10 miljoen inwoners), is vroeger en nu hun bijdrage op economisch, sociaal, cultureel, artistiek en politiek vlak van zeer groot belang geweest en hebben zij blijvend hun stempel gedrukt op een aantal facetten van Bombay.

Reeds tijdens de beginjaren van de Islamitische expansie (vóór het midden van de zevende eeuw) werd het Perzische koninkrijk, dat snel desintegreerde, veroverd door Islam.

Dan ook begint de achteruitgang van het Mazdeïsme als Perzische staatsgodsdienst ten voordele van de Islam — zonder echter volledig te verdwijnen. In het gebergte rond Yazd en Kermān blijft een kleine minderheid Zoroastriërs zich handhaven.

Een andere groep volgelingen van Zarathustra stelde zijn geloof veilig door een toevlucht te zoeken bij de Iraanse handelaars, die zich, vanaf de tweede eeuw, gevestigd hadden in de belangrijkste centra van de handelsroutes in Indië, Zuid-Oost-Azië en China. Zelfs in Kanton (nu Guangzhou) was er een tempel gewijd aan het vuur. Ook wordt er in de bronnen melding gemaakt van Parsische nederzettingen in Sind, Baluchistan, Punjāb en Saurāshtra, (in Noord-West Indië).

De immigrerende Iraniërs landden aanvankelijk in Diu (nu Gujarāt) en daarna te Sanjan. Dankzij de gastvrijheid van de plaatselijke koning Jayadev Rājā vestigden de Iraniërs er zich. De koning schonk hen landbouwgrond in ruil voor de belofte dat de nieuwkomers zich zoveel

150

mogelijk zouden integreren in hun nieuwe vaderland. Ze werden echter niet verplicht hun godsdienst op te geven. De Parsen verklaarden dan ook plechtig zich als vrienden van Indië te zullen gedragen. Volgens de legende zou de toenmalige leider van de Parsen de volgende handeling gesteld hebben: in een kom met melk mengde hij suiker, om duidelijk te maken dat de Parsen zich op die wijze wensten te vermengen met de Indische bevolking, zoals suiker oplost en verdwijnt in de melk en er tegelijk een zoete smaak aan geeft.

Wat dat betreft hielden de Parsen doorheen de eeuwen woord en hebben zij naar hun best vermogen bijgedragen tot de ontwikkeling en verrijking van hun adoptieland. Als moedertaal namen de Parsen meestal het Gujarātī over.

Vanuit deze aanvankelijke nederzettingen zijn de Parsen dan in de loop der eeuwen uitgezwermd, naar het noorden tot Broach en Bhavnagar en naar het zuiden tot in Thānā (nu een voorstad van Bombay).

Over de eerste zeven eeuwen van hun verblijf in Gujarāt zijn de historische bronnen eerder schaars. Wel is het geweten dat zij contact hielden met hun geloofsgenoten in Iran: uit hoofde van hun bezorgdheid de authenticiteit van hun religie te behouden, zonden zij herhaaldelijk missies naar Iran met vragen over ritus en cultus.

De komst van de Britten naar het Indiase subcontinent bood de Parsen de mogelijkheid hun min of meer gedwongen bestaan als landbouwers op te geven en hun ‚oorspronkelijke’ activiteit van handelaar terug op te nemen.

In deze periode werd de basis gelegd van de immense rijkdom van verschillende Parsische families. Deze welvaart en rijkdom is ten goede gekomen niet alleen aan de gehele Parsische gemeenschap, ook voor de Indiase gemeenschap heeft deze rijkdom haar vruchten afgeworpen.

Wij weten dat reeds in de elfde en twaalfde eeuw de Parsen zich verdienstelijk maakten door het laten graven van onder andere waterputten en reservoirs, die ten dienste stonden van de gehele gemeenschap.

Van de 14de tot de 16de eeuw waren Surat, Navsari en omliggende hun bolwerken, die zij opwerkten tot welvarende streken dankzij land- en tuinbouw en een waaier van ambachten. De Parsen kenden hun bloeitijd onder de hindoe Rājās en de muslim Nawābs, waar ze veel gevraagde ambachtslui, handelaars, financiers, bankiers en belastingsinners waren. De Mogol keizers Humāyun (1508-1542) en Akbar (1556-1605) hadden een aantal Parsen als officier in hun leger.

Later traden de Parsen op als tolken en rentmeesters voor Portugese, Hollandse, Franse en Britse kolonisten en wisten zij zich op te werken tot de voorste gelederen van handel, industrie, technologie, rechtspraak en openbare diensten.

Gedurende de elkaar opvolgende golven van hongersnood in de tweede helft van de 18de eeuw en het begin van de 19de eeuw waren het de welvarende Parsische families, als de Wadia's, de Dadiseths en de Readymoneys, die dagelijks op eigen initiatief voedsel lieten uitdelen aan de armen van Bombay.

Waarom blijven deze Parsen zo in het oog springen als een afzonderlijke maatschappelijke entiteit? Deze gemeenschap is meer dan een welvarende groep stedelingen binnen de immense Indiase gemeenschap. Wat hen noemenswaardig maakt, is méér dan de economische rijkdom van bijvoorbeeld de Tātā-familie (chemische nijverheid, luchtvaartmaatschappij, staalfabrieken, autofabrieken, etc.). Méér dan hun uitgebreid net van weldadigheidsinstellingen. Wat hen verheft boven de status van ,goed staatsburger' is hun godsdienst: bewust en vurig zijn zij de trouwe vertegenwoordigers van het Mazdeïsme, de cultus van het vuur en de leer van Zarathustra.

In die zin is het heilige vuur dat in hun tempels brandt, de waarborg voor het voortbestaan van hun hechte gemeenschap.

De wijze waarop de Parsen heden ten dage nog het Mazdeïsme belijden en in ere houden komt het best tot uiting in de riten en ,sacramenten', die ze voltrekken voor en bij de geboorte, de initiatie, het huwelijk en bij het overlijden.

Rituelen in verband met de geboorte

De rituele erkenning en opname binnen de gemeenschap gebeurt reeds vóór de geboorte. Tijdens de vijfde maand van de zwangerschap wordt een lamp van geklaarde boter *(ghee)* ontstoken om de kwade geesten *(daēva)* uit het huis te verdrijven. Deze lamp is tegelijkertijd het symbool én voor de zwangerschap én voor het kind dat geboren gaat worden. De rituele begroeting van de moeder is dan ook ,,moge uw lamp brandend blijven''.

De geboorte van een Pars heeft volgens de strikte principes van hun godsdienst plaats op de grond. De betekenis hiervan is dat men op die manier oorspronkelijke verbondenheid met de moeder-aarde wenst te symbolizeren. In het huis van de Parsen is op het gelijkvloers een plaats speciaal geheiligd als geboorteplaats.

Wat de naamgeving betreft kent het Parsisme geen afzonderlijke ritus. Wel is het bij de Parsen een goede gewoonte naar aanleiding van de eerste verjaardag het kind in de tempel op te dragen: het voorhoofd van het kind wordt gezegend met de as van het heilige vuur.

In de regel draagt elke Pars drie namen: de eerste is de voornaam, de tweede is de naam van de vader en de derde is de familienaam. Tijdens de religieuze plechtigheden is het een universele norm om de bedoelde persoon uitsluitend met zijn voornaam aan te spreken.

In navolging van het Gujarātī kennen de Parsen geen afzonderlijke naam voor meisjes en jongens; dezelfde stam wordt voor beiden gebruikt; het achtervoegsel *jī* duidt op mannelijke voornamen, *bāi* op vrouwelijke voornamen.

De initiatieritus (naojote)

Deze ritus betekent de echte intrede van het kind — zowel meisje als jongen — in de gemeenschap van de volwassenen. De naam *naojote* betekent nieuwe priester. De ritus wordt gevierd tussen 7 en 15 jaar. Wanneer om een of andere reden een Pars niet geïnitieerd zou zijn vóór zijn 15 jaar, is het voor hem/haar niet meer mogelijk de initiatieritus te ondergaan en wordt hij door de gemeenschap als een soort paria beschouwd.

De initiatie die de *naojote* ritus inhoudt, is vooral bedoeld als kennismaking met de riten die een volwassen Pars verondersteld wordt te kennen en te kunnen voltrekken.

De ritus heeft plaats bij zonsopgang. De uren die de ritus vooraf gaan moet de jonge Pars vastend doorbrengen. De *naojote* ritus heeft in principe niet plaats in de tempel, maar wel thuis of in een gehuurde zaal. Dit stelt duidelijk in het licht dat het een gebeuren is, dat te situeren valt binnen de familie-cultus. Ook hier wordt de verbondenheid met de aarde symbolisch uitgedrukt. De priester, die de ceremonie leidt, is op de grond gezeten. Het kind dat ingewijd wordt, neemt plaats voor hem, het gelaat naar het oosten gekeerd. In de nabijheid zijn de diverse benodigdheden voor het ritueel uitgestald: vegetarisch voedsel, dat de welvaart symboliseert, een brandende lamp, symbool voor het Heilige Vuur en de geschenken die voor de priester bestemd zijn.

Ter inleiding worden enkele gebeden opgezegd. Daarna zeggen priester en kind samen de Mazdeïstische geloofsbelijdenis, *(fravarān)* op. Na deze geloofsbelijdenis ontvangt het kind een gewjde tuniek. Vervolgens wordt het gebed *Nirang-i-kūsti* opgezegd. Tijdens dit gebed wordt het kind omgord met de heilige gordel. Nu de eigenlijke initiatie voltrokken is, wordt opnieuw een beknopte vorm van de geloofsbelijdenis gereciteerd; de ceremonie wordt afgesloten met een zegening, waarbij het nieuwe volwaardige lid van de gemeenschap met rijstkorrels wordt bestrooid om over hem voorspoed af te smeken.

Voor de rest van zijn leven zal de gelovige Pars immer de gewijde tuniek dragen en zich steeds omgorden met de *kūsti*. Het verwisselen van tuniek en gordel gaat gepaard met het reciteren van voorgeschreven gebeden.

Deze ritus is analoog met de initiatie bij de Brahmanen, waarbij de jonge Brahmaan de heilige koord wordt gegeven. Deze zal hij nooit meer uitdoen en bij de jaarlijkse vervanging wordt er nauwkeurig voor gezorgd dat de oude koord pas wordt afgelegd als de nieuwe is aangetrokken (van de linkerschouder naar de rechterheup).

De Huwelijksceremonie

Uniek is het Mazdeïsme in zijn voor eenieder geldend voorschrift een huwelijk aan te gaan. Deze verplichting is absoluut. Celibatair blijven staat gelijk met ,doodzonde' en onvruchtbaarheid is teken dat op die persoon de vloek van de kwade geesten rust.

De voortplanting is heilig in de ogen van de volgelingen van Zarathustra. Dit is immers de beste waarborg voor de voortzetting van hun geloof. Deze verplichting een huwelijk te sluiten ligt geheel in de lijn van Mazdeïstische ethiek: natuurlijke voorspoed, vruchtbaarheid, lichamelijke en geestelijke gezondheid, materieel en spiritueel geluk zijn de waarden die zij belijden.

Vroeger ging aan de huwelijksritus de ceremonie van de naamgeving, *namzad kardan,* vooraf. Nu heeft deze plaats de dag van het huwelijk zelf.

De aanstaande bruid, die in principe geen weet heeft van de naam van haar toekomstige echtgenoot, wordt door diens gezanten ingelicht over zijn naam. Vanaf dat moment draagt het meisje de naam van de jongeman. Wanneer door omstandigheden het huwelijk niet zou doorgaan, wordt zij als weduwe beschouwd.

De huwelijksplechtigheid heeft meestal 's avonds plaats. Met familie en vrienden begeeft de bruidegom zich in stoet naar het huis van de bruid. Deze stoet mag in geen geval ontbreken en men houdt er zich rigoureus aan. Wanneer het huwelijk doorgaat in een gehuurde zaal zal men nog stoetsgewijze de toer van de tuin of van de zaal doen.

Het ritueel wil nu eenmaal dat de jongeman zich in stoet naar zijn bruid begeeft. Gedurende de plechtigheid zitten de toekomstige partners tegenover elkaar, een gordijn tussen hen maakt hen evenwel onzichtbaar voor elkaar. Het voltrekken van het huwelijk gebeurt symbolisch door eerst de rechterhand van bruid en bruidegom te verbinden met een draad die zevenmaal rond het paar zelf en tenslotte nog eens zevenmaal rond hun handen gewikkeld. Wanneer het gordijn dat hen scheidt wordt weggenomen, wordt eerst aan de getuigen gevraagd of zij dit huwelijk aanvaarden, dan pas wordt aan de gehuwden instemming gevraagd. Een vroegere gewoonte om rond middernacht de huwelijksplechtigheid opnieuw te voltrekken wordt meer en meer achterwege gelaten.

Begrafenisriten

De onvermijdelijke dood is voor de Parsen het meest afschuwelijke waarmee zij geconfronteerd worden. De dood is voor hen de negatie zelf van alle idealen die hun religie hen heeft voorgehouden: het genot van de aardse goederen, het ideaal van een steeds groeiende rijkdom, welvaart en geluk in al zijn materiële aspecten.

Complementair met deze afschuw voor de dood zijn de voor ons afschrikwekkende voorschriften rond de dood en begrafenis die het Mazdeïsme zijn volgelingen voorschrijft.

Vermits ,leven' als hoogste goed wordt beschouwd, is de dood het meest verwerpelijke en een bron van onzuiverheid, waarvan men zich zo ver mogelijk moet houden en die zo spoedig mogelijk verwijderd moet worden.

Deze afkeer voor de dood uit zich reeds in het gedrag tegenover iemand die ziek is of stervende. Het bed van de stervende wordt op het gelijkvloers geplaatst, met de bedoeling na de dood, het gehele huis niet met het lijk te bezoedelen. De stervende wordt in zijn laatste ogenblikken bijgestaan door een priester, die met hem het rouwgebed, *patet,* bidt.

Eens de dood ingetreden is, wordt het lijk gewassen, in een witte lijkwade gekleed en een laatste maal wordt de dode omgord met de *kūsti.* De nabestaanden krijgen eventjes de gelegenheid om afscheid te nemen, daarna verlaat eenieder de plaats waar het lijk zich bevindt. De dode bevindt zich immers in de greep van de kwade geest Druj-i-Nasush, die verantwoordelijk wordt geacht voor de ontbinding van het lijk.

Als lijkdienaar fungeert bij de Parsen een afzonderlijke corporatie, de Nasāsālar, een beroep dat van vader op zoon wordt overgeërfd.

Minstens twee van hen halen het lijk af in een ijzeren doodskist. Een laatste maal krijgt de familie de gelegenheid de dode te zien, die zij van ver begroeten alvorens zijn gelaat met een doek wordt bedekt.

Daarna wordt de dode naar de ,torens der stilte', *dakhme,* gebracht. Deze ,torens der stilte' zijn een cylindervormige constructie, de bovenkant is open en aan de binnenkant van de wanden bevinden zich rondom terrassen. Het centrale gedeelte vormt een put. De lijken worden neergelegd op de terrassen, ontdaan van hun lijkwade, hun gelaat naar de hemel gekeerd. Zo trekken ze onmiddellijk de aandacht van de gieren, die zich steeds in de buurt ophouden. Na ten hoogste één uur resten er niets dan beenderen. Deze worden in de centrale put geworpen, waar ze langzaam ontbinden. Allééen de Nasāsālar hebben toegang tot de ,torens der stilte'. Geen enkele Pars, geen enkele buitenstaander zag ooit de binnenkant van een ,toren der stilte'.

Toch biedt het Mazdeïsme hen troost wat betreft het lot van de ziel na de dood. De leer van Zarathustra houdt de gelovigen voor dat de ziel van de overledenen nog drie dagen ,naast zijn hoofd' blijft zitten. Op de morgen van de vierde dag wordt de ziel van de aarde weggevoerd. De zielen van de ,goeden' gaan naar het zuiden; die van de ,slechten' naar het noorden. In beide gevallen verschijnt er aan de ziel een vrouw, mooi of lelijk, goed of wreed. Deze vrouwenfiguur is Daēnā, de verpersoonlijking van de godsdienst. De wijze waarop deze vrouw verschijnt is symbool voor de manier waarop de overledene Pars zijn geloof beleefd heeft. Daēnā toont de overleden ziel de weg naar het hiernamaals, op deze weg komen zij een brug tegen, *chinvat.* De ziel van de ,goede' slaagt erin deze brug over te steken en het huis van de gezangen binnen te gaan, de ziel van de ,slechte' verdwijnt in de duisternis van de hel.

Zarathustra en het Mazdeïsme

De data van het leven van Zarathustra zijn niet met zekerheid te bepalen. Volgens de mazdeïstische traditie kende hij zijn bloeitijd ,,258 jaar vóór Alexander". Alexander De Grote veroverde Persepolis in 330 vóór Christus. Nog steeds volgens dezelfde traditie bekeerde Zarathustra de koning Vishtaspa in 588 vóór Christus. Zarathustra zou toen 40 jaar oud geweest zijn. Derhalve zou Zarathustra in 628 vóór Christus geboren zijn. De traditie wil dat Zarathustra 77 jaar oud werd; 551 vóór Christus zou dan zijn stervensjaar zijn. Naar alle waarschijnlijkheid was Zarathustra priester. Zijn opdracht om de religie te hervormen werd hem in een visioen gegeven door Ahura Mazdā, (vandaar de naam Mazdeïsme) die hem de opdracht gaf de waarheid en rechtvaardigheid te leren.

In de leer van Zarathustra is Ahura Mazdā de ene en hoogste godheid. Hij is de schepper van hemel en aarde, hij is de opperste wetgever en het centrum van de natuur; hij ligt aan de basis van de morele orde in de wereld. Ahura Mazdā wordt omringd door 7 wezens die in de latere Avestische teksten, *amesha spenta,* of Weldadige Geesten worden genoemd. Hun namen komen veelvuldig voor in de *Gāthā's* (hymnen toegeschreven aan Zarathustra). Ze zijn een goede weergave van het godsbegrip bij Zarathustra. Ahura Mazdā wordt de vader genoemd van de ,Heilige Geest', *Spenta Mainyu,* van de ,Rechtvaardigheid', ,Waarheid', *Asha Vahista,* en van ,Het Juiste Denken', *Vohu Manah,* en van de ,Devotie', *Spenta Armaiti.* De andere 3 zijn personificaties van eigenschappen toegeschreven aan Ahura Mazdā: het zijn *Khshathra Vairya* (,begerenswaardige heerschappij'), *Haurvatāt* (,volmaaktheid') en *Ameretāt* (,onsterfelijkheid'). Deze deugden moeten ook beoefend worden door de volgelingen van Ahura Mazdā.

Monotheïsme en dualisme

Naast dit uitgesproken monotheïstisch aspect in de leer van Zarathustra is er even duidelijk een dualistische tendens aanwezig. De tegenhanger van Ahura Mazdā is Ahriman, Het Kwade. Dit ethisch dualisme vindt zijn oorsprong in de cosmologie van Zarathustra. Aan de oorsprong van alles staan 2 geesten die vrij waren te kiezen tussen ,leven' of ,niet leven'. Deze originele keuze gaf aanleiding tot het ontstaan van een principe van Het Goede en een principe van Het Kwade. Aan het principe van Het Goede beantwoordt een Rijk van Rechtvaardigheid en Waarheid. Het principe van Het Kwaad geeft aanleiding tot ontstaan van een Rijk van de leugen, *Druj.* Dit Rijk van de Leugen is bevolkt

157

door de *daeva*'s, de boze geesten. Boven dit dualisme echter staat de ene Ahura Mazdā, die de vader is van de goede geesten. Samen met hen zal Ahura Mazdā met de *amesha spenta*'s het Rijk van het Kwaad overwinnen. Deze boodschap, met als implicatie het verdwijnen van het dualisme lijkt de kern te zijn van Zarathustra's religieuze hervorming.

De Eschatologie

In de *Gāthās* is vaak sprake over het lot dat de mensen te wachten staat na de dood. Na dit aardse leven wordt de volgeling van Ahura Mazdā ofwel beloond voor elke goede handeling en gedachte ofwel gestraft voor het kwade. De gelovige moet na zijn dood de Brug van de Vergelding, *Chinvat,* oversteken. De goeden wacht de beloning in het rijk van eeuwigdurende vreugde en licht; de bozen gaan naar het land van afgrijzen en gruwel. Dit is echter niet het ultieme. In de laatste fase van de schepping zal Ahura Mazdā ook Ahriman vernietigen.

Deze hernieuwde wereld wordt alleen nog bewoond door de goeden die van een paradijselijke toestand zullen genieten.

DE TIEN SIKH GOEROES EN HET HEILIG BOEK

Winand M. Callewaert

De eerste visie: goeroe Nānak

We bevinden ons in het Vijfstromen-gebied (Punjāb, Panc-āb) ten westen van Delhi, in de 15de eeuw na Chr. Een gebied dat sinds millennia alle invallers in India (behalve de Europeanen) doorgang verleende (of niet verleende), langs de route die van de Khyber Pas bij Afghanistan naar het oosten loopt, eindigend in Calcutta 2000 km verder. Deze Punjāb was indrukwekkend groot in de 15de eeuw, en niet te vergelijken met de Indiase deelstaat die we nu kennen na de splitsing in 1947. Het was een dicht beboste streek ook, die nu de rijkste landbouwstreek van India is en ook aan Pakistaanse kant de beste irrigatie heeft. In Talwandi, nu Nankana Sahib genoemd, op een 90-tal km ten westen van Lahore, werd Nānak, de eerste Sikh goeroe, in 1469 geboren. Het is dramatisch voor de moderne Sikh dat de geboorteplaats van goeroe Nānak in Pakistan ligt, waar nu praktisch geen enkele Sikh woont na de volksverhuizingen in 1947 die aan honderdduizenden Sikhs, hindoes en muslims het leven hebben gekost.

Nānak was een kind van zijn tijd, opgebracht in hindoe devotie en voortdurend in contact met muslims. Laten we hier duidelijk stellen dat Nānak niet — zoals soms wordt gezegd — het beste uit beide godsdiensten haalde, het slechte ervan verwierp en een synthese bewerkte.

We kunnen eerder stellen dat er heel wat ernstig geloof was rond hem, in beide godsdiensten en op de rand ervan. Zelfs als religieuze dynamiek de plaats had moeten ruimen voor ritus en formaliteiten in Hindoeïsme en Islam, toch waren er in Nānaks buurt zeker heel wat vrome hindoes en muslims bij wie hij terecht kon met zijn aangeboren mystieke verlangens.

We moeten speciaal twee persoonlijkheden vermelden die in de marge van de georganiseerde godsdiensten stonden en er de uitwassen van aanklaagden: Nāmdev (ca. 1400) en Kabīr (ca. 1450).

Deze dichters-mystiekers kwamen op voor een menselijke godsdienst, ter ere van de éne God, en boven de hindoe-muslim geschillen uit. Mystieke vrijbuiters waren het, die geen menselijke goeroe hadden en zich rechtstreeks op God en de ervaring beriepen. En precies in die stroming kunnen we Nānak het beste plaatsen. Het is ook niet toevallig dat we van die mystici heel wat citaten vinden in het Heilig Boek van de Sikhs, de *Ādi Granth,* die na de tiende goeroe als *Guru Granth Saheb* of ,Eerbiedwaardig boek als goeroe' werd vereerd.

Nānak had zijn ,verlichting' op ongeveer 30 jaar en we mogen aannemen dat vele details over de baby en de knaap Nānak die we in latere biografieën overvloedig terugvinden ook van latere datum zijn.

Een detail uit zijn jeugd kunnen we alvast noteren. Nānaks zus huwde de muslim functionaris Daulat Khān (die later gouverneur van Lahore werd). Op ongeveer zestienjarige leeftijd trekt ook Nānak naar Sultanpur en vindt er werk bij Daulat Khān. Uit die periode wellicht moeten we de muslim invloeden situeren. Op 19 jaar huwt Nānak, krijgt twee zonen en evolueert stilaan in mystieke richting.

Hij wordt in de biografieën beschreven als een religieuze persoonlijkheid die buiten de werkuren volgelingen aantrekt om samen devotieliederen te zingen. En dan komt de verlichtingservaring.

Elke morgen gaat Nānak naar de rivier voor het ritueel bad. Op zekere dag komt hij niet terug, men vindt zijn kleren en waant hem verdronken. Daulat Khān zet al zijn personeel in om hem in de rivier te zoeken. Na drie dagen daagt Nānak op en blijft een periode stil. Daarna doet hij de raadselachtige uitspraak:

> ,Er is geen hindoe en er is geen muslim,
> wiens pad kan ik dan volgen?
> God is niet hindoe
> en Hij is niet muslim
> en ik volg Gods pad'.

De traditie wil dat Nānak dan de Basis Mantra *(mūl mantra)* uitsprak, die door de Sikhs als de essentie van hun geloof wordt aanzien en met grote devotie wordt uitgesproken:

160

ੴ ਸਤਿਨਾਮੁ ਕਰਤਾਪੁਰਖੁ ਨਿਰਭਉ ਨਿਰਵੈਰੁ
ਅਕਾਲ ਮੂਰਤਿ ਅਜੂਨੀ ਸੈਭੰ ਗੁਰ ਪ੍ਰਸਾਦਿ ॥

MŪL MANTRA

Er is maar Eén God,
Eeuwige waarheid is Zijn Naam,
Hij is de Schepper van alles,
Hij is de alomvattende Geest.
Zonder vrees, zonder haat,
Buiten de tijd en zonder vorm,
Boven geboorte en dood,
Licht voor Zichzelf.
Hij wordt gekend met de hulp van de goeroe.

Vanaf dit ogenblik wordt hij in de biografieën ,goeroe' Nānak geheten: hij reist de wereld rond om duisternis te verdrijven en verlichting te
brengen. Zijn pelgrimstocht brengt hem naar de grote bedevaartsoorden
in noord en zuid, van Tibet tot Sri Lanka.

Uit de anecdoten blijkt duidelijk welke zijn boodschap is.

Eens trapte zijn muslim leerling Mardana onvrijwillig in het sacrale
vierkant dat een hindoe pelgrim rond zijn vuur — en dus kookgelegen-
heid — had getrokken in het zand. De pelgrim werd woest want zo was
zijn eten onrein, en Nānak antwoordt:

,Valsheid is een muzikante,
Harteloosheid is een beenhouwersvrouw,
Achterklap is een vuilnisraapster,
Woede is een wrede moordenares.
Wat baat het rond je eten een vierkant te trekken,
Als je bezeten bent door deze vier ondeugden?'

Men weet dat de vier genoemde vrouwen automatisch door hun
aanwezigheid het eten polllueren van een persoon van hoge kaste en de
boodschap van Nānak is duidelijk: goed gedrag is belangrijk, niet de
kaste.

In Mekka legt Nānak zich in de wandelgang neer om een dutje te
doen. Een Qāzī komt voor zijn avondgebed en ziet hem liggen, met zijn
voeten naar de Ka'ba:

,Ben jij een man van God, met je voeten naar Zijn huis?'

161

De goeroe antwoordt:

,Wil je mijn voeten in die richting trekken, waar het huis van God niet is.'

De Qāzī sleurde zijn voeten rond en heel de Ka'ba draaide mee.

Goeroe Nānak had blijkbaar ook als hobby de stupiditeit van bepaalde riten aan de kaak te stellen. In de heilige bedevaartplaats aan de Ganges te Haridvār staan bij zonsopgang de brahmanen water te plengen naar het oosten, ten bate van de overledenen. Nānak staat er water te plengen westwaarts (naar Punjāb!) en zegt:

,Als jullie van hieruit de overledenen kunnen bereiken,
  kan ik zeker mijn velden in Punjāb irrigeren'.

Na zijn duizenden kilometers reizen — meestal te voet, in alle soorten klimaat — vestigt Nānak zich op ongeveer 50-jarige leeftijd in Kartarpur.

Hoewel het blijkbaar niet zijn bedoeling was een gemeenschap te stichten, geeft hij nu toch meer aandacht aan de groep die zich rond hem vormt.

We lezen in een Getuigenis :

,Baba Nānak ging naar Kartarpur, en legde de kleren van een asceet af.
Hij trok gewone kleren aan, zette zich neer op een houten bed en preekte zijn boodschap tot allen.
Tegen de traditie in benoemde hij reeds vóór zijn dood Angad tot opvolger.
Zijn eigen zonen waren immers ontrouw, opstandig en lieten hem in de steek.
Hij sprak woorden van wijsheid en bracht licht voor de mensen.
Hij gaf inzicht door discussie en onderrichtingen, en de onhoorbare muziek van extatische devotie weerklonk zonder onderbreking.'

Hij laat in Kartarpur een plaats voor eredienst bouwen en een gastenkwartier. Merkwaardig is dat hij zich niet kleedt als een hindoe heilige, maar als een gewone boer. Hij benadrukt ook dat zijn boodschap het belangrijkste is, hoewel pogingen werden genoteerd om hem als een incarnatie *(avtār, zie blz.* 58) te gaan vereren.

Terwijl Nānak rustig in zijn dorpje *(avtār)* onderricht geeft, trekt Bābur, de mogolvorst, door de streek naar Delhi (1521) en laat een spoor van bloed en verwoesting achter. In Kartarpur overlijdt Nānak in 1538, op 69-jarige leeftijd.

De tien goeroes en de redactie van het Heilig Boek

1. Nānak, de eerste goeroe wordt uiteraard uiteraard met meer eer benaderd dan de opvolgers: hij gaf de eerste boodschap, hij was het perfecte voorbeeld. Van Nānak vinden we 974 gedichten in het Heilig Boek. Maar ook de negen opvolgers zijn belangrijke inspiratiebronnen.

2. Omwille van zijn nederigheid en ascetische houding werd Angad als opvolger van goeroe Nānak aangesteld. Dertien jaar lang verstevigde hij de gemeenschap die zich had gevormd rond Nānak. Slechts 62 gedichten zijn van hem bewaard in de *Ādi Granth*.

Volgens de traditie zou hij reeds opdracht hebben gegeven om de gedichten van Nānak neer te schrijven, maar een handschrift of copie van handschrift hiervan is niet gevonden. Dit confronteert ons met het immense probleem van de overgang van orale naar scribale traditie: op welk ogenblik en hoe werden de gedichten van de goeroe niet alleen elke dag gezongen, maar ook neergeschreven op papier?

3. Amar Dās, de derde goeroe, was de schoonvader van goeroe Angads dochter: hij hoorde zijn schoondochter spreken over haar vader, Angad, en hoorde haar gedichten van Nānak zingen en werd een volgeling. Op 73-jarige leeftijd werd hij de derde goeroe en bleef aan het hoofd van de beweging tot zijn dood op 95-jarige leeftijd.

Merkwaardig is dat deze Sikh uit de derde generatie, die Nānak niet meer had gekend, devotiepraktijken invoerde die oorspronkelijk door Nānak niet werden aangemoedigd. Hij liet met name een waterreservoir aanleggen met 84 trappen voor het ritueel baden. Het getal ,84 miljoen' is heilig bij de hindoes: dit zou het aantal hergeboortes zijn dat een wezen moet doorlopen vooraleer de bevrijding te bereiken. Nānak had dit altijd onbelangrijk genoemd. Feit is dat de gelovige in de nabijheid van de eerste inspiratie — Nānak — het zonder ,menselijke' praktijken van religieuze beleving kon stellen. Naarmate de afstand tot de stichter groter wordt, verschijnen deze praktijken opnieuw. Heden wordt in het water rond de Gouden Tempel in Amritsar met bijna evenveel devotie gebaad als in Benares!

Amar Dās verkreeg van keizer Akbar de gunst dat de belasting die geëist werd van (Sikh) pelgrims die naar Haridvār aan de Ganges gingen, opgeheven werd. We herinneren ons dat in Haridvār Nānak naar het westen water stond te plengen! In 1983 heb ik in Haridvār

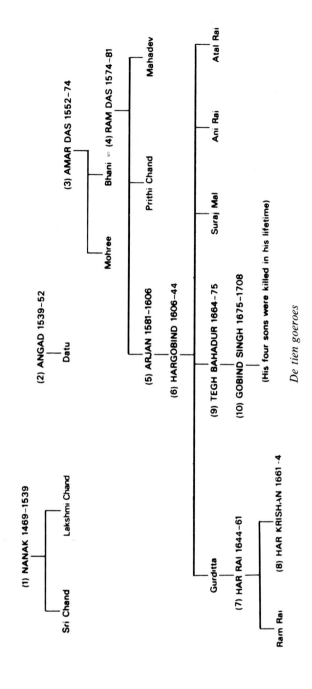

De tien goeroes

(1) NANAK 1469–1539
Sri Chand
Lakshmi Chand

(2) ANGAD 1539–52
Datu

(3) AMAR DAS 1552–74
Mohree
Bhani = (4) RAM DAS 1574–81
Prithi Chand
Mahadev

(5) ARJAN 1581–1606
(6) HARGOBIND 1606–44

Gurditta
(7) HAR RAI 1644–61
Ram Rai
(8) HAR KRISHAN 1661–4

Suraj Mal
Ani Rai
Atal Rai

(9) TEGH BAHADUR 1664–75
(10) GOBIND SINGH 1675–1708
(His four sons were killed in his lifetime)

164

Sikhs enkele zakken zien uitschudden met de overblijfselen van een crematie, precies zoals de hindoes het doen.

Groot belang werd door Amar Dās gehecht aan de gastvrijheid voor allen en de gelijkheid van alle mensen, symbolisch ervaren in de *langar* of ‚gratis maaltijd' in elke *gurudvārā* (Sikh tempel). Nānak had die gewoonte ingevoerd om te benadrukken dat ieder altijd welkom is bij een Sikh en dat er geen onderscheid is tussen brahmanen en paria's, tussen muslims en hindoes. De *langar* (gratis maaltijd) in de Gouden Tempel in Amritsar is een indrukwekkende gebeurtenis, voor zijn symboliek en efficiënte organisatie.

Onder Amar Dās ook wordt het sociale onderscheid tussen hindoes en Sikhs meer en meer duidelijk. Hij voerde de gewoonte in dat tijdens twee belangrijke hindoe feesten *(Vaisākhī* in de lente, *Dīvālī* in de herfst) elke Sikh zich bij de goeroe moest komen aanmelden. Aldus kon de Sikh ook niet op de hindoe vieringen aanwezig zijn. Nochtans is het fanatieke onderscheid tussen Sikhs en hindoes dat men sinds vier jaar ook politiek gaat uitbuiten een heel recent fenomeen: tot onlangs was het de gewoonte dat hindoe families één kind Sikh lieten worden, en vele hindoe families in de Punjāb lezen geregeld uit het Heilig Boek van de Sikhs.

Van Amar Dās vinden we 907 gedichten en verzen in de *Granth*.

4. Met de vierde goeroe, Ram Dās, wordt de opvolging een erfelijke aangelegenheid. Hij stichtte de stad Amritsar (‚vijver van nectar'), hoewel deze vijver eerst door zijn zoon Arjan werd gegraven. Aanvankelijk werd de plaats *Guru Kā chāk* (‚dorp van de goeroe'), later Rāmdāspur (stad van Rām Dās), en onder Angad Amritsar geheten. Gelegen op de grote handelsweg Delhi-Kabul werd de nederzetting spoedig een welvarend handelscentrum en een ontmoetingsplaats voor alle Sikhs. Na de bouw van de Gouden Tempel onder Angad werd het ook een belangrijk bedevaartsoord voor de Sikhs.

5. Met de vijfde goeroe, Arjan, maken we een periode van tegenstellingen en schisma mee die als gunstig resultaat heeft het onderwerp van dit hoofdstuk: het Heilig Boek of *Ādi Granth* van de Sikhs. Het goeroeschap was erfelijk geworden en jarenlang heeft Arjan zich moeten weren tegen zijn oudere broer Prithi Chand, die naast zijn politieke intriges bij keizer Akbar in Delhi ook een bloemlezing van hymnen verzamelde en die als het authentieke Sikh boek propageerde. Arjan op zijn beurt zou

handschriften uit de familieverzameling bij elkaar hebben gebracht, daaraan zijn eigen hymnen hebben toegevoegd, en in 1604 (een historische datum voor specialisten in handschriften in Noord-India) wordt de compilatie van de *Ādi Granth* beëindigd. Goeroe Arjan zelf heeft mooie hymnen (in totaal 2218 gedichten en dubbelverzen) aan de bloemlezing toegevoegd. Zijn Hymne voor Vrede (*Ādi Granth* 1136) wordt nu bij de Sikh cremate-plechtigheid gebeden:

,Ik vast niet zoals hindoes
en houd me niet aan de muslim Ramadan.
Ik dien alleen Hem die mijn Beschermer is.
Ik dien de Ene Heer die ook Allah is.
Ik volg geen riten zoals de hindoe en ik ga niet naar Mekka.
Ik dien Hem en niemand anders.
Ik bid niet tot beelden en zeg ook niet het muslim gebed.
Ik plaats mijn hart aan de voeten van de Ene, Opperste Heer,
Want we zijn niet hindoe en niet muslim.'

Goeroe Arjan werd door de Mogols terechtgesteld, omwille van vermoedens van collaboratie met de rivaliserende partij van Khusrau, bij de opvolging van Akbar.

6. Zijn zoon Hargobind volgde hem op, indachtig de woorden van zijn vader:

„Ga op de troon van de goeroe zitten,
omgord met al je wapens.
Richt een gevreesd leger op".

7. Op één na werden al de zonen van Hargobind gedood en zijn kleinzoon Har Rāi volgde hem op als 7de goeroe. Bij de bloedige gevechten voor de troon na de dood van de mogolkeizer Shāh Jahān koos goeroe Har Rāi de partij van Dārā, tegen Aurangzeb die uiteindelijk de bovenhand zou krijgen en die meer dan vijftig jaar lang India zou regeren en het met de Sikhs geregeld aan de stok zou hebben.

8. Rāi werd opgevolgd door zijn vijfjarig zoontje Har Krishan dat de 8ste goeroe werd en stierf op twaalfjarige leeftijd. Dit kind was wellicht opzettelijk gekozen als overgangsfiguur omdat er 21 kandidaten waren in de familie om de zetel van de goeroe en de troon van de dynastie te bezetten.

9. Hij werd opgevolgd door zijn oom, de enige overblijvende zoon van goeroe Hargobind: Tegh Bahādur, de negende goeroe. Ook hij zou de marteldood sterven.
We noteren dat van Tegh Bahādur nog 59 hymnen en 57 dubbel-verzen aan de *Granth* werden toegevoegd en zo tenslotte de canonieke schriften van de Sikhs werden vastgelegd: de *Ādi Granth* of Oorspronke-lijk Boek.

10. De tiende goeroe, Govind Singh, werd geboren in Patna (Bihar) waar een prachtige *gurudvārā* nu een belangrijk pelgrimsoord is ge-worden. Hij leefde onder de regering van Aurangzeb en eiste een legendarische loyauteit van elke Sikh. Hij introduceerde ook het taboe op tabak en verplichtte elke Sikh de vijf symbolen te dragen (vijf K's: lang haar, kam, armband, zwaard en onderbroek). Hij stichtte de Orde van de Zuiveren, *de Khalsā* (1666), een term die in de hedendaagse literatuur over de Sikhs en hun secessie-streven veel wordt geciteerd.
Van Gobind Singh moeten we vooral onthouden dat hij in 1708 op zijn sterfbed het Heilig Boek aanduidde als zijn opvolger. Daarmee werd de lijn van erfelijk goeroe-schap afgesloten en werd de inspiratiekracht van het boek voor eeuwig bevestigd. In de dramatische setting van zijn sterfbed plaatste Goeroe Gobind een handschrift van de *Ādi Granth* voor zich, met een muntstuk en een kokosnoot (symboliek bij elke aanstelling van een opvolger), en stelde officieel het boek aan als elfde en definitieve goeroe: zo werd de *Ādi Granth* de *Guru Granth Sāhib,* de ‚Goeroe Eerbiedwaardig Boek'.
Goeroe Gobind stapte nog een keer rond het boek en zei:

> ‚Dierbare vrienden, wie mij wil zien moet naar de ‚goeroe' Granth Sāhib kijken. Wie mij wil ontmoeten moet zorgvuldig in de hymnen zoeken'.

De Granth: een tekststudie

Een van de meest fascinerende aspecten van het Sikhisme is de evolutie die begon met een menselijke goeroe, over een dubbelzinnige periode van verering van de goeroes en van hun boodschap om vanaf 1708 de devotie exclusief en definitief te concentreren op het boek.
Deze evolutie is zelfs merkbaar in de iconografie: als je kijkt naar de vroegste miniaturen van goeroe Nānak, zie je hem zitten op een kussen, een halo rond zijn hoofd, onder een boom. Een dienaar waait een

borstel van yak-haren. Als je met dit beeld voor ogen nu in een *gurudvārā* binnenstapt zie je niet alleen een gelijkaardige setting rond het boek, het is er zelfs helemaal identiek aan. De verering van de goeroe is overgegaan op het boek. De basis van de verering is identiek voor de goeroe en het boek: beide geven goddelijke waarheid. Zeer betekenisvol was de buiging tot op de grond van goeroe Arjan voor het boek, toen het eerste handschrift van de bloemlezing, de *Ādi Granth,* klaar was in 1604. Daarmee beduidde hij dat in het boek de goddelijke waarheid dieper aanwezig was dan in hemzelf, de vijfde goeroe. Zo begrijpt men ook dat Sikhs niet werden aangemoedigd om afbeeldingen van de goeroes te vereren zoals hindoes het doen met hun beelden van hun goden. Tot vóór enkele decennia waren afbeeldingen van de goeroes zelfs verboden in de *gurudvārā*'s, met de commentaar: ,De afbeelding van de goeroe is de Granth'.

Zoals de hindoe zeven keer rond het sacraal vuur stapt om een huwelijk geldig te maken, zo stapt een jong Sikh paar vier keer rond de Granth om een geldig huwelijk aan te gaan. De wettelijke ceremonies spelen verder geen rol.

We vragen ons natuurlijk af hoe de *Granth* ontstaan is. Uiteraard ligt de oorsprong bij goeroe Nānak en in de traditie wordt die beginfase als volgt voorgesteld.

Zoals gezegd had Nānak een trouwe muslim gezel, bedreven in de muziek. Hij begeleidde Nānak tijdens de sessies van zingen en reciteren.

Telkens Nānak voelde dat een geïnspireerde hymne zich in zijn geest aan het vormen was, riep hij Mardana, de gezel, om hem te begeleiden bij het zingen van de hymne: de lyrische of mystieke tekst werd dus niet neergeschreven, niet gereciteerd maar onmiddellijk gezongen volgens een bepaalde *rāg* of melodie, aangepast aan de dag, het uur en de inhoud van de tekst. Het is heel waarschijnlijk dat Nānaks verzen reeds tijdens zijn leven werden gezongen door anderen en ook werden neergeschreven.

De classificatie van hymnen in latere handschriften is altijd volgens de specifieke *rāg* (melodie) waarin ze moeten worden gezongen. Dit wil zeggen dat de gemeenschap die de hymnen van de goeroes zongen, alles memoriseerde volgens de muzikale patronen die er bij pasten.

Wanneer dan rond 1600 goeroe Arjan een bloemlezing van geïnspireerde teksten samenstelt, is het heel waarschijnlijk dat hij een reeds geklasseerd handschrift kreeg waarin Nānaks hymnen gebundeld waren.

We lezen ook in de Geboortegetuigenissen dat Nānak naar Mekka stapte met een stok in de hand en een boek onder zijn arm: wellicht droeg hij met zich de hymnen van de niet-Sikh heiligen die zijn voorgangers waren en die worden geciteerd in de *Granth Sāhib*. Hier moeten we echter onmiddellijk aan toevoegen dat Indiërs — en mensen in een orale traditie — een fenomenaal geheugen hadden. Het reciteren werd ook vergemakkelijkt door de geheugensteuntjes ingebouwd in de teksten: de melodie en de versvorm.

In elke *gurudvārā*, van Bangkok tot in Californië, ligt een gedrukt exemplaar van de *Guru Granth Sāhib*.

Onze westerse, kritische geest, vraagt zich natuurlijk af welk soort tekst in die gestandaardiseerde versies van precies 1430 bladzijden te vinden is. Algemeen wordt aangenomen dat in Kartarpur — waar goeroe Nānak de laatste jaren van zijn leven doorbracht — het authentieke handschrift ligt door goeroe Arjan klaargemaakt, 380 jaar geleden. De gedrukte standaard-versies zouden daarop gebaseerd zijn.

Daar rijzen nu meer en meer twijfels over en een kritische tekststudie van de Guru Granth Sāhib is niet alleen nog in zijn kinderschoenen: het is ook een heel delicaat opzet.

Enkele hoofdthema's uit de Granth

Aan de hand van de vertaling van enkele hymnen van Nānak volgen nu enkele krachtlijnen in de *Granth,* die aan de Sikh denkwereld hun eigen karakter hebben gegeven binnen de hindoe context.

God is de Ene.

,Er zijn zes (hindoe) systemen van filosofie,
zes goeroes en zes leermethoden,
maar de Goeroe van deze goeroes is Eén,
alhoewel er veel verschijningsvormen zijn.'
,Hij woont in elke sfeer van het universum,
elke sfeer is zijn eigendom.
Hij heeft alles geschapen en na de schepping
houdt Hij alles ook in stand.
Dit alles, zegt Nānak,
is het authentieke werk van de Ene.'

God is almachtig.

,Wat U bevalt, dat doet Gij.
Als het U bevalt, verheft Gij iemand op de troon.
Als het U bevalt, wordt een persoon asceet
en trekt de wereld rond al bedelend,
Als het U bevalt overstroomt de woestijn
en bloeit de lotus in de lucht,
Als het U bevalt steekt een persoon
ongehinderd de Verschrikkelijke Oceaan over,
of verdrinkt hij halfweg.
als het U bevalt zijt Gij een verschrikkelijke Heer
en ik blijf ten onder gaan in de cyclus van hergeboorte.'

Genade

,Wij ontvangen alles uit de hand van de Weldoener,
zegt Nānak.
Als het geschreven staat in het boek van vroegere daden,
dan pas kan iemand de echte Goeroe ontmoeten.
Karma bepaalt de aard van hergeboorte,
maar door genade vindt men de deur van de bevrijding.
Alleen als Gij Uw genade geeft,
wordt de ware Goeroe geopenbaard.
Hij, de Ene, woont in alles,
maar Hij wordt geopenbaard voor hem
die genade ontvangt.'

Zondigheid

,Heer, wie kan Uw grootheid begrijpen.
Niemand kan mijn zondigheid vertellen.
Zo diep als de oceaan
zo groot is mijn zondigheid.
Heb medelijden, geef mij een beetje genade,
zodat deze zinkende steen kan oversteken.'

Het Sikhisme is een heel materialistische godsdienst, in die zin dat Sikhs, zoals trouwens christenen, de materiële wereld ernstig beschouwen als een mogelijke weldoener van de mens.

De gehuwde, ,werkende' staat is het ideaal. Geschiedenis is belangrijk en de Sikh gelooft dat hij er een actieve rol in speelt. Je maakt je leven voor een groot deel zelf en hoewel ook de Sikh gelooft in de reïncarnatie, heeft dat toch bij hem niet de neerdrukkende invloed die men soms bij hindoes meent te zien. Het vertrouwen in het woord van de goeroes is zo sterk, dat het als een privilege wordt beschouwd als Sikh te zijn geboren en door de boodschap van goeroes nu het middel bij de hand te hebben om bevrijding te bereiken.

Het werelds karakter van de Sikh devotie merk je heel sterk als je op een avonduur in een *gurudvārā* (Sikh tempel) binnenkomt: daar staat de man van de straat na zijn werk even te mediteren of luidop mee te zingen. Het doet minder wereldvreemd aan dan in de hindoe tempels.

DE SIKHS TOT AAN DE OCEAAN?*

Jean-François MAYER

In dit hoofdstuk wordt de evolutie geschetst van het Sikh rijk onder Ranjit Singh tot de huidige agitatie voor Khālistān.

Van Ranjit Singh naar de onafhankelijkheid van India.

Na de dood van goeroe Gobind Singh (1708), die het slachtoffer werd van een aanslag, brak er — meer dan ooit tevoren — een onrustige tijd aan voor de Sikhs. Veldslagen, langdurige en bloedige interne conflicten, vervolgingen, aanvallen en tegenoffensieven volgden elkaar op en dat allemaal tegen de achtergrond van niet aflatende Afghaanse invallen te beginnen vanaf het midden van de 18de eeuw. In dezelfde tijd slaagden de Sikhs erin zich in één leger, *Dal Khalsā* te verenigen.

Ondertussen was er een rivaliteit aan de gang tussen de leiders van de verschillende fracties van de Sikh confederatie. Ranjit Singh (1780-1839) liquideerde echter de deelgroepen en verenigde Punjāb. Hij wierp zich als militaire leider op en werd in april 1801 te Lahore tot *mahārājā* uitgeroepen. Zijn bestuur strekte zich over een steeds groter wordend territorium uit. Hij droomde er zelfs van de grenzen van zijn rijk te verleggen tot aan de zee, maar werd daarin gehinderd door de Britten. De ‚Leeuw van Punjāb', zo werd Ranjit Singh genoemd, moderniseerde zijn leger door Europeanen voor de opleiding aan te werven. Hij respecteerde de religieuze vrijheid en poogde niet het Sikhisme op te dringen aan de volgelingen van andere religies; hij creëerde geen confessionele staat. Zijn koninkrijk overleefde hem jammer genoeg niet erg lang: zijn opvolgers konden niet op zijn regeertalent bogen. Als resultaat van de twee oorlogen met de Britten (1845-46 en 1848-49) werd Punjāb door deze laatsten geannexeerd. De Sikhs werden in groten getale door het Britse leger gerecruteerd vanwege hun militaire kwaliteiten en hun trouw.

---

* De vertaling van dit hoofdstuk is van Lieve De Brabandere.

In die periode begon zich in Punjāb een proces van ,hindoeïsering' van het Sikhisme af te tekenen. In de loop van de tweede helft van de 19de eeuw voelden de Sikhs zich steeds meer en meer bedreigd door de propaganda van krachtige stromingen in de hindoe renaissance, in het bijzonder door de *Ārya Samāj*. In het laatste kwart van de 19de eeuw bracht deze situatie een toenemend bewustzijn van de Sikh identiteit en een reactie van heropleving binnen het Sikhisme teweeg (de *Sinh Sabhā* beweging).

> „Hoe meer de aanhangers van de *Ārya Samāj* beweerden dat het Sikhisme een vertakking van het hindoeïsme was, des te heftiger hielden de Sikhs staande dat zij een afzonderlijke en afgescheiden gemeenschap vormden"[1].

Deze feiten mogen we niet uit het oog verliezen, zij dragen in zich de kiem van de actuele problemen.

In 1920 werd een corps van vrijwilligers opgericht, de *Akālī Dal* (het leger van de onsterfelijken), met als doel het terugwinnen van de *gurudvārā*'s (Sikh tempels), die zich onder de controle bevonden van een corrupt beheer. De *Akālī Dal* is nu de voornaamste politieke Sikh partij, die ook aanhangers van uiteenlopende standpunten en doelstellingen onder zijn leden telt.

Op het ogenblik van de onafhankelijkheid (1947) werd Punjāb, het gebied van de Sikhs opgesplitst, tussen India en Pakistan. Amritsar, de heilige stad, bleef een Indiase stad, maar Lahore kwam onder Pakistaanse controle. Ten gevolge van de zware onlusten in 1947 (waarbij hindoes en Sikhs door muslims werden afgeslacht en vice versa) moesten de Sikhs van het oosten van Punjāb (Pakistan) massaal naar India emigreren. Binnen de Indiase federale staat ijverden de Sikhs energiek voor een *Punjābī Subā*, een staat met het Punjābī als officiële taal. Omwille van de agitatie die steeds meer toenam, besloot de regering van Indira Gandhi in 1966 voor een groot deel op hun eisen in te gaan. De vroegere staat Punjāb werd verdeeld en een nieuwe (kleinere) Punjāb staat kwam tot stand, met een kleine Sikh meerderheid (maar met binnen zijn grenzen 85% van alle Sikhs in India gegroepeerd) en met het Punjābī als officiële taal.

---

[1] Kushwant Singh in zijn werk *A History of the Sikhs*, Vol.II, p. 147.

Nochtans kwam deze toegeving (de *Punjābī Subā*) in de ogen van vele Sikhs te laat en was ze niet voldoende. Ze voelden zich bedot sinds de onafhankelijkheid, waarvoor velen onder hen zich opgeofferd hadden, zonder te spreken over de pijnlijke gevolgen die de scheiding van Pakistan en India voor hun gemeenschap had meegebracht. De Sikhs waren van oordeel dat de Indiase leiders hun beloften van vóór 1947 niet na waren gekomen. Bovendien waren bepaalde gebiedsdelen die op het verlanglijstje stonden niet in de nieuwe Punjāb staat opgenomen.

Andere feiten deden, terecht of ten onrechte, de wrok van de Sikhs nog toenemen. Zij vormden op het ogenblik van de onafhankelijkheid 33% van de Indiase gewapende macht. Tegenwoordig maken zij er nog slechts 12% van uit en er is een tendens merkbaar om deze proportie nog te verlagen. Zij beschuldigen India ervan de ontwikkeling van Punjāb te vertragen. Zij vrezen er vooral voor dat hun identiteit langzamerhand wordt ondermijnd en zij zich uiteindelijk als een minderheidsgroep in hun eigen streek zullen bevinden. Zij zijn verontrust door het activisme van bepaalde militante hindoe groepen en beweren dat Punjāb een toevloed kent van immigranten uit andere delen van het land. Men moet de belangrijkste zorg van de Sikhs duidelijk stellen: zich niet laten absorberen door het hindoeïsme dat buitengewoon elastische en assimilerende capaciteiten bezit. En bepaalde hindoe bewegingen staan zeker niet afkerig tegenover het opnemen van de Sikhs in de schoot van het hindoeïsme.

In oktober 1973 aanvaardden de verschillende fracties van de *Akālī Dal* de *Anandpur Sahib Resolutie,* die sedertdien verschillende keren door diverse leidende instanties van de Sikhs opnieuw werd geaffirmeerd.

Deze tekst, weinig gekend in het westen, is in de ogen van de Sikhs zo belangrijk dat we menen er enkele uittreksels van te moeten geven.

> „Overwegende dat de meerderheid van India in 1950 wettelijke bepalingen heeft opgelegd die de Sikhs van hun politieke identiteit beroven en hen ondergeschikt maken wat de culturele eigenheid betreft,
>
> waardoor de Sikhs politiek worden geliquideerd door hen de controle te ontnemen over hun eigen geschiedenis en hen bloot te stellen aan een opzettelijke spirituele en culturele decadentie,
>
> om hen onder te dompelen en te laten oplossen in de wateren van het hindoeïsme,

overwegende dat de Sikhs aldus geketend zijn en tot slaaf gemaakt zijn als gevolg van de immorele en cynische afwijzing van plechtige en bindende verbintenissen en openbare beloften die vroeger door de hindoes werden gedaan,

verklaren wij dat de Sikhs vastbesloten zijn (...) om zich te bevrijden van deze onterende situatie, om zich duidelijk te verzekeren van hun fatsoenlijk voortbestaan en om hun waardigheid te redden en hun recht te vrijwaren om op een betekenisvolle wijze de loop van de wereldgeschiedenis te beïnvloeden.

De Sikhs vragen dus:

Ten eerste: dat een autonoom gebied in het noorden van India wordt gevestigd, waar de rechten van de Sikhs grondwettelijk zouden erkend worden (...);

Ten tweede: dat dit autonoom gebied de actuele Indiase Punjāb insluit, de distrikten van Karnal en Ambala (Haryana), het Kangra distrikt en de Kulu vallei (Himachal Pradesh), en ook het Ganganagar distrikt in Rajasthan en de Rerai streek in Uttar Pradesh die recentelijk werd gewonnen en gekolonizeerd door de Sikhs nadat het eeuwenlang een gevaarlijk maagdelijk woud was gebleven (...);

Ten derde: dat tesamen met een autonome Sikh regio het recht wordt toegestaan een eigen grondwet uit te werken op basis van volledige bevoegdheden, behalve voor de buitenlandse betrekkingen, de defensie en de communicatie, die onder controle zullen blijven van de federale Indiase regering"[2].

Het blijkt dat alle grote politieke Sikh organisaties achter dit programma staan, de Onafhankelijken inbegrepen. Deze laatsten maken enkel voorbehoud wat betreft het in stand houden van een federale band met India. Zoals Satinder Singh opmerkt: tengevolge van de besluiteloosheid van de opeenvolgende Indiase centrale regeringen heeft de volstrekt redelijke eis van een *Punjābī Subā*, in ongeveer 35 jaar tijd de gevaarlijke dimensie gekregen van een soevereine staat, Khālistān.

De militanten van Khālistān

Noch de idee van een onafhankelijke Sikh staat, noch het woord Khālistān zijn nieuw. Volgens Giani Zail Singh, de huidige president van India, hebben bepaalde personen reeds vanaf 1942 de wens van een afgescheiden Khālistān geuit. Maar tijdens een samenkomst van alle Sikh groepen te Amritsar in augustus 1944, werd een resolutie ten gunste van een soevereine en onafhankelijke Sikh staat als een onmogelijke eis

---

[2] Satinder Sing, *Khālistān: An Academic Analysis,* New Delhi, 1982.

verworpen. De Sikh politici wilden op het ogenblik van de onafhankelijkheid niet profiteren van de mogelijkheden in die richting.

Aan de oorsprong van de huidige beweging voor Khālistān wordt
dikwijls de naam Jagjit Singh Chauhan vermeld. Hij werd in 1928
geboren en was gedurende zijn jonge jaren lid van de Indiase Communistische Partij, die hij in 1956 de rug toekeerde. Eerst was hij atheïst,
maar later kreeg hij een religieuze oriëntatie. Hij volgde een medische
opleiding en wierp zich in de politiek. In 1962 werd hij lid van de
wetgevende vergadering en in 1967 bekleedde hij de functie van minister
van Financiën in Punjāb. In 1969 zou hij gezworen hebben dat hij
voortaan zonder verpozen zou ijveren voor een nationaal Sikh thuisland.

Om zijn streefdoel de nodige publiciteit te bezorgen, begaf hij zich
naar het Westen: op 11 oktober 1971 publiceerde hij in de New York
Times een manifest voor een soevereine Sikh staat. Op dat ogenblik
vatten weinig mensen het ernstig op, zelfs de Sikhs niet. Vandaag echter
lijkt de idee van Khālistān meer echo's los te weken.

Op 16 juni 1980 kondigde de *Nationale Raad van Khālistān* de
stichting van de republiek Khālistān aan en benoemde Dr. Jagjit Singh
Chauhan tot eerste president. Uiteraard een symbolische daad, vooral
bedoeld om aan de Khālistān-kwestie ruchtbaarheid te geven. De idee

*Een exemplaar van de Khalistan-bankbiljetten die in Punjab
en de Sikh diaspora circuleren*

verspreidde zich verder: op 20 september 1983, op een vergadering van de Federatie van Indiase Sikh Studenten, suggereerden twee verantwoordelijken van de gemeenschap de oprichting van een parallelle Sikh regering, die een effectief gezag zou hebben en belastingen zou innen. Bovendien circuleren er sedert een bepaalde tijd paspoorten en bankbiljetten van het onbestaande Khālistān in Punjāb en onder de Sikh diaspora...

Op 6 augustus 1978 werd te Chandigarh een sterk militante groep gevormd die zich inzette voor Khālistān: de *Dal Khalsā* (die zo de illustere naam overneemt van het in 1748 opgerichte Sikh leger). Deze beweging bestond aanvankelijk voornamelijk uit jongeren. Ze lijken niet erg talrijk te zijn, maar ze voeren een intensieve propaganda in Sikh kringen en zijn verantwoordelijk voor opzienbarende acties als het kidnappen van een Indiaas vliegtuig op weg naar Lahore in 1981 (door een fractie van de *Dal Khalsā* afgekeurd). Het territorium dat door Jagjit Singh Chauhan wordt opgeëist is duidelijk groter dan de actuele Punjāb en weerspiegelt — met een doorgang naar de zee — de oude droom van *mahārājā* Ranjit Singh. De Sikhs zouden ongeveer de helft van de bevolking vormen van deze bufferstaat tussen Pakistan en India. De aanhangers van Khālistān beweren dat dit een economisch leefbare entiteit zou zijn, wat inderdaad plausibel lijkt: de Sikhs vormen een welvarende en ondernemende gemeenschap; de levensstandaard van Punjāb is veruit superieur aan de gemiddelde Indiase levensstandaard en Khālistān zou kunnen rekenen op financiële bijdragen van Sikhs over de hele wereld verspreid.

De Sikh Onafhankelijken zijn tegenwoordig begaan met het creëren van een internationale lobby voor steun aan Khālistān.

De Sikhs verdeeld

Men kan inderdaad niet beweren dat de Sikhs eigenlijk één verenigd front vormen: de *Akālī* Dal is in rivaliserende secties opgesplitst. Deze interne conflicten hebben niet weinig bijgedragen tot het discrediet van de traditionele politieke partij in de ogen van heel wat Sikhs. Indien bepaalde fracties van de *Akālī* Dal zonder twijfel sympathie opbrengen voor het ideaal, verdedigd door Jagjit Singh Chauhan, dan neigen de belangrijkste leiders er eerder toe om daarvan een zekere afstand te nemen. Ondertussen blijven zij een grotere autonomie voor de Sikhs opeisen, maar binnen het kader van de Indiase unie.

177

DE ,ECONOMISCHE' DHARMA YUDH VAN DE SIKHS*

Patrick WILLEMS

Het aanhoudend opflakkeren van geweld in de Indiase deelstaat Punjāb vraagt naar een meer dan oppervlakkige analyse van het probleem. Welke factoren liggen aan de basis van het conflict dat een sterk communaal karakter draagt, en hoe spelen de verschillende politieke belangengroepen hierop in?

In het vorige hoofdstuk werd reeds een beeld geschetst van de militante Sikh traditie. Die strijdlust gaat terug op de bezorgdheid van een religieuze gemeenschap voor het bewaren van de eigen identiteit in een door hindoes — en in het verleden ook muslims — gedomineerde samenleving.

Gevolgen van de groene revolutie

Punjāb is de rijkste staat in India, met het hoogste inkomen per capita. Na de onafhankelijkheid in 1947, die een werkelijke ontwrichting betekende door de deling India-Pakistan, heeft de streek een waar revolutionair herstel, gebaseerd op landbouw, gekend. Deze tendens vond in de Indiase Groene Revolutie, d.i. het massaal introduceren van mechanisatie, kunstmeststoffen, H.Y.V.-zaad (High Yield Varieties), een extra stimulans. De weliswaar selectieve inkomenstoename die door deze kapitaalintensieve landbouw werd teweeggebracht, gaf aanleiding tot een verhoogde investering en consumptie die het opbouwen van de handel en een kleinschalige industrie in de hand werkten. Het wordt echter elk jaar duidelijker dat die ontwikkeling haar hoogtepunt reeds voorbij is. Steeds meer problemen tekenen zich af en zijn oorzaak van frustratie voor menige, vooral rijke, Sikh boer.

---

* Dit artikel beschrijft de evolutie tot vóór *Operation Bluestar* in de Gouden Tempel van Amritsar, juni 1984.

De voortdurend stijgende vraag naar technische inputs, o.a. kunstmeststoffen, oversteeg al snel de binnenlandse productie, en deze importgoederen joegen de prijzen, alhoewel sterk gesubsidieerd door de regering, de hoogte in.

Niet enkel prijsstijgingen, ook bevoorradingstekorten, een inefficiënte watervoorziening en een opvallende achteruitgang van de overheidsinvestering in landbouwprojecten sinds 1980 — toen kwam Congress (I) terug aan de macht in de nationale regering — zijn op een onmiskenbare manier verbonden met de agitatie die door de *Akālī Dal* partij in gang gezet werd.

De *Akālī Dal* is ondanks zijn religieuze banden hoofdzakelijk een politieke Sikh partij waarin zowel extremisten, gematigden, communalisten als progressieven zetelen.

Deze verscheidenheid brengt mee dat de rijke landherenlobby — in hoofdzaak Jāt Sikhs — die een voor hen voordelig gematigd standpunt innemen, de overhand hebben, en in staat zijn het beleid van de partij naar hun hand te zetten. Deze partij heeft als geheel een 45-eisen-programma, waarin economische zowel als politieke en religieuze grieven zijn opgenomen, de zgn. *Anandpur Sahib-resolutie*. Een greep uit dit programma: vaste prijzen voor landbouwproducten, controle over het irrigatie — en energienetwerk, nu onder controle van New Delhi, meer overheidsinvesteringen, bescherming van Sikh landheren tegen landhervormingen en opeisen van een groter deel van het water van de Ravi — en Beas-rivier en daaraan gekoppeld een hoger aandeel in de hydro-electriciteit. Dit zijn allemaal eisen die een commerciële landbouw meer winstgevend kunnen maken, en ze illustreren de manier waarop de groeiende klasse kapitaalkrachtige boeren hun eisen trachten te realiseren langs politieke weg.

Enkele gegevens[1]

	PUNJAB	INDIA
Bevolking (miljoen)	16,3	713,8
Opp. (in km²)	50.376	3,3 miljoen
Landbouwareaal (% v/h totaal)	83,7	42,6
Geïrrigeerd gebied (% v/h totaal)	81	27,8

[1] Deze cijfers slaan op de periode 1976-1981. Bron: *Far Eastern Economic Review*, dec. 1982, blz. 27.

Tarwe-opbrengst per ha (kg)	2,748	1,480
Inkomen per hoofd (Rs)	2.642	1.537
Bankdeposito's per hoofd (Rs)	600	305
Bankfilialen per 100.000 inw.	10	5
Motorfietsen per 10.000 inw.	178	57
Aantal kostscholen per 1 milj. inw.	13	5.38
Aantal radio's per 100 inw.	6.5	3
Aantal T.V.'s per 1000 inw.	5.4	1.39
Bevolkingsgroei (%)	1.9	2.48
Geboortebeperking (%)	2.6	1.9

De meer politieke eis naar een grotere autonomie kan naast een ideologische verklaring, ook geïnterpreteerd worden als een vraag om de uitbouw van de economische mogelijkheden zelf in handen te nemen.

Zagen de rijke boeren reeds reden tot klagen, voor de arme boerenbevolking zijn de gevolgen van de Groene Revolutie rampzalig. Men slaagde er weliswaar in de nationale voorraadschuren zelf te vullen, voorheen was India voedselimporteur, maar dit nam niet weg dat het aantal mensen dat onder de absolute armoedegrens (Rs. 100 per maand) leeft, gestaag steeg (in 1970 reeds 50 % van de bevolking van Punjab). De Groene Revolutie heeft de kloof tussen arm en rijk blijkbaar enkel verder opengetrokken. Kapitaal en kennis, noodzakelijk bij het overstappen van de traditionele, oogstzekere gewassen naar de kwetsbare H.Y.V.-gewassen, bleken voor tal van kleine landeigenaars en pachters een onoverkomelijke hindernis, getuige de in 10 jaar tijd in aantal verdubbelde groep van landloze loonwerkers. Deze werden dan hoofdzakelijk gedurende de oogstperiode tewerkgesteld — aan 7 roepies of ca. 30BF per dag, voor 150 à 200 dagen per jaar — door de rijke landheren. De rest van het jaar, zijn ze werkloos.

De vrijgekomen grond, verkoopbaar gesteld als aflossing voor schulden, werd goedkoop gerecupereerd door de meer gegoede boeren. Men mag dus zeggen dat de Groene Revolutie een onevenwichtige groei in de hand werkte, waarbij een kleine groep (10 % van de bevolking in Punjāb) veel kon produceren en zich verrijkte naast een grote groep (80%) die er eigenlijk op achteruit is gegaan. De reactie van de verpauperde massa bleef niet achterwege, en velen sloten zich aan bij de boerenbonden van de communistische partijen.

De dreiging van machtsverlies in Punjāb, gekoppeld aan de groeiende politisering van de landloze massa, misnoegdheid t.a.v. de regering die doof blijft voor hun vragen en hen economisch discrimineert, naar eigen zeggen althans, de frustratie veroorzaakt door de te hoog gespannen verwachtingen t.o.v. de Groene Revolutie en nog een aantal politiek-religieuze eisen, dit alles zette de *Akālī Dal* ertoe aan om midden 1982 een *Dharm Yudh* — Heilige Oorlog — te ontketenen.

Allerhande acties, (spoor)wegversperringen, stakingen, volgden elkaar op, en een eigen leger, vooral bestaande uit jongeren werd opgeleid.

Interessant hierbij is dat wanneer de Akālī's enkel agiteerden om hun politiek-economische eisen af te dwingen, er weinig gevolg gegeven werd aan hun oproepen. Door eveneens een aantal religieuze eisen te benadrukken kregen hun acties een massale bijval: verklaring van Amritsar als heilige stad en bijgevolg een tabakverkoopverbod, een federale wetgeving m.b.t. het bestuur van de *gurudwārā*'s, een vergunning om een privé-radio in de Gouden Tempel voor uitzending van religieuze diensten en de toelating om hun hoofdkwartier naar de Gouden Tempel over te brengen. Ook financieel hadden de Akālī's belang bij deze religieuze eisen, daar ze nu over fondsen van het SGPC, *Shiromani Gurudwara Prabandhak Comité* — het centraal comité dat de Sikh tempels beheert — konden beschikken.

In deze periode is ook Sant Jarnail Singh Bhindranwale verzeild geraakt in het Akālī-kamp, waar hij zich als religieus leider sterk profileerde door zijn extreme standpunten over de verschillen tussen hindoes en Sikhs, en over de ketterse opvattingen van bewegingen die van het orthodox Sikhisme zijn afgeweken (o.a. de Sant Nirankārī's, de Rādhā Swāmī's e.a.).

Dit extremisme dat zich in toenemende mate uitte in gewelddadige acties tegenover hindoes en afvallige Sikhs, ontketende een spiraal van moord en geweld.

De *Akālī Dal,* die de steun van deze extremistische elementen kon gebruiken om de eigen eisen kracht bij te zetten en de centrale regering onder druk te plaatsen, bood in ruil voor bewezen diensten bescherming en een veilige schuilplaats in de *gurudvārā*'s. Het werd echter duidelijk dat de gematigde fractie binnen de *Akālī* Dal erg verveeld zat met de terreurgolven die de staat teisteren en de economische groei bedreigen.

De gematigde Longowal (l.) en Bhindranwale

Communalisme

Na honderden jaren vreedzaam samenleven en het ontstaan van talrijke huwelijksbanden tussen Sikhs en hindoes, is het een opmerkelijk gegeven dat de spanningen tussen beide gemeenschappen zo hoog konden oplopen. De gewelddadige acties die zich vooral richten op hindoe leiders en gematigde Sikh voormannen, eisen de laatste jaren honderden slachtoffers. Deze communalistische oorlog, kan tot op zekere hoogte verklaard worden door de diep gewortelde vrees — bij een deel van de Sikh bevolking — voor onderdrukking en absorptie door de hindoe gemeenschap.

Elke verklaring van de huidige crisis moet echter rekening houden met een potentiële bron van spanning veroorzaakt door de onevenwichtige sociale structuur in de economische relaties, die veroorzaakt werd door de Groene Revolutie. De Sikhs vormen een kleine tweederde meerderheid in de deelstaat Punjab. Op het platteland zijn ze echter sterker vertegenwoordigd dan in de stad. Waar Sikhs in hoofdzaak hun inkomsten putten uit de landbouw, ligt dit voor de in de steden geconcentreerde hindoe bevolking overwegend in de handel.

Verhouding tussen hindoes en Sikhs (1971)

	totaal	platteland	stad
Sikh	60.21	69.37	30.79
Hindoe	37.54	28.56	66.39

Gedurende de laatste 15 jaar is, als gevolg van de uitgebreide modernisering in de landbouw, de handel een steeds belangrijker positie gaan innemen in het economische proces. Zowel inputs als outputs van de landbouw vinden hun weg langs de handelaars in de steden en brengen daardoor de Sikh landheren in een afhankelijke positie. De aldus opgeroepen spanningen tussen de handeldrijvende en agrarische bourgeoisie resulteerden via manipulatie van de massa in een polarisatie van de twee gemeenschappen.

Een minderheid onder de Sikhs, de Bhāpā's, drijft handel. Het zijn hoofdzakelijk uit Pakistan geïmmigreerde Sikhs die zich tot ergernis van menige fundamentalist uiterlijk in niets van de hindoes onderscheiden. Zij moeten optornen tegen de dominante handelspositie van hun hindoe collega's. Om hun belangen te verdedigen kunnen ze niet zoals de Jāt Sikhs terugvallen op de steun van de politieke partijen en het S.G.P.C. De economische belangen van de Jāt's worden automatisch verdedigd door hun invloedrijke lobby, zowel binnen de *Akālī* Dal als in de lokale Congress (I)-partij.

De stedelijke Bhāpā's zijn in hun geïsoleerdheid steun gaan zoeken bij de *Dal Khalsā*, de gewapende arm van de Khālistān-beweging. Als compensatie ontvangen de Khālistān-militanten, bedreven in kidnapping, kaping en moord-aanslagen, een ruime financiële bijdrage voor hun activiteiten.

Dat dit het sociale klimaat enkel kan verslechteren is duidelijk.

DE EVOLUTIE-VISIE VAN SHRĪ AUROBINDO (1872-1950)

Winand M. CALLEWAERT

Aurobindo Ghosh werd geboren in Calcutta in 1872 en op 7jarige leeftijd door zijn vader naar Cambridge gestuurd voor een volledig westerse opvoeding. Dat was in die tijd bijzonder ambitieus en uitzonderlijk. Ambitieus omdat het de jonge Ghosh moest voorbereiden op een loopbaan onder de Engelsen in koloniaal India, en uitzonderlijk omdat alleen de meer gegoeden zich dat konden permitteren.

Aurobindo was ook wel uitzonderlijk begaafd. Toen hij veertien jaar later Cambridge verliet had hij prijzen gewonnen in Grieks en Latijn en een bruikbare kennis opgedaan van vier Europese talen. Wat ons vooral interesseert is het feit dat hij er ook nauw in contact was gekomen met het westers filosofisch denken... en dat zal onze analyse straks boeiend maken, omdat zijn denksysteem eigenlijk volledig op Indische leest is geschoeid.

Na zijn terugkeer in India in 1893 vindt hij een job aan de andere kant van het subcontinent, bij de koning van Baroda. Vijf dagen treinreis vanuit Calcutta naar Baroda waren in die tijd zeker niet meer comfortabel dan nu.

Hij begint er,naast zijn werk als administrateur, part-time leraar en raadsman ook gedichten te schrijven, proza, vertalingen, theater en.. politieke essays. We mogen niet vergeten dat hij een Bengali is, en de Bengali's waren toen al bekend voor hun politiek bewustzijn en ageren.

Op 25-jarige leeftijd begint hij grondig Indische talen te studeren: Sanskriet, zijn eigen moedertaal Bengālī, en Marāthī en Gujarātī uit West-India. Op 30-jarige leeftijd is Aurobindo Ghosh een veelschrijver, een poliglot en een politiek bewust man. Hij wordt zelfs voor een jaar in de gevangenis gestopt, op beschuldiging van medeplichtigheid aan een (anti-Engelse) bomaanslag.

En dan begint wat hem definitief boven zijn tijdgenoten zou doen uitrijzen. Hij begint yoga oefeningen, zoekt een leraar (Vishnu Bhaskar Lele) en begint te mediteren. Op zekere dag trekt hij zich in de eenzaamheid terug en krijgt er zijn verlichting, waarover hij zelf schrijft:

> „Na drie dagen was ik vrij. Vanaf dat ogenblik werd het geestelijk principe in mij een onafhankelijk intellect, een universele geest, niet langer beperkt door de kleine cirkel van het persoonlijk denken. Mijn geest werd een ontvangpost voor de honderden zijnsniveaus, vrij om zelf te kiezen."

Het jaar in de gevangenis was een jaar van meditatie en vasten geworden, en toen hij in 1909 vrijkwam had de Britse kroon in India een belangrijk politiek tegenstander minder.

In 1914 ontmoet Shrī Aurobindo Mira Richard, die later de fameuze ‚Moeder' zou worden.

In Zuid-India, in Pondicherry — toen nog een Franse enclave — vestigen de twee zich en daar ontstaat stilaan de Shrī Aurobindo *āshram* en later Auroville. Je hebt er nu ook een Aurotravels bureau, een Auro *bātik* industrie, enz., maar dat is voor ons nu minder belangrijk.

Vanaf de jaren twintig geven ze beiden les in Pondicherry, leerlingen en volgelingen gaan in hun buurt wonen, en vanaf november 1926 bereikt Shrī Aurobindo een diep (of hoog) niveau van ‚integraal bewustzijn'. Hij trekt zich voor de volgende 25 jaar in volledige afzondering terug, om na te denken en te schrijven. Toen hij in 1950 (op 5 december) stierf vermoedden sommigen dat hij al een tijdje overleden was en dat de Moeder zijn rol had overgenomen. Er hangt in alle geval een mysterieuze waas over zijn laatste levensjaren. Eigenlijk weten we niets over het leven van Shrī Aurobindo, zoals hij zelf zegde:

> „Je kan over mij of over dichters, mystici en grote denkers eigenlijk niets weten, aangezien hun echte leven zich toch niet uiterlijk afspeelt. Niemand onder U noch ikzelf kan iets over mijn leven weten omdat het zich niet aan de oppervlakte voordoet."

Laten we nu overgaan naar het denkproduct van Shrī Aurobindo, die samen met Krishnamurti één van de grootste denkers van India van de 20ste eeuw was. Hij heeft veel geschreven: zijn verzamelde werken zijn gepubliceerd in 29 volumes.

Een filosofie is maar goed, zegt Shrī Aurobindo,als ze op adequate manier een levensvisie geeft. De moderne mens leeft — toen al — in een wirwar van oppervlakkige ervaringen. Hij moet een levens-filosofie vinden en ontwikkelen die hem in staat stelt om zijn plaats en einddoel in dit universum te begrijpen, om de scheppende krachten van zijn ziel op een welbepaald einddoel te kunnen richten en om materie en geest, beperking en vrijheid enz. in het juiste perspectief te kunnen plaatsen. Met zijn ‚Integrale Filosofie' poogt Shrī Aurobindo hierop een antwoord te geven, en zijn antwoord is stimulerend en opent brede horizonten.

Zijn visie en reflectie zijn vooral gebaseerd op Indische teksten, hoewel we er een grote affiniteit in zien met o.a. Teilhard de Chardin. Let wel, de publicaties van Teilhard de Chardin zijn van latere datum. Als er invloed is geweest is het langs Bergson en zijn *élan vital*. We merken wel duidelijk in de geschriften van Shrī Aurobindo dat hij een stevige kennis had van filosofen als Hegel, Kant en Spencer.

Het denken van Shrī Aurobindo is een synthese van enerzijds het evolutionair denken (zonder de materialistische ondertoon die er in het westen soms mee gepaard gaat) en anderzijds het typisch Indische geestelijk denken. Daarbij verwerpt hij wel het Indisch cyclisch denkpatroon. Dit synthetisch karakter van zijn denken doet sommigen een sterke westerse invloed vermoeden. In feite is alles gebaseerd op zijn studie, meditatie en lectuur van Indische teksten: de *Ved*'s, de *Upnishad*'s, de *Bhagavad Gītā* en de Vedānta (o.a. Shankar en Rāmānuj).

De ultieme werkelijkheid

Vóór zijn verlichting was Shrī Aurobindo een praktisch atheïst, een politiek denker en agitator. Daarna werd hij een voorvechter van het Geestelijk Zoeken. Deze ommekeer naar inwendigheid was het resultaat van zijn confrontatie met de Indische traditie. Deze ‚geestelijkheid' werd ook de steunpijler van zijn denken: een geestelijke interpretatie van de cosmos en de evolutie in de cosmos. Zijn intuïtie deed hem — achter de materiële verschijning — een ‚geestelijke realiteit' ervaren, een Zelf, waarin alle wezens zich verenigen, één zijn en toch gescheiden.

Tegen deze immense achtergrond van geestelijke interpretatie zal Shrī Aurobindo zijn denkend schouwtoneel opvoeren en zijn toeschouwers meeslepen.

Even toch de term herhalen die Shrī Aurobindo gebruikt om HET te beduiden (noem het God, De Opperste Werkelijkheid, het Ultieme, enz).

Hij gebruikt de term *saccidānanda* uit de *Upnishad*'s: *sat* of werkelijkheid, *cit* of denkvermogen en *ānand* of gelukzaligheid. Alle drie de vertalingen zijn gebrekkig en zouden heel wat meer duiding vergen. Maar die *saccidānanda* noemt Shrī Aurobindo:

> „de onbekende, alom-aanwezige en noodzakelijke realiteit waarnaar het menselijk bewustzijn eeuwig aan het zoeken is."

Wie enigszins vertrouwd is met het denken en de terminologie van de *Ved*'s en vooral de *Upnishad*'s herkent in bijna elke zin van Shrī Aurobindo het onderliggende dualiteits-principe *Ātman-Brahmān*, dat in de Vedānta geen dualiteit is. Die niet-tweeheid van *Ātman-Brahmān* is door Shankar aangebracht als de Ultieme Werkelijkheid. Tegen die achtergrond moeten we de uiteenzetting over Shrī Aurobindo verder proberen te volgen.

Ik wil nog even terugkomen op de term *saccidānanda*. Voor elk van de drie termen daarin geeft Shrī Aurobindo zijn eigen vertaling, als volgt: *Sat* is Zuiver bestaan of zijn; *Cit* is Kracht van Bewustzijn; *Ānanda* is Bestaansgenoegen *(delight of existence)*.

Daarbij voegt hij een vierde principe, een ware innovatie, met name *Supermind*. Samen zijn deze vier de hogere zijns-realiteit: Zuiver Bestaan, Bewustzijn, Bestaansgenoegen en *Supermind*. De lagere niveaus zijn — let wel wat hij lager noemt: materie, leven en geest. Voor een westers denker is het niet gemakkelijk om in deze schakeringen in te komen. Wij zien alles nogal wit-zwart: matèrie en geest, lichaam en ziel. ‚De werkelijkheid' is meer genuanceerd dan dat, zegt Shrī Aurobindo.

En om U toch even op te tillen naar het niveau waar het denken van Shrī Aurobindo zich afspeelt, moet ik even ingaan op een poging tot definitie of eerder niet-defintie van ‚De Werkelijkheid'. Volgens de ‚Integrale niet-tweeheid', is de werkelijkheid verder dan de beschrijving in Eén en Velen (de *Ved*'s), verder dan Substantie en Vormgeving, verder dan Oorzaak en Gevolg. ‚De Werkelijkheid' is echt niet-beperkt, in de zin dat ze niet kan worden beschreven. Beschrijven is opsplitsen in aspecten, en de werkelijkheid is onverdeelde eenheid, niet-twee, niet-conceptueel, wel te ervaren door intuïtie.

We citeren uit *The Life Divine*:

> „En verder is er de opperste Werkelijkheid, eeuwig, absoluut en onbegrensd. Omdat het absoluut en onbegrensd is, moet het ook bij definitie

onbepaalbaar zijn. Je beperkte en beperkende ‚de-finiërende' geest kan het niet vatten, niet beschrijven. Je beperkte spraak die voortkomt uit je beperkte geest kan het niet beschrijven. Je kan het ook niet beschrijven met die negatie-methode *neti neti* (zoals in de *Upnishad*'s), want je kan het niet beperken door te zeggen ‚dit is het niet, dat is het niet', want het is wel dit en dat. Je kan ook niet zeggen ‚dit is het, dat is het'.

Je kan het dus niet kennen, en als je weet dat je het niet kan kennen, kan je het wel enigszins vatten. Want die werkelijkheid is zelf-evident voor een *kennis-van-identiteit* waartoe het geestelijk wezen in ons moet in staat zijn. Want dat geestelijk wezen in ons is in essentie en in zijn oorspronkelijke en intiemste werkelijkheid niets anders dan die Opperste Werkelijkheid."

De mens kan de werkelijkheid niet bereiken door een positieve of negatieve definitie, hij kan er wel enigszins bij door intuïtie, door inwendige ervaring, door kennis-van-identiteit. Shrī Aurobindo stelt dat de rationele geest — die beschrijft met categorieën uit de ervaringswereld — de Werkelijkheid niet kan beschrijven. Het is te benaderen vanuit iets dieper of hoger dan de mentale perceptie.

Nu kunnen we een stap verder gaan, met Shrī Aurobindo's uitspraak *Al dit IS* Brahmā uit zijn boek *The Life Divine*. Als Brahmā zijn term is om ‚de Werkelijkheid' hoger beschreven aan te duiden, dan suggereert Shrī Aurobindo dat ook de cosmos werkelijk is, niet een illusie zoals Shankar en andere Vedāntins beweerden met hun *māyā* theorie. Deze stelling van Shrī Aurobindo „Al dit IS Brahmā" was essentieel voor zijn geloof in het evoluerend proces van de wereld. De traditionele Vedānta benadrukte de werkelijkheid van het geestelijke en het absolute ten koste van de werkelijkheid van de cosmos en de mens daarin. Shrī Aurobindo tilt de cosmos naar een geestelijk niveau, tot we bij de Supermind komen.

De evolutietheorie

In de Indische traditie was evolutie beperkt tot het individu, met name in de zielsverhuizing. In het westen, tot Bergson en later Teilhard de Chardin, werd evolutie vooral materieel gezien, in de evolutie van species. In het denken van Shrī Aurobindo vinden we een synthese van het dynamisch-cosmisch denken van het Judaïstische westen enerzijds, en anderzijds de geestelijke benadering van de Indische traditie, zoals hoger beschreven. Daarin ligt ook zijn oorspronkelijke bijdrage en zijn grootheid.

Voor Shrī Aurobindo is evolutie niets anders dan het omgekeerde van involutie, het is de manifestatie van de Supermind die reeds aanwezig is in de schepping. Aangezien *saccidānanda* zelf de oorsprong is van alle evolutie, kan de wereld haar eindpunt in de evolutie maar bereiken als de wereld volledig goddelijk is geworden. Daarom, zegt Shrī Aurobindo, is een puur materiële kijk op de evolutie een contradictie in zichzelf. Uit een onbewust principe kan immers geen leven evolueren. Ook, aldus verder Shrī Aurobindo, is evolutie niet zomaar een voortdurend meer en meer complex worden van materie en beweging, gedreven door verandering van vormen. Het is geen automatisch afrollen van een film die eeuwen geleden zou zijn gemaakt door een extra-cosmische geest. En de theorieën die alleen een evolutie vanuit het verleden reconstrueren schieten ook tekort, als er geen welbepaald doel gesteld of geconcipieerd wordt.

Shrī Aurobindo wil dus alleen maar spreken van een geestelijke evolutie, of een evolutie naar het geestelijke, een evolutie van bewustzijn uit de materie, tot het bewustzijn volledig uitgedrukt en waarneembaar is. Eerst heeft de Supermind zich ge-involueerd in de jungle van het materiële onbewuste, om daarna te e-volueren.

We lezen in *The Life Divine*:

> „Een waas van onbewustzijn, van ongevoeligheid typisch voor materie bedekt de universele Kracht van Bewustzijn die erin aan het werk is. Energie (en dat was de eerste vorm die de Scheppingskracht aannam in de fysische schepping) Energie is zelf onbewust maar werkt als een verborgen Intellect. De scheppingskracht slaagt er langzamerhand in om Bewustzijn vrij te maken uit de donkere kerkers, langzaam, een klein beetje ineens, in oneindig kleine druppels, in dunne straaltjes, in zachte trillingen van energie en in het vorm krijgen van leven en geest."

In de bladzijden lange beschrijvingen van *The Life Divine* overloopt Shrī Aurobindo de biologische evolutie. Voortdurend benadrukt hij ook daarin de evolutie van on-bewustzijn en on-wetendheid naar bewustzijn en kennis, door de duwkracht van de inwonende geest. Op het punt waar Teilhard de Chardin zoveel last kreeg is Shrī Aurobindo nogal onduidelijk, namelijk bij de vraag hoe precies de overgang gebeurde van materie naar leven. We lezen alleen dat ,leven verscheen', hij impliceert niet dat bepaalde chemische samenstellingen uiteindelijk naar leven leidden. Ik citeer uit *The Life Divine*:

„We kunnen toegeven dat er overgang is van materie naar leven, van leven naar geest. Maar daar is geen bewijs voor dat materie ontwikkelde naar leven of levensenergie naar geestelijke energie. We kunnen alleen vaststellen dat in materie leven verschenen is, dat in levende materie de geest verschenen is.

We hebben niet genoeg bewijzen om te stellen dat een plantaardig wezen ontwikkelde naar een dierlijk wezen, of dat een materieel organisme ontwikkelde naar een levend organisme. Zelfs als later zou kunnen worden vastgesteld of ontdekt DAT onder bepaalde chemische voorwaarden leven kan verschijnen, dan nog wordt door deze toevalligheid alleen bewezen dat in bepaalde fysische omstandigheden het leven verschijnt, maar NIET dat bepaalde fysische omstandigheden het leven samenstellen (not that certain physical circumstances are constituents of life)".

Het onderscheid is inderdaad subtiel maar toch bijzonder belangrijk:

„die fysische omstandigheden zijn niet de evolutionaire oorzaak van een transformatie van onbezield naar bezield".

De meest eenvoudige verklaring voor die overgang van materie naar leven (en van leven naar bewustzijn) is de fysische verklaring, vooral als men het brein gaat zien als een soort computer. De chemisch-electrische reacties zijn daarin de voortbrengers van intelligentie. Shrī Aurobindo heeft het — bij de discussie over de overgangsfazen — over iets geheel anders dan intelligentie.

Ik citeer verder uit *The Life Divine* hoe Shrī Aurobindo de verscheidene mogelijke verklaringen of beschrijvingen van die fazen op een rijtje zet:

„We kunnen stellen dat een ziel of geestelijk principe werd geprojecteerd in een materiële verschijning. Maar dan hebben we het probleem van de plotse verschijning van een zeer complex orgaan, te complex om zomaar te verschijnen. Een dergelijke — bijna wonderbaarlijke — snelle schepping is misschien mogelijk op het supra-fysische niveau, maar lijkt niet mogelijk te zijn binnen de beperkingen van de materiële energie. Dit zou zich alleen kunnen voordoen door de directe tussenkomst van een supra-fysische kracht of door een natuurwet of door de Scheppende Geest die met volle kracht rechtstreeks in de materie ingrijpt..."

Shrī Aurobindo zegt dan verder dat een dergelijke, wonderbaarlijke ingreep niet onmogelijk moet zijn, maar het lijkt toch altijd een fysische basis te voor-onderstellen die de super-impositie mogelijk moet maken.

„Secundo, men kan zich beter indenken dat een reeds bestaande fysisch orgaan zich opende voor het binnenstromen van een supra-fysische kracht, zodat het werd omgevormd tot een nieuw lichaam. In het verleden echter hebben we geen aanwijzingen dat dit zou zijn gebeurd. Daartoe zou men zich ook een bewuste tussenkomst van het onzichtbare, geestelijk wezen moeten voorstellen dat de groei naar een dergelijk georganiseerd materieel wezen moet mogelijk maken."

De derde mogelijkheid ziet Shrī Aurobindo als volgt:

„Ofwel moeten we ons voorstellen dat een bestaande lichaam tot zulk een ontwikkeling was gekomen dat het de in-stroming van een indrukwekkende mentale vloed kon opvangen. Dit zou betekenen dat de voorafgaande evolutie van geest en lichaam van die aard was dat die ontvankelijkheid mogelijk te maken."

En hij besluit:

„We kunnen ons gemakkelijk voorstellen dat een dergelijke ontwikkeling van beneden naar boven en de afdaling van boven naar beneden samen- werkten om de verschijning van én leven én menselijk bewustzijn op aarde mogelijk te maken".

Dit gaat er voortdurend van uit dat de geestelijke capaciteiten iets te maken hebben met participatie aan het Geestelijke; dat het geen puur fysische output kan zijn van een ver gevorderd brein.

Met die participatie in ons achterhoofd kunnen we sommige van Shrī Aurobindo's uitspraken begrijpen zonder onmiddellijk van pantheïsme te spreken:

„Leven kan slechts voort-komen uit materie of geest uit leven, als we de opinie van de Vedāntins aannemen dat Leven reeds ge-involueerd is in materie en dat Geest reeds ge-involueerd is in leven. In essentie is materie een vorm van gesluierd leven en leven is een vorm van gesluierd bewust- zijn."

Shrī Aurobindo gaat duidelijk in tegen de materialistische theorie die stelt dat alles ‚toevallig' is ontwikkeld. Hij stelt dat de drang van het Absolute om zich te manifesteren een werkende kracht is in de materie, volgens een bepaalde doel-gerichtheid:

„Zelfs in het onbewuste blijkt er een soort drang, een inwendige noodzaak aanwezig te zijn, en in de levensvormen blijkt er een ontwikkelend bewust- zijn te zijn. Het zou kunnen dat deze drang een evolutie-wil is van een geheim bewust Wezen. De drang naar vooruitschrijdende manifestatie zou wijzen op een ingeboren doelgerichtheid in de evolutie".

191

Het is merkwaardig dat Shrī Aurobindo zijn visie op de ontwikkeling in de cosmos NIET baseert op de fysisch reeds vastgestelde evolutie van materie naar leven naar bewust leven. Zelfs indien de wetenschappen ooit zouden vaststellen dat de fysische evolutie niet zo trapsgewijs zou zijn gebeurd, dan zou dat niets veranderen aan de feitelijkheid van de geestelijke evolutie, van de geleidelijke manifestatie van het geestelijke in het materiële. Dat blijkt heel duidelijk uit de lectuur van de Indische heilige boeken, aldus Shrī Aurobindo.

De geestelijke mens

De volgende stap die we ons moeten voorstellen in de evolutie is de ontwikkeling die verder gaat dan het bestaande menselijk bewustzijn. De drang van de mens naar vergeestelijking is een inwendige drang van de geest-in-ons om zich te manifesteren. Met aandrang duwt de Bewustzijnskracht elk wezen naar het volgende niveau van zijn manifestatie:

> „De verandering naar een hoger niveau van bewustzijn is het doel niet alleen van elke godsdienst, van elke ascese en elke yoga. Het is de drang zelf van leven-in-ons."
> „De Geest is de uiteindelijke slotsom van de ontwikkeling, omdat het ook de eerste was bij de in-volutie."

Hiermee veroordeelt Shrī Aurobindo elke te materialistische kijk op het leven: „Leven ontwikkelde uit materie, intellect ontwikkelde uit leven. Zo MOET de geest ook ontwikkelen uit bewuste wezens".

Bergson had wellicht een gelijkaardig aanvoelen van wat Shrī Aurobindo hier beschrijft, toen hij reeds bij het begin van deze eeuw schreef:

> „Al wat leeft gaat samen en wordt gedreven door dezelfde drang. De dieren gaan verder dan de planten, de mens staat hoger dan de dieren, en geheel de mensheid verenigd in tijd en ruimte, is als een enorm leger dat galoppeert naast en voor en achter ons, in een alles overrompelende aanval om elke hinderpaal omver te lopen, ook de meest indrukwekkende, *zelfs misschien de dood*."

Onsterfelijkheid — zouden wij denken — is iets dat alleen kan worden geconcipieerd op een geestelijk niveau. Bergson schijnt hier te suggereren dat de mens naar een zodanig niveau van geestelijkheid kan ontwikkelen dat hij de onsterfelijkheid bereikt. Met die laatste vier woorden ‚zelfs misschien de dood' gaan we een gebied van speculatie binnen waar Shrī Aurobindo zich fel heeft mee bezig gehouden.

Wie met Teilhard vertrouwd is zal hier gaan denken aan het punt Omega. We mogen ook niet vergeten dat 2000 jaar geleden de idee van de verrijzenis zijn intrede deed in het Judaïsch denken.

Laten we daar even dieper op ingaan. De ontwikkeling van *Mind* naar *Supermind* is volgens Shrī Aurobindo al even indrukwekkend als de stap van materie naar leven of van leven naar bewustzijn *(mind)*. Dat is echter nog niet voor vanavond of morgen, omdat de ontwikkeling van het bewustzijn nog een zeer lange weg heeft af te leggen. Een diepe fijngevoeligheid moet nog gerealiseerd worden. Dan pas kan de Supermind worden ontsluierd, als de hoogste stap van de manifestatie van Geest.

De beweging is traag, tegen allerhande tegenkantingen in. Ook Teilhard heeft er op gewezen dat de groei naar hoger bewustzijn radikaal ingaat tegen de trekkracht naar beneden van de materie (aldus de wetenschap).

De religies noemt Shrī Aurobindo maar voorlopige, voorbijgaande hulpmiddelen. Het doel van de meeste religies is precies naar een geestelijke ervaring te leiden. Die geestelijke ervaring is het einddoel van alle menselijk streven en van de drang in de kosmos, maar die ervaring mag men niet verwarren met religie. Met religie bedoelt Shrī Aurobindo elk geheel van dogma's, rituelen, sacramenten en tempelbezoek.

Ik moge hier tussen haakjes even verwijzen naar de toch sterke religie die 30 jaar na zijn dood ondertussen in Pondicherry schijnt te zijn ontwikkeld. Maar dat doet voorlopig niets af van de visie van Shrī Aurobindo.

Laten we even samenvatten: Evolutie is de bevrijding en manifestatie van *saccidānanda* in de materie ge-involueerd. Die evolutie is nog niet ten einde en de mens is niet het eindproduct. Hij/zij is een overgangs-figuur die zijn huidig mentaal niveau ver moet overschrijden, om het hoger niveau van Geestelijk Bewustzijn te bereiken. Het doel van de cosmische drang is precies de geestelijke mens te doen ontwaken tot de absolute werkelijkheid, en hem te bevrijden van zichzelf, NIET in een individuele bevrijding of gelukzaligheid, maar in een kosmische be-vrijding van het mensdom en van de Geest.

Wie of wat dan is die Supermind?

„De Supermind moeten we aanzien als de natuur van het Goddelijk Wezen, niet in zijn absoluut zelf-bestaan, maar in zijn activiteit als Heer en Schepper. Dit is de essentie van wat wij God noemen, maar niet in de te persoonlijke of theïstische zin van de religies."

Hier moet ik toch even aanstippen dat we op dit punt het onderscheid moeten situeren tussen Shrī Aurobindo en zijn voorlopers de Vedāntins Shankar en Rāmānuj: hij situeert de wereld van vormen, van schepping en worden in het hart zelf van het Absolute. En zo kon hij ook de richting uit van zijn evolutief denken.

Een belangrijke conclusie is dat de mens zijn materiële situatie niet hoeft te verlaten zoals het wel moest voor diegenen die consequent de theorie van *māyā* doordachten. Volgens Shrī Aurobindo heeft de mens een kans om God te ontdekken in zijn materieel bestaan zelf, en dit dan door de werking van de Supermind. De Supermind daalt af in de materie en e-volueert dan opnieuw. Zo brengt de Supermind het supra-bewust of geestelijk wezen tot stand als de eerste manifestatie van de waarheid van Zelf.

Ik herinner er even aan dat de Supermind ook het vierde principe is dat ik hoger reeds aanduidde bij *saccidānanda*.

Een lange reeks citaten zou hierbij kunnen worden gegeven, vooral uit het tweede volume van *The Life Divine,* om Shrī Aurobindo's aanvoelen over die Supermind aan te duiden. Ik wil hier alleen nog even vermelden dat naar het einde van het boek Shrī Aurobindo de Supermind ook gelijk stelt met het supra-mentale niveau waar de mens naar evolueert. Hij stelt verder ook dat deze vergeestelijkte wereld reeds gedeeltelijk bestaat als een bewuste stroom in de geest van enkelen.

Ik mag hier niet nalaten dat uitspraken zoals deze de volgelingen in Pondicherry hebben aangepakt om zich zelf te aanzien als de ‚uitverkoren weinigen' en dat hun elitaire houding — soms niet genuanceerd – heel wat reacties heeft uitgelokt bij de plaatselijke ‚nog-niet-geestelijke' bevolking.

Integrale yoga

De vraag blijft natuurlijk: als dit zo is, en we willen allen zo vlug mogelijk bijdragen om de vergeestelijking van de cosmos en van onszelf teweeg te brengen, wat moeten we doen? Het antwoord hierop is vervat in wat Shrī Aurobindo noemt Integrale Yoga.

Deze yoga leert de moderne mens hoe hij/zij actie en meditatie moet combineren en een harmonie moet teweeg brengen tussen het aanvoelen van de neerdalende geest in ons bewustzijn en de opstijgende beweging van de Supermind in mij naar het supra-bewuste niveau.

Er zijn twee bewegingen; enerzijds moet je proberen op te stijgen naar een hoger niveau van bewustzijn; anderzijds — en dit is het meest praktische — moet je het licht en het bewustzijn van het hoger niveau doen indringen in elke activiteit op gewoon niveau. De maatschappij als een geheel moet vergeestelijkt worden, maar elk van mijn daden ook, en elk van mijn leefsituaties, mijn sociale en politieke macht, geld, sexualiteit enz.

Deze oefening of aankweken van houdingen heet Shrī Aurobindo een Yoga, Integrale Yoga omdat daarin vervat zijn de beste elementen uit de bestaande Yoga-tradities in India; de niet bruikbare elementen zijn ook verworpen, om tot een harmonisch evenwicht te komen. Voor meer details verwijs ik naar het volgend artikel.

In de zeer uitgebreide geschriften van Shrī Aurobindo vinden we in feite een soort religie terug, een voorschriftenboek dat de mens in staat moet stellen om te evolueren naar de supra-bewuste status. Er zijn pogingen geweest om Shrī Aurobindo's leer als een systematische filosofie in te voeren in Indiase universiteiten. Daarvoor is het niet coherent en precies genoeg. Het is eerder een existentalistische filosofie, meer gebaseerd op intuïtie en ervaring dan op logisch en consequent denken. Dat doet echter niet veel af van de waarde van zijn denken en van zijn visie, vooral dan omdat hij — in deze zeer materialistisch denkende wereld — een heel sterke nadruk heeft gelegd op de geestelijke drang en kwaliteit van de evolutie van de kosmos en van ons.

DE INTEGRALE YOGA VAN SHRI AUROBINDO

Christel Brughmans

Eén van de jonge loten aan de geweldig vertakte boom van de Indische wijsheid is Shrī Aurobindo's Integrale Yoga. Na het voorgaande hoofdstuk is het niet meer nodig Shrī Aurobindo voor te stellen, het zal velen duidelijk zijn dat het een man betreft met bijzondere kwaliteiten. Maar nu in België — zoals overal elders in de wereld — de yoga-cursussen en de spirituele gemeenschappen als paddestoelen uit de grond schieten, is er bij velen een zoeken aanwezig naar een kader waarin al deze fenomenen kunnen geplaatst worden, om ze te vergelijken en naar waarde te schatten. Daarom zullen we Integrale Yoga trachten te belichten.

Over yoga in het algemeen bestaan een aantal goede werken, waarvan er enkele achteraan vermeld zijn. In dit hoofdstuk zullen we het specifiek hebben over Integrale Yoga.

Shrī Aurobindo hield zich in zijn jeugd, in tegenstelling tot vele meesters waaronder Vivekānanda, Shrī Yuktesvar, e.a. ... helemaal niet bezig met yoga en spiritualiteit. Dit had te maken met zijn westers georiënteerde opvoeding en later met zijn werelds leven dat zich afspeelde in de literaire en politieke kringen.

Shrī Aurobindo zag yoga als een zich totaal terugtrekken uit de wereld en voelde zich er om die reden niet zo toe aangetrokken. Maar, daar hij op zoek was naar sterkte om te slagen in zijn politiek engagement, beoefende hij toch enkele yoga-ademhalingstechnieken. Hierdoor verbeterde zijn gezondheid, zijn geheugen werd scherper en de verzen vloeiden uit zijn pen.

Vanaf 1907 beoefent hij yoga onder leiding van een leraar, V.B. Lele en iets later ontdekt hij de aanwezigheid van een *innerlijke leidsman* aan wie hij zich overgaf. In 1908 bereikte hij de verlichting op een voor ons misschien vreemde plaats. Shrī Aurobindo ging een jaar achter de tralies in voorarrest in verband met een bomaanslag. Gedurende één jaar beoefende hij meditatie, vasten en ademhalingsoefeningen. Hij werd vrijgesproken in 1909, maar was toen een totaal ander man. Het is deze Shrī Aurobindo die de stichter is van de Integrale Yoga. Shrī Aurobindo zegt zelf:

> „Onze bedoeling is niet... een religie of yogaschool of filosofie te stichten, maar om een basis te creëren, een weg van spirituele groei en ervaring, en een weg die een grotere Waarheid zal meebrengen boven de menselijke geest, maar niet ontoegankelijk voor deze geest en het bewustzijn."

Toch hebben zijn ideeën het ontstaan van een wereldwijde beweging tot gevolg gehad.

In 1914 ontmoette hij de Franse Mira Richard die vanaf 1921 Moeder van de Āshram zou worden. Zij verbleef toen in Pondicherry, organiseerde de Āshram en onderwees de leerlingen, samen met Aurobindo. Ze werkten samen aan hun spirituele praktijk.

Op 24 november 1926 bereikte Shrī Aurobindo het *Integraal Bewustzijn* en trok zich terug in volledige stilte. Hij begeleidde nog enkele leerlingen per brief. Dit was het moment waarop voor het eerst iemand de weg van Integrale Yoga had doorlopen.

Deze yoga werd verder uitgedragen in de wereld door de stichting van de stad Auroville in 1968 en werd verspreid over de hele wereld door vele gemeenschappen, waaronder de ‚New Life Focus' in Kalmthout (België).

Het doel van de Integrale Yoga

Zoals gezegd, voelde Shrī Aurobindo zich niet aangetrokken tot een yoga wars van het leven in de wereld. Integrale Yoga is dan ook een weg die niet de verzaking van de wereld tot gevolg heeft. In Integrale Yoga aspireert men niet vrede of stilte, kracht of zegen, alhoewel ze bijkomend verschijnen, maar specifiek het Goddelijke. Niet alleen bevrijding van de ziel wordt verlangd, men streeft tevens een bevrijding na van de natuur, de materie. Vandaar het woord transformatie. Transformatie is een leven in het Goddelijke, niet alleen tijdens de meditatie, doch op elk moment, in alles wat men denkt en voelt, in alle delen van het wezen.

> „Een Goddelijke Volheid en glorie, vrij voortvloeiend uit het integrale menselijke wezen zelfs met inbegrip van zijn lichaam, is de staat van transformatie die beoogd wordt door de yoga van Shrī Aurobindo."

zegt Rishabhchand in *The Integral Yoga of Shrī Aurobindo*. Willy

Perizonius, lid van de Belgische gemeenschap *New Life Focus* (NLF, gesticht door de Shrī Aurobindo Auroville Society) ziet het als volgt:

„NLF is de naam die we gegeven hebben aan wat voor ons het brandpunt is van de evolutie van de nieuwe mens en de nieuwe samenleving. Onder de nieuwe mens verstaan wij de mens die zowel uitgaat van de integratie van geest en stof — „Geest zal schouwen door ogen die stoffelijk zijn en Stof openbaart het Geestelijk aanschijn" (Shrī Aurobindo) als van de synthese tussen linker- en rechter hemisferen van de hersenen. Dit laatste in het licht van de ontdekking van prof. Ornstein (San Francisco, Langley Porter Institute), die leert niet alleen dat de beide hersenhelften de tegengestelde lichaamshelften controleren, maar dat iedere hersenhelft afzonderlijk bepaalde speciale mentale functies herbergt. Het lijkt erop dat de linkerhelft van onze hersenen zich bezighoudt met taal, getal, kritiek, logica, analyse, enzovoort. De rechterhelft van de hersenen houdt zich meer bezig met ritme, kleuren, dromen, ruimtelijk gewaarzijn en verbeelding en fantasie.

Met *New Life* bedoelen we niet een leven van wisselende, op elkaar volgende, afgescheiden staten van hoger en lager bewustzijn maar een blijvende staat van bewustzijn van het gehele wezen, welk bewustzijn gelijktijdig alle delen omvat. Met *Focus* bedoelen we: met inzet van je leven duurzaam gericht zijn op *New Life*... als op de top van een berg die je bezig bent te beklimmen.

Nieuw leven houdt voor ons het volgende in:
– een duurzame verbinding in de stof van tijd en eeuwigheid.
– het besef dat jij zelf de maker bent van je eigen lot en dus alleen verantwoordelijk voor alles wat je voelt en denkt en voor alles wat er met je gebeurt.
– een balans tussen theorie en praktijk: wat je bent, blijkt uit je daden. Erover praten wordt steeds minder noodzakelijk. Praten als *New Life Focus*-activiteit is zinvol als de ander je daartoe uitnodigt en dan slechts over dat, wat je waar hebt gemaakt in je eigen leven.
– leven ... dat wil zeggen alles insluitend, niets uitsluitend. Het gehele leven omvattend en doordringend.

Het is ook niet enkel de bedoeling van persoonlijke verlossing te bereiken maar door gezamenlijke praktijk de transformatie van de hele wereld te bevorderen."

„Als genoeg mensen hun leven inzetten om heelheid samen te bereiken, dan is het niet uitgesloten dat het morfogenetische veld (bewustzijnsveld rond de aarde op fijnstoffelijk gebied) een impuls uitstort op alle mensen om ze wakker te maken om ook aan die heelheid te werken."

Integrale Yoga is een moderne synthese

Shrī Aurobindo keert zich in zijn yoga tegen het benadrukken van één richting. Daarom ook de naam *Integrale* Yoga. Voor hem zijn extremistische en eenzijdige neigingen de belangrijkste oorzaak van strijd en lijden. Dit wil niet zeggen dat Shrī Aurobindo de traditie verwerpt, integendeel, vele waardevolle elementen uit *Hath-, Rāj-, Bhakti-, Tantra-* en *Karma Yoga* worden samengebracht tot één geheel. Aurobindo schreef commentaren op de *Ved*'s, de *Upnishad*'s en de *Bhagavad Gītā*. Daarom precies moet men niet verbaasd zijn dat in Auroville allerlei cursussen over traditionele yoga gegeven worden voor wie hiervoor interesse heeft. In zijn synthese overbrugt Aurobindo ook aardrijkskundige afstanden tussen mensen.

> ,,Het is niet het hindoe uitzicht of het westerse dat fundamenteel van belang is in Yoga maar de psychische wending en de spirituele drang: deze zijn overal dezelfde."

Is Integrale Yoga een vernieuwing?

Shrī Aurobindo zegt:

> ,,Onze Yoga is geen herbetreden van oude paden, maar een spiritueel avontuur."

En zoals M. Donnely het zegt in *Founding the Life Divine:*

> ,,Shrī Aurobindo meent dat om een nieuw leven te stichten op de aarde, dat zal resulteren in de verdere evolutie van het menselijk bewustzijn, de methoden en doelen van de oudere Yoga's onvolledig en ondoelmatig zijn."

Hiermee stelt Integrale Yoga zich duidelijk boven andere scholen en houdt het zich niet aan de traditionele Indische verdraagzaamheid, in wederzijds respect. Men kan zich afvragen of dit verlies van nederigheid dan de besproken vernieuwing zou zijn. In ieder geval gaat deze vernieuwing niet over de technieken van Integrale Yoga, want in tegenstelling tot zijn kritiek op de traditie voegt Shrī Aurobindo helemaal geen nieuwe technieken toe aan de reeds bestaande. Dit wordt niet ten onrechte aangevoeld als een zwak punt in de Integrale Yoga. Wat Shrī Aurobindo toevoegt, namelijk de totale transformatie en perfectie van de wereld, waarover straks meer, is inderdaad niet specifiek een deel van de traditionele yogapaden. Maar het ideaal van de collectieve bevrijding bijvoorbeeld, vinden we toch ook terug bij het Mahāyāna Boeddhisme, waar de Bodhisattva, na de verlichting te hebben bereikt toch niet het *nirvān* binnentreedt: zo blijft hij verdiensten schenken aan de gelovigen. Ook bij de Transcendente Meditatie van Maharshi Mahesh Yogi vinden we dit ideaal terug. TM wil door gemeenschappelijke meditatie een collectieve bevrijding van de wereld bespoedigen. En misschien kan men Aurobindo ook een beïnvloeding door het Westen aanwrijven; het idee van de verlossing van de wereld is immers een bij uitstek Christelijk ideaal.

Integrale Yoga in concrete stappen

Het pad zoals beschreven door Shrī Aurobindo bestaat uit tien treden die niet noodzakelijk in de gegeven volgorde moeten worden genomen. De volgorde kan verschillen naargelang de aard van de aspirant. De tien delen zijn de volgende: overgave, een rustige geest, het openen van het psychische wezen, de ontmoeting met het hogere bewustzijn, werk, meditatie, concentratie, bevrijding, transformatie, perfectie.

Het allereerste begin is de *overgave*. Zonder deze stap is de vervulling van deze yoga onmogelijk. Er mag geen eigen wil zijn om dit of dat te vragen of te verlangen, geen egoïstisch houden aan vooropgestelde ideeën over hoe de yoga zal verlopen.

De volgende twee stappen zijn beiden een belangrijke voorbereiding op het scharnierpunt: vanuit een *rustige geest* en door het *openstellen van het psychische wezen* maakt men zich klaar voor de ontmoeting met de Goddelijke Kracht die de directe leiding zal overnemen.

Waar een rustige geest voor zichzelf spreekt, is het misschien nuttig om een woordje uitleg te geven over de derde stap. Het psychische wezen definieert Shrī Aurobindo als volgt:

> „Het psychische is het goddelijke element in het individuele wezen; zijn speciale kenmerk is dat het alles naar het Goddelijke kan richten."

Bij de gewone mens zit het psychische ver verborgen en is afhankelijk van de indruk die het kan maken via de gewone geest en het vitale om zich uit te drukken; daarom is het ook onderworpen aan de beperking en de onvolmaaktheid van deze twee. Omdat het psychische wezen een vonk is van het Goddelijke, is het in contact met de kracht die de geest steunt (het leven en het lichaam) en is het de dichtste en zekerste leidraad. Het kan het Goddelijke gemakkelijk en snel aanvoelen. De geest en het vitale daarentegen kunnen andere suggesties verwarren met de Goddelijke Wil.

Het belangrijkste moment in deze weg is wel de *ontmoeting met het hoger bewustzijn.* Na de eigen voorbereiding ontmoet men een kracht van buiten zichzelf waaraan men de leiding toevertrouwt. Het individuele bewustzijn breekt uit zijn ego-grenzen. Deze ervaring kan zich voordoen als een soort schok, alsof iets uitbarst en naar alle kanten uitvloeit, aldus Shrī Aurobindo. Geleidelijk aan leert het individuele bewustzijn vrijer te ademen in deze ontzaglijke ruimte en kijkt op zijn materiële vorm neer als op een brok materie, op leven en geest als een klein deel van zijn onsterflijke zelf-existentie.

> „In deze yoga zoeken we niet alleen het oneindige, maar we aanroepen het oneindige om zichzelf te ontsluieren in het menselijke leven."

Werk, Meditatie en *Concentratie,* trappen die voor hem alle drie even belangrijk zijn, zijn steunpilaren van elke yogapraktijk.

De drie laatste stappen zijn de steeds verder schrijdende resultaten van het pad. De *bevrijding* is bevrijding van de ziel én de natuur. *Transformatie* is geen morele of spirituele zuivering; het is een radicale en integrale transmutatie van de menselijke natuur. Shrī Aurobindo zegt dat een complete transformatie, een complete vergoddelijking de ultieme toekomst en bestemming is van het aards bestaan (zie voorgaand artikel).

Tenslotte is de *Perfectie* het einddoel. De perfectie van het gehele wezen, innerlijk en uiterlijk is het in praktijk kunnen gebruiken van de transformatie die heeft plaatsgevonden.

> „Perfectie betekent een groei in de natuur van het Goddelijk Wezen. Het is éénzijn met het Goddelijke in zijn Goddelijke Natuur."

Deze tien stappen worden weergegeven in het symbool van Shrī Aurobindo dat we op elk van zijn verschenen werken terugvinden:

De pogingen door de aspirant ondernomen nl. de overgave, het openstellen van het psychische en de houding van werk, meditatie en concentratie worden gesymboliseerd door de aardedriehoek d.w.z. de driehoek die de basis onderaan heeft en in feite stilaan opstijgt. Het is de beweging naar boven toe, de aspiratie. Het is een pijlpunt die men naar de hemel richt.

Door de neerdaling van de Goddelijke Kracht wordt de aspirant geleid in al zijn ervaringen. Dit is de neerdalende beweging, het antwoord uit de hemel gesymboliseerd door de driehoek met de basis boven.

Het moment waarop de stijgende en dalende krachten elkaar ontmoeten (niet afgebeeld op het insigne) is dus de stap waarbij het hogere bewustzijn de aspirant ontmoet en het punt waarop de scheiding van het Goddelijke en het menselijke wordt overbrugd.

Door het samenwerken van deze twee krachten worden de vruchten van Integrale Yoga geplukt: Bevrijding, Transformatie en Perfectie, weergegeven door de lotusbloem die op het meer drijft. Een bepaalde lotussoort draagt in het Sanskriet de naam *Aravinda,* wat gelijk is aan Aurobindo. De bloem is dus tegelijk een symbolische weergave van de naam van Shrī Aurobindo. Het volledige teken verbeeldt dus het voltrokken proces van Integrale Yoga.

De praktijk van Integrale Yoga

De Integrale Yoga-beweging heeft vele uitlopers over de hele wereld. De belangrijkste hiervan is zonder twijfel de stad Auroville gesticht door de Moeder op 28 februari 1968, een astrologisch uitgekiende datum met bijzondere betekenis voor de volgelingen.

Wat in deze praktijk vooral wordt benadrukt is het voortdurende integrale bewustzijn, tijdens je werk, je ontspanning, overal... Wat bedoeld wordt met dit Integraal Bewustzijn is het bewustzijn van *het bewustzijn.* Dit is een uniek menselijk vermogen.

Enkele technieken, die in Auroville beoefend worden, zijn:

– het werken zien en ervaren als een soort meditatie, waarbij men zijn arbeid offert aan God en ook het resultaat overlaat aan het Goddelijke.

202

– men poogt bewust te worden buiten het hoofd, terwijl men het brein zo stil mogelijk houdt.

– er worden gemeenschappelijke meditaties georganiseerd en stiltemomenten.

– onbewustheid wordt zoveel mogelijk vermeden, men spreekt ook zo min mogelijk en er wordt getracht alleen te handelen indien het nodig is.

De technieken die gebruikt worden in de *New Life Focus*-gemeenschap (Kalmthout) zijn vergelijkbaar.

Enkele voorbeelden zijn:

– er wordt in groep gemediteerd
– er worden opdrachten gegeven om persoonlijk te vervullen:

Schrijf op wat je denkt dat je bent en ga vervolgens na of je zo ook in je dagelijks leven bent en handelt. Tracht te ontdekken waar je een waanidee hebt van jezelf. Besluit NU in je leven waar te maken wat je van jezelf denkt.

Ga gedurende 7 dagen elke dag even stil zitten en laat in je geest die mensen opkomen die jij pijn hebt gedaan, en wees bereid om vergeving te vragen. Vervolgens tracht je zelf iedereen te vergeven die jou gemeen behandeld heeft. Kijk naar een horloge met secondenwijzer en wees je daarvan totaal bewust, wanneer je aan iets anders denkt stop je meteen. Zo kan je nagaan hoelang het je lukt om bewust te zijn.

Een paar verwante voorbeelden zijn tellen tot tien, maar onmiddellijk stoppen indien je het niet meer volledig bewust doet en het plotseling ,stop' roepen door iemand van de groep om je eraan te herinneren dat je alles bewust moet doen.

– er worden teksten gelezen van Aurobindo, gevolgd door bespreking...

Je kan de rij eindeloos aanvullen.

Deze practijk wordt ook ingedeeld in enkele stappen: *Focus, attune, create* en *express*.

De eerste stap *Focus* wil zeggen dat het New Life-brandpunt in het centrum van je leven staat, meer bepaald in het centrum van je dagelijks leven in al zijn facetten. *Attune* is de tweede stap waarmee je je hele wezen daarop afstemt. *Create* is het voorzien van wat er moet gedaan worden vanuit die afstemming en tenslotte *express* is dat je alles metterdaad in de stof weet waar te maken. Deze stap wordt vertaald als dienend doen. Dit wil zeggen dat men in alles wat men doet de eenheid, de heelheid dient, niet omwille van het resultaat, maar om de eenheid van de handeling.

Het is het lot van menig groot denker dat soms nog tijdens hun aanwezigheid of spoedig daarna hun ideeën worden uitgesponnen tot grootse projekten en bewegingen. Elke stroming is een eigen evolutie voorbestemd en ook Integrale Yoga ontsnapt hier niet aan. De oorspronkelijke vorm vinden we terug in de talrijke geschriften van Shrī Aurobindo over dit onderwerp, maar de stichting van Auroville en de internationale beweging waren al niet meer zijn persoonlijk werk.

Enkele goede publicaties:

Feuerstein, G., *Handboek voor Yoga.* Ankh-Hermes, Deventer, 1978
Aurobindo, Shrī, *Licht op Yoga.* Kluwer, Deventer, 1971
Chaudhuri, H., *Integrale Yoga.* Mirananda, Wassenaar, 1978
Satprem, *Avontuur van het Bewustzijn.* Kluwer, Deventer, 1972.

Het adres van *New Life Focus* is: Zonneburg, Welzijnsstraat 28, 2180 Heide Kalmthout (03/666 3444).

MAHĀTMĀ GĀNDHĪ (1869-1948)

Lieve DE BRABANDERE

Gāndhī's jeugd

Mohandās Karamchand Gāndhī — als kleine jongen Moniyā geheten — werd in 1869 geboren te Porbandar, een kleine staat op het schiereiland Kathiawar (ten noorden van Bombay). Hij behoorde tot een begoede familie; zijn vader was aangesteld als *diwān* (eerste minister) bij de *mahārājā* van Porbandar. Toen Gāndhī bijna tien jaar was, moest zijn vader Porbandar verlaten om eerste minister te worden van de prins van Rajkot. Deze prins ‚leende' de eerste minister vervolgens uit aan zijn prinselijke buur, die zo grillig was dat Gāndhī's vader na een jaar besloot hem te verlaten. De toestemming om de prins te kunnen verlaten heeft Gāndhī's vader o.m. met een hongerstaking weten te bekomen.

Ongetwijfeld zal de houding van Gāndhī's vader een grote invloed uitgeoefend hebben op de jongen, en zijn latere overtuigingen en actie mee vorm hebben gegeven. Gāndhī beschouwde later *hijrat* — vrijwillig weggaan uit een staat waar onrechtvaardige omstandigheden heersen — als een van de mogelijke niet-coöperatie-technieken.

Gāndhī's familie behoorde tot de Vaishya kaste. De Vaishya's staan op de derde trap van de oorspronkelijke vierdelige hiërarchie in de Indiase maatschappij, na de Brahmanen en de Kshatriya's. Vooral handelaars behoren tot deze kaste. De Gāndhī's waren vrome hindoes, maar hadden veel contact met de Jains die vooral in de handel actief zijn. Hun spreekwoordelijke vreedzaamheid en geweldloosheid (zie blz. 142) zal wellicht de jonge Gāndhī eveneens beïnvloed hebben.

Op 13-jarige leeftijd werd Gāndhī uitgehuwelijkt aan Kasturbai. Hij was daarvóór al twee maal door zijn ouders verloofd geworden met een ander meisje, maar deze uitermate jonge bruidjes-in-spe waren al gestorven. Hoewel hij als 13-jarige zijn huwelijk niet afwees, heeft Gāndhī zich later tegen dergelijke kinderhuwelijken gekant. Volgens hem was vooral de vrouw daarvan het slachtoffer, gezien zij als onmondig werd beschouwd en totaal werd overgeleverd aan de dominantie van de echtgenoot en zijn familie.

Een gebeurtenis die hem diep geschokt heeft, was de dood van zijn vader, enkele jaren na zijn huwelijk. Gāndhī was erg aan zijn vader gehecht en verzorgde hem dan ook toen zijn vader bedlegerig was geworden. Het ogenblik dat men hem verwittigde dat zijn vader gestorven was, bevond hij zich net met zijn vrouw in bed. Hij voelde zich erg schuldbewust omdat hij zijn vader op het laatste ogenblik niet had bijgestaan, alsof hij zijn vader in de steek had gelaten omwille van het seksueel genoegen. Dit feit zal ook een rol gespeeld hebben in zijn gelofte tot celibaat in 1906, op 37-jarige leeftijd.

Op 19-jarige leeftijd (1888) vertrok hij naar Londen om zich daar als jurist te bekwamen. Tijdens zijn verblijf daar voelde hij zich allesbehalve gelukkig. Hij deed wanhopige pogingen om geaccepteerd te worden onder de Engelsen (leerde o.a. viool en Frans), maar voelde zich desondanks erg gealiëneerd. Ditmaal ondervond hij pijnlijker dan ooit tevoren de afwijzende houding van de Britten op basis van racistische motieven. Toen hij in 1891 als advokaat naar Brits-Indië terugkeerde, was hij vanwege zijn schuchter optreden niet in staat zich een fatsoenlijke plaats te veroveren aan de balie.

Gāndhī in Zuid-Afrika

Hij vertrok in 1893 naar Zuid-Afrika om in opdracht van een firma de belangen van de Porbandar-muslims te verdedigen in Natal. Op een heel brutale wijze maakt hij zelf kennis met de discriminatie die er heerste tegenover de Indiërs, wanneer hij hardhandig een trein wordt uitgegooid, ondanks het feit dat hij in het bezit was van een eersteklas kaartje. De socio-politieke onrechtvaardigheid ten overstaan van de Indiase contractarbeiders in Zuid-Afrika werd hem teveel, en langzamerhand engageerde hij zich als leider in de strijd voor de burgerrechten van de Indiërs.

Eén van zijn acties was het verzet tegen het voornemen van de regering van Natal om de Indiërs van het kiesrecht voor het parlement van Natal te beroven. Niettegenstaande zijn weerstand werd het wetsvoorstel toch goedgekeurd. Ondertussen had hij een permanente politieke organisatie opgericht onder de naam van *Natal Indian Congress*.

Een ander wetsvoorstel, de *Asiatic Law Amendment Act,* bracht Gāndhī opnieuw in het geweer. Deze Act zou de ongeveer 10.000 Indiërs in Transvaal verplichten zich met een vingerafdruk te laten registreren, net zoals de misdadigers, op straffe van zware boete. In de loop van deze verzetsstrijd gebruikte Gāndhī voor het eerst zijn nieuwe politieke wapen dat later als *satyāgrah* zou bestempeld worden. Hij vroeg de mensen deze *Black Act* uit te dagen door de registratie en vingerafdruk te weigeren en zonodig de gevangenis in te gaan.

Ongeveer 150 mensen, Gāndhī incluis, werden gearresteerd. Uiteindelijk werd er een akkoord bereikt, maar nadat de *satyāgrah* werd afgelast kwam de regering van Zuid-Afrika haar beloftes niet na.

In 1913 besloot het Hooggerechtshof dat alle huwelijken in Zuid-Afrika onwettig waren, zolang ze niet volgens de christelijke gebruiken werden gesloten. Gāndhī verzocht de regering een uitzondering te maken en de Indiase huwelijken toch als geldig te erkennen. Om zijn eis kracht bij te zetten begonnen de vrouwen aan een *satyāgrah* campagne waarop velen werden gearresteerd (o.a. Gāndhī's vrouw, Kasturbai).

Terzelfdertijd begonnen ze de mijnwerkers aan te sporen niet langer de drie-ponden-belasting te betalen die jaarlijks per persoon werd geëist, wanneer men als contractarbeider weigerde zijn contract te hernieuwen. 6.000 mijnwerkers van New Castle gingen in staking en met meer dan 2.000 man besloot Gāndhī opnieuw om tot een *satyāgrah* actie over te gaan.

Uiteindelijk, na vele arrestaties, begon de Zuidafrikaanse regering met Gāndhī te onderhandelen en in juni 1914 werd een akkoord bereikt, waarbij de drie-ponden-belasting werd opgeheven en zowel hindoe-, muslim- en parsi-huwelijken als geldig werden aanvaard.

Bovendien werd beloofd dat de invoer van contractarbeiders vanuit India vanaf 1920 zou stoppen.

Enkele basistermen

Satyāgrah is het sleutelwoord waarrond Gāndhī's volledige denken en handelen was gecentreerd. Etymologisch kan het woord in twee delen gesplitst worden: *satya* (waarheid) en *āgrah* (vastgrijpen, houden).

Satyāgrah betekende voor Gāndhī de permanente zoektocht naar de waarheid, de pelgrimstocht van zijn leven. Hij noemde *satyāgrah* ook nog wel de zielskracht of de kracht van de waarheid.

Satya was het cruciale begrip in Gāndhī's denken. Vanzelfsprekend kende Gāndhī aan dit woord *satya* (waarheid) een andere, ruimere betekenis toe dan men in het westers filosofisch denken aan dit woord verleent.

Satya staat voor de waarheid in zijn metafysische en terzelfdertijd meest existentiële betekenis. De Absolute Waarheid, einddoel van alle leven, is niet bereikbaar voor de menselijke natuur maar moet een richtingswijzer worden waarop men zich kan oriënteren. Het is de morele orde van de kosmos waarmee men in harmonie moet proberen te leven. Het is verwant met het begrip *rit* uit de Veda's en het latere begrip *dharma,* die beide de kosmische orde en het morele evenwicht vertegenwoordigen. *Satya* is volgens Gāndhī afgeleid van *sat,* wat het ,zijn' in zijn meest alomvattende betekenis aanduidt; waaruit hij dan weer besluit dat er niets anders bestaat in werkelijkheid dan Waarheid, en alles wat daar niet aan beantwoordt, onbestaand en illusoir is.

Hierbij aansluitend vinden we steeds de term *ahimsā* (geweldloosheid). Gāndhī beschouwde beide begrippen *(satya* en *ahimsā)* als 2 zijden van éénzelfde muntstuk. Toch zag hij *ahimsā* eerder als het middel om *satya,* het doel, te bereiken, en is er dus toch een zeker niveauverschil tussen beide.
Ahimsā is duidelijk niet vreemd aan het hindoeïsme, boeddhisme en jainisme en wordt vooral bij de laatste twee religies heel sterk benadrukt.

Hoewel *satya* en *ahimsā* twee termen zijn die elke Indiër weet te plaatsen in een eeuwenoude ethisch-religieuze context, haalde Gāndhī deze woorden uit de religieuze sfeer en gaf ze een specifieke sociopolitieke duiding.

Elke discriminatie, aldus Gāndhī, elke sociale onrechtvaardigheid, elke wet of elk bestuur dat mensen in de verdrukking brengt, is moreel onverantwoord, een leugen. Indien men *satya,* het innerlijk geweten inherent aan elke mens, wil laten spreken en recht doen wedervaren, moet men weigeren zich aan die onrechtvaardigheden te onderwerpen.

Sociale misbruiken mogen niet met geweld beantwoord worden, niet zozeer omdat dit tot een escalatie zou kunnen leiden, maar vooral omdat dit allerminst beantwoordt aan de ethische prioriteit van *satya*. Het is enkel door een houding van *ahimsā* dat men onrechtvaardigheden uit de weg kan ruimen volgens Gāndhī. Enkel deze houding is in staat om een tegenstander te overtuigen, te bekeren.

Ahimsā (geweldloosheid) is niet het wapen van de zwakke, maar getuigt juist van een grote morele kracht. Gāndhī benadrukte sterk het onderscheid tussen zijn taktiek — *satyāgrah* en ‚passieve' weerstand. De passieve weerstand beschouwde Gāndhī als inferieur omdat het de geweldloosheid niet zozeer koos uit principe, maar eerder omdat nu eenmaal de middelen ontbraken om tot een gewelddadig verzet over te gaan. Bij *satyāgrah* echter heerst de wet van de liefde.

Men heeft als *satyāgrahī* (aanhanger van de *satyāgrah)* niet de intentie zijn tegenstrever te overwinnen, tenzij in moreel opzicht. Als geen argumenten de tegenstander kunnen overhalen om af te zien van een onrechtvaardige handeling, kan uiteindelijk slechts nog het lijden van de ander hem beroeren. Hier treffen we nog een ander begrip aan: *tapasyā*, het zelflijden, dat in de hindoe-geloofsleer boete en zelfzuivering aanduidt, leidend naar *moksha* of spirituele verlossing. *Moksha* is afgeleid van de Sanskriet wortel *muc,* bevrijden, vrijlaten. *Moksha* betekende voor Gāndhī het aanschouwen van de Absolute Waarheid, en dat was zijn uiteindelijke levensdoel.

Het lijden dat de ander zonder morren ondergaat, doet zelfs het hardste hart smelten, zo oordeelde Gāndhī.

Aan deze idee ligt het geloof in de inherente goedheid van de menselijke natuur ten grondslag, waarbij de zielskracht de brute, fysische macht overwint en elke dwaling (geweld) teniet doet.

Gāndhī geloofde dat *satyāgrah,* de wet van de liefde, in iedereen besloten ligt en niet uitsluitend voor *rishi*'s of heiligen was voorbehouden.

De idee van geweldloze weerstand was niet nieuw. In India had Sri Aurobindo Ghose passieve weerstand als politiek wapen aanbevolen (1907). Aurobindo keurde het gewapende verzet niet af, maar volgens hem leek het geweldloze verzet voor India toch het meest geschikte wapen te zijn. Men moest zich in het laatste geval onthouden van elke medewerking met de regering. Dit liet zich voelen in het weigeren van het betalen van belastingen, het staken in openbare diensten, niet langer lessen volgen in regeringsscholen... Andere schrijvers en werken die Gāndhī tot inspiratie dienden in de ontwikkeling van zijn pacifistische doctrine waren: de *Bhagavad Gītā*, de Bergrede in het Nieuwe Testament, Tolstoi *(Het Koninkrijk Gods is in Ons)*, Ruskin *(Unto this last)* en Thoreau *(De Plicht van de Burgerlijke Ongehoorzaamheid)*.

De *satyāgrah* methoden kan men grofweg in vier categorieën indelen:

1. zuiverings — of boetetechnieken: vasten, gebeden, geloften.

2. niet-coöperatie-technieken: boycot (op economisch en administratief gebied), staking (waarvan *hartāl* een vorm is), vasten tot de dood en *hijrat* (zie verder).

3. burgerlijke ongehoorzaamheid: gaat volgens Gāndhī nog iets verder dan niet-coöperatie omdat hier moedwillig wetten worden getart en met de voeten worden getreden. De sancties hierop zijn onvermijdelijk, maar aanvaardt men zonder klagen. Concreet uit burgerlijke ongehoorzaamheid zich bv. in het niet betalen van belastingen.

4. het constructieve programma: het vernietigen van het outcast-systeem, verbetering van het onderwijs, promotie van de huisnijverheid, uitbannen van het alcoholisme, economische en sociale gelijkheid, decentralisatie van de economische produktie.

Satyāgrah beschikte over een gamma van methoden variërend van negatief naar positief. *Satyāgrah* beoogde niet alleen een vreedzame oplossing voor ontoelaatbare onrechtvaardige omstandigheden (de Britse heerschappij over India beschouwde hij als een bron van vele kwalen), maar ook — of vooral! — een constructieve transformatie van het politieke en sociale leven.

Begin van Gāndhī's politieke loopbaan in India

Wanneer Gāndhī in 1909 uit Zuid-Afrika vertrekt, schrijft hij gedurende zijn terugreis op minder dan één week tijd *Hind Swarāj* of *Zelfbestuur voor India*. Het zelfbestuur ziet Gāndhī niet enkel als politieke autonomie maar ook als zelfdiscipline, morele autonomie (verworven o.a. door *tapasyā*). Het werk is in dialoogvorm geschreven en geeft o.a. zijn mening weer over de diverse Indiase politieke leiders.

Toen Gāndhī in 1915 terug in Brits Indië belandde, was hij niet meteen happig om zich in het politieke strijdtoneel te werpen, hij voelde er zich niet helemaal in thuis.

Hij concentreerde zich vooral op het oprichten van een *āshram* nabij Ahmedabad, een plaats waar volgelingen probeerden Gāndhī's principes in praktijk te brengen en zich tot *satyāgrahī*'s te ontwikkelen.

Gāndhī wilde met deze *āshram* op kleine schaal realiseren wat hij als toekomstige ideale maatschappij voor ogen had. Hij nam o.a kasteloze mensen op (de *outcasts, untouchables* of de Harijans, d.i. kinderen van God) en protesteerde op deze manier tegen de wantoestanden in het kastenstelsel. Hij verzette zich tegen het reserveren van bepaalde onaangename karweitjes voor lagere kasten en stond er bv. op om zélf zijn toilet te reinigen. Dit is een onvoorstelbare verlaging in Indiase ogen.

Toen op een gegeven ogenblik echter een wetsvoorstel voor het opdoeken van het ongenadige contractuele arbeidssysteem in de Britse koloniën dreigde opzij geschoven te worden, begon Gāndhī opnieuw een massale campagne. Zijn waarschuwing dat hij een *satyāgrah* op gang zou brengen indien aan de contractarbeid voor Indiërs in de Britse koloniën vóór 31 juli 1917 geen einde kwam, maakte op de regering klaarblijkelijk zo'n indruk dat het systeem werd stop gezet.

Een andere zaak waar Gāndhī zich voor inzette was de situatie van de indigo-verbouwers in Champaran in Bihar. Gāndhī ging in 1917 persoonlijk naar de verbouwers toe om hun klachten te vernemen. Zijn actie prikkelde de autoriteiten, hij werd opgepakt maar werd tenslotte vrijgelaten. De actie die Gāndhī op touw gezet had, heeft ruimschoots bijgedragen tot de *Champaran Agrarian Bill* van 1917. Hierdoor oogstte Gāndhī een enorm succes bij de bevolking en tekende zich het begin van Gāndhī's politieke leiderschap in India af in de strijd voor de onafhankelijkheid.

Na Champaran volgde een staking die hij leidde in de textielmolens te Ahmedabad, waar de arbeiders een hoger loon vroegen. Na 21 dagen, waarbij Gāndhī zijn toevlucht nam tot het vasten als pressiemiddel, werd er een akkoord bereikt met de werkgevers.

Vervolgens stortte Gāndhī zich met hart en ziel in een rebellie in het Kheda district. Volgens de wet konden de landbouwers uit het district ontheven worden van de grondbelastingen, wanneer de opbrengst zich onder 25 % van de normale oogst bevond. De regeringsambtenaren weigerden echter te aanvaarden dat dit toen inderdaad het geval was.

Nadat alle pogingen tot een minnelijke schikking waren uitgeput, raadde Gāndhī de landbouwers aan om tot *satyāgrah* over te gaan. Zij weigerden de belastingen te betalen, niettegenstaande de zware straffen die daaruit voort vloeiden. Uiteindelijk werd de regering verplicht terug te komen op haar harde standpunt.

De uitbuiting van de Indiase boeren door de Britse kolonialen overtuigde Gāndhī des te meer, dat vele sociale wantoestanden door ééñzelfde factor werden veroorzaakt. Het werd hem dan ook overduidelijk dat diezelfde wantoestanden pas uit de weg konden geruimd worden met het vertrek van de Britten.

De eerste wereldoorlog

Bij het uitbreken van de eerste wereldoorlog klonk het woord ‚loyaliteit' veelvuldig, zowel bij de Britten als bij de Indiërs.

De Indiase vorsten *(mahārājā*'s) wedijverden inderdaad met elkaar in het aanbieden van hun diensten en manschappen. Ook Gāndhī meende dat deelname aan de oorlog — hoezeer dit ook indruiste tegen zijn geweldloze doctrine — de Britten vlugger tot concessies kon brengen. 1.200.000 Indiërs werden gerecruteerd in het koloniale leger en een aanzienlijke jaarlijkse bijdrage in de oorlogskosten werd door India ter beschikking gesteld.

Na de wereldoorlog volgde echter de ontgoocheling. De verhoopte concessies werden niet ingelost. Integendeel, de Rowlatt wetten van 1919, ook nog de *Black Acts* genoemd, brachten in de plaats van de beloofde hervormingen een hernieuwde repressie. De *Black Acts* behelsden een verlenging van de noodtoestand-maatregelen die tijdens de oorlog werden genomen, en dit in vredestijd.

Gāndhī riep zijn landgenoten op om deze wetten niet na te leven en op alle mogelijke (geweldloze) manieren hun protest te uiten, zoals bv. met een *hartāl*. Een *hartāl* was een traditionele Indiase verzetsmethode die bestond uit het stoppen van alle activiteiten gedurende één dag.

In de noordwestelijke deelstaat Punjāb deed zich echter een gruwelijk incident voor. Een menigte van 10.000 mannen, vrouwen en kinderen hield een vreedzame betoging in de Jallianwalla Bagh van Amritsar, omdat twee politieke leiders (Kitchiew en Satyapal) gearresteerd waren. Generaal Dyer liet zonder een woord van waarschuwing het vuur openen. Er was geen mogelijkheid tot ontsnappen in het afgesloten terrein en er vielen meer dan duizend gewonden en doden. Honderden verdronken in een waterput.

Dyer werd na een onderzoek uit zijn ambt ontheven, maar bij zijn aankomst in Engeland door sympathisanten als de „Saviour of the Punjāb" onthaald! Tientallen jaren later werd hij door een Sikh in London doodgeschoten.

Deze bloedige onderdrukking van het verzet heeft miljoenen geduldige Indiërs wakker geschud en gesensibliseerd voor de urgentie van een massale en onverzettelijke aktie.

Gāndhī's eerste massale satyāgrah campagne

Het jaar daarop (1920) lanceerde Gāndhī zijn eerste *satyāgrah*, die samenviel met de Khilāfat beweging, gevoerd door de Indiase muslims ten gunste van de sultan van Turkije. De sultan werd na de eerste wereldoorlog — niettegenstaande voorafgaande garanties van Groot-Brittannië — van alle gezag beroofd en tevens werden delen van het Turkse rijk door Engeland en Frankrijk als mandaatgebieden ingenomen.

Bij deze *satyāgrah* (waarbij geweldloosheid steeds als eerste punt werd geprogrammeerd) probeerde men de Indiërs ertoe te brengen om alle (ere)titels en benoemingen terug te geven. Verder werd systematisch geweigerd om officiële (Britse) plechtigheden bij te wonen, werden de kinderen uit de regeringsscholen gehouden en werden eigen (Indiase) scholen opgericht.

Buitenlandse goederen werden geboycot en om te verhinderen dat daardoor schaarste zou ontstaan propageerde de Congress partij de *swadeshī* (eigen) produktie van inlandse goederen. Daarom ook stimuleerde Gāndhī (en de Congress Party) het spinnen op het spinnewiel. Men stelde voorop dat 2 miljoen *charkā*'s (spinnewiel) in de huishoudens moesten gebracht worden. Dit cijfer werd bijna gehaald, maar ondanks het feit dat de produktie en het populariseren van de *khaddar* (handgesponnen of handgeweven stof) vooruitgang boekte, bleef de produktie toch ver achter op het beoogde doel.

Terwijl de Britten vroeger hun markt stelselmatig tegen goedkope Indiase katoen — en zijdegoederen beschermden, overspoelden ze zelf na verloop van tijd de Indiase markt met „Manchester katoentjes".

Als uitdrukking van hun afkeer voor de Britse, geïmporteerde goederen die de nationale economie van de Indiërs op de helling zetten, werden stapels kleren van buitenlandse makelij in brand gestoken. Rabindranath Tagore protesteerde tegen deze zinloze verspilling, terwijl miljoenen Indiërs zich amper wisten te kleden.

Gāndhī bestreed ook — als onderdeel van het constructieve programma van de satyāgrah-campagne — de onaanraakbaarheid (outcast-systeem) onder de hindoes en predikte de hindoe-muslim eenheid.

Naast het constructieve programma was er ook het negatieve aspect van de *satyāgrah* uitgevoerd door de wetgevende macht, de gerechtshoven en onderwijsinstellingen die door de regering werden gesteund.

Men kan niet zeggen dat de boycot van de gerechtshoven en onderwijsinstellingen in belangrijke mate werd opgevolgd. Het belangrijkste winstpunt van deze boycot was de plotselinge beschikbaarheid van een aantal toegewijde krachten die zich — na het neerleggen van hun functie — volledig voor de onafhankelijkheidsstrijd konden inzetten.

Motilal Nehroe bv., de vader van Jawaharlal Nehroe (en grootvader van Indira Gāndhī), gaf zijn vorstelijk inkomen als advocaat op, om zich volop te werpen in de strijd voor een vrij India.

Op het ogenblik echter dat Gāndhī en de Congress Partij besloten om het niveau van de niet-coöperatie op te voeren tot burgerlijke ongehoorzaamheid, lastte Gāndhī de hele *satyāgrah* aktie af.

Aanleiding daartoe waren gewelddaden in Chauri Chaura en andere plaatsen tegenover ambtenaren in dienst van de Britten, waaruit Gāndhī ontgoocheld besloot dat het Indiase volk blijkbaar nog niet rijp genoeg was voor de geweldloze strijd die hij wilde voeren.

Gāndhī's beslissing kende sterke oppositie en velen beschouwden het als een blunder van formaat, verantwoordelijk voor een grote frustratie bij vele mensen die tot aktie bereid waren en leidend naar een massale politieke inertie.

Op dat ogenblik durfde de regering dan ook Gāndhī te arresteren, een maatregel die ze vroeger niet had durven nemen vanwege Gāndhī's onbetwistbare populariteit.

De regering in Brits-Indië beweerde dat de gewelddaden uitgelokt werden door de niet-coöperatie, maar verloor daarbij uit het oog dat juist haar bijzonder harde en wrede maatregelen naar dergelijke escalatie hadden geleid.

Als de *satyāgrah* niet als een onverdeeld succes voor de Indiërs kon bestempeld worden, dan had het toch de opmerkelijke verdienste van een wijdverspreide massabeweging op gang gebracht te hebben, waarbij men besefte dat — ondanks het gebrek aan materiële middelen — toch een weerbaarheid tegen de Britse overheersers kon ontwikkeld worden.

Gāndhī's *zoutmars*

Een tweede *satyāgrah* beweging ging van start in maart 1930. De Congress partij had *pūrna swarāj* (volledige onafhankelijkheid) als eis vooropgesteld en beschouwde de samenwerking met de Britse regering, die India „economisch, politiek, cultureel en spiritueel had geruïneerd", als misdadig.

Gāndhī startte de campagne met een zoutmars van zijn Sabarmati *āshram* naar Dandi, aan de kust van Gujarat.

Daar toonde Gāndhī hoe het zout zomaar voor het grijpen lag en niets het Indiase volk mocht weerhouden om het zoutmonopolie van de Britten te doorbreken. Hij raadde de mensen aan niet langer de taks van het dure zout te betalen, en zélf zout te maken en te verhandelen.

De pers besteedde een ruime aandacht aan deze tocht en miljoenen mensen volgden de gebeurtenissen op de voet.

Niet alleen werd de zoutwet overtreden, maar opnieuw werden Britse goederen geboycot, werd subversieve literatuur verspreid en voorgedragen, werden belastingen niet langer betaald en begonnen mensen aan bosontginning, tegen de boswetten in.

Deze campagne verliep niet zonder bloedvergieten en meermaals trad de politie — op bevel van de Britten — zeer brutaal en provocerend op. Tienduizenden arrestaties werden verricht, de gevangenissen zaten tjokvol.

Gāndhī riep de vrouwen van India op om te beginnen spinnen en ook piket te staan. Duizenden vrouwen, zelfs de meest orthodoxe, die zich vroeger nooit uit de afzondering hadden begeven, aanvaardden enthousiast het risico om gearresteerd te worden.

Het politieke bewustzijn van de Indiase vrouwen werd wakker geschud en in hun actieve deelname aan de onafhankelijkheidsbeweging zetten zij hun eerste stappen naar de emancipatie.

In zijn bekommernis om het lot van de *Harijans* (kastelozen) hief de Mahātmā (Grote Ziel) in 1933 de *satyāgrah* voor 6 weken op, om zijn landgenoten de gelegenheid te geven zich volledig voor de Hari-jan's (gods-kinderen) te kunnen inzetten. Subhas Chandra Bose en andere leiders van de linkse vleugel van de Congress partij waren woedend, eisten een nieuw leiderschap en een radicale reorganisatie van de partij. De satyāgrah-beweging begon dood te bloeden.

Ronde tafel-conferenties

Drie ronde tafel-conferenties met de Britse regering en Indiase afgevaardigden werden achtereenvolgens in 1930, 1931 en 1932 gehouden. Er werd onderhandeld over de mogelijkheid en de vorm van India's toekomstige onafhankelijkheid. Knelpunten in deze onderhandelingen waren o.m. het lot van de Indiase vorstendommen: hoe zouden deze in het Indiase staatsbestel geïntegreerd worden; in hoeverre zou men een zwakke centrale regering creëren met een sterke autonomie voor de deelstaten of integendeel een strikt gecentraliseerd bestuur? Een concrete vooruitgang inzake de meest fundamentele eis van de Indiase politieke leiders — onafhankelijkheid van India met een dominion-status — werd niet bereikt.

Kort daarna (1935) kwam men met de *Government of India Act* op de proppen, een vernieuwde grondwet, de laatste uit Britse handen.

Er kwamen heel uiteenlopende kritieken op deze grondwet. Van Indiase zijde was men geschokt dat jaren agitatie en strijd slechts dergelijke beperkte toegevingen had kunnen teweeg brengen. Memoranda en voorstellen om in laatste instantie nog een aantal wijzigingen aan te brengen werden geweigerd.

In Engeland kantte Churchill zich sterk tegen deze Act omdat ze naar zijn mening de Indiër teveel macht en verantwoordelijkheid gaf, terwijl Clement Attlee (Labour) zich verzette tegen de té toegeeflijke houding tegenover de Indiase vorsten.

De Tweede Wereldoorlog

Met het uitbreken van de Tweede Wereldoorlog was de Congress partij niet bereid om de regering te steunen die hen vooraf niet geraadpleegd had over de oorlogsverklaring. Evenmin waren ze bereid te vechten zonder de waarborg van de *pūrna swarāj* (volledige autonomie). Bovendien riep de Congress partij haar leden op om hun ambt in de provinciale ministeries uit protest neer te leggen.

Jinnah, de leider van de *Muslim Liga*, was opgetogen en riep een nationale feestdag uit, omdat de Indiase politiek nu gezuiverd was van de Congress-'smet'. In maart 1940 verkondigde de *Muslim Liga* (in 1906 gesticht) ook voor het eerst openlijk de ultieme eis van een onafhankelijke staat, Pakistan genaamd.

Rahmat Ali had de naam Pakistan (P: Punjāb; A: Afghanistān; K: Kashmīr; S: Sind; TĀN: van Baluchī-stān, *(stān* in het Perzisch betekent ,plaats') geconcipieerd in 1933. Maar de idee van een onafhankelijke staat voor de muslims was toendertijd door Jinnah als een droombeeld van de hand gewezen.

Naarmate de Britten zich steeds bezorgder begonnen te voelen over het oprukken van het Japanse leger ten oosten van India, probeerden zij de impasse van de onderhandelingen tussen Britten en Congress-aanhangers — vanwege een nieuwe *satyāgrah* actie gelanceerd in 1940 en die voortduurde tot 1942 — te doorbreken. Speciale missies uit Engeland (zoals de Cripps-missie in maart 1942) brachten voorstellen om een Indiase grondwetgevende vergadering op te richten, die de modaliteiten van de onafhankelijkheid na de oorlog zou bepalen, maar de onderhandelingen sprongen af.

In mei 1942 bevond Birma zich bijna helemaal in handen van de Japanners. Gāndhī verzocht de Britten India te verlaten en aan hen het recht te laten om de Japanners met vreedzame middelen te weerstaan. Gāndhī's pacifistische optiek werd — in het kader van de Japanse dreiging — niet langer meer door de Congress bijgetreden.

Enkele maanden nadien verklaarde Gāndhī dat juist de aanwezigheid van de Britten een provocatie betekende voor de Japanners en eiste met de overbekende *'Quit India'* slogan dat de Britten zich onmiddellijk uit India moesten terugtrekken.

De regering reageerde vlug. Vooraleer de nieuwe campagne een massale omvang kon aannemen, werden de Congress-leiders (Gāndhī incluis) en ongeveer 60.000 sympathisanten gearresteerd.

Jinnah en de Muslim Liga

Ondertussen bleef de impasse tussen de Indiërs en de Britten aanhouden en verslechterde tevens de relatie tussen de muslims (Muslim Liga) en de hindoes (Congress partij). De scheiding tussen India en Pakistan zoals deze zich voordeed bij de onafhankelijkheid (1947), was nochtans niet steeds even onafwendbaar als het toen leek.

Samenwerking tussen de beide geloofsgemeenschappen heeft zich in de loop van de onafhankelijkheidsstrijd wel voorgedaan. Zo steunde Gāndhī de Khilāfat beweging die zich na de eerste wereldoorlog onder de Indiase muslims ontpopte.

Mohammed Ali Jinnah, de verwesterde advocaat die later de *Muslim Liga* zou aanvoeren in de eis naar een onafhankelijk Pakistan, was oorspronkelijk voorstander van coöperatie met de Congresspartij op basis van een gemeenschappelijk nationaal platform. Toch was er bij de muslims (één vierde van de bevolking) een groeiende vrees en wantrouwen dat ze als minderheid zwaar in de verdrukking zouden komen onder een toekomstig bewind van de Congresspartij. Deze vrees werd nog aangewakkerd toen het Congresscomité van Motilal Nehroe (de vader van Jawaharlal Nehroe) de muslim vraag naar afzonderlijke kiesdistricten afwees.

De *Muslim Liga* die in 1935 lag te zieltogen door o.a. het ontbreken van een leider, werd terug leven ingeblazen door Ali Jinnah (zie blz. 222), die de leiding op zich nam. Hij was geen orthodoxe muslim, niet in staat zijn geloofsgenoten in hun eigen taal (Urdū) aan te spreken. Hij verfoeide bovendien alles wat met godsdienst te maken had.

Jinnah poetste de *Muslim Liga* op voor de verkiezingen in 1937. Toen was hij nog steeds bereid om een coalitie met de Congress aan te gaan.

Toen na de verkiezingen de Congress echter weigerde om coalities te vormen, was de verontwaardiging over dergelijke onrechtvaardigheid bij Jinnah en andere muslims zo groot dat dit het breekpunt betekende voor de samenwerking tussen beide partijen. Voor Jinnah was het duidelijk geworden dat een hindoe bewind onvermijdelijk de muslims zou discrimineren.

De onafhankelijkheid

Onmiddellijk na de Tweede Wereldoorlog werden verkiezingen gehouden in Engeland. Een Labour-regering kwam aan de macht met aan het hoofd Attlee, die de noodzaak besefte van een dekolonisatie.

Attlee benoemde, in de plaats van Wavell, de jonge militair Mountbatten tot onderkoning van India. Hem was de onfortuinlijke taak beschoren om in een zo kort mogelijke tijd de drie spilfiguren van het politieke toneel — Jinnah, Jawaharlal Nehroe, Gāndhī — én de *mahārājā*'s met éénzelfde onafhankelijkheidsvoorstel te verzoenen.

Jinnah en de *Muslim Liga* hielden het been stijf inzake de vorming van Pakistan. Oorspronkelijk rekende Jinnah zelfs geheel Punjāb, Assam en Bengalen tot het toekomstige Pakistan, dat dan een reusachtige niet-muslim minderheid zou bevatten.

Uiteindelijk zag Jinnah daarvan af en nam genoegen met West-Pakistan (het huidige Pakistan) en Oost-Pakistan (het oostelijk deel van Bengalen, dat in 1971 onder de naam Bangladesh onafhankelijk werd).

De Congress partij aanvaardde niet zomaar zonder slag of stoot de splitsing van India. Maar de toenemende spanning tussen hindoes en muslims manifesteerde zich door bloedige rellen. Onlusten in Calcutta, toen Jinnah een ,Directe Actiedag' had uitgeroepen in augustus 1946, werden in Bihar door zware vergeldingsacties gevolgd, waar de hindoes zich op de muslim minderheid wreekten.

Verder liep India het risico, indien de splitsing niet doorgevoerd werd, een zwakke centrale regering te hebben die met sterke middelpuntvliedende krachten in de deelstaten zou geconfronteerd worden. India zou op die manier niet in twee maar meerdere onafhankelijke staten dreigen uiteen te vallen.

Het werd de Congress-leiders stilaan duidelijk dat niet ingaan op de Pakistan-eis een rasechte burgeroorlog zou ontketenen, die miljoenen slachtoffers kon veroorzaken.

Jawaharlal Nehroe, die sinds lang een sleutelrol vervulde in de Congress partij, besloot Gāndhī niet langer te volgen in zijn kategorieke weigering inzake de splitsing van India.

Uiteindelijk moest ook Gāndhī — met de dood in het hart — toegeven, en haalde Jinnah zijn slag thuis. Gāndhī was uitermate ontgoocheld en woonde zelfs de feestelijkheden van de onafhankelijkheid niet bij.

Nu de teerling was geworpen en de geboorte van Pakistan vaststond, kreeg Radcliffe, een briljant advocaat, de twijfelachtige eer om de scheidingslijn te tekenen. In het hem toegemeten tijdsbestek (ongeveer anderhalve maand) was het een onmogelijke opdracht om de streken, aan vivisectie onderworpen, te bezoeken.

Het gevolg was dat de lijn, die op papier netjes uitgetekend leek, in realiteit gebieden en dorpen uit elkaar rukte die een sociale en economische eenheid vormden. Zo werd de Sikh-gemeenschap in twee gelijke helften verdeeld.

Bovendien gaf de splitsing aanleiding tot een immense migratie.

Hindoes en Sikhs die zich in het afgescheiden Pakistaanse deel bevonden, vluchtten naar India en muslims vluchtten vanuit de Indiase Punjāb of Bengalen naar Pakistan.

Onmenselijk leed werd in die dramatische migratie berokkend aan honderdduizenden mensen. Meer dan 500.000 slachtoffers vielen in deze muslim-hindoe holocaust! Ongeveer 5,5 miljoen mensen reisden over de Indo-Pakistaanse grens in Punjāb in beide richtingen! Meer dan één miljoen muslims verplaatsten zich van West – naar Oost-Bengalen.

Economisch gezien was de scheiding tussen Oost – en West-Bengalen katastrofaal, want terwijl Oost-Bengalen de leverancier van jute was, bevonden alle juteverwerkende fabrieken zich in West-Bengalen.

Freedom at midnight

Even voor middernacht op 14 augustus 1947 sprak J. Nehroe de Grondwetgevende Vergadering toe:

> „At the stroke of the midnight hour, when the world sleeps, India will awake to life and freedom. A moment comes, which comes but rarely in history, when we step out from the old to the new, when an age ends, and when the soul of a nation, long suppressed finds utterance".

Jawaharlal Nehroe werd de Indiase premier, in Pakistan werd Liaquat Ali Khan premier. De gouverneur-generaal van India was Mountbatten en aan Pakistaanse zijde Jinnah.

Het probleem van de 562 vorstendommen werd tijdig opgelost. Uiteindelijk waren allen bereid om tot de Indiase republiek toe te treden op Kashmir, Hyderabad en Junagadh na. De rājā van Kashmir was de laatste om zich bij India aan te sluiten (zie blz. 239).

Gāndhī bleef zich na de onafhankelijkheid — hoezeer hij zich ook ontgoocheld voelde door India's splitsing — met hart en ziel inzetten om de hoog oplaaiende haat tussen muslims en hindoes te blussen. Hij kwam naar Delhi, waar vele muslim vluchtelingen zich angstig schuil hielden in de moskeeën.

Met een vastenperiode dwong hij de nieuwe regering een oplossing te zoeken niet alleen voor het vluchtelingenprobleem van de muslims in Delhi, maar ook om aan de verplichte uitbetalingen aan Pakistan te voldoen.

Hij beëindigde zijn vasten toen beide aktiepunten werden ingewilligd. Twee weken later, of 30 januari 1948, werd hij door een jonge hindoefanaticus tijdens een gebedsbijeenkomst koelbloedig neergeschoten. De moordenaar Nathuram Godse behoorde tot de RSS *(Rāshtrīy Swayam Sevak Sangh)*, een fascistische organisatie die de droom koesterde een groot hindoe-imperium te creëren van de Indus tot Oost-Birma. Zij ook waren — net als Gāndhī — erg getroffen door de verdeling van India. Maar terzelfdertijd verachtten zij Gāndhī en zijn geweldloze doctrine. Voor hen was er geen plaats voor tolerantie tegenover muslims. De leden van de RSS beschouwden zich als de enige erfgenamen van de oude Arische veroveraars, het Indiase subcontinent behoorde enkel aan hen toe.

Geheel India rouwde om de geliefde Mahātmā, de verpersoonlijking van vredelievendheid en geweldloosheid die paradoxaal genoeg op een gewelddadige wijze aan zijn einde kwam.

Jinnah, de ,,vader van de natie" stierf in september 1948 aan tuberculose, een ziekte waarvan hij reeds vóór de onafhankelijkheid op de hoogte was, maar die hij steeds angstvallig geheim had gehouden.

Men vraagt zich soms af in hoeverre de geschiedenis anders was verlopen, indien men had geweten hoeveel maanden de leider van de *Muslim Liga* nog te leven had.

MOHAMMED ALI JINNAH, DE VADER VAN PAKISTAN?

Gerard HAUTEKEUR

Op 19 december 1984 werd in Pakistan een referendum gehouden betreffende de Islamisering onder president Zia ul Haq. In de volksraadpleging moest de bevolking zich uitspreken over het aan de gang zijnde proces om de wetten van Pakistan meer in overeenstemming te brengen met de leer van de Islam en over de geleidelijke machtsoverdracht aan de vertegenwoordigers gekozen door het volk. (Na de militaire coup van 1977 werd de grondwet buiten werking gesteld). Volgens officiële bronnen hebben 62 procent van de potentiële kiezers hun stem uitgebracht, waarvan 97 procent hun instemming hebben betuigd met de verdere Islamisering. Misschien is de uitslag van het referendum niet te verwonderen in een land waar 95 procent van de bevolking behoort tot de Islam.

Islamitische verkiezingen

Na het referendum voelde Zia ul Haq zich voldoende zelfzeker en organiseerde hij begin februari 1985 de eerste Islamitische verkiezingen. Uniek voor de Pakistaanse verkiezingen was de opdeling van de kiezers in afzonderlijke kiezerskorpsen van muslims en andersgelovige minderheden. Volgens dit systeem van *,,gescheiden electoraten"* kunnen muslims alleen voor muslim kandidaten stemmen en niet-muslims alleen voor niet-muslim kandidaten. Ondanks de vele teksten die wijzen op een grote tolerantie ten aanzien van niet-gelovigen, zijn volgens de Koran *gelovigen en niet-gelovigen niet volledig gelijk.*

De fundamentalistische Islamitische partij in Pakistan, de *Djamā'at-i Islāmī*, die zich op dit laatste uitgangspunt steunt, vindt dat niet-muslims de hoogste posities in het land niet kunnen bekleden. Volgens deze filosofie zouden ze in het parlement in principe alleen kunnen debatteren over zaken die uitsluitend de eigen minderheid aanbelangen. Een ander uniek gegeven van de Islamitische verkiezingen was de uitsluiting van alle politieke partijen. De kandidaten moesten op grond van persoonlijke eigenschappen en verdiensten verkozen worden. Geen verkiezingen op basis van partijprogramma's dus! Grote verkiezingsmanifestaties werden zo goed als onmogelijk gemaakt. In interviews verklaarde Zia dat hij voor Pakistan niet graag spreekt van democratie maar eerder van *sjúrácratie,* gebaseerd op samenwerking. *(Sjúrā* betekent ‚Raad die advies verstrekt').

Vanaf het ontstaan van Pakistan in 1947 zijn er steeds discussies geweest over de identiteit van de Pakistaanse staat. Zou het een uitgesproken seculiere staat worden waarvan de (westers georiënteerde) bureaucraten en technocraten voorstanders zijn? Of zou het een puur Islamitische staat worden met een Islamitisch rechtssysteem en Islamitische economie, waar de religieuze leiders en de *Djamā'at-i islāmi* partij sterk op aansturen? Na de afscheiding van Oost-Pakistan (het huidige Bangladesh) waar een groot percentage hindoes woonde is Pakistan nu een meer homogeen muslim land geworden. Na het trauma van Bangladesh hebben de religieuze leiders nog meer gehamerd op de noodzaak van de uitbouw van een Islamitische staat.

Daarnaast is er de groeiende economische en militaire samenwerking van Pakistan met bevriende Islamitische landen. Er is bijvoorbeeld de jaarlijkse bijdrage van Saoedi-Arabië van 500 miljoen dollar, en... de ongeveer 20.000 Pakistaanse soldaten vormen de meest loyale veiligheidsdienst voor de koninklijke familie in Saoedi-Arabië. In verschillende buurlanden zijn er contingenten Pakistaanse soldaten, instructeurs en piloten. In Bahrein en Oman wordt er een beroep gedaan op officieren van Pakistan voor de kaderopleiding van politiekorpsen. In alle Golfstaten samen werken er meer dan 1 miljoen Pakistani die Pakistan jaarlijks ongeveer 3 miljard dollar vreemde deviezen opleveren. Deze vormen van samenwerking benadrukken de solidariteit onder de muslims en bepalen ook het gunstig klimaat voor een verdere Islamisering onder Zia ul Haq.

Regionale spanningen

Volgens Zia ul Haq moet worden rekening gehouden met de Pakistaanse context. Slechts 27 procent van de bevolking is alfabeet. Hij wijst verder op het gevaar van verkiezingen met partijen, die eng regionale belangen verdedigen en zo de eenheid van het land kunnen bedreigen. In de zomer van 1983 werd er in de Sind provincie een hevige campagne gevoerd tegen het militaire bewind van Zia ul Haq. De *Pakistan People*'s Party (PPP) die vooral populair is in de Sind provincie wordt geleid door de dochter van wijlen Zulfikar Ali Bhutto. Een elftal partijen zijn verenigd in de *Movement for Restoration of Democracy* (MRP). De grote oppositiepartijen binnen de MRD zijn sterk ethnisch gebonden, onder meer de *Pakistan People*'s Party in Sind, de *Pakistan National Party* in Baluchistan en de *National Democratic Party* in de Noordwestelijke Grensprovincie.

Er is veel naijver tussen bijvoorbeeld de Sindī's en de Punjābī's. Zia ul Haq zelf is een Punjābī en de leiding gevende posities in het leger en in de bureaucratie zijn ook in handen van de Punjābī's. Ook de Baluchī's en de Pathān's zijn niet zo gelukkig met het status quo. Het niet erkennen van de grieven van de minderheden is wellicht een gevaarlijke situatie. Onder het bewind van Zia ul Haq die de Islamisering centraal stelt zijn de regionale spanningen juist toegenomen. Het duidelijkste bewijs ligt in de afscheiding van Oost-Pakistan dat zich politiek en sociaal-economisch volledig achteruitgesteld voelde.

Wat was de bedoeling bij de stichting van een Islamitische staat? In dit hoofdstuk willen we nagaan welke de beweegredenen waren van Mohammed Ali Jinnah, ,de vader van Pakistan', om een afzonderlijke natie te eisen voor de muslims.

In gesprekken van de auteurs Pierre Collins en Dominique Lapierre met Lord Mountbatten, de laatste Onderkoning van Brits India, werd gewezen op de onverzettelijke houding van Jinnah. Zijn orthodoxe opvattingen en onverzoenlijke politieke standpunten werden gezien als de belangrijkste oorzaken voor de splitsing van het Indiase subcontinent. Indirect werd M.A. Jinnah ook de verantwoordelijkheid in de schoenen geschoven voor de bloedige conflicten tussen hindoes en de muslims die volgden op de scheiding tussen India en Pakistan. Was hij nu echt het struikelblok voor het tot stand komen van de groot-Indiase Unie?

Ambassadeur van hindoe-muslim eenheid

Jinnah (Arabisch woord voor ,vleugel' van een vogel of van het leger) werd geboren als sji'itisch muslim in Khoja. Alhoewel in Karachi vóór

1879 geen geboortecertificaten werden uitgegeven heeft Jinnah 25 december 1876 als zijn geboortedatum opgegeven. Toevallig had de Gāndhī familie zich gevestigd op nauwelijks 50 km van de plaats waar Jinnah's grootouders leefden. Dus de ouders van de vaders van India en Pakistan spraken Gujarāti maar het heeft de communicatie tussen de grote leiders niet echt bevorderd. Mohammed Ali Jinnah studeerde Rechten in Londen. Hij viel op door zijn vlotte Westerse stijl, steeds gekleed in een keurig pak. Hij had een voorkeur voor theater en acteren. Onder druk van zijn vader moest hij afzien van zijn ambitie om een theatercarrière op te bouwen in Londen. Na zijn terugkeer in India werd hij lid van het Indiase Congress, dat eerder een onafhankelijkheidsbeweging was dan een echte partij. Het goed georganiseerde Congress had aanhangers onder alle lagen van de bevolking. Jinnah's betrokkenheid in het politieke leven was eerder een bijprodukt van zijn bloeiende advocatenpraktijk in Bombay. Godsdienst speelde geen belangrijke rol in zijn leven. Hij had moderne, seculiere en ,liberale' opvattingen.

Toen in 1906 de Muslim Liga werd gesticht om uitsluitend de belangen van de muslims te behartigen had Jinnah daar geen uitstaans mee. Hij was niet eens aanwezig op de eerste plechtige openingsceremonie van de Liga in 1906. In dat jaar woonde hij wel de jaarlijkse algemene vergadering van de Congress Partij bij samen met hindoes, Parsi's en christenen. De vergadering werd voorgezeten door Dādābhāi Sarojinī en Jinnah was secretaris. Het Indiase Nationale Congress veroordeelde in zijn plenaire zitting de splitsing van de provincie van Bengalen. door de Engelsen. Onder de Britse Onderkoning Curzon (1859-1925) werd de Bengali sprekende provincie verdeeld in een hindoe en muslim gedeelte. In die periode beschouwde Jinnah de zogenaamde rivaliteit tussen hindoes en muslims eerder als een afleidingsmanoeuvre van de Britten om hervormingen van India uit de weg te gaan. De politieke eenmaking van alle klassen en geloofsovertuigingen verdedigde hij als de enig mogelijke politiek voor het bereiken van *svarāj* (zelfbestuur). Dit thema kwam aan bod in alle bijeenkomsten bijgewoond door Jinnah in het volgend decennium. De advocaat Jinnah kon vooralsnog worden beschouwd als de ambassadeur van de hindoe-muslim eenheid. Hij wenste geen figurantenrol als verdediger van een minderheid maar zette zijn hoop op een hoofdrol in het politieke toneel, bijvoorbeeld als opvolger van de Congress voorzitter Gokhale. De gematigde groep in het Congress echter zou weldra worden geconfronteerd met een meer militante fractie onder leiding van Tilak (1856-1920). De aanhangers van een meer radikale politiek stelden geen vertrouwen in de beloofde Britse hervormingen en evenmin in het indienen van petities aan de Britse vertegenwoordigers. Ze spraken zich resoluut uit voor *svarāj* (onafhankelijkheid), gebaseerd op de inheemse industrie *(swadeshī)*. Zij riepen de bevolking op om zelf te weven en te spinnen en de Britse economie te boycotten. Tilak was sterk geïnspireerd door het hindoeïsme. Hij richtte zich vooral tot de massa ongeletterde hindoes en dit leidde tot een vervreemding van de andere minderheden, waaronder de muslims. De scherpe tegenstelling tussen de verschillende fracties zou leiden tot een splitsing van het Congress in 1907.

Jinnah verdedigde nog steeds het principe van nationale eenheid. Op de Congress-vergadering in Allahabad diende hij een resolutie in die de idee van afzonderlijk electoraten verwierp voor de verkiezingen van de districtsraden en andere plaatselijke organen. Paradoxaal genoeg werd hij in 1910 gekozen voor de Centrale Wetgevende Vergadering als muslim afgevaardigde. Hij zetelde in de zestig leden tellende Wetgevende Vergadering te Calcutta naast Gokhale (1866-1915) en Motilāl Nehroe (de vader van Jawāharlāl Nehroe en grootvader van Indira Gāndhī). Jinnah werd in 1913 lid van de Muslim Liga. Hij stelde dat zijn lidmaatschap van de Liga geen schaduw mocht werpen op zijn loyauteit ten aanzien van de zaak van de nationale (Indiase) eenheid waaraan hij zich volledig wenste te wijden. Gokhale zou zich herhaaldelijk lovend uitlaten over Jinnah als de verpersoonlijking van de hindoe-muslim eenheid. M.A. Jinnah, de rijzende ster binnen Congress, werd aangeduid als voorzitter van een Congress delegatie die in 1914 naar Londen ging om de *Council of India Bill* te bespreken. Jinnah was in een uitstekende strategische positie. Hij was tegelijkertijd lid van het Congress en van de Muslim Liga. Hij zat tevens in de (Britse) vertegenwoordigende organen zowel in Londen als in Calcutta.

Lucknow Pact

In 1916 werd Jinnah verkozen als de leider van de Muslim Liga en hij werd eveneens herkozen als muslim afgevaardigde in de Centrale Wetgevende Vergadering, die hij gebruikte als forum om de Congress standpunten te verdedigen. Motilāl Nehroe had bewondering voor de seculiere en onorthodoxe standpunten van Jinnah. Later zouden het bittere rivalen worden voor het leiderschap van de nationale onafhankelijkheidsbeweging. Motilāl wou die eer reserveren voor zichzelf of voor zijn zoon Jawāharlāl Nehroe.

De botsing tussen persoonlijkheden die grote politieke ambities koesterden zou verregaande gevolgen hebben voor het Indiase subcontinent. In october 1916 propageerde Jinnah in het textielcentrum Ahmedabad, de hoofdstad van de deelstaat Gujarāt, de idee om de provinciale regeringen te laten vervangen door bijna volledig autonome administratieve organen die verantwoordelijk zouden zijn ten aanzien van de verkozen vertegenwoordigers van het volk, maar met voldoende waarborgen voor de minderheden. In dezelfde vergadering hield hij een vurig pleidooi voor de hindoe-muslim eenheid. De perspectieven voor India evenals de persoonlijke vooruitzichten voor M.A. Jinnah leken uitstekend. Hij raakte heel goed bevriend met de steenrijke en beeldschone dochter van de textielmagnaat Petit. Ratanbai (Ruttie voor de insiders) behoorde tot de Parsi gemeenschap. Hun vriendschap was een symbool voor de overbrugging van de kloof tussen de verschillende gemeenschappen. Het persoonlijk succes stak Jinnah een hart onder de riem. Hij werkte een memorandum uit voor de vertegenwoordiging van de gemeenschappen in de Wetgevende en Uitvoerende organen, met waarborgen voor alle minderheden. Het memorandum beoogde zelfbestuur binnen het Britse rijk.

In het zogenaamde *Lucknow pact* werden de percentages vastgelegd voor de muslim vertegenwoordiging in ieder van de Wetgevende Vergaderingen, namelijk één derde in Bombay, veertig procent in Bengalen, vijftien procent in de Centrale Provincies, enz. Op de bijeenkomst van de muslimvergadering op 30 december 1916 was de leider van de Muslim Liga een pathetisch verdediger van zijn *Lucknow pact* en van India's eenheid. Hij schitterde er door zijn patriottisme. Met de ingebouwde garanties voor de minderheden wou hij hun vrees wegnemen dat ze later het slachtoffer zouden worden van allerhande discriminaties in een onafhankelijk India. Jinnah's blauwdruk voor constitutionele hervormingen werd door het Congress en de Muslim Liga goedgekeurd. Dit vormde een hoogtepunt wat zijn nationale roem betreft. Jinnah wou de idee van toenadering tussen de gemeenschappen kleur geven in zijn eigen leven. Hij vroeg aan de Parsi Sir Dinschaw Petit de hand van zijn dochter Ruttie, maar ving bot. Van zodra ze echter meerderjarig was zou ze zonder toestemming van haar vader huwen met Mohammed Ali Jinnah. Alhoewel Ratanbai Petit zich bekeerd had tot de Islam bleef ze heel haar leven lang een niet-sectaire mystica.

Het Lucknow pact werd nooit uitgevoerd. Groot-Brittannië was te druk verwikkeld in de Eerste Wereldoorlog. Als nationale leider werd Jinnah de wind uit de zeilen genomen door M.K. Gāndhī, die op het verzoek van de Britten inging om soldaten te recruteren voor de oorlogsvoering. Jinnah die daar niet mee akkoord ging, werd door de Britten links gelaten. Dit incident bleef zwaar drukken op de relatie tussen Gāndhī en Jinnah, die gekenmerkt zou worden door wederzijds wantrouwen.

Tegenpolen Gāndhī - Jinnah

Jinnah bleef geloof hechten aan de stapsgewijze veranderingen van bovenaf. Volgens Gāndhī waren reële veranderingen slechts mogelijk door de mobilisatie van de massa. Jinnah was het prototype van de Indiase, verwesterde stedeling in tegenstelling tot Gāndhī die zich volledig kon identificeren met de armsten op het platteland. Op korte tijd zou Mohandas Karmchand Gāndhī de onbetwiste nationale leider worden. Hij was de grote bezieler van de nationale campagne van burgerlijke ongehoorzaamheid. Andere grote politieke figuren zoals Jinnah verdwenen langzamerhand uit de centrale belangstelling. Op de Congress meeting van 28 december 1920 werden de voorstellen van Mahātmā Gāndhī voor *satyāgrah* (niet samenwerken met de Britten, zie blz. 207) met een overdonderende meerderheid goedgekeurd en toegejuicht. De tegenargumenten van Jinnah werden door de 14.500 Congress-afgevaardigden niet eens beluisterd. De hoge verwachtingen van Mohammed Ali Jinnah om een nationale leidersrol te vervullen werden hier verpulverd. De auteur van het *Lucknow Pact* verliet diep vernederd en ontgoocheld het politieke toneel in 1929. Hij was het grondig oneens met de campagne van non-coöperatie van ,Mister' Gāndhī (Jinnah sprak nooit over ,Mahātmā', dit betekent de nobele persoon of de grote asceet). Gāndhī's *satyāgrah* campagne noemde hij een spirituele beweging, gebaseerd op destructieve methoden. Het weigeren om belastingen te betalen, het boycotten van scholen en gerechtshoven zou tot chaos leiden. Jinnah zag bijvoorbeeld meer heil in een Rondetafelgesprek over constitutionele hervormingen. Om Gāndhī te isoleren probeerde de strateeg Jinnah een pact te sluiten met de gematigde fractie van de Congress-partij.

Kort na de bijeenkomst van de nieuwe Nationale Vergadering van Brits India op 31 januari 1924 slaagde Jinnah erin met 23 ‚onafhanke-lijken' een minimum programma op te stellen voor noodzakelijke her-vormingen. Op basis van dit document sloot Motilāl Nehroe met zijn *svarājist*'s zich bij de zogenaamde onafhankelijken aan en samen vorm-den ze de Nationalistische Partij. Deze nieuwe partij wenste zo vlug mogelijk de dominion status te verwerven voor India. Na het Lucknow pact leek dit Jinnah's tweede magische formule om via parlementaire weg uit de impasse te geraken. Een eerste onmiddellijk resultaat was de goedkeuring van een resolutie voor het organiseren van een Rondetafel-conferentie en voor de oprichting van een ‚Reforms Inquiry Committee' (ook Jinnah Committee geheten). Jinnah was nog steeds overtuigd dat zelfbestuur 'svarāj') pas kon bereikt worden op basis van hindoe-muslim eenheid.

In het kader van zijn campagne voor non-coöperatie met de Britten boycotte Mahātmā Gāndhī alle wetgevend werk. Hij was dus ook gekant tegen de parlementaire activiteiten van Motilāl Nehroe. Deze laatste stond voor een moeilijke keuze: ofwel een verdere samenwerking met de onafhankelijken van Jinnah wat neerkwam op de verdeling van de Congress partij ofwel zich aansluiten bij Gāndhī en dus zijn parle-mentaire werkzaamheden staken. Motilāl Nehroe gaf toe aan Gāndhī. Gezien de ‚onafhankelijken' van Jinnah niet akkoord gingen met de satyagrah-beweging betekende de keuze van Motilāl Nehroe het einde van de Nationalistische partij.

Disharmonie

Ongeveer tien jaar na de opstelling van het *Lucknow Pact* dreigde de ‚droomwereld' van Jinnah in te storten. Jinnah werd wel herkozen als voorzitter van de Muslim Liga maar de beoogde dominion status voor India lag heel veraf. Jinnah's groeiend Islamitisch bewustzijn (conserva-tisme en/of politiek opportunisme?) en zijn drukke loopbaan als advo-caat en politicus maakten de kloof tussen hem en zijn vrouw alsmaar groter. Hij was bijna 50 en zij nauwelijks 25. Hun uiteengaan leek onafwendbaar en gebeurde op 28 maart 1928. De pijnlijke scheiding in zijn privéleven was bijna symbolisch voor de nakende (definitieve) scheiding van de twee belangrijkste gemeenschappen in India, met name de hindoes en de muslims.

Naar aanleiding van de meer-partijen conferentie in 1928 kon Jinnah een deel van de zogenaamde Onafhankelijken overhalen een document te ondertekenen voor ‚communautaire eenheid'. De Muslim Liga was bereid af te zien van de eis voor afzonderlijke electoraten voor de muslims als ze de nodige compensaties kregen. Ze wensten onder meer provinciale status en vergaderingen voor Sind (toen nog bestuurd vanuit Bombay), Baluchistan en de Noordwestelijke Grensprovincie (toen nog centraal bestuurd). Volgens de Muslim Liga diende ook te worden rekening gehouden met de muslim meerderheid in Bengalen en Punjāb. Daarnaast eisten ze niet minder dan één derde van de vertegenwoordiging in het centraal parlement.

De Congress partij stond onder te zware druk van de *Hindu Mahāsabhā* en kon (wou?) dus niet ingaan op de gestelde eisen van de Muslim Liga. Daarna probeerde het Nehroe rapport de standpunten van hindoes en muslims te verzoenen. Het hield niet de verhoopte concessies in voor de muslims en het werd door Jinnah afgewezen als een hindoedocument.

Verschillende muslims lieten zich wel positief uit over het rapport van Jawāharlāl Nehroe. De voorzitter van de Muslim Liga liet het niet tot een stemming komen. Vreesde hij ook in ‚zijn' Liga in de minderheid te worden gesteld? In de bijeenkomst van 26 december 1928 stelde de Muslim Liga voor het Nehroe rapport te amenderen.

De Liga wenste 1/3 van de zetels in het nationale parlement (alhoewel ze volgens de muslims maar 27% van de bevolking uitmaakten) en de Muslim Liga stond op de eis van afzonderlijke electoraten. M.R. Jaykar die sprak namens de *Hindu Mahāsabhā* verwierp de voorgestelde amendementen. Hij wees daarbij op de verdeeldheid van de muslims en verweet Jinnah dat hij slechts de spreekbuis was van een minderheid van, de muslims. De muslim bevolking vormde op dat ogenblik beslist geen hecht blok. Een deel van de muslims was vertegenwoordigd in Congress onder leiding van Maulana Abdul Kalam Azad. Andere groepen binnen de Muslim Liga waren hopeloos verdeeld. Kleinere muslim partijen hadden soms een soort provinciale status. Alleen de Liga van Shafi vormde een belangrijke machtsfactor voor de muslims in Punjāb. (Shafi was de meest invloedrijke muslim politicus in Punjāb).

(Definitieve) breuk

Ook de Congress partij was verdeeld tussen enerzijds de voorstanders van zelfbestuur binnen het Britse rijk (dominion status) en anderzijds de fractie die dadelijk volledige onafhankelijkheid wenste. De jongere generatie van Congress met Jawāharlāl Nehroe en Subhās Chandra Bose wenste op geen enkele manier de band te behouden met het Brits imperium. Op de Congressbijeenkomsten in Lahore sprak de meerderheid van Congress zich uit voor *pūrna svarāj"*, dit is de volledige onafhankelijkheid. Jinnah beschouwde de aristocratische brahmaan Jawāharlāl Nehroe als een gevaarlijk links radikaal. Na het Lahore besluit zag Jinnah geen enkel perspectief meer in verdere samenwerking van de Muslim Liga met de Congresspartij. De breuk werd min of meer definitief. Een tijdje voordien was zijn vrouw Ruttie op 29-jarige leeftijd overleden. Jinnah besloot uit te wijken naar Londen om zijn advocatenpraktijk toe te spitsen op London's *Privy Council,* dat de hoogste beroepsinstantie is voor de rechtbanken uit de Commonwealth landen, zowel inzake strafrecht als in burgerlijk recht. De Muslim Liga zou hij laten voorzitten door de mystische dichter-filosoof Dr Muhammad Iqbāl. Jinnah was wel aanwezig op de eerste Rondetafelconferentie over India die plechtig geopend werd door koning George V op 12 november 1930. In zijn toespraak had Jinnah het over de vier belangrijke partijen die gezamenlijk tot een oplossing moesten komen, namelijk de Britten, de Indiase prinsen, de hindoes en de muslims. In tegenstelling met zijn vroegere standpunten beklemtoonde hij nu dat de muslims een afzonderlijke partij (blok) vormden. Jinnah die tijdens de conferentie in een subcomité zat die de ,federale structuur' van India wou bespreken, onderstreepte dat geen grondwet kon werken, tenzij er duidelijke garanties waren ingebouwd voor de niet-discriminatie van de muslims en andere minderheden. De eerste Rondetafelconferentie leverde weinig concrete resultaten op.

Jinnah was in Londen lid geworden van de *Fabian Society,* een in

1884 opgerichte socialistische vereniging die alle geweldmiddelen verwerpt. Hij hoopte in het Britse parlement verkozen te worden als Labour parlementslid. Maar Labour vond hem niet de meest geschikte kandidaat om op te treden als vertegenwoordiger van de arbeidersklasse. Jinnah probeerde daarna zijn geluk bij de Tory partij, maar de Conservatieven hielden traditiegetrouw geen rekening met de politieke aspiraties van de Indiërs. Dus bleef Jinnah zonder toegangskaartje voor het Britse parlement! Hij was ook niet aanwezig op de bijeenkomst van de Muslim Liga in Allahabad op 29 december 1930, die werd voorgezeten door de Urdū dichter Iqbāl. In deze vergadering sprak Dr Iqbāl over de onoverbrugbare kloof tussen hindoes en muslims, die twee afzonderlijke naties vormen.

In zijn toekomstvisie voor de muslimgemeenschap schetste hij een afzonderlijke staat voor de muslims bestaande uit Punjāb, Sind, Baluchī'stan en de Noordwestelijke Grensprovincie. Hij liet in het midden of die staat met zelfbestuur al of niet zou deel uitmaken van het Britse rijk.

Uitbouw van de Muslim Liga

Jinnah werd in 1934 uitgenodigd om de Muslim Liga te leiden. Mahātmā Gāndhī had in datzelfde jaar besloten zich ,terug te trekken' uit de Congress partij om zich integraal te kunnen wijden aan de sociale hervormingen op het platteland. Jinnah begon nu systematisch te werken aan de uitbouw van de Muslim Liga. De leden van de Liga die kandidaat waren voor de verkiezingen van januari-februari 1937 hadden een programma dat vrij gelijklopend en bijna even progressief was als dat van de Congress kandidaten, met uitzondering van het feit dat de Muslim Liga zich in haar programma verzette tegen de onteigening van privé-eigendommen. In de verkiezingen behaalde de Congress partij een absolute meerderheid in de meeste provincies. De muslim verkozenen binnen de Congress partij vormden een kleine minderheid. Jawaharlal Nehroe vond dat de Muslim Liga slechts de hogere middenklasse vertegenwoordigde, dat ze nauwelijks contact had met de muslims van de lagere middenklasse en zo goed als geen voeling had met de grote massa van de muslims.

Jinnah zelf behoorde inderdaad tot de elitegroep van de Indiase belastingsbetalers op wier inkomen een extra belasting werd geheven.

Zijn standaardhonorarium als advocaat bedroeg gemiddeld 1500 roepies (ongeveer 7500 BF) per dag. Daarnaast was er de opbrengst van zijn aandelen en zijn verhuurde flats in Mayfair (Londen). M.A. Jinnah nam echter de uitdaging van Jawāharlāl Nehroe heel ernstig op en maakte van de Muslim Liga een soort massa-partij. Op enkele jaren tijd groeide het aantal leden van enkele duizenden tot meer dan een half miljoen. Ook het uiterlijk van Jinnah veranderde zienderogen. Op openbare bijeenkomsten was hij gehuld in de traditionele muslim klederdracht, *choridār pyjamas* en *sherwānī*.

Als gevolg van de anti-Britse politieke standpunten van de militante Congress fractie begon de Britse regering meer sympathie te tonen voor de voorstellen van Jinnah en zijn Muslim Liga. Jawāharlāl Nehroe had zich resoluut verzet tegen samenwerking met de Britten of de Geallieerden tijdens de Tweede Wereldoorlog. De vroegere Congress-voorzitter Subhāsh Chandra Bose nam ontslag uit Congress en stichtte zijn *Forward Block Party*. Later zou hij met zijn *Indian National Army* vechten aan de zijde van nazi Duitsland en Japan tegen de Britten. Jinnah daarentegen was bereid samen te werken met de Britten via de recrutering van soldaten. Hij deed ook een beroep op de Britse administratie om de muslim-rechten te vrijwaren. Reeds geruime tijd had de Muslim Liga rapporten gepubliceerd over geweldplegingen op de muslims in de provincies waar de Congress partij in de meerderheid was, onder meer in Bihar, Uttar Pradesh en de Centrale Provincies.

Quaid-i Azām

Op de bijeenkomst van de Muslim Liga op 22 maart 1940 in Lahore waren Punjābī's, Sindhī's, Bengālī's, Pathān's en Baluchī's aanwezig. De honderdduizend deelnemers die verzameld waren in het Alluma Iqbāl-park hadden een uitstekend uitzicht op enkele pronkstukken uit de Mogol-periode, met name het Shāh Jahān Fort en de Bādshāhī Masjid (moskee). In Lahore, het hart van het vroegere Islamitische rijk, werd Jinnah toegejuicht als de Quaid-i Azām, de grote leider. Hij beklemtoonde dat de muslims geen minderheid waren, maar per definitie een natie vormden. Hij meende dat de enige manier om een blijvende vrede te verwerven voor de volkeren van het subcontinent lag in de erkenning van twee thuislanden. De resolutie voor de creatie van de staat Pakistan werd hier goedgekeurd, wat neerkwam op de scheiding van India in twee autonome nationale staten. De transformatie van Jinnah had zich blijkbaar voltrokken, van de ambassadeur van de hindoe-muslim eenheid naar de grote leider en voorvechter van Pakistan.

Mahātmā Gāndhī probeerde in het begin van de jaren '40 nog herhaaldelijk om via persoonlijke contacten tot een akkoord te komen met Jinnah. Gāndhī had zelfs eens voorgesteld om de vorming van de Indiase regering over te laten aan de muslims. De toenaderingspogingen van Gāndhī tot de Muslim Liga stootten op vijandige uitlatingen van de Hindu Mahāsabhā. Veer Sawarkar, het toenmalige hoofd van de Hindu Mahāsabhā, zou later het brein worden achter de moord op Mahātmā Gāndhī, kort na de onafhankelijkheid van India. Jinnah was ook niet langer geïnteresseerd in een vergelijk met Congress. De groeiende aanhang van zijn Muslim Liga was hoofdzakelijk te danken aan de vrees van de muslims voor de hindoe overheersing.

Volgens Mohandās Karamchand Gāndhī waren de tegenstellingen tussen de hindoes en de muslims in het India vóór de onafhankelijkheid het gevolg van de inmenging van een vreemde mogendheid. De conflicten tussen de verschillende gemeenschappen zouden volgens hem vanzelf verdwijnen zodra India over volledig zelfbestuur zou kunnen beschikken. In verschillende historische bronnen werd melding gemaakt van de ‚verdeel en heers politiek' van de Britten in het Indiase subcontinent.

Ambassadeur Lord Halifax telegrafeerde eind augustus 1942 vanuit Washington naar de Minister van Buitenlandse Zaken Anthony Eden in Londen dat hij over erg betrouwbare informatie beschikte aangaande de Muslim Liga. Dit geheim rapport dat Lord Halifax had gekregen van de Amerikaanse consul-generaal R. Merrell in New Delhi, vermeldde dat de Muslim Liga zijn financiële steun kreeg van de Indiase prinsen (zowel van muslims als van hindoes), de muslim grootgrondbezitters en de Engelse zakenlui, vooral die van Calcutta. In het vertrouwelijke document werd verder uitgelegd dat de ‚Indiase vertegenwoordigers' de macht in handen zouden nemen. Dit was volgens het telegram van Halifax ook de eigenlijke reden waarom de Britse regering de Muslim Liga gunstig gezind was. Op die manier hoopte men een duurzame oplossing uit de weg te gaan. De muslim grootgrondbezitters hadden vooral schrik van het programma van de Congress partij die voorstander was van de nationalisatie van alle natuurlijke grondstoffen.

Mandaat voor Pakistan

Na het einde van de Tweede Wereldoorlog behaalde de Labour partij in Groot-Brittannië een ruime parlementaire meerderheid. Dit bood nieuwe perspectieven voor een globale oplossing van de Indiase problemen. Onderkoning Wavell die reeds meerdere jaren in India verbleef, vond dat Jinnah de mening vertolkte van ongeveer 99% van de muslims die de hindoe overheersing vreesden in een hindoe *rāj* (rijk). Onderhandelingen konden nu slechts zinvol verlopen, aldus Wavell, wanneer de Muslim eis voor een afzonderlijke natie zou ingewilligd worden.

In februari 1946 werden er provinciale verkiezingen gehouden. In Punjāb behaalde de Muslim Liga 75 van de 88 muslim zetels, in Sind 28 van de 34 zetels en van 34 verkozen muslim kandidaten in Assam waren er 31 van de Muslim Liga. In Bengalen boekte de Muslim Liga eveneens een schitterend resultaat, met name 113 van de 119 muslim verkozenen. Globaal genomen veroverde de Muslim Liga ongeveer 88 % van de muslim stemmen in de provinciale verkiezingen. Dit was een duidelijk mandaat voor de creatie van Pakistan.

Een parlementaire delegatie van Groot-Brittannië die dat jaar India bezocht, vond dat de stichting van Pakistan op een of andere manier moest worden ingewilligd om verder bloedvergieten te vermijden en om de handelsbelangen van Groot-Brittannië veilig te stellen. De Muslim Liga was gesteld op het behoud van de handelsrelatie met de Britten. Veel Congress leden daarentegen stuurden aan op een boycot van de handel en de industrie. Alle nieuw verkozen leden van de Muslim Liga kwamen bijeen in Delhi, begin april 1946. Ze verklaarden er dat het heil van de muslims op het subcontinent lag in de verwezenlijking van Pakistan.

Indiase federatie: de laatste kans

Een Britse missie onder leiding van Cripps had verschillende wisseloplossingen uitgewerkt voor de problemen van het Indiase subcontinent. Een van de voorstellen was een drieledige federatie met een groepering van provincies die de gebieden omvatten voor Pakistan (gevraagd door de Muslim Liga), de resterende provincies zouden Hindoestan uitmaken en de prinselijke staten waren vrij zich bij een van beide groepen aan te sluiten. Defensie, buitenlandse zaken, communicatie en minderheidsproblemen zouden door de centrale regering van de Groot-Indiase-Unie behartigd worden. Voor de resterende zaken zouden (de groeperingen van) de provincies bevoegd zijn. Jinnah was bereid dit plan op de bijeenkomst van de Muslim Liga voor te leggen op voorwaarde dat de Congress partij de voorstellen eveneens in overweging zou nemen. De delegaties van beide partijen kwamen bijeen in Simla.

Jinnah eiste twee afzonderlijk wetgevende vergaderingen, een voor Pakistan en een voor Hindoestan. Hij wenste pariteit voor hindoes en muslims in de centrale regering van de Indiase Unie en controversiële zaken dienden met een drie vierde meerderheid te worden genomen. Bij de verdediging van de Indiase federatie werd hij geconfronteerd met sterke oppositie binnen zijn Uitvoerend Comité. Zijn wankele gezondheid begon hem meer en meer parten te spelen. Alleen zijn zuster Fatima was op de hoogte van de ernstige longkanker die de kettingroker Jinnah volledig aan het uitputten was. In zijn toespraken kwam hij herhaaldelijk terug op de noodzaak van een drastische chirurgische ingreep om het hoofd te bieden aan de verziekte situatie van India. Niemand kon vermoeden dat hij een toespeling maakte op zijn persoonlijke strijd om te overleven en om misschien nog de geboorte van Pakistan mee te maken. De allerlaatste hoop voor de uitbouw van een Indiase Unie zou spoedig worden verbrijzeld.

De Congress partij opperde fundamentele bezwaren tegen de idee van pariteit voor Hindoes en muslims in de centrale regering. Ze was evenmin te vinden om de provincies zelf te laten kiezen tot welke groepering van provincies ze wilden behoren.

Er waren nog verschillende andere knelpunten. De Muslim Liga eiste de alleenvertegenwoordiging op voor de muslims. Congress daarentegen wees op het nationaal karakter van de partij waar, naast de hindoes ook nog andere gemeenschappen vertegenwoordigd waren. Jinnah verdacht de Congress leiding ervan de muslims te willen verdelen om hen op die manier te kunnen domineren.

De standpunten van de Muslim Liga en van de Congress partij lagen veel te ver uiteen en waren te herleiden tot fundamenteel verschillende uitgangspunten. De Congresspartij was voorstander van een unitaire regeringsaanpak, dit is één wetgevende vergadering met vertegenwoordigers van de provincies. De Muslim Liga daarentegen wenste een federatie van twee autonome staten met twee afzonderlijke wetgevende vergaderingen. Die politieke opties waren niet te verzoenen. Het Indiase subcontinent werd ook vaker geteisterd door bloedige rellen tussen hindoes en muslims in Calcutta, Bombay, Karachi, enz. Tussen 16 en 20 augustus 1946 werden er volgens officiële bronnen in Calcutta alleen al 16.000 Bengālī's vermoord.

Om een burgeroorlog af te wenden leek de enige uitweg, de scheiding van het Indiase subcontinent in Hindoestan en Pakistan. Die scheiding zou plaats vinden onder de laatste Britse Onderkoning Lord Louis Mountbatten.

Jinnah had voorgesteld om in Bengalen en Punjāb een referendum te houden zodat de Bengālī's en de Punjābī's zelf over hun lot zouden kunnen beslissen. Jinnah besefte dat Oost-Bengalen zonder het industriecentrum Calcutta nauwelijks economisch leefbaar was. Hij stond zelfs achter de idee om aan de niet gesplitste provincie Bengalen volledige onafhankelijkheid te geven. ,,Bangladesh" zou dan een onafhankelijke natie zijn naast India en Pakistan. De twee meest invloedrijke Congresspolitici van dat ogenblik, Nehroe en Patel, vonden dat dit tegen de algemene belangen van India indruiste. Een onafhankelijk Bangladesh (land van de Bengālī's) met een muslim premier zou onvermijdelijk een coalitie sluiten met Pakistan (ten Noordwesten van India). Jinnah hoopte eveneens door rechtstreekse onderhandelingen met de Sikhs de opdeling van Punjāb te kunnen vermijden. Een scheiding vond hij noch economisch, politiek of geografisch te verantwoorden. De Sikhs hadden echter wrange herinneringen aan het Islamitisch bewind van de Mogolregering in de 17de eeuw en voelden er weinig voor om opgenomen te worden in een door muslims gedomineerde staat. Bij het tot stand komen van Pakistan was de scheiding van Bengalen en Punjāb nu onvermijdelijk.

Pakistan

Op zeer korte tijd werden de grenzen van de nieuw gecreëerde natie vastgelegd. Zowel India als Pakistan werden onafhankelijk op 15 augustus 1947. Hoe Pakistan precies zou functioneren en wat de eigenheid van de natie voor de muslims was, bleven open vragen. In zijn openingsrede van 11 augustus 1947 naar aanleiding van de vergadering van Pakistans constituante gaf Mohammed Ali Jinnah enkele aanwijzingen:

> „Als we van deze grote staat Pakistan een gelukkige en voorspoedige natie willen maken dan moeten we ons volledig toeleggen op het welzijn van de bevolking, vooral van de grote massa en van de armen.
>
> Als u de strijdbijl zal begraven, het verleden vergeten en zal samenwerken dan moet u onvermijdelijk in uw opzet slagen. Er zal geen einde komen aan de vooruitgang als u zich kunt vinden in de mentaliteit die zegt dat iedereen de eerste, de tweede en laatste burger is van deze staat met gelijke rechten, privileges en verplichtingen, onafgezien van de gemeenschap waartoe hij behoort, van welke relatie hij vroeger met u had en onafgezien van zijn kleur, kaste of godsdienst.
>
> Ik kan het niet genoeg benadrukken. We moeten in die geest beginnen te werken zodat na verloop van tijd de wrijvingen tussen meerderheids – en minderheidsgemeenschappen, tussen hindoes en muslims zullen verdwijnen. Onder muslims zijn er vele te onderscheiden groepen Punjābī's, Pathān's, Sji'ieten en Sunnieten. Ook onder de hindoes zijn er vele categorieën waar te nemen zoals de Brahmanen, Shoedra's, Bengālī's en Madrasi's..."

De vroegere ambassadeur van de hindoe-muslim eenheid leek opnieuw aan het woord te zijn. In zijn toespraak vervolgde hij:

> „U bent vrij; in de staat Pakistan bent u vrij te gaan naar uw tempels, uw moskeeën of naar om het even welke andere plaats voor verering... U mag behoren tot om het even welke godsdienst, kaste of gemeenschap, dat heeft geen uitstaans met de zaken van de Staat... We vertrekken van de idee dat er geen onderscheid mag gemaakt worden tussen de gemeenschappen, kasten en godsdiensten. We vertrekken van het fundamentele principe dat we allen burgers zijn en allemaal gelijke burgers zijn van één Staat".

Na de onafhankelijkheidsdag van 15 augustus, die volgens de hindoe astrologen een slecht gekozen datum was, volgden massale volksverhuizingen gekleurd door conflicten tussen hindoes, muslims en sikhs.

De Quaid-i Azām was op het einde van zijn krachten. Een goed jaar later stierf hij aan longkanker. Zijn zuster Fatima bleef in Pakistan en mengde zich actief in het politieke leven, maar zijn dochter Dina huwde met een Parsi christen in Bombay. Na de scheiding van haar man week ze uit naar New York.

Niemand van Jinnah's nakomelingen koos dus om in Pakistan te leven, in het land van hun (groot)vader die ook de belangrijkste architect was van een natie speciaal gecreëerd voor de muslims.

KASHMIR EN DE DOOD VAN SJEIK ABDULLAH

Lieve De Brabandere

Algemene gegevens

Jammu en Kashmir (ook kortweg Kashmir geheten) is de meest noordelijke deelstaat van India. Het gebied wordt in twee helften gesneden door een demarcatielijn die in 1972 voor de laatste maal werd bepaald door India en Pakistan.

Het Indiase grondgebied dat zich onder de controlelijn bevindt, beslaat een oppervlakte van 138.992 km², wat ongeveer 4 maal de oppervlakte van België vormt. Daar werd het aantal inwoners in 1971 op 4.600.000 geraamd, terwijl in het gebied door Pakistan gecontroleerd de bevolking op 1.300.000 werd geschat.

De deelstaat Jammu en Kashmir wordt in het noord-westen begrensd door Afghanistan, in het noorden door de autonome regio Xinjiang (China), in het zuiden door de deelstaten Himāchal Pradesh en de Punjāb (India) en in het westen door Pakistan.

Kashmir is de enige Indiase deelstaat met een overwegend islamitische bevolking. Terwijl in de streek van de winterhoofdstad Jammu vooral hindoes leven, wonen er in het gebied rond Poonch en de vallei van Kashmir vooral muslims. In de streek van Ladakh wonen vooral boeddhisten. Naast de religieuze is er ook een ethnisch-culturele heterogeniteit aanwezig. Muslims van Kashmir en Jammu behoren tot het Indo-Arische ras terwijl de mensen van Ladakh afstammelingen zijn van de Mongolen.

Er bestaat eveneens een verscheidenheid aan talen: Kashmīrī. Dogrī, Punjābī, Pahārī. De hoofdstad in de zomer is Srinagar, in de winter Jammu. Meer dan 80 % van de bevolking leeft van de landbouw, hoewel er een groeiende verstedelijking aan de gang is. De voornaamste landbouwprodukten zijn rijst, maïs, tarwe en gerst.

De zakenlui van Kashmir bezitten een bijzondere gave om op het juiste ogenblik op het juiste economische paard te wedden. Zo hebben ze achtereenvolgens met duidelijk succes alles ingezet op de ambachtelijke produkten die bij de toeristen erg in trek waren, vervolgens op de tapijtweverij en uiteindelijk op de hotelindustrie, om het enorme aantal toeristen dat Kashmir jaarlijks binnenstroomt op te vangen.

In de jaren '70 kon Kashmir zich slechts op 34 hotels beroemen, maar naarmate het toeristenverkeer met sprongen omhoog ging — in 1973 kwamen 195.846 toeristen, een stijging van 47 % tegenover het vorige jaar — investeerde men steeds meer in het oprichten van hotels. Nu zijn er in Srinagar alléén al 120 hotels.

Verschillende factoren bedreigen echter de florissante hotelindustrie. Door de massale investering in hotels wordt het aanbod te groot, vooral nu de toeristeninvasie langzamer toeneemt (in 1981 toch nog 642.300 toeristen). De hotels kunnen slechts drie maanden per jaar op volle toeren werken. Bovendien is er een gebrek aan professioneel management omdat vroegere tapijthandelaars of ambachtslui zich op die sector geworpen hebben, zonder de vereiste opleiding.

De ,kwestie' Kashmir

De Indiase deelstaat Jammu en Kashmir vormt sinds 35 jaar een permanente bron van spanningen tussen India en Pakistan.

Toen in 1947 Brits-Indië onafhankelijk werd in twee staten, India en (Oost- en West-)Pakistan, was ongeveer één derde van India beheerd door *mahārājā*'s. Aan hen werd de keuze gelaten om zich bij één van deze beide staten aan te sluiten. De toenmalige hindoe-vorst van Kashmir, de *mahārājā* Hari Singh, (in een overwegende muslimstaat), kon maar niet tot een beslissing komen. Wellicht koesterde hij de hoop om Kashmir tot een onafhankelijke staat om te vormen.

Deze hoop bleek ijdel te zijn, want omstandigheden dwongen hem er toe om eind oktober 1947 de aansluiting bij India aan te vragen. Op dat ogenblik drongen er namelijk vanuit Pakistan islamitische tribalen Kashmir binnen. De *mahārājā* was de toestand niet meer meester en vroeg hulp aan India om de invallers terug te drijven. Terzelfdertijd bleef hem dan ook niets anders over dan zich bij de Indiase republiek aan te sluiten. Onmiddellijk werden Indiase troepen gestuurd die de opmars van de invallers konden stuiten, maar dat betekende ook dat een jarenlang geschil tussen India en Pakistan begonnen was.

Op verzoek van India bogen de Verenigde Naties zich over dit probleem en een staakt-het-vuren werd bereikt in januari 1949. In juli 1949 werd ook de eerste demarcatielijn tussen India en Pakistan getrokken.

Toen reeds had zich een scheiding voltrokken in de deelstaat Jammu en Kashmir waarmee noch India noch Pakistan tevreden waren. Dieptepunten in de relatie tussen beide landen waren de oorlogen die opnieuw uitbraken in 1965 (gevolgd door de *Tashkent Declaration* in 1966) en in 1971 (gevolgd door het *Akkoord van Simla*, 1972).

Nog steeds staan de meningen van Pakistan en India lijnrecht tegenover elkaar. Het standpunt van Pakistan luidt als volgt: ook het Indiase deel van Kashmir behoort aan Pakistan toe, want de toetreding van de *mahārājā* tot de Indiase republiek heeft zich slechts onder druk van de omstandigheden voorgedaan, en is dus van generlei waarde. De bevolking is overwegend islamitisch en voelt zich daardoor religieus en cultureel veel sterker met Pakistan verbonden. India beseft dit — alweer volgens Pakistan — en daarom weigert het ook een plebisciet, uit vrees dat het nadelig zou uitvallen.

India geeft op zijn beurt eveneens argumenten aan om Kashmir te behouden : een volksstemming was in het begin onmogelijk, gezien Pakistan weigerde zijn strijdkrachten uit het bezette deel van Kashmir terug te roepen, wat een objectief plebisciet in de weg stond. Na 1950 was het volgens India niet meer nodig omdat Kashmir op een juridisch verantwoorde wijze een deel van de Indiase republiek was geworden.

Dat de spanningen betreffende Kashmir — al dan niet latent — blijven bestaan, is duidelijk.
Nog steeds zijn er meldingen van schermutselingen aan de ‚cease-fire'-lijn. Zo meldt de Japan Times van 28 augustus 1982 dat nabij Poonch

(op 5 km van de grens) een vuurgevecht ontstond tussen Pakistaanse troepen, die de grens overstaken, en Indiase strijdkrachten, waarbij twee slachtoffers vielen.

Mohammad en Faruk Abdulla: ,Changing of the guards'

Op 8 september 1982 overleed de ,Chief Minister' (premier op deelstaatniveau) van Kashmir: de muslim sjeik Mohammad Abdullah. Zijn bewonderaars noemden hem soms ook wel de *'Sher-e-Kashmir',* de ,Leeuw van Kashmir'. Hij stierf op 77-jarige leeftijd en duidde nog vóór zijn dood zijn zoon Faruk Abdullah aan als zijn opvolger. Dit ontlokte zijn tegenstanders dan weer de opmerking als zou de sjeik nu op zijn beurt trachten een dynastie te stichten, terwijl hij zich vroeger met hand en tand verzette tegen het autokratische bewind van de *mahārājā* Hari Singh van de Dogra-dynastie.

Sjeik Abdullah domineerde het politieke toneel in Kashmir tijdens de laatste 50 jaren. Hij had een turbulent en uitermate bewogen politiek leven achter de rug waaronder een jarenlange ballingschap en talrijke verblijven in de gevangenis, eerst op bevel van Hari Singh, later op bevel van New Delhi.

Hij richtte de *Muslim Conference* op in de jaren '30 om de belangen van de verdrukte muslims te verdedigen. Later vormde hij deze beweging om tot de *National Conference,* toen hij besloot dat hindoes en sikhs evenzeer het slachtoffer waren van de feodale toestanden in Kashmir.
Een prioritaire eis van de *National Conference* was een democratische staatsvorm in Kashmir, waartegen *mahārājā* Hari Singh zich hardnekkig bleef verzetten.
De *National Conference* met aan het hoofd sjeik Abdullah — een muslim — sloot de rangen met de Indiase National Congress partij. Deze laatste partij streed voor de onafhankelijkheid van India en tegen de Engelse koloniale overheersing. Sjeik Abdullah wilde Kashmir terzelfdertijd ook bevrijden van het autocratische feodale bestuur van de vorst Hari Singh.

In augustus 1946 lanceerde de sjeik de ,Quit Kashmir'-campagne (,weg met de *mahārājā'*). Hij werd opnieuw gevangen gezet. Toen India

242

onafhankelijk werd en Pakistan zich afscheidde (15 augustus 1947) bevond de sjeik zich nog steeds in de gevangenis.

Zoals alle andere Indiase vorstendommen werd de *mahārājā* voor de keuze geplaatst zich bij de ene of de andere staat te voegen. Hij bleef een beslissing uitstellen totdat hij de hulp van India moest inroepen tegen de islamitische Pakistaanse invallers.

Op dat ogenblik liet de *mahārājā* sjeik Abdullah vrij en plaatste hem aan het hoofd van een nood-regering. Terzelfdertijd betekende dit duidelijk het einde van de heerschappij van de Dogra-dynastie.

Hoewel sjeik Abdullah in 1947 de aansluiting van Kashmir bij India verdedigd had, bleef hij toch streven naar een speciale autonome status. Omdat hij volgens India een té onafhankelijke koers wilde varen, werd hij in 1953 uit zijn ambt van eerste minister ontzet en gearresteerd. De volgende twee decennia bevond hij zich afwisselend binnen en buiten de gevangenis of in ballingschap. Van zijn kant beschuldigde Abdullah de Indiase premier Jawaharlal Nehroe (zelf een brahmaan van Kashmiri oorsprong) ervan, Kashmir te willen opslokken.

Vanaf 1973 zoch Abdullah langzamerhand een betere verstandhouding met India. Dat resulteerde in een overeenkomst tussen de sjeik en Indira Gandhi in februari 1975. Het maakte tevens de weg vrij voor zijn terugkeer naar de macht als Chief Minister van de Jammu en Kashmir deelstaat. De succesvolle onderhandelingen tussen Abdullah en Indira Gandhi waren in belangrijke mate te wijten aan een toegeving vanwege de sjeik: hij liet zijn eis voor een plebisciet betreffende de toekomstige status van Kashmir vallen. Tot dan toe hield Abdullah halsstarrig vast aan het recht tot zelfbeslissing en zelfbestemming van het Kashmiri volk. Hij beschouwde Kashmirs keuze voor India in 1947 als onbestaande en bleef de noodzaak van een plebisciet benadrukken. Ook J. Nehroe had oorspronkelijk ingestemd met de voorlopige aard van de aansluiting in 1947.

Abdullah vond dat voor de toekomst van Kashmir drie alternatieven golden: 1) onafhankelijkheid 2) aanhechting bij Pakistan 3) bevestiging van de aansluiting bij India.

Niettegenstaande de aanvankelijke garantie, was de Indiase regering vanaf 1953 niet langer bereid een plebisciet te laten doorgaan. Abdullah voelde zich zwaar bedrogen en lanceerde een aanval tegen New Delhi.

Tot begin 1972 weigerde Abdullah ook maar enig compromis inzake het beslissingsrecht van het Kashmiri volk.

Wat bracht hem ertoe zijn eis van een plebisciet te laten vallen tijdens de onderhandelingen met I. Gandhi?

Ongetwijfeld heeft de Bangladesh Bevrijdingsoorlog in 1971 daarin een grote rol gespeeld. Oorspronkelijk vond Abdullah de steun van India aan de Bangladeshi vrijheidsstrijders uitermate hypocriet, gezien op hetzelfde ogenblik aan Kashmir het recht op zelfbestemming werd ontzegd.

Maar stilaan riep de oorlog de volgende bedenkingen op bij de sjeik: als de West-Pakistani's in staat waren hun muslimbroeders in Oost-Bengalen zo wreed te behandelen, dan zou dit zich evengoed nog eens op een andere plaats kunnen herhalen.

Dat sjeik Abdullah zijn eis voor een plebisciet niet langer handhaafde werd door zijn tegenstanders niet in dank afgenomen. Ze verweten hem dat hij zijn ideaal van een autonoom Kashmir opofferde om zijn eigen politieke carrière te begunstigen.

De centrale regering in New Delhi koos voor de sjeik als Chief Minister van Kashmir, omdat Abdullah zich steeds afzette tegen het ‚communalisme' (conflict tussen twee geloofsgemeenschappen). Dit leek hen een belangrijke troef in het beschermen van de kwetsbare deelstaat tegen religieuze fanatici en voorstanders van de afscheiding.

Een heet hangijzer dat de relatie tussen de centrale regering en de Chief Minister van Kashmir (Abdullah) geruime tijd voor zijn dood vertroebelde was de *Resettlement Bill.*

Dit wetsvoorstel dat sinds 1980 veelvuldig werd besproken, kent aan Pakistani burgers van Kashmiri oorsprong het recht toe zich opnieuw in Kashmir te vestigen.

Indira Gandhi beschouwde de *Resettlement Bill* als een agressie tegenover de hindoe-minoriteit in Kashmir. Wie zal ons de garantie geven — zo zegt men in Delhi — dat Pakistan geen spionnen zal sturen in de plaats van bona fide burgers die zich opnieuw bij hun familie in Kashmir willen voegen?

De penibele gezondheidstoestand van de sjeik bespoedigde een dooi in de New Delhi-Srinagar relaties. Niet alleen was Indira Gandhi bezorgd vanwege de controversiële *Resettlement Bill,* maar ook omwille van de opvolgingsstrijd die zou ontbranden na de dood van de sjeik tussen zijn zoon Faruk en schoonzoon G.M. Shah. Zij verkoos Faruk omdat hij een verzoenende houding aannam tegenover New Delhi. Faruk werd door zijn vader als opvolger aangeduid en de National Conference partij stemde er mee in.

G.M. Shah, de schoonzoon — een goede administrator en organisator — worden verschillende zaken ten laste gelegd. Zo zou hij een harder standpunt innemen tegenover New Delhi, een opvliegend karakter hebben en zich ook schuldig maken aan corruptie.

Toen Faruk op 8 september 1982, na de dood van Abdullah, de eed aflegde als nieuwe Chief Minister van de deelstaat Jammu en Kashmir, kreeg hij heel wat krediet van het volk. De enorme populariteit die zijn vader had genoten, werd op hem overgedragen. Eén van de prioritaire doelstellingen van Faruk is de uitroeiing van de corruptie. Hij dreigde: „Ik gooi de nieuwe ministers in het Dal Lake als ze corrupt worden bevonden."

RUIMTE VOOR DE PERS IN INDIA?

Patrick WILLEMS

Het recht op vrije meningsuiting is opgenomen in de Universele Verklaring van de Rechten van de Mens. Een vrije communicatiemogelijkheid is tevens een noodzakelijke voorwaarde voor een democratisch bestel. In de meeste democratische landen, ook in India, heeft de overheid haar essentiële opdracht beperkt tot het uitoefenen van toezicht en het vastleggen van de misbruiken die van deze vrijheid gemaakt kunnen worden. Dit sluit echter het gevaar niet uit dat zij ongeoorloofde druk zou uitoefenen op de informatie-verstrekking.

De pers vormt in India, als enig massamedium dat niet in handen is van de overheid, een min of meer getrouwe weerspiegeling van de algemene opvattingen, die zoals in elke democratie bij definitie niet eensluidend zijn. De regelmatige conflicten die de pers door haar kritische reportages uitlokte, brachten de regering er toe zich te beraden over een 'nieuw' mediabeleid. Dit bracht heel wat consternatie teweeg binnen de perswereld die zich in haar vrijheid bedreigd voelde.

De opkomst van de krant

Volgens het *Handbuch der Weltpresse* vond de geboorte van de Indiase geschreven pers plaats in 1780 met het verschijnen van de *Bengal Gazette* in Calcutta. In de daarop volgende jaren verschenen er in Bombay en Calcutta verschillende nieuwe, hoofdzakelijk Engelstalige kranten. Beide steden vormen samen met New Delhi en Madras ook nu nog bij uitstek de centra van het perswezen in India.

Tot in 1861 hadden deze kranten het moeilijk als gevolg van de bemoeienissen van het Britse bestuur. Nochtans verschijnen er nu nog steeds kranten die in de eerste helft van de 19de eeuw gelanceerd werden. Vanaf 1861 viel de pers een minzame houding ten deel zodat ze zich op normale wijze kon ontplooien. Die vrijere opstelling van overheidswege kaderde in de Britse politiek die steunpunten zocht in de Indiase maatschappij om haar eigen macht te kunnen handhaven. Bovendien zijn de Grote Muiterij (1857-58) en de gevolgen daarvan daar ook niet vreemd aan. Beweren dat er van censuur geen sprake meer was zou een verbloeming van de werkelijkheid zijn, maar het gunstigere klimaat laat zich duidelijk onderkennen in een versnelde groei van de pers. In 1937 verschenen er in het gebied dat het huidige India, Pakistan, Bangladesh en Birma omvatte, 2164 publicaties. Hieronder ressorteren zowel dag-, week- of maandbladen als tijdschriften. Weliswaar haalde 3/4 van deze publicaties slechts een oplage van 150 tot 2500 exemplaren.

Het is vooral in die periode waarin het streven van de intelligentsia zich richtte op het verwerven van de onafhankelijkheid dat de pers-wereld opnieuw gebukt ging onder intimidatie, terreur en gevangenne-ming. Verschillende bladen werden verboden en zagen zich genoodzaakt ondergronds te gaan werken. Verschillende leiders van het jonge onaf-hankelijke India — mensen als Bāl Gangādhar Tilak, Chittarjan Dās, Subhās Chandra Bose, Jawāharlāl Nehroe en Mahātmā Gāndhī — waren allen of redacteur of schrijver van toenmalige kranten.

Press Council

Na de onafhankelijkheid bevond de pers zich in een voor haar ongewone situatie. Waar zij zich tot nog toe had ontwikkeld tot een wapen in de strijd tegen het koloniale juk, werd deze functie plots overbodig.

Niet dat alle moeilijkheden nu opgelost waren, verre van. Maar er bestond een zekere consensus om de jonge natie met Jawāharlāl Nehroe aan het hoofd, die zich vastberaden toonde om de democratische idealen te realiseren, krediet te geven. Deze kritiekloze houding was overigens een vrij algemeen fenomeen dat ook de westerse pers kenmerkte in de periode na de Tweede Wereldoorlog. Er was blijkbaar weinig plaats, zowel in het pas onafhankelijke India als in de zich van de oorlog herstellende westerse landen, voor een politieke opinie-pers. Het gevolg van deze trend was dat het merendeel van de kranten de interne politieke problemen grotendeels ongemoeid lieten en via sensatie — en amusementsberichtgeving veel lezers voor zich trachtten te winnen.

In 1954 werd, naar het voorbeeld van Groot-Brittannië, door de Perscommissie van de staat een voorstel ingediend tot oprichting van een nationale *Council of the Press*. Deze persraad, waarin zowel leden van de journalistenwereld als uitgevers-eigenaars van de kranten zouden zetelen, moest waken over het behoud van een ware persvrijheid van allen die actief betrokken zijn bij het verstrekken van informatie. Twee jaar later voorzag de regering reeds een wetsontwerp voor de oprichting van deze raad. Toch zou het nog een tiental jaren duren vooraleer de *Press Council* definitief van start ging. In tegenstelling tot het jaarbericht (1966) van de Indiase *Press Council,* dat deze vertraging toeschreef aan de ontbinding van het parlement in 1957, duidt het *Handbuch der Weltpresse* de tegenstand van de uitgevers-eigenaars als oorzaak aan. Deze laatsten zagen in de raad een beperking van het vrije-ondernemerschap. Op 4 juli 1966 trad de *Press Council of India* in werking. Deze raad die zowel de persvrijheid als een behoorlijk niveau van informatieverstrekking moet garanderen, heeft zich ontwikkeld tot een orgaan met een enorm moreel gezag. De raad heeft de macht van een burgerlijke rechtbank, kan getuigenissen afnemen en documenten verzamelen, maar heeft geen strafrechtelijke bevoegdheid over degenen die zich niet storen aan zijn oordeel, waar iedereen tot nu toe niettemin rekening mee gehouden heeft.

Ontwikkeling van een kritische pers

De persvrijheid in India kende echter een onverwacht einde. Op 25 juni 1975 kondigt Indirā Gāndhī de noodtoestand af, en drie dagen later volgt de mededeling dat, om het herstel van een vertrouwensklimaat te bespoedigen, de persvrijheid wordt opgeheven. Dit gebeurt snel en effectief. In afwachting van een georganiseerde censuur wordt bij bepaalde kranten de elektriciteit afgesloten. Nadien konden de kranten terug publiceren, doch slechts na een strenge controle van de censuurraad. Niets mocht gepubliceerd worden dat ontevredenheid kon oproepen, dat de moraal zou aantasten of de productie zou beïnvloeden. Denigrerende opmerkingen m.b.t. de regering, de eerste-minister e.a. werden niet meer getolereerd. Het ging zelfs zo ver dat bepaalde citaten van Gāndhī, Nehroe en Tagore („a land where the mind is without fear') als opruiend beschouwd werden. Om de effectiviteit van haar censuurmaatregelen te waarborgen maakte de regering gebruik van geldboetes en gevangenisstraffen. Redacteurs die zich niet hielden aan de voorschriften (bv. Georges Verghese, toen hoofdredacteur van de Hindustan Times) werden onder politieke druk ontslagen. Buitenlandse journalisten werd aangeraden voldoende zelfcensuur in acht te nemen. Op 8 december 1975 werden drie nieuwe persvoorschriften afgekondigd, met als doel de actieve persvrijheid (d.i. de vrijheid om informatie te verzamelen, te verwerken en daarna te verspreiden) ook na de opheffing van de noodtoestand aan banden te leggen. Concreet waren dit de verordeningen om het publiceren van ,objectionable matter' tegen te gaan, het afschaffen van de *Press Council* (deze werd later, in 1978, terug opgericht) en de beperking van de journalistieke onschendbaarheid voor de reporter die werkzaamheden binnen het parlement verslaat.

Dit twee jaar durende ijzeren regime heeft echter een keerpunt teweeg gebracht in het Indiase media-milieu. Tot aan de noodtoestand was de pers redelijk vrij. Het was weliswaar niet de meest verantwoordelijke pers, maar ze gaf een beeld van het politieke reilen en zeilen in het land. In het slechtste geval was de naar voren geschoven stelling niet meer dan een kritiekloze bijtreding van het regeringsstandpunt. De repressie van overheidswege schudde de journalisten echter wakker uit hun zelfgenoegzaamheid, en vormde de aanzet tot een nieuwe, meer kritische en strijdende opiniepers. Het is evident dat dit niet voor alle kranten en periodieken geldt. Evenals bij ons bestaat er een breed gamma van goedkope volkskranten, die d.m.v. sensatienieuws een ruime lezerskring aantrekken. Het is echter vooral het bestaan van een aantal ,nationale' en regionale informatiekranten, die o.a. een bepaalde positie innemen ten aanzien van het regeringsbeleid, dat onze aandacht trekt.

Onafhankelijke berichtgeving?

India heeft een voor de meeste derde-wereldlanden ongekende journalistieke vrijheid. Het is mogelijk om ook niet-regeringsvriendelijke standpunten in te nemen. Tot nog toe werd er geen enkele krant verboden — de periode van de noodtoestand niet meegerekend — en komen flagrante beperkingen van de persvrijheid eerder zelden voor.

Niettemin moet er op gewezen worden dat deze vrijheid niet onbegrensd is. De invloed van de regering is op een meer verfijnde manier aanwezig. Politieke dwang en het selectief plaatsen van overheidsadvertenties zijn meestal voldoende om de pers binnen de haar toegemeten grenzen te houden. Dat er wel degelijk ingegrepen wordt bij het overschrijden van bepaalde drempels, mocht Arun Shourie, de voormalige redacteur van het kritische en door de regering weinig geliefde dagblad, de *Indian Express,* ondervinden. Een van zijn publicaties vormde de rechtstreekse aanleiding voor het afzetten van de vroegere eerste minister van Mahārāshtra, A.R. Antulay. Korte tijd later werd Shourie zelf echter gedwongen ontslag te nemen. Ook het verhaal van Brahm Chellani, de journalist die de moord van Sikh-gevangenen door de veiligheidstroepen publiek maakte en hiervoor nog steeds wacht op zijn veroordeling, illustreert de engheid van de toegestane reportagevrijheid. De toestanden in de Punjāb, maar ook in Nagaland, Misoram, Assam zijn trouwens het zere been van de regering, die alles doet om haar imago naar buiten toe ongeschonden te houden. De eigen journalisten die in de ogen van de regering hun boekje te buiten gaan, riskeren allerhande represailles en buitenlandse verslaggevers wordt de toegang tot deze gebieden ontzegd. Er mag zelfs gesteld worden dat de berichtgeving over deze probleemgebieden naar het buitenland toe duidelijk in handen is van de regering. Geen wonder dus dat de Sikhs bv. niet altijd een faire beschrijving van de toestand krijgen. Alhoewel er dus een kritische pers bestaat, blijkt dit in de praktijk toch meer uitzondering dan regel te zijn. De meeste journalisten schrikken er voor terug de vinger in de wonde te steken en leggen zichzelf een vrij ruim gemeten zelfcensuur op.

Bij het aantreden van Rajīv Gāndhī als eerste minister ging een algemeen gevoel van opluchting doorheen de perswereld. In zijn toespraken had de nieuwe eerste minister het belang van de pers in een vrije en open samenleving, zoals India dat wil zijn, meermaals benadrukt. De discussies, tegenstellingen en spanningen die eigen zijn aan een dergelijke maatschappij moeten ongestraft weergegeven kunnen worden via de media. Deze pro-pers houding van de Rajīv-administratie werd echter op losse schroeven gezet door de uitspraken van V.N. Gadgil, minister van informatie en omroep. Op de *All India Newspaper Editors* conferentie van 27 april 1985 beschuldigde hij de pers van het verspreiden van eenzijdige en afwijkende informatie. Hij stelde dat de persvrijheid een grondwettelijk recht is — Indirā Gāndhī beweerde dat ook in haar rede waarin ze de perscensuur afkondigde in 1975 — maar dat het niet te tolereren is dat deze pers ontaardt in losbandigheid. Bovendien stelde hij dat de regering de rol van de media in India nooit voldoende begrepen heeft. Minister Gadgil kondigde eveneens aan dat hij samen met tot nog toe niet nader genoemde leidende figuren uit de mediawereld een voorstel voor een nieuw communicatiebeleid had uitgewerkt.

Dit voorstel, samen met de begeleidende uitspraken riep bij vele journalisten reeds beelden op uit de periode '75-'76. De rechtgeaardheid van deze nieuwe wind binnen de Rajīv-administratie mag namelijk met een zekere scepsis bekeken worden. Zeker wanneer men Gadgils controversiële stellingen plaatst tegenover de uitspraken van A.N. Grover, voorzitter van de Indian Press Council, in een interview begin 1985. Hierin noemt hij de Indiase pers een verantwoordelijke instelling die haar rol om het publiek te informeren zeer naar behoren vervult. Hij wees er bovendien op dat tot nog toe geen enkele journalist gestraft werd wegens overtreding van de *Official Secret Act* van 1923. De raad pleit zelfs voor de wijziging van deze archaïsche en naar willekeur interpreteerbare wet, die enkel een hinderpaal is voor een vlotte informatieverwerking. Zowel de huidige als de vorige regeringen blijken echter ten zeerste gehecht aan deze Britse erfenis, getuige de verschillende op niets uitlopende amenderingspogingen in het verleden (1948, 1954, 1971, 1977, 1983). Een ander reëel gevaar voor het voortbestaan van een vrije journalistiek is het overgaan van een aantal kranten in handen van grote zaken-concerns. Alhoewel het hier slechts gaat over 4% (cijfer uit 1983) van de Indiase kranten, bedraagt het aantal op dergelijke wijze in beslag genomen kranten 68% van de totale oplage. De kapitaals — en machtsaccumulatie die hiermee gepaard gaat, betekent een rechtstreeks gevaar voor de pers en de democratie. Vanuit de *Press Council* werd dan ook reeds gepleit voor het loskoppelen van dergelijke commerciële belangengroepen en het steunen van de kleine krantengroepen.

Specifieke omstandigheden

Naast deze beperkende factor heeft de Indiase pers nog af te rekenen met een aantal specifieke problemen, zoals de lage alfabetisatiegraad, de enorme taalverscheidenheid en een laag welstandsniveau.

Dank zij de enorme inspanningen heeft de alfabetisatiegraad sinds de onafhankelijkheid steeds een stijgende koers gevolgd; van 16,7% in 1951 tot 34% in 1982, waarbij er evenwel een sterk uitgesproken ongelijkheid is tussen mannen en vrouwen, stedelijke en rurale gebieden. Desondanks groeit het absolute aantal analfabeten constant aan. In 1971 telde India 372 miljoen mensen die noch lezen, noch schrijven konden. Ondanks alle geleverde inspanningen was dit aantal in 1981 reeds gestegen tot 446 miljoen. Dit hoge aantal is een uitermate beperkende factor voor de verspreiding van de kranten.

India's welvaartsniveau — en vooral het gebrek daaraan voor de grote meerderheid – plaatst het land tussen de andere lage-inkomenslanden. Het BNP per hoofd ligt nog steeds beneden de 150 $-grens en dit ondanks een jaarlijkse groei. Maar rekening gehouden met de extreem ongelijke inkomensverdeling, betekent dit dat het voor meer dan de helft van de bevolking simpelweg niet mogelijk is om een krant te kopen.

Een probleem van een enigszins andere aard is de enorme taalverscheidenheid van de 700 miljoen inwoners van het subcontinent. De verschillende groepen, subgroepen en dito culturen spreken in totaal zowat 22 officiële talen en 1300 dialecten.

Hindī (zie blz. 1) is dan weliswaar de officiële taal van het land, maar het wordt in slechts 6 van de 22 staten gesproken door een meerderheid van de bevolking.

Binnen deze heterogeniteit fungeert het Engels als de Lingua Franca, de taal die alle regionale grenzen overschrijdt, maar slechts door de meest geschoolden in voldoende mate beheerst wordt. In Delhi verschijnen er kranten in 13 verschillende Indische talen en in het Engels.

De ,nationale' pers

Verschillende Engelstalige dagbladen plegen zich graag de zogenaamde ,nationale' pers te noemen, dit in tegenstelling tot de ,language'-pers (in de lokale talen).

Afgezien van het feit dat enkel de elite het Engels voldoende machtig is, kan in principe geen enkel van deze dagbladen, zoals trouwens geen enkel ander Indiaas dagblad, aanspraak maken op het label ,nationaal', daar niet één er in slaagt het ganse subcontinent te bestrijken.

Alhoewel de *Indian Express* in 11 steden gedrukt wordt en de gezamelijke oplage (543.431) van deze krant groter is dan welke andere ook, slaagt dit dagblad er niet in de oostelijke regio's te bereiken. *The Times* met zijn tweede grootste oplage (526.913) wordt enkel in Bombay, Ahmedabad en New Delhi uitgegeven. De andere dagbladen (zie tabel) hebben een nog meer beperkte oplage en worden in hoofdzaak verspreid in één of enkele steden.

Op uitzondering van New Delhi, waar de verschillende kranten in een harde concurrentiestrijd verwikkeld zijn, heeft elk Engelstalig blad een welomlijnd territorium waar er geen rivalen geduld worden.

Een hoge oplage is geen garantie voor een hoog kwalitatief niveau, een algemeen gegeven dat eveneens geldt voor India. Vooral de *The Times of India, The Statesman* en *The Hindu* krijgen het kwaliteitslabel opgespeld.

Tabel 1

Grootste krantenconcerns*	aantal dagbladen	oplage
1. Bennet Coleman and Co.	9	846.000
2. Express Newspapers	7	455.000
3. Ananda Bazar Patrika	5	317.000
4. Hindustan Times Allied Publications	4	347.000
5. Amrita Bazar Patrika Put	3	297.000
6. Statesman Ltd.	2	189.000
7. Kasturi Sons Ltd.	1	167.000
Totaal		32.618.000

* met een oplage boven de 100.000

The Times, oorspronkelijk een weekblad, ging in 1838 van start als de *Bombay Times.* Naderhand, in 1888, werd het dagelijks uitgegeven en in 1861 werd de naam — om haar groeiende faam en invloed te benadrukken — veranderd in de *The Times of India.* Later werd de krant eigendom van de journalist Thomas Bennett en de drukker F.M. Coleman. Zij stichtten de firma die tot op de dag van vandaag Bennett-Coleman Co. Ltd. heet. De groep kende een gestadige groei en veroverde een steeds groter deel van de markt. Momenteel heeft ze een veertiental publikaties in het genre van hobby, vrije tijd, wetenschap en dergelijke, in handen. Het vlaggeschip blijft echter *The Times* zelf. Het blad beoogt, althans volgens algemeen beheerder Ram S. Tarneja, een objectieve en onpartijdige stem te laten horen. Critici zullen echter niet aarzelen The Times te bestempelen als de krant bij uitstek van de gevestigde orde. Niet zonder reden trouwens. Onder de Britten koos zij voor het kolonialisme. Gedurende de Noodtoestand ontpopte ze zich als de ruggesteun van Indirā Gāndhī en de politieke verschuivingen in 1978 kon de Jantā-regering op haar loyale medewerking rekenen. Haar invloed heeft ze in hoofdzaak te wijten aan haar status als oudste Engelstalige krant in India, als spreekbuis voor de nationale belangen en aan haar professionele journalistieke aanpak.

Ook *The Statesman* geniet de naam een gedegen dagblad te zijn. Zij werd opgericht in 1895 en werd sinds 1922 uitgegeven door de groep Statesman Ltd., met haar hoofdzetel in Calcutta. Kreeg The Times of India, als gevolg van haar houding tijdens de noodtoestand enkele krassen op haar blazoen, voor *The Statesman* geldt het tegengestelde. Onder de leiding van C.B. Irani, heeft zij zich steeds afgezet tegen de perscensuur en andere inperkingen van de vrijheid, iets dat bijzonder gewaardeerd werd door haar lezers. Haar status als een krant met een accurate berichtgeving en een degelijke journalistiek heeft zij in niet onbelangrijke mate te danken aan eminente redacteurs als Pran Chopra, S. Nihal Singh en Kuldip Nayar.

Als derde in de rij vinden we *The Hindu*. Deze krant die in Madras en door middel van fascimilering ook in Coimbatore, Madurai, Bangalore en Hyderabad uitgegeven wordt is eigendom van de groep Kasturi and Sons Ltd.

Tabel 2

Taal	aantal dagbladen		oplage (miljoen)	aantal dagladen en periodieken
	(1976)	(1981)	(1981)	(1976)
ENGELS	87	105	3.35	2.765
HINDI	252	409	3.68	3.289
MARATHI	94	120	1.99	806
MALAYALAM	91	101	1.86	539

GUJARATI	37	39	1.15	580
BENGALI	22	41	1.06	855
TAMIL	58	99	0.96	618
URDU	94	128	0.74	975
KANNADA	53	77	0.56	392
TELUGU	17	31	0.44	441
ANDERE	68	242	0.53	2.060
TOTAAL	875	1.392	16.32	11.260

Het is de enige krant in India die gebruik maakt van deze techniek. *The Hindu* wordt vooral geapprecieerd voor zijn veelzijdige berichtgeving en haar liberale filosofie.

,Language'-pers

Naast de Engelstalige pers heeft zich eveneens een snelgroeiende, zogenaamde ,language'-pers ontwikkeld, overigens geen wonder in een land met zo een enorme taalrijkdom. Er verschijnen in totaal zowat 19.000 kranten in 84 talen. In het Hindī, het Marāthī, het Urdū en het Tamil alleen bestaan er al een honderdtal titels. Zoals uit de cijfers (tabel 2) blijkt, groeit deze groep van publicaties enorm, zowel wat betreft het aantal titels als de hun respectieve oplage. Als meest succesrijke blad staat het in Calcutta gedrukte *Ananda Bazar Patrika* bekend. Deze in het Bengali gedrukte krant had reeds in 1977 een oplage van meer dan 300.000. In dezelfde periode zijn er binnen deze ,language'-pers nog vier andere met een oplage van meer dan 200.000 en 22 die de 100.000 overschrijden.

Deze Indiase kranten blijven echter in hoofdzaak of uitsluitend regionaal en bovendien wat de vormgeving en kwaliteit van de inhoud betreft dikwijls beneden het niveau van hun Engelstalige tegenhangers. Dit zou minstens voor een deel het gevolg zijn van de relatief lage reklameinkomsten die deze kranten verwerven.

De oplage zoals die in de tabel weergegeven is, kan niet zonder meer beschouwd worden als een parameter voor de werkelijke verspreiding. Vooreerst omdat, althans volgens deskundigen, elke krant gemiddeld drie personen bereikt. Dit wordt bv. in de hand gewerkt door de mogelijkheid om op straat kranten te huren.

Een tweede reden is dat deze cijfers slechts een deel van de realiteit vertellen. De ongelijke spreiding geldt niet zozeer in geografisch opzicht — want in elke deelstaat zijn er in ruime mate kranten verkrijgbaar, maar wel in de verhouding tussen stedelijke en landelijke gebieden. Dit komt niet tot uitdrukking in deze cijfers.

In de vier belangrijkste metropolen, Calcutta, Bombay, Delhi en Madras worden 32% van de kranten uitgegeven. Kleine steden met minder dan 200.000 inwoners nemen slechts 22% van de kranten voor hun rekening. De concentratie van de pers in de urbane centra is een algemeen gegeven, iets waar de doorsnee Indiër geen boodschap aan heeft. Hij weet zich geïsoleerd, al of niet bewust, en logische verklaringen van dit feit zullen hierin weinig naam brengen.

Volgens Ramesh Chander zou 80% van de Indiase bevolking verspreid leven over 576.000 dorpen. De alfabetisatiegraad ligt er nog lager dan in de stad (27% in rurale gebieden t.o.v. 34% ,s lands gemiddelde) en bovendien is de bereikbaarheid erg beperkt. Alleen de deelstaat Punjāb, waar praktisch elk dorp aangesloten is op het wegennetwerk, vormt hierop een uitzondering. Elders zijn een groot aantal dorpen afgesloten van de buitenwereld (gedurende de moessonregens en de daaropvolgende maanden die nodig zijn voor het opknappen van de wegen). Enkel de spoorwegen garanderen in zekere mate een heel het jaar door durend transport dat echter beperkt blijft tot de steden. Dat de dagbladen in hoofdzaak gericht zijn op een stedelijk publiek wordt duidelijk geïllustreerd door de aard van de behandelde topics op de frontpagina's. Deze zijn omzeggens uitsluitend gevuld met politiek, geweld en misdaad. Van de totale inhoud wordt er in de Engelstalige kranten nauwelijks 15% besteed aan regionale gebeurtenissen. Nationaal en internationaal nieuws vormt zowat 28% van het aanbod. Al deze dagbladen zijn samen met hun Hindī-tegenhangers duidelijk trouw aan de centrale regering, in tegenstelling tot bv. de Malayālam — en Marāthī-kranten die het New-Delhi nieuws zoveel mogelijk inperken.

De opmars van de tijdschriften

Sinds de noodtoestand heeft zich in India een nieuwe trend ontwikkeld in de perswereld. Vele kranten hadden te lijden onder de strenge censuurmaatregelen en werden verhinderd hun normaal productieschema te volgen. Om de leemte die dit teweegbracht op te vullen opteerde de tijdschriften voor de ‚box-office'-formule, een amalgaam van verhalen, astrologie, filmnieuws, hobby, politieke roddels, sport enz., met als voornaamste opzet zoveel mogelijk lezers te boeien. Na 1977 ging men zich echter meer toespitsen op de zogenaamde ‚investigative' journalistiek, waarbij bepaalde hete hangijzers worden uitgediept. Het ging de tijdschriften voor de wind. Waar zij eens verguisd werden door de redacteurs van zowel Engelstalige als ‚language'-dagbladen als een minderwaardige vorm van journalistiek, gingen deze laatsten, aange-spoord door het succes van vooral de *India Today,* eveneens over tot het uitgeven van eigen periodieken, zoals *The Illustrated Weekly* van The Times of India groep, de 14-daagse *Frontline* van de Hindu, de weke-lijkse *The Week* door de Malaya Manorama e.a.

Als oorzaak van de geslaagde opmars van de tijdschriften worden verschillende redenen aangehaald. Het zou een soort modeverschijnsel zijn binnen de hogere klasse, waar het een sociale *must* is om de kleurrijk geïllustreerde en relatief dure tijdschriften in huis te halen. Het mag anders wel vermeld worden dat de meeste tijdschriften, in tegenstelling tot de ‚grauwe', in eentonigheid uitblinkende kranten, een frisse indruk maken. Geïnspireerd — of veroorzaakt — hierdoor zijn ook de kranten meer aandacht gaan schenken aan hun vormgeving, onder het motto dat een bevallig uiterlijk de kwaliteit niet hoeft te schaden. Niettemin blijven een aantrekkelijke lay-out, en het gebruik van foto's een uitzondering voor de Indiase dagbladen.

Een tweede reden zou dieper liggen. Door de steeds toenemende informatiestroom, iets dat nog meer geldt voor de westerse samenleving, is er behoefte ontstaan aan overzichtsartikelen, die het dagelijks bijhou-den van de talrijke nieuws-waardige gebeurtenissen overbodig maken. Het is precies daarop dat tijdschriften zich toespitsen.

Nieuwsagentschappen

India heeft vier eigen nieuwsagentschappen; de *Press Trust of India* (PTI), *United News of India* (UNI), *Hindustan Samachar* (Indian News) en *Samachar Bharati* (News India).

PTI werd opgericht in 1948 door de Indiase kranten, ter vervanging van de *Associated Press of India,* een filiaal van Reuter. In 1960 werd door dezelfde kranten een tweede Engelstalig persagentschap, het UNI opgericht, met als voornaamste opzet d.m.v. de competitie tussen beide agentschappen de objectiviteit, snelheid en kwaliteit te stimuleren. Beide ondernemingen, die geen winstgevend doel voor ogen hebben, zenden uit in het Engels, en sinds enkele jaren eveneens in het Hindī. PTI en UNI hebben, behalve een 500-tal stafmedewerkers in eigen land ook een handvol correspondenten in een aantal wereldsteden zoals New York, Londen, Moskou (enkel PTI), Singapore, Hongkong en Koeweit (in de laatste 3 steden bevinden zich enkel UNI-medewerkers).

Zowel PTI als UNI sturen hun berichten niet enkel door naar dagbladen. Zowel overheidsinstellingen (in hoofdzaak *All India Radio* en *Doordarshan,* beide staatsomroepen) als privé-ondernemingen (o.a. hotels) betrekken hun nieuws van deze twee nieuwsagentschappen.

Voor PTI vormen de dagbladen slechts 80% van hun cliënteel, voor de UNI ligt dit op 58%. Niet alle kranten zijn overigens aangesloten bij een nieuwsagentschap.

De overige twee Indiase nieuwsagentschappen zijn de *Hindustan Samachar* en de *Samachar Bharati.* De eerste werd opgericht in 1948 en verspreidt zijn berichten in het Hindī, Marāthī en Gujarātī. De *Samachar Bharati,* ging in 1966 van start, en bericht in 10 talen. Beide agentschappen worden echter in niet geringe mate overschaduwd door de Engelstalige agentschappen.

Elf buitenlandse nieuwsdiensten hebben een filiaal in India. Deze agentschappen zijn er echter toe verplicht, en dit sinds 1948, om hun diensten via 4 nationale agentschappen door te sturen naar de abonnee. De reden hiervoor is louter financieel. Voor de afzonderlijke kranten betekent het een serieuze kostenbesparing wanneer zij zich niet op de verschillende agentschappen moeten abonneren. De staat wordt ermee gediend door de beperking van de deviezen-uitgave. Enkel Tass vormt hierop een uitzondering daar het zowel de UNI — als de PTI-kanalen mag gebruiken.

India heeft nog een speciale overeenkomst met de niet-gebonden landen om nieuws uit het buitenland te betrekken. Sinds 1975 bestaat er een afspraak met 14 andere dergelijke landen om dagelijks en wederzijds een aantal nieuwsitems uit te wisselen. Het in stand houden van vier persagentschappen in één land, iets op dat op zich al een luxe is voor een derde wereldland, is beter dan het monopolie van één agentschap. De commerciële (on)leefbaarheid, die zonder de — indirecte — steun van de overheid erg twijfelachtig wordt, doet echter een aantal vraagtekens rijzen omtrent de onafhankelijkheid en de objectiviteit van de berichtgeving.

Opleiding

De journalistieke opleiding in India is, zo wordt algemeen aanvaard, gebrekkig, dit ondanks een relatief groot aantal instellingen die zich hierin specialiseerden.

In 1941 werd er aan de Punjāb-University in Lahore een afdeling journalistiek opgericht. Na de opdeling India-Pakistan, werd het instituut in 1947 overgebracht naar Delhi, en later in 1962 vond het zijn definitieve bestemming in Chandigarh. In 1947 werd er aan de Madras-Universiteit een afdeling journalistiek bijgevoegd, iets dat nadien navolging vond aan de universiteiten van Calcutta, Mysore, Nagpur en Hyderabad. Aan diverse andere universiteiten worden journalistieke vakken gedoceerd. Ook bestaan er een aantal gespecialiseerde instellingen, o.a. het Rajendra Prasad Institute of Communications Management, waar een professionele opleiding aangeboden wordt. In totaal zijn er (anno 1982) zowat 1500 studenten die de keuze hebben uit een 50-tal instellingen. Daarnaast worden er ook ,workshops', bijscholingscursussen en seminaries gehouden door de Press Institute of India.

Besluit

India heeft wel een in de grondwet verankerde persvrijheid, maar toch komt de werkelijkheid van alledag enigszins anders naar voren. De overheid en vooral de zakenconcerns hebben teveel macht en invloed om de mythe van een vrije, onafhankelijke pers in stand te houden. Vele krante zijn in de loop der jaren ontstaan, maar enkel de groten lijkt een duurzaam perspectief geboden.

De opkomst van de tijdschriften heeft de oplage van de dagbladen niet — of nog niet? — doen afnemen. De Indiase dagblad-markt is dan ook nog steeds in uitbreiding, een toestand waarin, gezien de huidige situatie, geen onmiddellijke verandering zal optreden.

Een marktonderzoek van de Operations Research Group wees uit dat de totale hoeveelheid krantenpapier (ong. 1 miljoen ton per jaar) die hiervoor nodig zal zijn, onmogelijk kan geproduceerd worden in eigen land.

Volgens hetzelfde prospectie-bureau zou in datzelfde jaar nog steeds minder dan één volwassen Indiër op vier bereikt worden. Naar alle waarschijnlijkheid woont deze Indiër in een of andere grootstad en zijn de kranten nog steeds voor hem geschreven.

NEPAL, KONINKRIJK IN DE HIMALAYA

Patrick WILLEMS

Voor velen onder ons is Nepal een onbekend terrein. De meesten weten wel dat de hoogste berg ter wereld er ligt, maar daar houdt het meestal mee op. Voor een deel is dit wellicht te wijten aan de geslotenheid die de Nepalese leiders eeuwenlang in stand hielden. In dit artikel wordt een summiere beschrijving van het land gevolgd door een schets van de politieke ontwikkelingen tot heden.

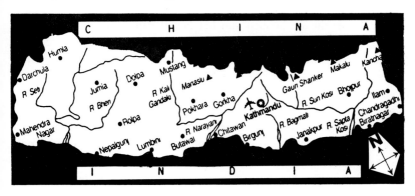

Alhoewel Nepal een klein land is, gelegen in de subtropische gordel — tussen 26 graden 22' en 30 graden 27' NB — heeft het een uitgebreide geografische verscheidenheid waarvan elke toerist onder de indruk komt. Toerisme is trouwens een belangrijke bedrijfstak geworden de laatste decennia.

Het noorden van het land wordt beheerst door het hooggebergte van de Himālaya's, met een bar en onherbergzaam klimaat, en de eeuwige sneeuw op de toppen. Hier bevindt zich één van 's lands grootste beroemdheden. De Nepalezen noemen hem de Sagarmatha en de Tibetanen de Chomolungma. In het westen is hij gekend als de Mount Everest, met zijn 8848 m de hoogste berg ter wereld. Meer naar het zuiden liggen de Hills, het voorland van de Himālaya's. Dit is oorspronkelijk dicht bebost gebied, rijk aan waardevolle houtsoorten. Van één bepaald klimaat kan men eigenlijk niet spreken. Elke vallei verschilt qua hoogte, helling, bescherming t.o.v. koude winden, zoninval en andere factoren, heeft bijgevolg een eigen microklimaat. Het is niet verwonderlijk dat deze gevarieerde streek met zijn vruchtbare valleien van oudsher reeds een traditonele vestigingsplaats is.

Twee derde van de bevolking woont in een gebied dat de helft van 's lands oppervlakte omvat. Hier ligt ook de Kathmanduvallei, het sociale, culturele en commerciële centrum sinds eeuwen. Verder naar het zuiden bevindt zich het laagland, dat een voortzetting vormt van de Indiase Ganges-vlakte.

Vroege geschiedenis

De kennis die we hebben van het Nepal van voor de 18de eeuw is slechts zeer fragmentarisch en berust op inheemse kronieken, geschreven in de verschillende verspreid liggende vorstendommen. De geschriften gaan terug tot de 4de eeuw na Christus, en beginnen met de opkomst van de Licchavi-dynastie in het Nepalese laagland en de Kathmanduvallei. Deze vorstenfamilie van Indiase oorsprong verving de heersende stammenstructuur door een monarchaal systeem. Deze dynastie handhaafde zich tot de 8ste eeuw en onderhield uitgebreide culturele, politieke en handelsrelaties met Tibet.

De islamisering van Noord-India aan het einde van de 12de, begin 13de eeuw veroorzaakte de emigratie van talloze hindoes die elders soelaas zochten. Velen vestigden zich in de valleien van het Nepalese bergland, waaronder ook de leden van de vorstelijke familie uit Rājasthān die enkele tientallen jaren later de Malla-dynastie zou stichten. Onder de Lichavi-vorsten won het hindoeïsme aan belang, vooral dan bij de heersende klassen. Gedurende de Malla-periode, die duurde tot de 18de eeuw, trad deze tendens nog sterker naar voor. De boeddhisten behielden evenwel hun godsdienstvrijheid. Naast de Malla's, die regeerden in de Kathmandu-vallei, waren er nog talloze kleine en onafhankelijke vorstendommen. Rond de 10de eeuw werden praktisch al deze rijken geregeerd door dynastieën die zichzelf als nakomelingen beschouwden van hoge-kaste Indiërs, die jaren terug naar het bergland vluchtten onder druk van het oprukkende Mogol-imperium.

In het begin van de 18de eeuw slaagde één van deze kleine vorstendommen erin — i.c. Gurkha, geregeerd door de Shāh familie — steeds meer macht en invloed te verwerven. Na verloop van tijd speelde het de overheersende rol in de ‚Hills' en vormt een bedreiging voor de Kathmanduvallei. De Malla's hadden ondertussen aan kracht ingeboet als gevolg van familiale twisten en ontevredenheid van het volk. Omstreeks 1769 werd de vallei ingenomen door de Gurkha-koning Prithvi Narayan Shāh. Kathmandu werd de hoofdstad van zijn nieuwe rijk dat de grondslag vormde voor het moderne Nepal.

Moderne geschiedenis

Vanaf 1769 kan men spreken over een verenigd koninkrijk Nepal. De Shāh heersers werden evenwel geconfronteerd met enorme moeilijkheden en botsten op veel weerstand van de talloze ethnische groepen bij hun streven naar een centraal geregeerd rijk. Zij wisten dit laatste te bereiken door de dominante regionale elite op te nemen in de centrale regering in Kathmandu. Deze strategie, in Indië met succes toegepast door de Britten, neutraliseerde de potentiële tegenstanders van een centraal bestuur door hen in te schakelen in de nationale politiek. De keerzijde van deze medaille was dat de macht van de centrale autoriteit beperkt werd omdat elke resolutie een compromis was tussen de lokale elite en de regering. Heel de periode van de Shāh dynastie werd bovendien gekenmerkt door de voortdurende confrontatie tussen verschillende adellijke families, die in hun strijd om de meeste macht, elkaar naar het leven stonden. De positie van de koning werd tussen 1775 en 1832 erg verzwakt toen er drie maal na elkaar een minderjarige het vorstelijk ambt bekleedde. De regenten en de adel schakelden de vorsten in als marionetten in hun onderlinge strijd om de beste posities. Vooral de Thapa-familie (in de eerste helft van de 19de eeuw) en vervolgens de Rana-familie (midden van de 19de eeuw tot in 1952) waren succesvol in hun streven naar politieke macht. Het logische gevolg was dan ook dat gedurende anderhalve eeuw het koningschap herleid werd tot een geëerde maar machteloze positie. De effectieve macht was in handen van de leidende figuren uit de dominante families. Opmerkelijk is het feit dat het koningschap nooit werd afgeschaft. Dit is begrijpelijk wanneer men weet dat de vorst beschouwd werd als een reïncarnatie van de god Vishnu, en zijn eliminatie gewelddadige acties zou oproepen. Zo konden de Rana's het nooit verder brengen dan premier maar dan wel met een haast absolute macht. Zij maakten het premierschap eveneens erfelijk. Om geen beroep te moeten doen op regenten (wanneer de opvolger minderjarig is) werd het erfrecht eerst van de ouders naar de jongere broer van de vader doorgegeven. Slechts daarna kwam de volgende generatie aan de beurt.

Het lag oorspronkelijk in de bedoeling van de Shāh heersers om een verenigd koninkrijk te creëren dat heel het bergland tussen het huidige Kashmir en Bhutan zou omvatten. Aanvankelijk leek dit wel te lukken maar opeenvolgende verliezen in de oorlogen met China en Tibet (in 1788-1792), met de Sikhs in Punjāb (1809) en met het Brits Indische Rijk (1814-1816) deden hun dromen in rook opgaan. Een laatste oorlog met Tibet (midden 19de eeuw) maakte een definitief einde aan de Nepalese expansiedrang. In de oorlog met Brits-Indië verloor Nepal de huidige deelstaat Sikkim. Om zijn onafhankelijkheid te bewaren werd het gedwongen een wederzijdse overeenkomst te sluiten. De onderhandelingen hieromtrent bereikten in 1860 — gedurende de Rana-periode — de volgende, wederzijds aanvaarde resoluties: Kathmandu verbond er zich toe

- Nepalese soldaten te recruteren voor het Brits-Indische leger
- de aanstelling van een Brits gezant in Kathmandu te aanvaarden
- een buitenlands beleid te voeren dat onderworpen is aan de goedkeuring van de Britten.

In ruil daarvoor gingen de Britten niet verder dan de volgende belofte

- Britse bescherming tegen buitenlandse en binnenlandse vijanden
- de garantie voor een volledige autonomie m.b.t. de binnenlandse aangelegenheden.

Op deze manier wist Nepal zijn onafhankelijkheid te bewaren en ontkwam het aan een inlijving bij het Britse imperium. Wel was het beleid sterk afgestemd op de Engelsen maar dit was duidelijk met het oog op een behoud van de eigen machtspositie.

Tegenover het buitenland zetten de Rana's het traditioneel beleid van de Shāh-koningen verder. Het land behield zijn beslotenheid t.o.v. de buitenwereld en voor de Nepalese bevolking stond de tijd stil.

Niet iedereen ging echter akkoord met het beleid van de Rana-heersers. Anti-Rana-activisten, in hoofdzaak bestaande uit Nepalezen die hun toevlucht gezocht hadden in India en aldaar een rijke leerschool volgden in de Indiase nationalistische beweging, vormden een alliantie met de Nepalese koninklijke familie. Koning Tribhuvan steunde in het geheim eveneens de illegale *Prajā* Parishat (Volkspartij), die in 1935 werd opgericht.

In 1946 werd in Benares het *Nepali National Congress* opgericht. Deze nieuwe partij sloot zich aan bij de oppositie. Tot na de oorlog had heel deze verzetsbeweging in Nepal weinig invloed. De uittocht van de Britten in India in 1946 betekende echter een harde klap voor de Rana's. Zij verloren hun belangrijkste bondgenoot en werden plots blootgesteld aan nieuwe gevaren die hun bewind bedreigden. Op zoek naar steun werd de traditionele politiek van beslotenheid t.o.v. het buitenland, verlaten. Op het einde van 1950 bereikte de onrust van het volk, gesteund door de koning, die op dat moment naar India was gevlucht, haar hoogtepunt. Onder druk van New Delhi, dat zich bedreigd voelde door de communistische expansie vanuit China — in 1950 viel China Tibet binnen — kwam vervolgens een overeenkomst tot stand, waarbij de soevereiniteit van de kroon werd hersteld. De Nepalese nationale partij verkreeg een meerderheid in de regering. Voor de Nepalese bevolking was er echter niets veranderd: een armoedig bestaan in een onderontwikkeld land dat op de koop toe werd geteisterd door overstromingen en hongersnood. De corrupte bureaucratie, communalistische spanningen en de pogingen van verscheidene afgelegen gemeenschappen om zich los te maken van het centrale gezag verscheurden het land en maakten enige economische ontwikkeling onmogelijk. In dit klimaat van verdeeldheid besliste de koning Mahendra (de zoon van de in 1955 overleden koning Tribhuvan) om nationale verkiezingen uit te schrijven voor het parlement. Het waren de eerste vrije verkiezingen voor het land en ze vonden plaats in februari 1959.

Democratie in Nepal

De introductie van een democratisch politiek stelsel in Nepal, een land dat geen democratische traditie kende, bleek een uiterst moeilijke taak. De verkiezingen van 1959 werden overtuigend gewonnen door B.P.

Koirala, leider van de Nepali Congress partij. Deze partij behaalde 74 van de 109 zetels in het parlement en werd belast met de formatie van de eerste volksregering van Nepal. Koirala werd eerste minister en lanceerde een progressief programma van belasting — en landhervorming. Dit was niet bepaald naar de zin van koning Mahendra, en de voortdurende kibbelingen tussen de ministerraad en de koning resulteerden in het ontslag van de regering in december 1960. De vijftien politieke partijen die Nepal toen kende werden verboden, de kamer werd ontbonden en Koirala belandde in de gevangenis.

In 1962 verving hij het op westerse leest geschoeide parlementaire stelsel door een eigen systeem: de *Panchāyat* democratie. Nepal werd vanaf dan geregeerd door de koning samen met de ministerraad. Alle ministers werden door de koning gekozen uit de nationale Panchāyat. Het *Panchāyat* systeem telt vier niveaus. De basiseenheid van de regering is de elf leden tellende Village Panchāyat. Een *Village Panchāyat* overkoepelt maximaal 3500 personen en kan eventueel meerdere kleine dorpen omvatten. Deze leden vertegenwoordigen de negen buurten *(wards)*, waarin elk dorp is opgedeeld, en staan onder leiding van een voorzitter en ondervoorzitter. Naast de buurtvoorzitter, die zetelt in de *Village Panchāyat* kiest de bevolking van een ward ook nog vier andere leden, die samen (vijf dus) de gemeenteraad of *Village Assembly* vormen. Deze komt twee maal per jaar samen en oefent een controlerende functie uit t.a.v. het uitvoerend orgaan, de *Village Panchāyat*. Naast de officiële elf leden kunnen er ook vertegenwoordigers van bepaalde belangengroepen met stemrecht worden opgenomen in de *Village Panchāyat*. Enkele taken zijn het onderhoud van de wegen, de gezondheidszorg, het oplossen van locale geschillen, onderwijs enz.

De structuur van de *Village Assembly* en de *Village Panchāyat* herhaalt zich op districtniveau (75 bestuurlijke districten) en op zonaal niveau (14 zones). De belangrijkste taken van het district *Panchāyat* zijn het uitvoeren van overheidsprojecten en de hulpcoördinatie bij rampen. Een andere belangrijke taak is het kiezen van de parlementsleden (elk district heeft minimum 1 zetel in het parlement). De invloed van de regering op het districtniveau, en ook op zonaal niveau, is aanzienlijk. Zij kan zowel de voorzitter als de leden van de districtraden ontslaan en vervangen naar eigen goeddunken.

Aan de top van het systeem staat de *National Panchāyat (Rāshtrīya Panchāyat)*. Dit is het nationaal wetgevende orgaan en telt 135 leden. Hiervan zijn er 112 gekozen door de verschillende districtraden en 23 worden er rechtstreeks benoemd door de koning. Deze laatste regeert het land samen met de door hemzelf aangeduide ministers. Hij kan naar eigen goeddunken de vergaderingen uitschrijven voor de *National Panchāyat*, met een maximum interval van 1 jaar. Dit laatste werpt wel een schaduw over de werkelijke inspraakmogelijkheden die het *Panchāyat* systeem biedt.

Koning Mahendra verkreeg de goedkeuring voor zijn regering van zijn beide grote buurlanden. In eigen land was niet iedereen akkoord met de gang van zaken, maar de oppositie was niet georganiseerd en te zwak om hierin verandering te brengen. Mahendra stierf in 1971 en werd in 1975 opgevolgd door zijn zoon Birendra die nog steeds koning is. In datzelfde jaar bracht de koning enkele wijzigingen aan in de grondwet. Het „back to the village campaign"-comité, opgericht door zijn vader, om het *Panchāyat* systeem te promoten, werd geïnstitutionaliseerd als een grondwettelijk lichaam. De centrale raad van deze instelling wijst de kandidaten voor de National Panchāyat aan waarop de kiezers dan hun stem kunnen uitbrengen. Een andere wijziging gaf de pers de toelating de vergaderingen van de *National Panchāyat* bij te wonen. Eveneens in 1975 werd Giri door de koning benoemd als eerste minister. Giri was een fervent verdediger van het *Panchāyat* systeem. Met zijn regering bond hij de strijd aan tegen de ondergrondse partijen zoals het Nepali Congress en de Communisten. Zijn bestuur leek op dat van Indirā Gāndhī gedurende de noodtoestand. Toen Indirā na de verkiezingen in '77 de macht overdroeg aan Premier Desai kwam ook Giri ten val. Hij werd vervangen door Kirti Nidhi Bista. Deze trachtte de levenskansen van zijn regering te vergroten door het opnemen van *Nepali Congress* leden en communisten in zijn kabinet. In april 1979 braken er studenten-rellen uit tegen het wanbestuur van de *Panchāyat* autoriteiten. De onlusten namen snel uitbreiding en verspreidden zich over het ganse land. Premier Bista nam maatregelen, maar slaagde er niet in de rust te doen weerkeren. Zijn regering viel nog datzelfde jaar.

In mei 1979 kondigde koning Birendra een volksraadpleging aan omtrent de politieke toekomst van het land. Wenste men een meerpar-tijen-systeem of koos men voor een — voor wijzigingen vatbaar *Panchā-*

yat systeem? Eveneens verklaarde hij het „back to village"-comité ontbonden, een onschuldig lijkende instelling die zich echter ontpopte tot de ideologische vleugel van het partijloze systeem dat voorwerp van afkeer geworden was van talloze Nepalezen.

Met dit referendum in het verschiet keerde de rust terug in Nepal. De koning won met deze maatregel aan populariteit. Hij vermeed op die manier zich te identificeren met het *Panchāyat* systeem, en steeg bovendien uit boven de politieke intriges.

Het referendum van 1980 bracht een nipt overwicht aan het licht ten gunste van het *Panchāyat* systeem. Vijfenveertig procent van de bevolking toonde echter een voorkeur voor het meerpartijenstelsel.

In mei 1981 werden er verkiezingen gehouden voor het National Panchāyat Assembly. Volgens de gewijzigde grondwet verkoos het NPA Surya Bahadur Thapa tot nieuwe eerste minister. Zijn bestuur was niet gespeend van kortzichtigheid, wanbeleid en verregaande corruptie. De eerste minister die oorspronkelijk gehoopt had zijn kabinet te domine-

Koning Birendra, rechtstreekse afstammeling van de Gurkha Koning Prithvi Narayan Shah, die de grondlegger was van het moderne Nepal (ca. 1769)

ren, ondervond al spoedig weerstand van zijn ministers. Om van deze tegenstand verlost te worden ontsloeg hij hen samen met nog enkele andere medewerkers. Voedseltekort en massale botsingen vonden plaats terwijl de regering deze problemen simpelweg negeerde.

Het is daarom niet zo verwonderlijk dat binnen het *National Panchāyat* een motie van wantrouwen werd ingediend, die het ontslag vanThapa als gevolg had. In juli 1983 werd Lokendra Bahadur Shand tot eerste minister benoemd. Dit betekende echter geenszins het einde van het politieke gebakkelei dat zich in de loop van de 1984-1985 duidelijk zal aftekenen als een machtsstrijd tussen het Thapa- en Shand-kamp. Daarnaast is er ook de Congress-partij, met aan het hoofd Girija Prasad Koirala, die ijvert voor de herinvoering van het meerpartijenstelsel. De Nepalese politiek krijgt echter een nieuwe dimensie wanneer er op 20 juni 1985 een serie bommen ontploffen. De regering reageert door een strenge anti-terreur wet af te kondigen . Maar de politieke verdeeldheid groeit evenals de ontevredenheid van het volk.

Degene die ongeschonden en ver boven dit alles uittroont is koning Birendra Bir Bikram Shāh Dev. Voor de meeste Nepalezen nog steeds een incarnatie van de god Vishnoe, en het nationale eenheidssymbool bij uitstek dat zelfs in tijden van crisis een rots in de branding blijft.

BUITENLANDSE *HULP* VOOR BANGLADESH?

Gerard H\ AUTEKEUR

Wie op een binnenlandse vlucht met een Fokker F28 straalvliegtuig over Bangladesh vliegt is aangenaam verrast door de aanblik van het „groene paradijs met zijn duizend rivieren". Bangladesh dat ook weleens de „grootste delta van de wereld" wordt genoemd, biedt enorm veel kansen wat zijn landbouwontwikkeling en voedselvoorziening betreft. Helaas, ook hier wordt het platteland, waar 85 % van de bevolking leeft, genegeerd. Bevoorrechte minderheden in de grote steden nemen een geprivilegieerde positie in. Bij de landing in de hoofdstad Dacca vangt men een glimp op van de riante woonwijken Gulshan, Banani en Dhanmandi. Tachtig procent van de fondsen van de ontwikkeling van de hoofdstad gaan naar deze drie modieuze wijken. Het zijn de residenties van de nieuwe rijken en van de buitenlanders, die de talrijke buitenlandse (ontwikkelings)organisaties vertegenwoordigen.

De nationale luchtvaartmaatschappij van Bangladesh is een van de goedkoopste ter wereld. Niettemin kan slechts 0,1 % van de bevolking zich veroorloven het vliegtuig te nemen, alhoewel de reis van iedere passagier indirect met 30 dollar wordt gesubsidieerd. De aanleg van de luchthavens werd integraal met buitenlandse hulp bekostigd. Ook de aankoop van de Fokker straalvliegtuigen werd ruimschoots gefinancierd door het Nederlandse Ministerie van Ontwikkelingssamenwerking. In verband met die aankoop werden later twee ministers van Bangladesh gearresteerd omdat ze zich te opvallend hadden verrijkt.

De elite van het land vliegt dus hoog met buitenlandse steun en op de rug van de rest van de bevolking. Wellicht is dit een treffend voorbeeld van de verkeerd bestede buitenlandse hulp die de zelfontwikkeling van de erg jonge staat afremt.

Ontstaan van Bangladesh

Oost-Bengalen kende vooral in de tweede helft van de twintigste eeuw een erg woelige geschiedenis. Tijdens de onderhandeling met de Britten over de onafhankelijkheid van het Indiase subcontinent had M.A. Jinnah, de vader van de Pakistaanse natie, onomwonden de creatie van Pakistan geëist (zie blz. 222). Hij vreesde dat de Muslims in India door de grote meerderheid van de hindoes in verdrukking zouden komen. Lord Mountbatten, die de laatste Onder-koning was van (koloniaal) India, had gewezen op de politieke onbestuurbaarheid van Pakistan. Oost- en West-Pakistan lagen meer dan 1500 km uiteen, gescheiden door het Himalaya gebergte en Indiaas grondgebied.

Na de onafhankelijkheid en de splitsing van India en Pakistan in 1947 volgden massale volksverhuizingen en bloedige slachtpartijen tussen hindoes en muslims. Met het ontstaan van Pakistan werd Oost-Bengalen (= Oost-Pakistan) afgescheiden van het industriecentrum Calcutta, dat in West-Bengalen was gelegen.

Oost-Pakistan werd vanuit Islamabad (West-Pakistan) bestuurd. De elite in Oost-Pakistan kon niet gemakkelijk de dominantie uit West-Pakistan verteren. In 1947 produceerde Oost-Pakistan (het huidige Bangladesh) twee derden van de wereldproduktie van jute. Het was zelfvoorzienend wat de graanopbrengst betreft en het exporteerde meer dan het importeerde. Van het overschot op de betalingsbalans profiteerden in de eerste plaats de rijkere families in West-Pakistan (het huidige Pakistan) voor de uitbouw van de industrie en het ontwikkelen van irrigatiefaciliteiten in Punjab en Sindh. Uit *Forum* van 28 september 1970 bleek dat de 20 rijkste families uit West-Pakistan tachtig procent van de banken, 70 procent van de verzekeringen en 66 procent van de industriële investeringen controleerden.

In 1952 volgde een hevige reactie tegen de poging om Urdū (zie blz. 1) op te leggen als de enige officiële taal voor geheel Pakistan, dus ook voor Oost-Bengalen waar bijna uitsluitend Bengali wordt gesproken. De wrevel in de oostelijke provincie van Pakistan kende een hoogtepunt na de cycloon van 1970. Er vielen 200.000 doden en de materiële schade in Oost-Pakistan was aanzienlijk. Van overal in de wereld stroomde hulp toe. Als gevolg van de corruptie was de distributie van de hulp erg gebrekkig en veel van de hulp kwam nooit terecht bij de slachtoffers van de cycloon.

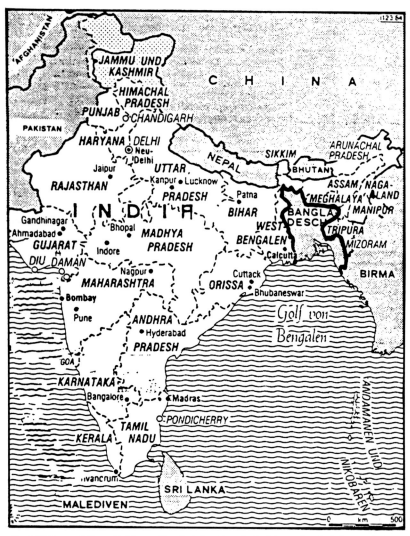

Eind 1971 werd Oost-Pakistan (het huidige Bangladesh) onafhankelijk met de hulp van het Indiase leger.

In de verkiezingen van maart 1971 behaalden de Bengaalse autonomisten een verpletterende overwinning. Mujibur Rahman, leider van de *Awāmī* Liga, eiste autonomie op voor Oost-Pakistan. West-Pakistan talmde en de situatie tussen beide landsdelen werd uiterst gespannen.

„De grootste delta ter wereld"

Aangevatte onderhandelingen tussen Mujibur Rahman en de opper-
bevelhebber van het Pakistaanse leger, Yahya Khan, braken af. Op 17

273

maart greep het Pakistaanse leger brutaal in. In de „zwarte nacht" van 25 maart werden honderden leiders van de Bengaalse intelligentsia vermoord, vele meisjes en vrouwen werden verkracht en er werd geplunderd en brand gesticht.

Meer dan 6 miljoen vluchtelingen uit Oost-Bengalen kwamen terecht in India. Op 3 december 1971 viel het Indiase leger Oost-Pakistan binnen en dit leidde tot de onafhankelijkheid van Bangladesh.

De onafhankelijkheidsoorlog had een zware tol geëist. Volgens waarnemers van de Verenigde Naties (van United Nations Relief Operation Dacca) werden anderhalf miljoen huizen en hutten vernield, 300.000 huisdieren gedood, ontzettend veel landbouwmateriaal verwoest, 296 spoorwegbruggen en 276 gewone bruggen werden opgeblazen. Het telefoon — en communicatiesysteem was uitgeschakeld. Veel machines in de fabrieken waren gedemonteerd en gestolen, de havens lagen stil. Naast de honderdduizenden doden was de materiële schade onbeschrijflijk groot.

Er was een tekort aan de meeste verbruiksgoederen en de zes miljoen uit India teruggekeerde vluchtelingen maakten de situatie nog hopelozer. Een groots opgezette internationale hulpcampagne kwam tot stand. Tijdens de eerste drie jaren van zijn onafhankelijkheid kreeg Bangladesh meer hulp dan gedurende de vorige 25 jaar (toen het nog een provincie was van Pakistan). Maar nu kwam Bangladesh plots in de kijker. Ook nadat de door de onafhankelijkheidsoorlog geleden schade grotendeels was hersteld en de hongersnood was geweken bleef de buitenlandse hulp toestromen.

Omvangrijke buitenlandse hulp

Volgens de donorlanden dient de hulp voor de versterking van de (broze) economie van Bangladesh en om de armste bevolkingsgroepen te steunen. Voor de opeenvolgende regeringen van Bangladesh was de belangrijkste doelstelling van de hulp het opheffen van de armoede en een meer billijke verdeling van inkomens en voorzieningen.

Per hoofd van de bevolking ontvangt Bangladesh meer buitenlandse hulp dan eender welk ander land ter wereld. De buitenlandse hulp maakt bijna de helft uit van het budget van de regering en vormt tien procent van het Bruto Nationaal Produkt.

De overheidsuitgaven voor woningbouw, wegenaanleg, het bouwen van luchthavens, enz. worden volledig met buitenlandse steun gefinancierd.

De buitenlandse hulp kan in drie categorieën worden opgedeeld: bilateraal (van regering tot regering), multilateraal (via internationale organisaties) en privé. De privé-hulp via vrijwilligersorganisaties is betrekkelijk klein en bedraagt minder dan 4 % van de totale buitenlandse steun. De bilaterale bronnen zijn de belangrijkste. Ze maken twee derden uit van het hulppakket voor Bangladesh. Er zijn meer dan 30 landen die hulp geven binnen dit kader. Maar de V.S.A., Japan, Saoedi-Arabië, Groot-Brittannië, Canada en West-Duitsland nemen 2/3 van de bilaterale hulp voor hun rekening. In vergelijking met de Westerse landen geeft het Oostblok relatief weinig, minder dan 10 % van het globaal bedrag dat aan Bangladesh wordt gegeven. De belangrijkste instanties die betrokken zijn bij de multilaterale hulp zijn de Wereldbank, de Aziatische Ontwikkelingsbank, verschillende organisaties van de Verenigde Naties, de EEG en het Internationaal Fonds voor Landbouwontwikkeling. Het overwicht van de Wereldbank is opvallend, die staat in voor ongeveer de helft van de multilaterale hulp. De hulp van de Wereldbank is ook groter dan de individuele bijdrage van om het even welke regering (binnen het kader van de bilaterale hulp). Om de buitenlandse hulp voor Bangladesh te coördineren werd in 1974 de *Aid to Bangladesh Group* gevormd. De Wereldbank zit de vergaderingen voor en is namens de groep ook verantwoordelijk voor de toetsing van de resultaten van de buitenlandse hulp en voor de evaluatie van de economische ontwikkeling van Bangladesh.

De hulp wordt tegen voordelige voorwaarden verstrekt. De helft daarvan komt in de vorm van giften en de rest via leningen. Meestal gaat het om zachte leningen met lage interestvoeten en langere perioden voor terugbetaling. Er zijn drie soorten hulp: voedselhulp (gewoonlijk overschotten van het Westen die worden weggeschonken); hulp bij het importeren van essentiële gebruiksgoederen (zoals olie, katoen en meststoffen) en projectenhulp (over het algemeen leningen voor het uitvoeren van ontwikkelingsprojecten). Gedurende de laatste jaren werd de laatste categorie steeds belangrijker. Op het eind van de jaren 70 vormde de projectenhulp de helft van de buitenlandse bijdrage voor Bangladesh.

In naam van de armen

De grootte van Bangladesh is gelijk aan een vierde van de oppervlakte van Frankrijk. Van de 90 miljoen inwoners leven er meer dan 85 % op het platteland. Bangladesh is op zeven na het dichtstbevolkte land ter wereld, met een jaarlijkse bevolkingsaangroei van meer dan 2,8 %. De stijging van de voedselproduktie houdt helemaal geen gelijke tred met de toename van de bevolking. Hierdoor is de jaarlijkse invoer van levensmiddelen alsmaar gestegen van 23.000 ton in 1948-50, een half miljoen ton in 1960-62, een miljoen ton voor 1969-71 tot 1,6 miljoen ton voor 1979-1980. Niettemin leeft 62 % van de bevolking onder de absolute armoedegrens (1935 calorieën per dag) en 41 % leeft onder de extreme armoedegrens (1720 calorieën per dag).

Het is begrijpelijk dat — officieel — de hulp bedoeld was voor plattelandsontwikkeling en voor de armste bevolkingsgroepen. Helaas.

In de jaren 70 ging de hulp overwegend naar de steden en niet naar de rurale gebieden. In bijna alle sectoren waren het hoofdzakelijk de stedelijke gebieden die profiteerden van de regeringsfondsen. De hoofdstad Dacca met zijn 3 miljoen inwoners haalde telkens het leeuwenaandeel naar zich toe. Ongeveer vijftien procent van het nationaal budget gaat naar de ontwikkeling van de industrie. In theorie ligt de klemtoon op de kleinschalige en arbeidsintensieve bedrijven. In de praktijk ging 98 % van de overheidsmiddelen voor de industrie naar grote en middelgrote bedrijven. Afgezien van het reuze meststoffenbedrijf in Ashuganj slorpten de twee steden Dacca en Chittagong 55 % van de overheidsmiddelen op voor de industrie in de periode van 1976-80.

De nieuwe overheidsbedrijven werden gebouwd met projectenhulp van verschillende landen en instellingen, zoals onder meer de Wereldbank, Aziatische Ontwikkelingsbank, Groot-Brittannië, West-Duitsland, Roemenië, Irak en Zwitserland. De investeringen waren geconcentreerd in de steden en hadden betrekking op grootschalige en kapitaalintensieve initiatieven. Tussen 1976 en 1980 ging 65 % van de overheidsmiddelen voor de industrie naar vijf projecten. Het meststoffenbedrijf in Ashuganj met een kostprijs van 450 miljoen dollar was het belangrijkste project.

De intentie van de promotoren van de grootschalige bedrijven is nochtans goed bedoeld. Via de produktie van mechanisch en elektrisch aangedreven machines, meststoffenbedrijven, enz. wil men de produktie- capaciteit van Bangladesh verhogen en zo de import uit het buitenland beperken. Maar de geïmporteerde technologie (via de buitenlandse hulp) is meestal niet geschikt voor een ontwikkelingsland. Zowel het mest- stoffenbedrijf in Ashuganj als de fabriek voor het bouwen van machines horen bij de grootste fabrieken ter wereld. Andere bedrijven waren even kapitaalintensief en hadden weinig invloed op de tewerkstelling. Zoals de onderstaande tabel illustreert, bedroeg de kost per geschapen ar- beidsplaats meer dan 21.000 dollar.

Project	kostprijs milj.$	aantal arbeidsplaatsen	kostprijs per arbeidsplaatsen
Bedrijf voor sanitair en hygiënisch materiaal	20	800	$25.000
Sylhet papier bedrijf	25	1.171	$21.350
Bedrijf voor machines	87	4.000	$21.750
Geautomatiseerd bedrijf voor productie van Nān broodjes	1,36	60 (2 ploegen)	$22.600

De gemiddelde kost per arbeidsplaats ligt in werkelijkheid heel wat hoger als rekening gehouden wordt met de bijkomende infrastruc- tuurkosten, zoals de aanleg van wegen, elektriciteits — en watervoorzie- ning. De globale investering van de regering van ongeveer 24 miljard B.Fr. in de overheidssector tussen 1973 en 1980 zal waarschijnlijk niet meer dan 38.000 nieuwe jobs hebben opgeleverd. In die periode is de arbeidsbevolking aangegroeid met 5 miljoen.

Gelet op de omvang van de bedrijven en hun technische complexiteit duurde het ontzettend lang voor ze gebruiksklaar waren. Met de bouw van het meststoffenbedrijf in Ashunganj werd gestart in 1974 maar begin '82 was er van produktie nog geen sprake.

Andere serieuze handicaps voor de bedrijven waren de slechte infrastructuur (geregelde stroomonderbrekingen), gebrek aan geschoolde arbeidskrachten, voortdurende technische defecten en een aanhoudend tekort aan vervangingsstukken. Alles wijst erop dat de grootschalige bedrijven met spitstechnologie het derde wereldland parten spelen. Talrijke ondernemingen die door de buitenlandse hulp werden gesponsord waren zo groot dat er een onvoldoende markt was in Bangladesh. De enige uitweg voor de surplus produktie was de export, van dieselmotoren bv. Maar produkten van geringere kwaliteit kunnen onmogelijk optornen tegen de buitenlandse concurrentie. Zelfs in Bangladesh verkiest men de buitenlandse produkten. De moderne industrieën die tegen ogenschijnlijk erg voordelige voorwaarden met buitenlandse hulp werden opgezet, vormden een groeiende last voor de economie van Bangladesh. Ze slorpten niet alleen een enorm groot aandeel van het ontwikkelingsbudget op, maar ze vereisten een steeds grotere buitenlandse participatie om de bedrijven draaiende te houden. Een dergelijk industrieel beleid werkt de groeiende economische afhankelijkheid van buitenlandse mogendheden in de hand[1].

De laatste jaren zijn de uitgaven voor de industrie relatief meer toegenomen dan voor de andere sectoren. Voor gezondheidszorg vielen de overheidsuitgaven van 4,5 % (van het nationaal budget) in 1973/74 terug tot 2,8 % in 1980/81. De (povere) voorzieningen zijn opnieuw geconcentreerd in de steden. Vijfentachtig procent van de geneesheren oefenen hun beroep uit in de grote steden. De overige tien procent is bestemd voor de training van ander medisch en paramedisch personeel.

[1] De tachtigjarige globetrotter René Dumont is geen onbekende. Zijn kritische werken, waaronder *l'Afrique noire est mal partie,* werden druk bediscussieerd maar niet altijd voldoende ernstig genomen. Hij maakt een scherpe ontleding van de sociaal-economische ontwikkeling van derde wereldlanden en hun relatie met het ,rijke Noorden'. Veel van zijn onheilspellende profetieën werden op een dramatische manier werkelijkheid, zo onder meer in Ethiopië en Soedan.
Ook voor Bangladesh is hij niet mals. Zijn recente boek *Bangladesh Nepal — l'aide contre le développement* is het derde in de reeks van *Finis les lendemains qui chantent....* Een erg sombere toekomst voor Bangladesh, tenzij er andere prioriteiten komen in de buitenlandse hulpverlening.

De overheid besteedt trouwens slechts 4,6 % van zijn budget aan onderwijs. In Bangladesh is tachtig procent van de bevolking analfabeet en een derde tot de helft van de kinderen bezoekt niet eens de school. Maar de overheid vond er geen graten in om in de periode 1973-80 47 % van zijn onderwijsuitgaven voor het hoger onderwijs (in de steden) te reserveren. Zes universiteiten kregen in die periode juist het dubbele van het bedrag bestemd voor de 44.000 lagere scholen.

Eenzelfde vergelijking kan worden gemaakt voor andere voorzieningen zoals water, transport, communicatie, huisvesting, elektriciteit, enz. De overheid spendeert gemiddeld 14,5 % van zijn budget voor de energiesector, waarvan 70 procent wordt uitgegeven voor de ontwikkeling van de elektriciteit. In 1980 had slechts drie procent van de dorpen elektriciteit. Dit betekent dat ook de elektriciteitsvoorzieningen bijna uitsluitend naar de steden gaan.

Van alle hulpprogramma's die werden opgezet voor de ontwikkeling van de landbouw waren de begunstigden nagenoeg altijd de rijken en niet de arme boeren of landloze arbeiders in wier naam de steun werd gegeven.

In Bangladesh vreest men evenzeer de droogte als de overstromingen. Na het regenseizoen van mei tot oktober, volgt eerst een koud en daarna een warm droog seizoen (van maart tot mei). De moessonregens worden gekenmerkt door hun onregelmatigheid zowel wat de aanvangsdatum als de intensiteit betreft. Er zijn grote variaties in de duur van de moessonregens en in de hoeveelheid neerslag: in het noordwesten van Bangladesh bijv. 1,25 meter en in het noordoosten 5,5 m. Op bepaalde tijdstippen van het jaar staan 15 % van de gronden 2 m onder water; andere gebieden staan 1 tot 2 m onder water en twee derden van de bebouwbare grond staat gedurende een bepaalde periode 30 cm onder water. Men schat dat gedurende het droog seizoen twee derden van Bangladesh zou kunnen geïrrigeerd worden. In 1984, na meer dan 12 jaar onafhankelijkheid, was minder dan één vijfde van de gronden geïrrigeerd. Alhoewel hier juist de grootste troef ligt voor de ontwikkeling van het land. Als ernstig werk zou worden gemaakt van de uitbreiding van de irrigatie en het onder controle brengen van het water, zou het gunstig klimaat van Bangladesh gemakkelijk twee tot drie oogsten per jaar mogelijk maken.

De levering van materiaal voor de uitbouw van de irrigatie-infrastructuur was één van de belangrijkste hulpprogramma's van de Wereldbank. In het begin van de jaren 70 steunde de Wereldbank de installatie van 3000 diepe boorputten voor Noordwest-Bangladesh. Met ieder van de boorputten zou ongeveer 24 ha land kunnen geïrrigeerd worden. Het was de bedoeling om de boorputten te verdelen onder de coöperatieven van boeren. Op een persconferentie van 1 juli 1970 werd aangekondigd dat met iedere boorput de akkers van 25 tot 50 boeren zouden bevloeid worden. In werkelijkheid gingen alle voorzieningen naar de rijkste boeren uit het gebied die er het exclusieve eigendomsrecht van genoten. Met het betalen van de nodige steekpenningen aan de ambtenaren verwerft de rijke boer de infrastructuur tegen een weggeefprijs. Daarna kan hij dit systeem verhuren tegen een willekeurige prijs. Een onmiddellijk gevolg van de monopoliepositie van de rijke boeren is dat de voorzieningen niet maximaal benut worden. Ook al omdat — volgens het ontwikkelingsprogramma van de Wereldbank — de boorputten te duur en voor te grote oppervlakten bestemd waren. Later werden door Japan en West-Duitsland kleinere types ontworpen die beter aangepast waren aan de specifieke noden van de kleinere boeren. De helft van die boorputten werd (op papier) gereserveerd voor de coöperatieven, opgezet onder het geïntegreerde rurale ontwikkelingsprogramma van de regering. Individuele geïnteresseerden konden met een lening de boorputten aankopen. Ervaringen met de zogenaamde geïntegreerde projecten van de regering leerden dat ook de meer ondiepe boorputten niet terecht kwamen bij de kleinere boeren.

Op het eerste gezicht zou een meststoffenproject zonder twijfel geheel Bangladesh moeten ten goede komen. Bangladesh heeft gemiddeld de laagste consumptie van meststoffen per are in geheel Azië. Verschillende landen leveren meststoffen. Voor Nederland is het zelfs het grootste project (21 % van zijn hulp voor Bangladesh). De regering van Bangladesh verdeelt de meststoffen, waaronder potas en ureum, tegen sterk gereduceerde prijzen. Maar zowel van de distributie van mestoffen als van de subsidies profiteerden enkel de invloedrijke boeren en de tussenpersonen, die de verdeling van de meststoffen controleren. Met de oogluikende toestemming van de ambtenaren worden de gesubsidieerde meststoffen verkocht op de zwarte markt. In 1981/82 bedroeg de subsidie voor de aankoop van meststoffen één achtste van het totale budget voor landbouwontwikkeling. Verschillende jaren werd geprobeerd de subsidies te verminderen maar onder de druk van belangengroepen (tussenpersonen en rijkere boeren) werd daarvan afgezien.

Het regeringsprogramma voor kredietvoorzieningen voor coöperatieven van kleine boeren was evenmin een succes. Kort na de onafhankelijkheid van 1971 werd besloten 34.000 coöperatieven van kleine boeren op te zetten in driehonderd arrondissementen en daarvan zouden 1,3 miljoen boeren moeten genieten. In de loop van 1975-76 werden ongeveer 400.000 leningen uitgeschreven. De landlozen werden van kredietverlening uitgesloten. Alleen de grondbezitter kon in aanmerking komen. De meeste ongeletterde, kleine boeren vielen uit de boot. De „groten" die de leiding hebben van de uitvoerende comités van de plaatselijke kredietinstellingen haalden het grootste aandeel van de leningen naar zich toe. Velen van hen investeerden dit geld niet in de landbouw (gezien ze het land verpachtten) maar in meer lucratieve ondernemingen. Soms leenden ze het geleende geld uit tegen 120 % per jaar of tegen 25 tot 30 % per maand. Dit leverde de geldschieters (woekeraars) een aardige winst op.

Een landbouwcoöperatieve in de streek van Raipur is een typische illustratie van het trieste lot dat de meeste coöperatieven beschoren is. In het kader van de promotie van de rijstsoort *boro* hadden 27 leden in 1982 een lening bekomen, gaande van 1400 tot 3600 B.Fr., voor een totaal bedrag van 85.000 frank. Van de vijf leden van het uitvoerend comité had slechts de voorzitter het geleende bedrag terugbetaald, de overige vier leden die ook een maximum lening hadden gekregen, hadden zo goed als niets terugbetaald. Ze bleven niettemin lid, alhoewel dit strijdig is met de wetgeving op de coöperatieven. Het gevolg was dat de landbouwcoöperatieve voortaan uitgesloten was van overheidsmiddelen en dus opgedoekt werd. De „kleine" leden die wel tijdig terug betaald hadden waren hiervan de dupe. Ze zouden opnieuw moeten lenen bij de geldschieters, tegen meer dan 100 % per jaar. Het resultaat is dat niet alleen tal van plaatselijke kredietinstellingen zijn failliet gegaan maar dat het vertrouwen van lagere inkomensgroepen in de landbouwcoöperatieven erg is gereduceerd.

De triomfantelijke rapporten van de regering over de toename van de leden en de kredietinstellingen op het platteland contrasteren sterk met de werkelijkheid. Aan de meeste kredietinstellingen op het platteland werden nieuwe kredieten geweigerd. Invloedrijke families, waaronder geldwoekeraars, traden toe tot de coöperatieven, ontleenden geld maar betaalden niet terug. Ze beschikten over voldoende connecties zodat ze aan elke gerechtelijke vervolging ontsnapten.

Om die nefaste politiek te kunnen begrijpen moet men een idee hebben van de machtsstructuur in de dorpen op het platteland. De economisch invloedrijke families zijn ook actief op politiek vlak. De nationale politici die willen verkozen worden zijn afhankelijk van hun steun. Ook de ambtenaren die de dorpen bezoeken of de projecten „inspecteren" worden feestelijk onthaald door de rijkere families. In ruil voor de bewezen diensten krijgen de „groten" op hun beurt allerlei voordelen. Ze laten motorpompen of boorputten bij hen of hun vrienden installeren, ze krijgen de leiding over de openbare werken in de dorpen en zij zijn het die de voedselhulp verdelen onder hun loyale aanhangers. Politie, ambtenaren en invloedrijke families zijn bijna natuurlijke bondgenoten. De politie die de zijde kiest van de meest biedende, vormt een staat binnen de staat. Er is ook geen enkele belangrijke politieke partij die de woordvoerder is van de laagste inkomensgroepen, die het grootste slachtoffer zijn van de huidige socio-economische ordening. De invloedrijke families op het platteland zijn meestal te herkennen aan de drie opgezette hoedjes : het eerste als eigenaar van rijstvelden, het tweede als eigenaar van gronden en villa's in de stad en het derde als houder van licenties om handel te kunnen drijven. Dit veronderstelt uiteraard goede relaties met de administratie, de regering en... nu ook met de militairen.

Uit de voorgaande voorbeelden blijkt duidelijk dat de hulp die bedoeld was voor de ‚rural poor' in werkelijkheid terecht kwam bij de rurale elite. Maar wat gebeurt er met de overige 70 % van de uitgaven van de regering, die de ontwikkelingsprogramma's in de steden financieren? Deze programma's die door de buitenlandse hulp geschraagd worden, hebben niet eens de bedoeling om de kansarmen in de steden te bereiken.

Rantsoenering

Van het totale pakket buitenlandse hulp voor Bangladesh bestond in 1979/80 ongeveer 23% uit voedselhulp. Meestal gaat het om tarwe (en wat rijst). De belangrijkste donors zijn de Verenigde Staten, Canada, de Europese Economische Gemeenschap (EEG), Japan en het Wereldvoedselprogramma van de Verenigde Naties.

Het ,manna' wordt verdeeld via het rantsoeneringssysteem van de regering van Bangladesh. Twee derden van de voedselhulp wordt onmiddellijk gereserveerd voor de stedelijke gebieden. De zes grootste steden halen het leeuwenaandeel naar zich toe. Slechts 16 % van de voedselhulp ging in 1979/80 naar de kleinere steden onder het ,gewijzigde rantsoeneringssysteem'. Verder was 21 % van de voedselhulp bestemd voor het *Food-for-Work* programma (voedsel voor het geleverde werk).

De eerste begunstigden in de steden zijn de zogenaamde ,,prioritaire groepen'' die 38 % van de voedselhulp opslorpen. Het leger, de politie, regeringsambtenaren, gevangenispersoneel en studenten krijgen voorrang. Zij ontvangen het voedsel tegen één dertigste van de marktprijs. Daarna komt de groep die houder is van een rantsoeneringskaart, goed voor 20 % van de voedselhulp. Recente systematische onderzoeken in Dacca toonden echter aan dat van de houders van een rantsoeneringskaart slechts 20 % valt onder de categorie ,,arm'', namelijk knechten en meiden, arbeiders, werklozen, bedelaars, enz. De overige 80 % van de houders van de rantsoeneringskaart hebben een vaste job, bijvoorbeeld in het leger of in de administratie, zijn zakenlui of families waarvan een lid werkt in het buitenland. Uit de onderzoeken van Zahir en Kamal in 1981 bleek dat naarmate het inkomen van de families stijgt ook het aantal rantsoeneringskaarten toeneemt. Volgens de wet zijn er maximaal zes kaarten per gezin toegelaten! Met een rantsoeneringskaart kunnen de levensmiddelen tegen twee derden van de marktprijs worden aangekocht. Er zouden in Dacca ongeveer 300.000 valse rantsoeneringskaarten bestaan (15 % van het totaal). Veel van de armste gezinnen hebben niet eens zo een kaart en voor anderen gaat de rantsoeneringsprijs eveneens hun koopkracht te boven.

Voedsel voor werk

Met dit programma beoogde men werk te creëren voor landloze

arbeiders in het stille seizoen. De arbeiders werden tewerkgesteld voor het graven van kanalen, aanleggen van wegen, het uitvoeren van voorbereidingswerken voor de bevloeiing, enz. Deze werken zouden een verhoogde landbouwproduktie met zich meebrengen en op langere termijn wellicht meer werkgelegenheid. De werknemer zou voor iedere gepresteerde werkdag ongeveer 2,8 kg graan ontvangen. Jaarlijks krijgt Bangladesh 1,5 tot 2 miljoen ton graan. Met een eerlijke organisatie en participatie van de betrokkenen zouden, aldus René Dumont, 700 miljoen arbeidsdagen kunnen gecreëerd worden. Dit zou neerkomen op 70 extra werkdagen per jaar voor iedere werkloze. Op deze manier kunnen duizenden wateropslagplaatsen worden gebouwd, honderden kilometers lange kanalen kunnen hersteld of gegraven worden. Met een soort Chinese versnelling zou controle worden verkregen over het water.

Via de uitbreiding van het irrigatienet kan de landbouwproduktie aanzienlijk worden verhoogd. Dit zijn onmisbare stappen op weg naar de zelfvoorziening van de voedselproduktie.

In 1979/80 werden ongeveer 440.000 ton tarwe uitgetrokken voor het voedsel-voor-werk programma. De Wereldvoedselorganisatie van de Verenigde Naties en de USAID (United States Agency for International Development) gaven ruime hoeveelheden tarwe voor de uitbouw van de infrastructuur op het platteland.

Officiële statistieken van de regering maken gewag van grootse realisaties betreffende het aantal geschapen werkdagen, gegraven kanalen, uitbreiding van het wegennet, enz.: optimistische rapporten die de verwachtingen van de donorlanden inlossen maar niet laten doorschemeren wat er in werkelijkheid ter plaatse gebeurt.

Een studie van de Zweed D. Asplund suggereerde dat 40 tot 70 % van de middelen voor dit programma verkeerd werd besteed. Uit de wellicht meer diepgaande studie van het *Bangladesh Rural Advancement Committee* blijkt dat 75 % van de hoeveelheid graan van het voedsel-voor-werk programma gewoon verdween. De corruptie is zo algemeen verspreid en geïnstitutionaliseerd dat de verschillende diensten van de administratie onder mekaar vaste percentages van de buit hebben gereserveerd.

284

Ingebouwde inefficiëntie

De administratie stuurt uiteraard aan op steeds meer buitenlandse hulp en steeds grotere projecten. Ze kan op die manier haar eigen cliënteel vormen. Ongeacht de economische resultaten blijft de buitenlandse hulp toestromen. Statistieken over de economische ontwikkeling van het land worden slechts gepubliceerd na rijp beraad in de ministerraad (en zo nodig aangepast aan de verwachtingen van de donorlanden). Het lijkt er zelfs op dat de regering niet eens een eigen strategie heeft omdat zowel op economisch, politiek en sociaal vlak, het de omvang van de buitenlandse hulp is die over de aard en de grootte van de verschillende projecten beslist.

In feite dicteert de Wereldbank de economische politiek van Bangladesh. De Wereldbank heeft de denationalisering bespoedigd van een aantal industrieën zoals textiel, metaal en chemie. De Wereldbank heeft de privatisering aangemoedigd van de handel in pesticiden, granen en irrigatiemateriaal. De Bank heeft in zijn rapporten met geen woord gerept over landbouwhervormingen noch de impact ervan bestudeerd.

Vele studies hebben aangetoond dat de verpachte gronden (veel) minder produktief zijn of intensief worden bebouwd dan de kleine of middelgrote boerderijen die door de eigenaar worden bewerkt. De pachter durft meestal het risico niet nemen om met kredieten van geldschieters (woekeraars) meststoffen, veredelde zaaigranen en onkruidverdelgers te kopen. Voor de afwezige eigenaar is de landbouwgrond slechts een bijkomende bron van inkomsten en hij is dus ook niet onmiddellijk geneigd irrigatiewerken te laten uitvoeren om de produktie te verhogen. Familiebedrijven met 1 tot 2 ha kunnen onder het gunstig klimaat van Bangladesh drie oogsten per jaar opleveren.

De Scandinavische landen en Nederland hebben in Parijs op de bijeenkomsten van de groep die de hulp voor Bangladesh coördineert aangedrongen om landhervormingen ter discussie te stellen. De Wereldbank die de jaarlijkse bijeenkomsten van de *Aid to Bangladesh Group* voorzit, heeft dit terzijde geschoven.

Groeiende afhankelijkheid

Samen met de economische inefficiëntie is ook de schrijnende ongelijkheid in het land toegenomen. Gedurende het laatste decennium is de produktie gestegen van het aantal TV's, radio's, telefoons, luxe woningen en hotels. De investeringen in de produktie van luxe goederen contrasteert sterk met de uitgaven voor het lenigen van basisbehoeften zoals gezondheidszorg, huisvesting en onderwijs.

In tegenstelling met India is de industriële ontwikkeling in Bangladesh erg beperkt. In Chittagonj heeft men een taksvrije zone gecreëerd voor de buitenlandse investeerders, maar die bleef zo goed als verlaten. De meeste investeerders zien op tegen de bureaucratie en de inefficiëntie van het land. Nochtans zijn er ontzettend rijke families in Bangladesh. Maar hun rijkdom is hoofdzakelijk gebaseerd op speculatie met vastgoed en op financiële of goudbeleggingen. De regering zou deze trend kunnen tegengaan door hogere belastingen te heffen op dergelijke economische activiteiten. Maar de vermogensbelasting in Bangladesh is ongelooflijk laag. Zelfs de hoogste inkomensgroepen betalen niet meer dan 1,1 % van hun aangegeven inkomen. Dit was opnieuw een gemiste kans om met de geïnde belastingsgelden meer produktieve investeringen mogelijk te maken. Maar het illustreert goed de houding van de Bangladeshi regering die noch op het vlak van de landbouw, noch op het vlak van de industrie ernstig werk maakt van de mobilisatie van eigen middelen.

Waarom ook?

Er is het ,manna' uit het buitenland.

SRI LANKA: POLITIEK-HISTORISCH OVERZICHT

Patrick WILLEMS

Het eiland Sri Lanka ligt ten zuiden van het Indiase subcontinent, in de Indische Oceaan. Een keten van kleine en onbewoonde eilandjes, de zogenaamde Adam's Bridge, verbinden het vroegere Ceylon met India. Ten noorden daarvan ligt de smalle (40 tot 120 km) en ondiepe Palkstraat, naar het midden toe ligt de diepe golf van Mannar. Sri Lanka heeft een oppervlakte van 65.610 vierkante km, dit is ongeveer even groot als de oppervlakte van Nederland en België samen, en telt ongeveer 14 miljoen inwoners.

De ongelijkmatige neerslagverdeling, die een rechtstreeks gevolg is van de reliëfstructuur en de ligging t.o.v. de moessonwinden creëert een droge en natte zone.

De Z.W.-moesson (van half mei tot eind september) fungeert als regenbrenger voor de natte zone, maar verliest zijn vochtigheid op de zuidwestelijke flanken van het hoogland. Hierdoor verandert hij in een hete en droge wind, de *kachan*. De N.O.-moesson (van december tot februari) brengt een matige neerslag over het grootste deel van het eiland.

De vegetatie van Sri Lanka is erg gevarieerd; van het tropische regenwoud in het zuidwesten, tot een woestijnachtige begroeiing in het noordoosten. Ongeveer 50 % van het eiland is bedekt met moessonbos waarvan de planten uitgerust zijn om de droge periode te overleven. De oorspronkelijke begroeing heeft echter veelal plaatsgemaakt voor o.a. rubber-, kokosnoot- en theeplantages. Grote delen van het moessonbos zijn verdwenen onder druk van de *Shifting Cultivation* waarbij regelmatig nieuwe stukken bos gerooid worden.

Vroege geschiedenis

In de Oudheid werd Sri Lanka steevast omschreven in termen die een grote rijkdom en voorspoed suggereren. Voor de Chinezen was het ,,het

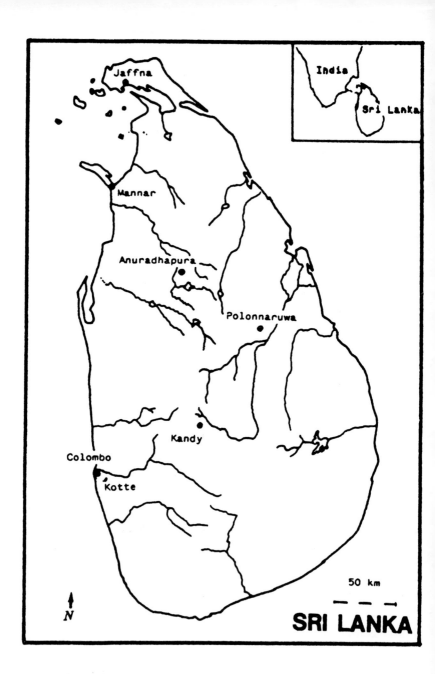

SRI LANKA

50 km

N

land zonder smart" en de Tamils van Zuid-India spraken over „het eiland van de edelstenen". Ook voor Europa was Sri Lanka reeds vroeg geen onbekende meer. De naar huis terugkerende troepen van Alexander de Grote roemden reeds de rijkdommen van het eiland. De nabijheid van het Indiase subcontinent heeft doorheen de geschiedenis een grote impact gehad op het gebeuren in Sri Lanka. Toch mag dit niet overschat worden. De smalle strook zee, die beide landen van elkaar scheidt bleek een van de meest duidelijke demarkatielijnen te zijn in Zuid-Azië.

De belangrijkste informatiebron voor de vroege periode is de *Mahāvamsha*, een door boeddhistische monniken (de *bhikkhu*'s) in de 6de eeuw na Christus op schrift gestelde kroniek. Alhoewel dit geschrift zeker geen neutrale weergave is van het historische gebeuren — getuige is de overvloed aan mythen en legenden — geeft het toch een duidelijk beeld van de vroege geschiedenis van het eiland.

In de populaire Sinhalese geschiedschrijving wordt aangenomen dat de Sinhalezen, een volk van Indo-Arische oorsprong, zich onder leiding van Vijay op het noordelijk deel van het eiland vestigden rond 500 v.Chr. Deze Vijaya werd de grondlegger van de eerste Sinhalese dynastie op Sri Lanka die, na de inval van de Zuid-Indische Chol-Tamils vervangen werd door een Tamil dynastie. Het is Dutthagamini, een Sinhalese prins door de *Mahāvamsha* geroemd als de bevrijder van de Sinhalezen, die de laatste Chol-vorst, Elāra, na een 15-jaar durende strijd versloeg. Niet-Sinhalese bronnen geven echter een andere versie weer. Elāra zou geen Chol-vorst zijn, maar de laatste van een (Sri Lanka) Tamildynastie die verslagen werd door een Sinhalese koning in 101 v.Chr.

Vanaf dat tijdstip werd Anurādhapur het centrum van een Sinhalees koninkrijk dat zich vooral concentreerde in het noorden en het zuidwesten van het eiland. Dit is zoals we reeds wisten een droog gebied. Om te overleven werd een irrigatiesysteem ontwikkeld dat de teelt van rijst mogelijk maakte. Onder de opeenvolgende vorsten werd dit ingenieus netwerk van kanalen, dammen en stuwmeren steeds verder uitgebreid.

De macht van de vorsten in Anurādhapur strekte zich echter niet uit over het ganse eiland. Het Sinhalese rijk bestond in die tijd uit drie vorstendommen die slechts zelden een politieke eenheid hebben gevormd. Perioden van dynastieke twisten, waarbij de Zuidindiase Tamilrijken (Cher, Chol en Pāndya) regelmatig optraden als bondgenoten, werden onderbroken door tijden van rust en eenheid onder sterke Sinhalese heersers. Het was een periode van wederzijdse beïnvloeding. Sinhalese legers waren betrokken in de Zuid-Indische oorlogen, en het eiland zelf werd regelmatig bedreigd door invasies vanuit Zuid-India.

Eén van de belangrijkste gebeurtenissen in de vroege geschiedenis van Sri Lanka is de introductie van het Boeddhisme van 307 tot 267 v. Chr.. Volgens de *Mahāvamsha* werd de Sinhalese koning Devanampiya Tissa (in andere bronnen wordt hij een Tamilvorst genoemd) tot het nieuwe geloof bekeerd door de monnik Mahinda, vermoedelijk een zoon van keizer Ashok. Het Boeddhisme ontwikkelde zich vrij vlug tot een van de drijvende krachten van de samenleving. Anurādhapur werd het centrum van de boeddhistische beschaving. Deze periode betekende eveneens het begin van een eeuwenlang huwelijk tussen godsdienst en staat, waarbij de boeddhistische kloosterorde, de *Sangha,* zich tot een belangrijke politieke invloedsfactor ontwikkelde. Hoe succesrijk het Boeddhisme zich ook uitbreidde onder de Sinhalezen op Sri-Lanka, het kon zich niet onttrekken aan de invloeden van het Hindoeïsme. Een voorbeeld hiervan is de assimilatie van het kastesysteem.

Omstreeks 1018 werd het noorden van Sri Lanka ingelijfd door de Chol's, die het eiland regeerden als een Zuid-Indische provincie en, na de verwoesting van Anurādhapur, Pollonnaruwa als nieuwe hoofdstad verkozen. Op het einde van dezelfde eeuw slaagden de Sinhalese vorsten er nog eenmaal in de Chol's te verdrijven en een nieuwe sociale en economische bloei te realiseren. Lang zou dit echter niet duren. De dreiging van de Zuid-Indische Tamilrijken en niet in het minst de voortdurende opvolgingstwisten ondermijnden de Sinhalese macht. Het had de ontwrichting van de sociale en administratieve organisatie tot gevolg, die van primordiaal belang was voor het in stand houden van het irrigatiesysteem.

Vanaf 1200 verliet de Sinhalese bevolking haar traditionele woonplaats in het noorden om zich verder zuidwaarts, in de natte zone of in het hoogland te vestigen. In vroegere crisisperioden hadden zich eveneens migraties voorgedaan, maar deze laatste in de 13de eeuw bleek definitief. De reden voor het onomkeerbare karakter hiervan zou kunnen liggen in de besmetting van het irrigatiesysteem met malaria, die vermoedelijk rond die tijd het eiland bereikte.

De migratie naar het zuiden, en vooral naar de kustgebieden, gebeurde niet onoverdacht. Reeds lange tijd waren er aan de westkust Sinhalese nederzettingen die zich toelegden op de handel in specerijen en edelstenen. Deze kleine handelscentra vormden de belangrijkste aantrekkingspolen voor de zuidwaarts trekkende Sinhalezen. Het leven in deze vochtige zone bracht een aantal sterk ingrijpende maatschappelijke veranderingen teweeg. De overgang van bevloeide rijst naar een van regen afhankelijke rijstteelt werd noodzakelijk. Het bezit van land moest aan belangrijkheid inboeten en commerciële activiteiten kwamen op de eerste plaats. Deze laatsten draaiden vooral rond de kaneel-export, die met tussenkomst van de Arabieren, een grote afzetmarkt vond in het naar specerijen hunkerende Europa van na de kruistochten. Het belang van deze handel blijkt uit de meer dan gewone interesse van de Tamil-heersers voor het zuidwestelijk deel van het eiland. Anderzijds werd Kotte, dat min of meer als het centrum van de kaneelproducerende regio fungeerde, de hoofdstad van het Sinhalese koninkrijk. Het toenemen van de handelsactiviteiten had eveneens tot gevolg dat steeds meer muslims zich gingen vestigen op het eiland en de Islam er vaste voet aan wal kreeg.

Ook het centrale hoogland rond Kandy oefende een grote aantrekkingskracht uit op de Sinhalese migranten. Hier ontwikkelde zich een tweede rijk dat een eigen zelfstandige koers wilde varen[1].

Het is in deze, gefragmenteerde toestand dat de Portugezen het eiland aantreffen in 1505.

Koloniale periode

De Portugezen waren hoofdzakelijk geïnteresseerd in de specerijen-handel, en mengden zich niet in de interne politieke aangelegenheden,

[1] Dit lukte grotendeels, en het wist zijn onafhankelijkheid te bewaren tot 1815, toen de Engelsen hieraan een einde maakten. Gescheiden door een uitgestrekt oerwoud, groeide in het noorden van het eiland, rond Jaffna, een sterk Tamilrijk dat zich geleidelijk aan meer zou oriënteren op de rijke cultuur van Zuid-India.

tenminste zolang dit de commerciële activiteiten niet stoorde. Twaalf jaar na hun eerste contacten bouwden ze hun versterkte handelsposten op de zuidwestkust en verdrongen de muslims uit de handel. Een ander kenmerk van de Portugezen was de fanatieke ijver waarmee ze een groot deel van de kustbevolking, vooral ten noorden van Colombo, tot het katholieke geloof bekeerden. De andere godsdiensten werden ongenadig vervolgd. Vele boeddhistische en hindoeïstische heiligdommen worden verwoest en hun bezittingen overgemaakt aan de katholieke kerk.

De Portugese overheersing lokte een sterk Sinhalees verzet uit, maar dit kon de bezetter niet verdrijven. Integendeel, omstreeks 1619 werd ook het Tamilrijk overwonnen, zodat nu enkel Kandy nog onafhankelijk bleef. Om het Portugese gevaar te bezweren sloot de koning van het Kandy-rijk een bondgenootschap met de Verenigde Oostindische Compagnie (VOC). In ruil hiervoor werden haar voordelen in de specerijenhandel toegezegd. De Hollanders slaagden erin een einde te maken aan het Portugese bewind. Voor het Kandy-rijk was de bezetting van de Hollanders voordeliger. Enerzijds beperkten zij zich tot de kustgebieden en hadden in tegenstelling tot hun voorgangers minder interesse in een harde confrontatie. Tot 1762 heerste er vrede tussen beide mogendheden. Een vrede die vooral gunstig was voor de kaneelhandel (de meest productieve gebieden lagen in het Kandy-rijk).

Met het oog op de maximalisatie van de inkomsten voerden de Hollanders een modernisering in van het economisch systeem. Deze bestond uit het aanleggen van plantages, voor de teelt van op export gerichte producten zoals koffie, rubber, thee, kokosnoten, het oprichten van factorijen en het verbeteren van de infrastructuur.

Van de Portugezen namen ze het systeem van belastingheffing over. De traditionele verplichting *rājakāriya* (verplichte arbeid in ruil voor grondgebruik; vgl. met onze Middeleeuwen) werd vervangen door een vastgestelde, jaarlijks te betalen pacht. Om hierop een beter toezicht te hebben, werd een soort kadaster (Tombos) opgesteld.

De meest markante erfenis van de Portugezen was het katholicisme. Het was immers de sleutel tot een hogere, maatschappelijke positie. Onder het Nederlandse bewind was het echter de toetreding tot de Hollandse gereformeerde kerk, die een sociale promotie mogelijk maakte. Katholieken en muslims werden vervolgd, en dezen zochten dan ook hun toevlucht in het tolerante boeddhistische Kandy-rijk. Boeddhisten en hindoes werden, weliswaar zonder veel enthousiasme, door de Hollanders getolereerd.

In het midden van de 18de eeuw kwam er in Kandy een andere dynastie aan de macht en de verhoudingen met de Hollanders verzuurden. Ondertussen was de Britse interesse voor Sri Lanka gegroeid. Het ineenstorten van het Mogol-rijk in India zorgde voor een machtsvacuüm dat de Britten zelf wensten op te vullen, eerder dan de Fransen hiertoe de gelegenheid te bieden. Een strategische uitgangspositie was dus gewenst, en Sri Lanka kon dit ongetwijfeld bieden. Zonder al te veel moeite werden de Hollanders verslagen (1801) en kreeg de Britse kroon een nieuwe kolonie bij.

In het Kandy-rijk heerste verdeeldheid naar aanleiding van de troonopvolging. Hierop inspelend wisten de Britten, met de steun van de aristocratie en de monniken, de monarchie opzij te schuiven. Deze institutie was, als verdedigster van het Boeddhisme, erg populair, en de afbraak ervan riep dan ook weerstand op in alle lagen van de bevolking. De opstand die hieruit voortvloeide, de *Great Rebellion,* werd na een jarenlange en meedogenloze campagne neergeslagen (1818). Dit was het einde van het Kandy-rijk.

Aanvankelijk waren de Britten niet gemotiveerd om enige verandering of vernieuwing door te voeren, zowel in de economische, sociale als in de administratieve structuur van het land. Dit had ondermeer een sterke economische recessie tot gevolg die het land op het randje van het bankroet bracht. In de jaren dertig van de 19de eeuw waren de Britten er in geslaagd hun greep op het Indische Subcontinent te consolideren en er brak een nieuwe fase aan in het koloniale bewind. De *Colebrooke-Cameron-Commission* stelde een aantal hervormingen voor die een vrije markteconomie moesten mogelijk maken. De *rājakāriya* werd afgeschaft, niet om humanitaire redenen, maar omdat dit de vrije overdracht van gronden in de weg stond. Een andere maatregel was het opstellen van nieuwe provinciegrenzen die dwars doorheen de etnische grenslijnen liepen. De bedoeling was de eenheid van de Kandy-bevolking te breken, daar deze als een potentieel gevaar beschouwd werd voor het Britse bewind. Onder de politieke hervormingen kan het oprichten van de *Legislative Council* als een eerste stap in de liberalisering van het bestuur worden opgevat. Oorspronkelijk was de samenstelling hiervan gebaseerd op een vertegenwoordiging van de verschillende bevolkingsgroepen. Toen hieraan in het begin van de 20ste eeuw verandering kwam, door het invoeren van een algemeen stemrecht op basis van het districten-stelsel, bracht dit grote moeilijkheden mee. De Tamils werden voortaan een minderheidsgroep die zich bedreigd voelde door een Sinhalese meerderheid.

Vanaf 1830 kreeg ook de plantage-economie een nieuwe impuls. De koffie deed het goed in het hoogland, en zorgde voor een sterke stijging van de inkomsten. Toen de koffiecultuur aan een bladziekte ten onder-ging werden thee, rubber en kokosnoot de belangrijkste teelten. Een overschakeling op deze arbeidsintensieve teelten deed de vraag naar „gastarbeiders" ontstaan. Derhalve werden duizenden Tamils uit India aangetrokken en ingezet op de plantages. Op deze manier ontstond er een ruraal proletariaat dat afgescheiden was van zijn omgeving door een andere taal en cultuur. De bloei van de plantageteelt had een verhoging van het algemene welstand-niveau tot gevolg. De verwaarlozing van de traditionele landbouw en de sterke aangroei van het aantal landlozen vormden echter de keerzijde van de medaille, zodat het einde van de 19de eeuw voor velen een donkere periode van schaarste en honger-snood werd.

De succesvolle plantage-economie deed ook een nieuwe elite tot stand komen. Deze kenmerkte zich vooral door de participatie in de kapitalis-tische ondernemingen en een op westerse leest geschoeide opleiding. Het was vooral binnen deze elite dat het nationalistische denken zich ont-wikkelde. Het slaagde er echter niet in de brede lagen van de bevolking te bereiken. Enerzijds was dit ook niet gewenst, daar dit vlug zou kunnen ontaarden in een radicalisering van de beweging. Anderzijds werd de verspreiding van dit denken tegengewerkt door de Brits gezinde Kandy-aristocratie, die zich benadeeld voelde door de nieuwe elite en de Tamils van het noorden. Deze Tamils hadden, in tegenstelling tot die van het zuiden, weinig plantages, zodat er (dankbaar gebruik makend van de Britse onderwijsfaciliteiten) algemeen geopteerd werd voor een loopbaan binnen de administratie. Zij hadden er dus alle voordeel bij om de Britten hun steun te betuigen. Ook de *Dutch Burghers,* de nakomelingen van de Hollandse bezetters die zich als kleine minderheid in de hoek gedrongen voelden, zochten hun heil in een nauwe samenwerking met dit Britse bewind.

Na een periode van recessie kondigde de Tweede Wereldoorlog zich aan als een periode van economische voorspoed. Onder invloed van de rond Colombo gegroeide vakbewegingen, en de *Labour Party* (1928) kwam een royaal systeem van sociale voorzieningen tot stand dat zowel de subsidiëring van de rijst als gratis onderwijs en geneeskundige hulp omvatte. De nationalistische beweging kwam niet van de grond, en de Ceylonees-Westers georiënteerde bourgeoisie verenigd in de *United National Party* (UNP), opteerde voor een onafhankelijke dominion status binnen het Engelse koninkrijk.

Zonder wapengekletter, en bijna onmerkbaar kwam in 1948 de eenheidsstaat Ceylon tot stand. Op 22 mei 1972 werd de republiek Sri Lanka opgericht.

EEN MULTI-RACIALE SAMENLEVING

Gerard Hautekeur

Sri Lanka wordt soms het *Sinhaladīp* genoemd, dit is het ,eiland van de Leeuw of van de Sinhalezen'. Deze laatsten vormen nu de grote meerderheid van de bevolking, ze spreken Sinhalees en de meesten van hen zijn boeddhisten. Volgens de *Mahavāmsha,* een kroniek die door boeddhistische monniken (*bhikkhu*'s) in de 6de eeuw na Chr. werd opgesteld, zou de legendarische koning Vijaya vanuit India op Sri Lanka zijn geland op de dag dat Boeddha stierf, in 543 vóór Chr. Wetenschappers hebben aangetoond dat het *nibbāna (nirvān* of heengaan) van Gautam Boeddha niet vóór 485 vóór Chr. heeft plaats gehad. Dit belet niet dat vele Sinhalezen door de religieuze literatuur en geschiedschrijving van de monniken overtuigd geraakt zijn dat ze als natie zijn ontstaan om het Boeddhisme te vrijwaren. Sri Lanka zou een uitverkoren land zijn voor de verspreiding van de leer van de Boeddha. De meer orthodoxe boeddhisten proberen op basis van dergelijke religieuze kronieken hun bewering te staven dat de Sinhalezen de oorspronkelijke bewoners zijn van het eiland. Vanuit die visie zijn de Tamils indringers en het Hindoeïsme of de Islam waartoe ze behoren zouden te veronachtzamen godsdiensten zijn. In werkelijkheid hebben het Hindoeïsme en de invloeden van het grote buurland India op ingrijpende manier het politieke en sociale leven van het eiland Sri Lanka mede vorm gegeven.

Multi-raciale samenleving

Over wie nu de oorspronkelijke bevolkingsgroep is in Sri Lanka kan eindeloos lang worden geredetwist. In de proto-historische periode van het eiland (ca. 1000-100 voor Chr.) waren er twee Nāga koninkrijken. In de Pāli literatuur evenals in de *Mahābhārat* en de *Rāmāyan* wordt verwezen naar de Tamil koninkrijken. Uit de opgravingen in Anaikoddai in 1982 bleek dat het Hindoeïsme de godsdienst was van die Tamil koninkrijken. De Ceylon Tamils zouden dan de afstammelingen zijn van de Nāga's (,Nakar' in het Tamil) en van de Yaksha's.

296

De eerste nederzettingen van de muslims dateren van de 8ste en 9de eeuw na Chr. Zij kwamen overwegend uit de Tamil sprekende gebieden van Zuid-India. Aanvankelijk spraken ze Arabisch-Tamil. Ze gebruikten verschillende Arabische woorden om concepten en ideeën uit te drukken die niet voorkwamen in het Tamil. In de tiende eeuw controleerden ze een aanzienlijk deel van de handel op Sri Lanka. Volgens de historicus Battuta kon Colombo in de dertiende eeuw beschouwd worden als een muslim stad.

Dit alles wijst erop dat Sri Lanka al vrij vroeg een multi-raciale samenleving was. Dit leidde in de eerste eeuwen daarom niet dadelijk tot gewelddadige conflicten. De gemeenschappen leefden min of meer vreedzaam naast mekaar. Het koloniaal bewind en de economische ontwikkeling brachten een grotere verwevenheid van de verschillende sociale groepen mee. De Malay en de Indiase Tamils bijvoorbeeld kwamen heel recent naar Sri Lanka. De Indiase Tamils, in feite de ‚plantage Tamils', zijn de goedkope arbeidskrachten die in de 19de eeuw vanuit Zuid-India door de Britten naar Sri Lanka werden gebracht om er te werken op de thee-, koffie-, kaneel- en andere plantages. De Malay maken één procent uit van de Muslim bevolking op Sri Lanka. Ze zijn afkomstig van Maleisië, Java en Sumatra. Ze spreken een taal die verwant is met het Javaans en vestigden zich in Sri Lanka onder het Nederlands koloniaal bewind in de 18de eeuw. Als relatief klein eiland in de Indische Oceaan kon Sri Lanka moeilijk het hoofd bieden aan de invloeden van buitenlandse mogendheden. Door de interne verdeeldheid werd dit nog extra in de hand gewerkt.

Indiase invloeden

In de 5de en de 6de eeuw na Chr. werd Sri Lanka geconfronteerd met drie militante hindoestaten in Zuid-India, namelijk die van Pāndya's, de Pallav's en de Chol's. Sinhalese vorsten in Sri Lanka deden herhaaldelijk een beroep op de hulp van de Tamil koninkrijken in Zuid-India om hun interne conflicten te beslechten. Vanaf de 9de eeuw kwam Sri Lanka terecht in de maalstroom van de Zuid-Indiase politiek. Eerst onder het bewind van de Pāndya's en daarna onder de Chol's. De Chol's — die in India hun heerschappij uitbreidden tot aan de Ganges — veroverden Sri Lanka rond de jaren 1000 en bezetten zelfs gebieden in Birma en

Sumatra. Gedurende 75 jaar werd Sri Lanka bestuurd als een provincie van het Chol koninkrijk in Zuid-India. In die periode kwam het Hindoeïsme in Sri Lanka tot bloei. De Tamils in Sri Lanka indentificeerden zich wat taal, cultuur en godsdienst betreft met de buren in Zuid-India. Het Boeddhisme op Sri Lanka kende toen een ernstige teruggang. Anuradhapura, dat de hoeksteen vormde van de boeddhistische beschaving werd vernietigd en de hoofdstad werd verplaatst naar Polonnurawa in het noord-oosten van Sri Lanka.

In 1070 werden de Chol's uit Sri Lanka verdreven door Vijay Bahu I die werd opgevolgd door de grote Sinhalese koning Parakramabahu I (1153-1186). Deze laatste profiteerde van de rebellie van Pāndya's tegen de Chol's om de Indiase kuststreek binnen te trekken en hij slaagde er zelfs in tijdelijk Madurai in Zuid-India te bezetten. Onder Parakramabahu I werd het Pollonurawa koninkrijk stevig uitgebouwd. We vinden er prachtige voorbeelden van boeddhistische architectuur. Het is opvallend dat in de boeddhistische beeldhouwwerken tal van Hindoe decoratieve elementen aanwezig zijn. Hiermee wordt goed geïllustreerd dat het Boeddhisme in Sri Lanka zich nooit volledig kon losmaken van zijn hindoe verleden.

De leer van de *Boeddha* (,hij die verlicht is') werd in Sri Lanka verspreid onder het bewind van de grote Indiase keizer Ashok. Een verwante van Ashok bekeerde Devanampiya Tissa (307-267 voor Chr.) van Sri Lanka tot het Boeddhisme. In de 3de eeuw vóór Chr. had Ashok trouwens zijn officiële bescherming gegeven aan het Boeddhisme, in India. Maar hij respecteerde eveneens andere godsdiensten of secten. Het samengaan van verschillende levensstromingen was in die periode een kenmerk van de stedelijke cultuur. Rajagrha en Campa in Noord-India waren commerciële en administratieve centra waar Brahmanen, Jains en boeddhistische volgelingen samenkwamen om er hun ideeën te verspreiden. Het Boeddhisme in India adopteerde heel wat elementen uit het Hindoeïsme.

Smeltkroes

Alhoewel de leer van Boeddha onder meer gekant is tegen het kastesysteem, de aanbidding van goden en het oprichten van tempels, heeft het Boeddhisme in Sri Lanka zich al deze elementen uit het Hindoësme eigen gemaakt.

Daarnaast zijn er in de geschiedenis van Sri Lanka ook veel ingeweken hindoes geweest die zich volledig in Sinhalees sprekende gebieden hebben geïntegreerd. Tussen de 14de en 18de eeuw waren er veel Dravidiërs, meestal uit Zuid-India, die zich vestigden in Sinhalees sprekende gebieden. Ook de voorouders van de Colombo Chetties kwamen uit Zuid-India (Tamil Nadu). Een ander opvallend voorbeeld vinden we in het Kandy koninkrijk, dat voor de Sinhalezen vaak een symbool is van hun weerstand tegen vreemde (= niet-boeddhistische) invloeden. In 1739 kwam er een prins van de Nayakkar-dynastie van het Madurai koninkrijk op de troon in Kandy. Hij gaf echter zijn hindoe godsdienst en Tamilnaam op en werd een grote promotor van het Boeddhisme.

De lijn van deze Nayakkar-dynastie (in feite Zuid-Indiase Tamil-dynastie) werd in het Kandy koninkrijk voortgezet tot aan de machtsovername door de Britten in 1815. Het is dus nogal erg kunstmatig om een duidelijke scheidingslijn te trekken tussen het Sinhalees-boeddhistische ras, dat prat gaat op zijn Indo-Arische afkomst (sic), en het Tamil-hindoe ras. Met de vestiging van een autonoom Tamil koninkrijk in het Noorden van Sri Lanka in 1214 werd de scheiding van het land in twee ethno-lingüistische naties wel een feit. Dat Tamil koninkrijk, met als hoofstad Jaffna, behield zijn autonome positie tot het begin van de 17de eeuw.

Koloniale overheersing

Gedurende de periode van zelfstandigheid ontwikkelden de Tamils van het noorden een afzonderlijke hindoe cultuur die zijn inspiratie vond in de rijke culturele tradities van Zuid-India. In 1619 annexeerden de Portugezen het Jaffna koninkrijk waardoor een einde kwam aan zijn autonomie. De Portugezen beheerden het Tamil Jaffna Patnam als een afzonderlijke administratieve eenheid. Onder het Nederlands koloniaal bewind was dit eveneens het geval. Toen de Britten in het begin van de negentiende eeuw de koloniale scepter overnamen werd het noordelijk deel van Sri Lanka aanvankelijk bestuurd vanuit Madras (Zuid-India).

Omwille van administratieve redenen plaatsten de Britten de Tamil en Sinhalees sprekende gebieden onder één centraal gezag. Hiermee kwam een einde aan de scheiding gebaseerd op de verschillen in godsdienst, taal, cultuur en politieke organisatie.

Gezien er een grote rivaliteit bestond tussen de Europese mogendheden om de controle te verwerven over de Indische Oceaan wisselden de koloniale besturen in Sri Lanka op betrekkelijk korte tijd. De Britten die in het begin van de negentiende eeuw wellicht de best georganiseerde koloniale macht vormden in Zuid-Azië behielden een stevige controle over geheel Sri Lanka. Dit gebeurde onder meer door een grootscheepse wegenaanleg, de ontginning van de bossen en de uitbouw van de plantage-economie. De buitenlandse mogendheden waren in de eerste plaats geïnteresseerd om hun economische belangen veilig te stellen. Ze mengden zich weinig in de interne administratieve zaken of in de sociale aangelegenheden. Alleen onder de Portugezen kregen de bestaande godsdiensten het erg te verduren. De muslims die een stevige commerciële positie hadden in Sri Lanka werden gezien als de directe rivalen van de Portugezen. Zij waren de eerste slachtoffers van de vervolgingen, maar ook vele boeddhistische en hindoe tempels werden vernietigd. Op grote schaal bekeerde men zich tot de (Portugese) Rooms-katholieke godsdienst. Vooral de lagere kasten bekeerden zich tot het katholicisme om zo hun sociale status te kunnen verhogen. Onder de Nederlanders richtten de religieuze vervolgingen zich tegen de Rooms-katholieke godsdienst die officieel vervangen werd door de Nederlandse gereformeerde kerk. Het Hindoeïsme en de Islam werden niet in dezelfde mate onderdrukt. De Nederlanders zetten de verscheidenheid en de eigenheid van de verschillende gemeenschappen in de verf. Ze codificeerden het gewoonterecht van de gemeenschappen, zoals bv. de codificatie van de wetten en gewoonten van de Tamils in Jaffna.

Op godsdienstig vlak waren de Britten heel terughoudend. Missionarissen die in de eerste decennia van het Britse bewind erg actief waren op Sri Lanka werden niet officieel of systematisch door de Britten ondersteund. Sri Lanka kende niet dezelfde wantoestanden als India dat af te rekenen had met kindermoorden, *sati* (zie blz. 15) en extreme vormen van discriminatie van de laagste kasten. Afgezien van vage ideeën over gelijkheid hadden de missionarissen geen erg duidelijke voorstelling over sociale hervorming. De sociale kaart van Sri Lanka leek meer beïnvloed te zijn door economische ontwikkelingen. Met de opgang van de plantage-economie ontstond er in Sri Lanka een nieuwe elite. Naast de landbouw haalde ze haar inkomsten onder meer uit het transport, industrie en de verkoop van alcohol. De schaarse Engelse opvoeding verleende toegang tot jobs in de administratie met een hoge sociale status. Sommige families stuurden hun kinderen naar westers georiënteerde scholen en universiteiten. Zo groeide het besef dat economische macht en opvoeding belangrijker waren dan afstamming. Dit was een teken van de grotere sociale mobiliteit in Sri Lanka.

Sociale structuur

De invloed van het kastesysteem op de sociale structuur illustreert de impact van het Hindoeïsme in Sri Lanka. Het kastesysteem dat automatisch wordt geassocieerd met het Hindoeïsme komt voor bij alle gemeenschappen in Sri Lanka, niet alleen bij de hindoes maar ook bij de boeddhisten, de muslims en de christenen.

Vanzelfsprekend is de invloed van de hindoe religie het sterkst voelbaar onder de (hindoe) Tamils en bij de groepen die tamelijk recent vanuit India naar Sri Lanka uitweken, met name bij de Indiase Tamils. Deze laatsten werken hoofdzakelijk op de plantages, vandaar dat ze ook plantage Tamils worden geheten.

Het kastesysteem bij de plantage Tamils is een afspiegeling van het Indiase kastesysteem dat gekenmerkt wordt door een strakke maatschappelijke ordening en een duidelijke hiërarchie van de hoogste tot de laagste kaste. Dit komt onder meer tot uiting in de praktijk van „onaanraakbaarheid" waarbij een hogere kaste hindoe niet zal eten met een lid van een lagere kaste of waardoor iemand van een lagere kaste geen toegang heeft tot de tempels of waterputten van de hogere kasten.

Vaak worden de woonwijken in de dorpen ook ingedeeld op basis van de kaste. Een ander kenmerk is de endogamie waardoor huwelijken slechts worden afgesloten met een partner uit dezelfde kaste of subkaste. De praktijk van onaanraakbaarheid werd in Sri Lanka door de *Social Disabilities Act* van 1957 verboden. Overtredingen (b.v. een kasteloze de toegang weigeren tot een tempel) werden pas in 1971 strafbaar gesteld en dan nog meestal door de centrale regering van Colombo.

Bij hun aankomst in Sri Lanka waren de zogenaamde plantage Tamils meestal arm en ongeletterd, ze behoorden tot de laagste kasten of tot de kastelozen en waren ‚gewoon' om als *underdog* te leven in India. Ook in Sri Lanka kregen ze een erg minderwaardige behandeling. Ze vormden een soort proletariaat in de slums. In de laatste decennia hebben ze zich in vakbonden georganiseerd wat wijst op een collectief sociaal bewustzijn om hun situatie te veranderen. De lage sociale status van plantage Tamils en de erbarmelijke omstandigheden waarin ze leven heeft het aanzien van alle Tamils in Sri Lanka (en India) een sterke deuk gegeven. De plantage Tamils leven erg geïsoleerd en er is nauwelijks contact met de Ceylon Tamils, die diezelfde taal spreken en meestal dezelfde godsdienst belijden.

De Ceylon Tamils kennen niet dezelfde rigiede maatschappelijke ordening als de plantage Tamils. De ,,Vellalar'' kaste van Jaffa domineert van oudsher het economisch en politiek leven en zij hebben zich ook opgeworpen als de leiders van de Tamil gemeenschap. Zij zijn een eerder conservatieve kracht die de resolutie voor een ,,free, sovereign, secular and socialist state'' van het Tamil United Liberation Front (TULF) vermoedelijk slechts met woorden ondersteunen. Hoe ver zal deze dominerende groep willen gaan met sociale hervormingen voor de lagere klassen in een autonoom of onafhankelijk Tamil Eelam? De Vellalarkaste die traditioneel een alliantie vormde met de Brahmanen denkt misschien met heimwee terug aan het tijdperk wanneer de Nallaur (13de eeuw) regeerden bij de gratie van de Vellalars.

Opvallend is ook het bondgenootschap tussen de hoogste kasten van de verschillende godsdiensten. De Goyigama kaste van de Sinhalezen sloot zich herhaaldelijk aan bij de politieke en economische voorstellen van de Vellalar kaste.

Het kastesysteem bij de Sinhalezen wordt gekenmerkt door een grotere flexibiliteit. Indiase immigranten slaagden er bijvoorbeeld in zich in de Sinhalese kaste te integreren door het volgen van de boeddhistische godsdienst en het leren van Sinhalees. Ook is de mobiliteit binnen het Sinhalese kastesysteem groot. In het midden van de 17de eeuw stonden de *nvadamo* (kaste van de handwerkers) op de laagste trede van het systeem. Binnen een eeuw werd hun positie op de sociale ladder ingenomen door de kaste van de vissers, de *karava*. De mobiliteit binnen het kastesysteem werd bevorderd door de politiek van de Nederlanders en de Portugezen die bewust voorrechten toekenden aan de lagere kasten, onder meer aan de *salagama* (pellers van kaneel) en de *karava*. De competitie tussen de verschillende kasten om hogerop te klimmen komt ook tot uiting in de godsdienst en de politiek. Lagere kasten wensen toegang tot de clerus en ze wensen een politieke vertegenwoordiging in evenredigheid met de grootte van hun kaste.

Zowel bij de Sinhalezen als bij de Muslims wordt bij het afsluiten of arrangeren van de huwelijken heel duidelijk op de kaste gelet. De praktijken van onaanraakbaarheid of de theorie van pollutie door het uitoefenen van bepaalde jobs (b.v. leerlooier) komen bij deze gemeenschappen niet voor. Is het misschien bij de muslims en de Sinhalezen beter te spreken van ‚functionele groepen' dan van kaste?

Het is wel duidelijk dat het niet opgaat om de Tamil en Sinhalese bevolking te beschouwen als twee monolitische blokken. Door de verschillen lijkt Sri Lanka eerder op een mozaïek van culturen, wat de politieke besluitvorming niet altijd makkelijk maakt.

SRI LANKA: ARM EN TOCH RIJK

Nathan KATZ*

Inleiding

Statistische gegevens over Sri Lanka zijn verbazingwekkend: met een per capita BNP van 179 dollar per jaar heeft dit land een *physical quality of life index* (PQLI) bereikt van 82. Deze kwalificatie kent geen precedent in de lage-inkomenslanden en steekt zelfs gunstig af bij een vergelijking met vele landen die een 10 tot 20 maal hoger per capita BNP vertonen dan Sri Lanka. Als men de PQLI van Sri Lanka plaatst naast het per capita BNP, kan men besluiten dat Sri Lanka meer voor zijn burgers heeft verwezenlijkt, zijn middelen in aanmerking genomen, dan welk land ook ter wereld.

De bedoeling van dit hoofdstuk is een verklaring te geven voor deze unieke prestatie. Ongetwijfeld spelen factoren als de levendige boeddhistische traditie en een keuze voor een democratische, socialistische ontwikkeling een grote rol daarin. Bij dit onderzoek gaan we na in welke mate Sri Lanka al dan niet afwijkt van de hedendaagse derde wereldtheorie, die zich richt op de politiek bepalende ‚krachtvelden’ (‚discours’ in Foucaults betekenis; zie verder). Indien blijkt dat Sri Lanka een voorbeeld vormt van een ontwikkelingsland dat lukt, dan moeten zowel de gelijkenissen met de andere ontwikkelingslanden alsook zijn unieke positie noodzakelijkerwijze behandeld worden.

Cijfergegevens

Sri Lanka's PQLI, door geen enkel arm land geëvenaard, trekt de aandacht van de ontwikkelingstheoretici. De PQLI is een criterium dat als betrouwbare ontwikkelingsindicator het per capita BNP heeft ver-

---

* Prof. Nathan Katz is verbonden aan het Williams College, Williamstown, Massachusetts,·USA. De vertaling is van Lieve De Brabandere.

drongen. Het meet de fysieke levenskwaliteit via factoren als de levens-verwachting, kindersterfte, alfabetisatiegraad en verdeling van rijkdom, waarbij het gezegde ‚geld is niet alles’ wordt bevestigd. Middelen om de PQLI van een land omhoog te helpen zijn: de ontwikkeling van een sociale infrastructuur en systemen voor een gelijke verdeling van de welvaart.

Maar de introductie van technologische en medische snufjes dicht niet noodzakelijkerwijze de kloof tussen arm en rijk. De infrastructuur van Sri Lanka die wél gericht is op het elimineren van die kloof werd, zoals we zullen zien, grotendeels bepaald door de boeddhistische principes van sociale organisatie die deze natie voor meer dan 2000 jaar hebben gemodelleerd.

Men zou verwachten dat landen met een hoog BNP ook een hoge PQLI bereiken en dat klopt over het algemeen (de V.S. met een per capita BNP van 2.024 dollar hebben een PQLI van 94). Naargelang het BNP per capita daalt zou daarmee ook de PQLI correleren, maar Sri Lanka vormt daarop een uitzondering (vergelijk met Mali: 90 dollar per capita BNP en als PQLI 15). Singapore dat nu als een ‚ontwikkeld’ land wordt beschouwd, toont een hoge PQLI (83) parallel met een per capita BNP van 2.111 dollar. Op de lijst ziet men verder dat Birma, Thailand en Vietnam Sri Lanka’s voorbeeld volgen, hoewel niet in dezelfde mate, terwijl Laos en Kampuchea worstelen met een extreem laag BNP per capita van 70 dollar[1].

Land	PQLI	Per capita BNP
USA	94	$ 2.024
Sri Lanka	82	$ 179
Kampuchea	40	$ 70
Birma	51	$ 105
Vietnam	54	$ 189
Thailand	68	$ 318
Singapore	83	$ 2.111
Laos	31	$ 70

We moeten er op wijzen dat de PQLI een maatstaf is die evenzeer de verdeling van de welvaart alsook de welvaart zelf, aangeduid door het

---

[1] Deze cijfers komen uit David Morris, *Measuring the Condition of the World's Poor*, (The Physical Quality of Life Index), New York, 1979.

per capita BNP, in acht neemt. De factoren die bijdragen tot Sri Lanka's hoge PQLI zijn drievoudig.

Een eerste factor is de alfabetisatiegraad: 81% van de mensen, ouder dan 15 jaar, waren geletterd in 1975. Recente schattingen geven nu al bijna 90%. Deze cijfers kunnen geplaatst worden naast de 84,1% van de hoge-inkomenslanden (meer dan 2.000 dollar per jaar). Het gemiddelde van de lage-inkomenslanden (per capita BNP van minder dan 300 dollar) toont 24,3%. De bijzondere waarde die traditioneel binnen het Boeddhisme aan alfabetisatie wordt toegekend, verklaart gedeeltelijk dit hoge cijfer. Ook andere boeddhistische landen als Birma (60%) en Thailand (79%) bereiken een hoge alfabetisatiegraad.

Een andere factor verantwoordelijk voor de hoge PQLI van Sri Lanka is de lage graad van kindersterfte. Het aantal kindersterften per 1.000 varieert van 229 (in Gabon) tot 7 (in Zweden). Sri Lanka's aantal bedraagt 45, terwijl het gemiddelde van het aantal kindersterften op 1.000 in de lage-inkomenslanden 149,8 vormt. In de hoge-inkomenslanden is het gemiddelde 36,1 kindersterften op 1.000.

Tenslotte is er de factor van de levensverwachting van de Sri Lankanen: 70,2 jaar in de vroege zeventiger jaren; een cijfer dat opnieuw kan wedijveren met dat van de hoge-inkomenslanden (gemiddeld 71,5 jaar). Geen enkel ander laag-inkomensland haalt een levensverwachting van 60 jaar.

Men mag niet vergeten dat al deze prestaties werden bereikt met een per capita BNP van 179 dollar. Een verklaring hiervoor zullen we proberen te geven door een onderzoek naar de verschillende ,krachten van bevrijding' (,discourses of liberation') die zich lieten gelden in Sri Lanka sinds de onafhankelijkheid. Analoge elementen in het politieke toneel van Birma en Thailand zullen vermeld worden, hoewel elk van deze landen een eigen politiek verhaal vertelt.

De krachtvelden

De studie van het politieke evolutieproces in Sri Lanka moet in een bepaalde context gebeuren. Voor dit essay werd de context van de derde wereld-theorie gekozen, nl. de studie van de koloniale en post-koloniale overheersing van ,lage-inkomenslanden' door rijkere en machtiger landen, in casu meestal Europese of Noordamerikaanse, christelijke en behorend tot de eerste of de tweede wereld.

Een dergelijk theoretisch uitgangspunt brengt twee verschillende, maar onderling met elkaar verbonden, krachten aan het licht. De eerste wordt de ,kracht van de onderdrukking' (,discourse of oppression') genoemd, waarbij de gekolonizeerde cultuur als passief, reactionair, inert en ,vrouwelijk' wordt bestempeld. De eigenschappen die aan gekolonizeerde volkeren worden toegekend, zijn zo goed als identiek met deze toegeschreven aan vrouwen in een sexistische context.

De gekolonizeerde macht wordt bijgevolg beschouwd als progressief, actief en ,viriel'. Een dergelijk krachtveld laat de ,penetratie' toe van de kolonizator in de culturen en economieën van de gekolonizeerden.

De beweging van een gekolonizeerde toestand naar politieke onafhankelijkheid werd gewoonlijk reeds vooraf aangekondigd door een ,kracht van bevrijding' (,discourse of liberation'). Wanneer verder in dit hoofdstuk de bijzonderheden over dit bevrijdingsproces in Sri Lanka (en in zekere mate in Birma en Thailand) zullen behandeld worden, zal de gelijkenis duidelijk worden tussen de boeddhistische en ook andere landen die sinds de Tweede Wereldoorlog onafhankelijkheid hebben verworven. De traditionele (i.e., de pre-koloniale) patronen van sociale organizatie, heerschappij, religiositeit en economische relaties worden in de bevrijdingscontext sterk benadrukt door het anonieme *The Revolt in the Temple* en het verslag van de Boeddhistische Onderzoekscommissie, *The Betrayal of Buddhism,* 1956.

Deze boeddhistische heropleving reageerde tegen de onderdrukkingsstructuren voornamelijk door deze structuren om te keren. Bijvoorbeeld, wanneer de Europese zendeling het Sri Lankaanse Boeddhisme afschilderde als ,bijgeloof' in tegenstelling tot het ,verlichte christendom', dan werden in de bevrijdingscontext aan het Boeddhisme en het christendom respectievelijk de adjectieven ,wetenschappelijk' en ,irrationeel' toegemeten.

Sri Lankanen verwijzen nu nog dikwijls naar de vermaarde Panadura debatten (1871) als een keerpunt in de nationalistische, anti-imperialistische bewegingen. In deze debatten steekt een boeddhistische monnik een christelijke missionaris intellectueel de loef af, precies door zijn traditie als progressief, rationeel en wetenschappelijk voor te stellen. Een traditie die poogt het menselijke bestaan te verklaren zonder toevlucht te nemen tot niet te staven hypothesen zoals de God-hypothese, die buiten het bereik ligt van de directe menselijke ervaring.

Wat in deze context moet opgemerkt worden is de heel cruciale rol die de religie heeft gespeeld in de formulering zowel van onderdrukkende als van bevrijdende krachten.

De ontvoogdingsimpuls verdedigt zich door de structuren van de onderdrukking om te keren, zodat dit onvermijdelijk tot nieuwe tegenstellingen leidt. Dit wordt misschien duidelijker wanneer men de analogie met de ‚Black Power’-beweging in de jaren zestig in de Amerikaanse politiek voor ogen houdt.

De Black Power-beweging ontstond als antwoord op de blanke racistische beweging. De blanke racist meende zijn privileges ten overstaan van de zwarten te kunnen handhaven door zich te beroepen op de superioriteit van zijn ras. En natuurlijk is de onderdrukking nooit volledig, tot de verdrukte de fundamentele juistheid en gerechtigheid ervan aanneemt. Zoals de gekoloniseerde Sri Lankaan — uiteindelijk onder de dreiging van de kanonnen – de superioriteit van alles wat Brits was aanvaardde, van religie tot kledij en keuken, zo assimileerde de zwarte Amerikaan ook de blanke normen van schoonheid, spiritualiteit en taal. Black Power, voornamelijk zoals het door Elijah Muhammed werd geformuleerd, keerde de racistische rollen om en verkondigde de morele en culturele superioriteit van de zwarte. Vanzelfsprekend slaagde deze beweging er op een heel efficiënte manier in om aan de Amerikaanse zwarten hun gevoel voor zelfrespect terug te bezorgen.

Ook de ‚boeddhistische renaissance’ bediende zich van bepaalde dynamische katalysators als bv. de terugkeer naar de klassieke Sinhalese cultuur (en het verwerpen van die van de kolonisator), die dan een oplossing voor bestaande problemen moest bieden.

Maar in beide gevallen nochtans kwam een contradictie aan het licht. In de Black Power-beweging weigerden vele zwarten zich te beroepen op de superioriteit van hun ras. Het probleem, zoals het werd geanalyseerd door Carmichael en Hamilton, was dat van onderdrukking in zichzelf.

Het doel was ‚to deniggerize the earth’, en niet de privileges van de ene groep te vervangen door die van de andere (2).

Op dezelfde manier werd er bij het uitroepen van de Sinhalese superioriteit een weinig creatieve rol overgelaten aan andere ethnische gemeenschappen in Sri Lanka: de Tamils, de Burghers en de muslims. Het is precies deze ongerijmdheid die zich uitte in de ethnische conflicten. Deze problemen blijven Sri Lanka teisteren en vinden o.a. in de ondergrondse *Tijgers van Eelam,* een separatistische Tamil organisatie, een extreme uitdrukking.

Organisaties als de *Sarvodaya Shramadāna,* een inlandse beweging voor de economische en spirituele ontwikkeling van het individu, het dorp, de natie en de wereld, kunnen een constructief antwoord bieden op die conflicten. Het typische aspect van *Sarvodaya Shramadāna* is het vermogen om de spanningen tussen verschillende religieus-culturele bevolkingsgroepen te overstijgen. Het luidt een nieuwe fase in de bevrijdingsdynamiek in, waarbij het risico van de bovenvermelde raciale vooringenomenheid wordt ontweken.

Dit essay zal ook de guevaristische *Jātika Vimukti Peramuna* (JVP, of *People*’s Liberation Front) nader bekijken, die de traditionele en linksgeoriënteerde regering in 1971 bijna deed vallen. De JVP kreeg zijn steun vooral van de *bhikkhu* of monniken-kaders, van misnoegde jongeren van alle gemeenschappen en van traditionele Sinhalese nationalisten. Terwijl de JVP-opstand van 1971 mislukte, lijkt zijn anti-kommunalisme door Sarvodaya als leidraad te zijn overgenomen. Beide bewegingen wijken nochtans op ideologisch vlak vrij veel van elkaar af.

Via een analyse van deze krachtenevolutie (verdrukking en bevrijding) kan men beginnen een verklaring te zoeken voor de opmerkelijke prestaties van Sri Lanka, meer bepaald het verschaffen van een degelijke levensstandaard, ondanks de beperkte middelen.

De onderdrukking in aktie

„Het beeld van de boeddhistische monnik, geëngageerd in sociale en politieke activiteiten, werd opzettelijk door de westerse kolonialisten en hun

---

² S. Carmichael en C.V. Hamilton, *Black Power: The Politics of Liberation in America.* New York, 1967.

christelijke missionarissen verdoezeld. Door een bepaald type van christelijk kloosterwezen op te dringen aan de boeddhistische geestelijkheid, beperkte men haar activiteit tot bv. tempeldiensten. De koloniale bestuurders ontnamen de bhikkhu's (boeddhistische monniken en nonnen) hun invloed op het openbare leven en slaagden erin om een traditie van boeddhistische kluizenaars op te dringen, die andere types van geestelijkheid bijna uitsloot"[3].

Het Boeddhisme werd opgediend als een wereldvreemde religie, afgewend van de alledaagse problemen op politiek, economisch en maatschappelijk gebied. Van deze voorstelling maakte de onderdrukkingsmentaliteit overvloedig gebruik. Het was terzelfdertijd een gemeenplaats in de inleidende studieboeken over de wereldgodsdiensten; niet alleen een intellectuele misvatting maar ook een doelbewust gekozen steunpilaar in de koloniale administratie van Sri Lanka, Birma en andere landen. Men scheidde de *sangha* (boeddhisten-gemeenschap en — clerus) van de maatschappij. Hierdoor werd een machtsvacuüm gecreëerd dat onmiddellijk door de kolonisator werd opgevuld. En de boeddhistische maatschappij werd — van zodra ze op mentaal, economisch en militair vlak vervreemd was geraakt van het Boeddhisme – onderworpen aan de koloniale manipulatie. Onder het mom van liberale secularisatie en zogenaamde moderniteit.

Terwijl de kolonisator zich beriep op de neutraliteit van de secularisatie bracht hij de aftakeling van de Sri Lankaanse maatschappij teweeg en her-modelleerde ze naar het economische model van de plantage-economie. Vanuit het perspectief van de koloniaal had dit model zich o.a. succesvol getoond in West-Indië. Men is niet vrij te pleiten van een racistische reactionaire houding, indien men de koloniale mythe (zoals ze voornamelijk door Max Weber werd geformuleerd) in de huidige wetenschap nog bestendigt. Nochtans, zoals we van Foucault leren, bestendigen de beelden, mythen en ,discours' zichzelf.

Reeds in de vroegste verhalen over Sri Lanka treffen we een aaneenrijging van wensen en verlangens aan in de plaats van een neutrale waarneming die met de werkelijkheid overeenstemt. De vroege kooplieden (de voorboden van de kolonisatoren) beschouwden Sri Lanka als

[3] Dit schrijft E.F. Perry in zijn *Foreword to the English Edition* van Walpola Rahula's ,The Heritage of The Bhikkhu', New York, 1974.

een schatkist boordevol edelstenen, klaar voor de plundering. De vroege kolonisatoren verbeeldden zich dat Sri Lanka een achterlijke versie bood van hun Europa, een slechte copie die dringend moest gecorrigeerd worden. Daarom ook, gezien ,de vooruitgang' in het protestantse Europa de scheiding tussen kerk en staat vereiste, moest ook het Boeddhisme in Sri Lanka van de maatschappij worden losgekoppeld. Dan zou een gelijkaardige vooruitgang tot stand komen, als we onder vooruitgang verstaan: de ontvankelijkheid voor Europese technologie (lees: een plantage-economie) en seculaire verlichting (i.e. de bekering tot het christendom).

De manier waarop de koloniale mythe zich opdrong en deed gelden gebeurde, volgens Ph. Stevens, in de beginfase, op basis van militaire superioriteit. Na verloop van tijd nam de noodzaak van een constante militaire bevestiging af, want steeds meer begon de gekoloniseerde zich te identificeren met het beeld dat de Europeanen hem opdrongen[4].
De superioriteit waar Stevens naar verwijst was in de eerste plaats een militaire kwestie, maar het werd verpakt in de door de kolonizator gecreëerde culturele (zoniet rassen-) superioriteit. Dus werd de achterlijkheid van de ,inboorling' beschreven: zijn bijgelovige religie, zijn conservatieve familie-oriëntatie en zijn ,luiheid'. Aan Max Weber hebben we het te danken dat deze achterlijkheid wordt toegeschreven aan een religie die een typische niet-politieke en zelfs apolitieke positie heeft[5].

Wat Weber zegt is dat elke andere religie dan het protestantisme verantwoordelijk is voor die achterlijkheid en eigenlijk tot koloniale penetratie en manipulatie uitnodigt. De onderdrukkingsmotivatie stelt: ,Ze vroegen erom'.
De kolonisatie en de mythe waar de onderdrukking zich van bedient, waren onderling van elkaar afhankelijk. Het traditionele onderwijs werd geüsurpeerd en vervangen door het missie-onderwijs, de *sangha* werd geïsoleerd en de boeddhistische invloed op de Sri Lankaanse staat werd steeds meer ingeperkt. Het establishment van de godsdienstwetenschappen haastte zich toendertijd om een theoretische rechtvaardiging te verschaffen voor de aftakeling op grote schaal van de inlandse cultuur

---

[4] Ph. Stevens, *Image-Realization-Text,* Williams College, 1983.
[5] Max Weber, *The Religions of India,* Glencoe, 1958.

en maatschappij door de koloniale administratie. Een ander cruciaal element in de koloniale heerschappij was het opvoeren van de spanningen tussen Sri Lanka's ethnische groepen door middel van een onbeschaamd favoriseren van alle bevolkingsgroepen ten nadele van de Sinhalese (boeddhistische) meerderheid.

Zoals we hebben gezien is de penetratie en administratie van de kolonisator efficiënt naarmate de gekoloniseerde de rechtvaardigheid van de onderdrukkingssituatie aanvaardt. De bevrijding, zijnde een proces en geen handeling, begint daarom met een tegen-mythe als antwoord op de onderdrukkingsmythe. De bevrijdingskracht die we nu zullen onderzoeken wordt ook wel de term ‚boeddhistische renaissance' toegemeten.

De bevrijdingskracht aan het werk

Rond 1850 had de ontkrachting van de inlandse cultuur zich reeds voltrokken. De plantage-economie was stevig geïntroduceerd, de boeddhistische *sangha* doeltreffend van de sociale realiteit afgeschermd en het onderwijs was in handen van de christelijke missionarissen. Op dat ogenblik ziet men het ontstaan van vroege vormen van de bevrijdingsimpuls. In 1828 reeds richtte een heroplevend nationalistisch bewustzijn zich op het parodiëren van christelijke missie-teksten.

Gezien de vervolging van het Boeddhisme en de kolonisatie werden vereenzelvigd met elkaar, identificeerde men het Boeddhisme dat zich terug oprichtte met de anti-koloniale stijd. Toen Bhikkhu Migvettuwate Gunananda de *Society for the Propagation of Buddhism* stichtte in 1862, bediende hij zich van technieken — het schrijven van brochures, prediken en debatteren – die veel gelijkenis vertoonden met deze van de missionarissen. Hier bemerken we een typisch aspect van de bevrijdingsbeweging: de structuren van de onderdrukking worden omgekeerd. Deze omkering leidde tot nieuwe en creatieve vormen van het boeddhisme.

In Birma bv. ondernam de premier U Nu pogingen om de kloof tussen de *sangha* en de staat te overbruggen: hij nodigde de meditatiemeesters Ledi Sayadaw en Mahasi Sayadaw, allebei monniken, en de leken (bv. meditatie-leraar U Ba Khin) in zijn regering (in 1949) uit. Het resultaat was de ontwikkeling van de Birmese *sātipatthāna* (meditatie) methode, die de meest verspreide meditatieve techniek werd in de

312

Theravāda wereld. Deze techniek (in het Engels met de vrijwel onvertaalbare term ‚mindfulness' aangeduid,) benadrukte de rol van de lekenboeddhisten.

Nieuwe en creatieve taken voor de leken werden in Sri Lanka geschapen, voornamelijk door leken-organisaties als de *All-Ceylon Buddhist Congress* en de *Young Men's Buddhist Association*. Eén gevolg van de boeddhistische revival was een herdefiniëring van de traditionele rol voor de sangha (de orde van boeddhistische monniken en nonnen) en de leken binnen de boeddhistische cultuur.

Andere belangrijke figuren in de anti-imperialistische boeddhistische heropleving zijn o.m. Anagarika Dharmapala, wiens *Return to Righteousness* (Colombo, 1965) een manifest van het bevrijdend nationalisme werd. Verder was er o.a. ook een bondgenoot van Dharmapala, kolonel Henry Steele Olcott, een Amerikaan die in 1880 in Sri Lanka aankwam en onverdroten de strijd aanbond tegen de christelijke zendelingen-overheersing in het onderwijs. Zijn *National Trust Scheme* leidde tot de oprichting van boeddhistische scholen die als tegengewicht moesten gelden.

Het Sinhalese boeddhistisch nationalisme ging verschillende coalities en dialogen aan met de anti-imperialistische partijen en vakbonden bij het begin van de twintigste eeuw. Sangha-leden namen de leiding in het marxistisch-boeddhistisch verbond, zoals bv. een groep monniken van het prestigieuze Vidyalankara Pirivena (een welbekende Sinhalese onderwijsinstelling) die onder de naam *Vidyalankara Group* werkte. Eén van zijn leden, de eminente Dr. Walpola Rahula, verschafte de theoretische fundering voor hun activiteiten in het uiterst belangrijke werk *The heritage of the Bhikkhu*. Daarin verdedigt hij de stelling dat enkel door het opnieuw verbinden van de *sangha* met de maatschappij een redelijke ontwikkeling kan plaats vinden. Hij identificeert de belangen van de *sangha* met deze van de natie. Het christelijke model van de kloostermonnik, afzijdig van de maatschappij, zo hardnekkig door de Weberaanhangers benadrukt, wordt expliciet verworpen. Patriottisme en de Sinhalese religie worden aan elkaar gekoppeld.

Uit de dialoog tussen links georiënteerden, boeddhistische monniken en leken bleef zich een Sinhalese boeddhistische ideologie ontwikkelen, die zich kristalliseerde in de viering van de *Boeddha Jayanti* in 1956. Dit feest was een herdenking, overal in de boeddhistische wereld, van

Boeddha's dood ca. 2500 jaar geleden. In Sri Lanka greep men de gelegenheid aan om terzelfdertijd ook de stichting van het Sinhalese ‚ras' door Vijay te vieren.

Een anoniem werk, *The Revolt in the Temple* (Colombo, 1953) verheerlijkte de religie, het ras en de taal als pijlers van een heroplevende Sinhalese boeddhistische maatschappij. Daarin werden de postkoloniale structuren van het christendom, Europa en al wat Engels was, radikaal afgewezen.

Terzelfdertijd verscheen een rapport van de door de regering aangestelde *Boeddhistische Onderzoekscommissie*. Het rapport, *The Betrayal of Buddhism* genaamd, bevatte een verpletterende kritiek op Portugese, Nederlandse, Britse en andere ambtenaren, nl. dat ze systematisch de plaats van het Boeddhisme in de maatschappij hebben ondergraven.
In het besluit kunnen we lezen:

> „Wat is de geschiedenis van Ceylon gedurende de laatste 400 jaar anders geweest dan een langdurig en pijnlijk verhaal van boeddhistische verdraagzaamheid tegenover onderdrukking en onrechtvaardigheid? Wie anders dan de boeddhisten tolereerden de grove onrechtvaardigheid van de vreemde overheersers, die de inkomsten van een der meest heilige boeddhistische plaatsen, de tempel van Boeddha's tand in Kandy, gebruikten voor de bouw van de St. Paulus kathedraal? Of de belediging bij de vernietiging van een boeddhistisch klooster in Kotte, wanneer in de plaats daarvan een christelijke school werd opgericht? Wie anders dan de boeddhisten accepteerden het ontvreemden van hun 400 pond per jaar voor het bouwen van christelijke kerken?"

Een vernieuwing van de traditionele rol van het Boeddhisme binnen de maatschappij en vooral in het onderwijs werd door het rapport verdedigd. De *sangha,* die eeuwenlang had geleden onder verwaarlozing, wilde men nieuw leven inblazen.

De *Lanka Bauddha Mandalaya* (Boeddhistische Raad van Ceylon) identificeerde het Boeddhisme met de Sinhalese nationale identiteit.
Vóór de *Boeddha Jayanti* feestelijkheden gaf de Raad een rapport uit, waarbij de parallel tussen de geboorte van Boeddha en de geboorte van de natie met de komst van Vijay wordt uiteengezet.
In het rapport drukte de Lanka Bauddha Mandalaya verder ook de hoop uit, dat de bevrijdingsbeweging het Sinhalese nationalisme zou

stimuleren en terzelfdertijd de verschillende ethnische groepen van Sri Lanka zou verenigen in een gemeenschappelijke poging om het land op te bouwen.

Zoals werd aangetoond door Melson en Wolpe leidde de expansie van een economische industriële basis in vele ontwikkelingslanden niet tot een verbetering van de ,kommunale' twistpunten[6].

Hier duikt opnieuw die tegenstrijdigheid op waarover hoger sprake was.

De bevrijdingskrachten in Sri Lanka namen, als antwoord op de koloniale onderdrukking, hun toevlucht tot traditionele culturele modellen. Dit diende als middel om de voormalige gekolonizeerden te wapenen tegen de culturele en economische overheersing die zich nog liet gevoelen. Maar, door het oproepen van een ,zuivere' samenleving — aanwezig vóór de komst van de kolonizatoren—werd aan segmenten van de bevolking (voornamelijk de Tamils) het recht ontzegd van volledige deelname aan de maatschappij. Deze *reconquest myth,* zoals D.E. Smith het noemde, leidde tot een tweede fase in de bevrijdingsbeweging, waarbij de rollen van de onderdrukking niet worden omgekeerd, maar worden omvergegooid door de vernietiging van de structuren zelf.

Geen beter voorbeeld van de ,tweede fase' bevrijdingsbeweging kan gegeven worden dan door de *Sarvodaya Shramadāna* beweging.

Niet langer in de defensieve hoek gedrumd, werden segmenten van de boeddhistische, Sinhalese meerderheid erg ijverig in het creëren van inlandse ideologieën, die gebruik maakten van de traditionele boeddhistische waarden als verdraagzaamheid, gelijkheid en coöperatie.

Sarvodaya en de toekomst.

De structuren van de onderdrukking worden door de *Sarvodaya Shramadāna* omvergeworpen in die zin dat het een niet-kommunale, boeddhistische waardenoriëntatie uitstippelt voor het ontwikkelingsproces. Maar vooraleer over *Sarvodaya* te praten toch eerst even een toelichting over een van haar voorgangers: de *People*'s *Liberation Front*

---

[6] R. Melson en H. Wolpe, *Modernization and the Politics of communalism: A Theoretical Perspective,* in: American Political Science Review, 64, 1970.

(JVP), een radikale guevaristische beweging die zich met een poging tot gewapende revolutie in 1971, gekend als *de Opstand (trastavada* in het Sinhalees), in het nieuws bracht.

Enkel Joanna Macy verwees naar een zekere affiniteit tussen *De Opstand* en de *Sarvodaya* werkers. Velen van hen hadden namelijk aan de revolte in 1971 deelgenomen[7].

Maar de affiniteiten zijn volgens ons talrijker: beide bewegingen groeiden uit de boeddhistische renaissance hierboven beschreven. Beide zijn werkzaam buiten het electorale systeem. In beide bewegingen zijn én een groot aantal boeddhistische monniken én leken actief, waarbij de relatie tussen de *sangha* en de leken opnieuw wordt gedefinieerd. Beide engageren vrouwen in alle niveaus van hun werking en zijn anti-hiërarchisch. Ze zijn beide uitgesproken revolutionair; de eerste (JVP) gebruikt de openlijke klassenstrijd, *Sarvodaya* gebruikt de dorpsbasis-ontwikkeling als voornaamste organisatiemethode. Ze worden beide bekritiseerd vanwege het ontvangen van buitenlandse geldelijke steun. Beide worden geprezen voor hun deugdzaam gedrag *(sīla)* en levensstijl. Ze benadrukken allebei het zelfbedruipend karakter van de natie als een opperste waarde. Ze beweren beide een uitdrukking te zijn van een boeddhistische radikaliteit. En beide pogen de kommunale spanningen van de Sri Lankaanse maatschappij op te lossen door de minderheden onmiddellijk in hun campagnes te betrekken.

Omwille van deze redenen, niettegenstaande grote verschillen in de ideologisch-filosofische opvattingen, kan *De Opstand* als een stap naar de tweede-fase-bevrijding worden beschouwd. De *Sarvodaya* beweging is wezenlijk een verfijnde vorm van die beweging.

De 1971-Opstand bracht bijna de door de *Sri Lanka Freedom Party* (SLFP) geleide linkse regering van Mevr. Sirimavo Bandaranaike ten val. Steun in de Opstand kwam vooral van de in het Sinhalees opgeleide boeren, leraars, dokters en monniken. Een marxistische analyse met guevaristische inslag, gekoppeld aan het boeddhistische nationalisme werd gepropageerd. De Opstand haalde zijn slag natuurlijk niet thuis en duizenden activisten werden tesamen opgesloten. In de gevangenis zelf beoefenden zij meditatie en verfijnden zij hun politieke analyse. Toen de

[7] J.R. Macy, *Dharma and Development: Religion as Resource in the sarvodaya Self-Help Movement*, 1983.

316

gevangenen een algemene amnestie werd verleend in 1977 door de toen nieuw-verkozen premier J.R. Jayawardene, reorganiseerden velen de *People's Liberation Front* (Jatika Vimukti Permuna) tot een politieke partij. Hun leider, Rohan Wijeweera, kondigde aan dat zij hun revolutie door een electoraal proces zouden nastreven. Het zou interessant zijn om te zien of the JVP en de traditionele linksen, voornamelijk de SLFP, een verzoening kunnen bereiken. Want vele JVP-ers herinneren zich het harde antwoord van de SLFP – regering op hun revolte. Vele anderen sloten zich aan bij de rangen van de *Sarvodaya Shramadāna* beweging.

Het begin van de *Sarvodaya Shramadāna* beweging tekent zich af in 1958, wanneer een hoogleraar in de wetenschappen, A.T. Ariyaratne, sommige van zijn studenten van het Nalanda College (Colombo) tijdens een werkkamp leidt gedurende een vakantieperiode. Het werkkamp was bedoeld om de stedelijke middenklasse-studenten met de realiteit van het dorpsleven vertrouwd te maken.

De leider van de Sarvodaya Shramadāne beweging, A.T. Ariyaratne

Het kamp kreeg de naam *Shramadāna* afgeleid van *dān* (geven in het Sinhalees en het Sanskriet; dit is één van de voornaamste boeddhistische deugden) en *shram* (werk). De studenten werkten aan dorpsprojecten zoals het herstellen van een weg, het graven van waterputten e.a.

Dit bescheiden experiment groeide zó vlug, dat het nu de grootste niet-gouvernementele organisatie is in Sri Lanka, verspreid over meer dan 4.000 dorpen, en met een organisatie die in omvang kan wedijveren met deze van de regering.

Ariyaratne studeerde de Gandhiaanse politiek onder Vinoba Bhave (overleden in 1982) in India, en adopteerde Gandhi's term *sarvoday, of ,voor het welzijn van allen'*. Hij voegde het bij de naam van zijn beweging *(shram-dān* of ,geven van inspanningen') en vertaalde het opnieuw als: ,de ontwaking van allen'.
Zijn begrip ,ontwaking' is op vier niveaus toepasselijk. Ontwaking is een duidelijk boeddhistische term en het wordt hier gebruikt zowel in zijn spirituele als in zijn sociale betekenis. Een dorp doen ontwaken betekent: het herstructureren en het opnieuw wapenen. Het dorp, dat de basis is van de hele Zuidaziatische maatschappij, is ontaard als men de armoede, de onderdrukking, de conflicten en ziekten in aanmerking neemt. De reden van dit verval is de geest van competitie, hebzucht en tweedracht. Door het beoefenen van onbaatzuchtigheid, liefde, coöperatie, constructieve activiteit en egalitarisme kan de verloedering overwonnen worden. Het getransformeerde of ontwaakte dorp *(grāmoday* in het Sinhalees) wordt gekenmerkt door gezondheid, eenheid, organisatie, culturele en spirituele ontwikkeling en onderwijs. Het is opvallend dat, structureel gezien, Ariyaratnes analyse van het dorp parallel loopt met Boeddha's analyse van de menselijke conditie, voorgesteld in de vier edele waarheden.

De ontwaking van het individu *(purushoday)* teweeggebracht door meditatie en coöperatieve arbeid, blijft de basis en het hoofddoel van de beweging. Individuele ontwaking betekent een herbewapenen van het individu *(swashakti* in het Sinhalees) en van het volk *(janshakti),* terwijl machteloosheid als het kenmerk van de ontaarding wordt beschouwd. Uit individuele ontwaking en dorpsontwaking vloeien de nationale ontwaking *(deshodaya)* en universele ontwaking *(vishvodaya)* voort. De *Sarvodaya* beweging — die zichzelf als niet-politiek definieert in de zin dat ze de partij — politiek verwerpt — is reeds een lange weg gegaan

318

naar de creatie van een alternatieve sociale structuur en organisatie. Zij keert dus niet eenvoudig de onderdrukkingsstructuren om, maar bouwt op een creatieve manier aan nieuwe structuren. Men heeft opgemerkt dat, indien Ariyaratne aan verkiezingen zou deelnemen, hij gemakkelijk tot president van Sri Lanka zou kunnen verkozen worden. Maar deze job heeft hij niet op het oog, vanwege zijn filosofische opvatting over de maatschappij en haar ontwikkeling.

Universele ontwaking blijft het lange-termijndoel van de beweging, en het is in deze context dat uitlopers van *Sarvodaya* ook in ander ontwikkelingslanden beginnen op te duiken, zoals in Thailand en Mali.

De beweging beklemtoont dat het spirituele doel van de ontwaking de fundamentele waardenstructuur levert, waar de ontwikkelingsprojecten in kaderen. Macy vat het in de volgende woorden samen: ,,De ontwikkeling van de gemeenschap wordt als een middel gezien om de mensen te helpen hun doel te bereiken, dat wezenlijk van religieuze aard is.''

De filosoof Padmasiri de Silva die sympathiseert met *Sarvodaya*'s doelstellingen en methoden, wijst op de noodzakelijkheid van een waardenoriëntatie om ontwikkeling te bewerkstelligen. Hierin herkennen we Ariyaratnes opvatting. Padmasiri de Silva zegt:

> ,,De persoon zelf moet ontwaken, zich bewust worden van zijn echte behoeften en echte kracht, indien de maatschappij wil gedijen zonder conflict en onrechtvaardigheid. Uit de wijsheid van onze religieuze traditie kunnen we principes plukken, toepasselijk voor deze persoonlijke en collectieve ontwaking''[8].

Om de notie ,ware behoeften' te verduidelijken kunnen we Ariyaratnes tien basisbehoeften opsommen. Ze dienen voor het leiden van de dorpsprojecten, geven eenzelfde prioriteit aan bepaalde factoren die ,niet-economisch' lijken en helpen de *Sarvodaya* volgelingen om hun andere wensen, voortspruitend uit hebzucht, luiheid of onwetendheid in het juiste perspectief te plaatsen (aldus Macy). De tien basisbehoeften die Ariyaratne als essentieel acht zijn: water, voedsel, huisvesting, kleding, gezondheidszorg, communicatie, brandstof, onderwijs, een nette, veilige en mooie omgeving en een spiritueel en cultureel leven. Vele Sri Lankanen die zich vragen stelden over de doelstelling van ontwikkeling,

---

[8] Padmasiri de Silva, *Value Orientations and Nation Building*, Colombo, 1976.

zoals de Silva, besloten inderdaad dat hun doel niet een duplicaat zou worden van de Eerste Wereldnormen, zelfs indien het mogelijk was. Maar men zou leven volgens een ,ethiek van (zelf)beperking' kenmerkend voor wat men ,de boeddhistische economie' heeft genoemd[9].

De beweging weet de kommunale kloof door verschillende methoden te dichten. Gezien *Sarvodaya Shramadāna* meer actie-gericht is dan theoretisch, laat het feitelijke delen van werk, voedsel en andere levensomstandigheden tijdens de werkkampen een diepe indruk na op de deelnemers. Door een bepaald project in een boeddhistische tempel, christelijke kerk, een moskee of een hindoe tempel te beginnen, poogt de beweging een liberale houding te stimuleren onder de lokale religieuze groepen. Elke dag start met een gebedsronde waarin de religie van de kleinste minderheid van werkers het eerst aan bod komt in de intergeloofs-liturgie. Ariyaratne schrijft over de anti-kommunalistische nadruk in zijn beweging het volgende:

> ,, the *Sarvodaya Movement*, while originally inspired by the Buddhist tradition, is active throughout our multi-ethnic society, working with Hindu, Muslim and Christian communities and involving scores of Hindu, Muslim, and Christian co-workers Through the philosophy of *Sarvodaya* — based on loving kindness, compassionate action, altruistic joy and equanimity — people of different faiths and ethnic origins are motivated to carve out a way of life and a path of development founded on these ideals"[10].

Veel meer nog zou kunnen geschreven worden over de *Sarvodaya Shramadāna* beweging. De lezer wordt echter de vele publicaties van de beweging zelf aanbevolen[11] alsook vele andere recente studies.

---

[9] Schumacher, *Small is Beautiful: Economics As If People Mattered,* New York, 1973, p.50-58.

[10] Ariyaratne, in *Introduction* van Macy, J.R., *Dharma and Development,* p.14.

[11] Bronnen voor de studie van de Sarvodaya Shramadāna Beweging:

a. Publicaties van de beweging zelf:

Ariyaratne, A.T., *A struggle to Awaken,* Moratuwa, Sri Lanka, 1978.

Ariyaratne, A.T., *Collected Works.* Publ. door het Sarvodaya Research Institute, 1979 en 1980.

Ariyaratne, A.T., *In Search of Development: Sarvodaya Effort to Harmonize Tradition with Change.* Morutawa, Sarvodaya Press, 1981.

A.T. Ariyaratne Felicitation Volume. Publ. door Sarvodaya Research Institute, Ratmalana, Sri Lanka, 1981.

Wat in de context van dit essay als belangrijk te noteren valt, is het feit dat *Sarvodaya* een nieuwe fase in het bevrijdingsproces inluidde, een zeer hoopgevende fase.

Besluiten

Sri Lanka's boeddhistische traditie heeft het ontstaan van een alomvattende bevrijdingskracht vergemakkelijkt. Tegenover de opdringerigheid van de mythe van de kolonisatoren werden de boeddhistische krachtige tradities van egalitarisme, democratie en medelevende activiteit geplaatst, als verdediging tegen de trivialisatie van de traditie door kolonisatoren, godsdienstwetenschappers en missionarissen. Het beeld van de tempel en de waterreservoirs, tekenen van de traditionele Sinhalese boeddhistische cultuur die zich zowel om spirituele als economische zorgen bekommerde, ontkent overduidelijk de kwaadaardige effecten van de onderdrukking. En verder verschaffen de traditionele boeddhistische krachtpunten zoals filosofische scherpzinnigheid en ethisch streven (in theorie en praktijk) de basis voor nationale trots, voor het opnieuw wapenen van het volk.

Maar naast deze traditionele krachtpunten vindt men in het huidige Sri Lanka erg levendige en creatieve antwoorden op het postkolonialisme. Naarmate de tegenstrijdigheid van het kommunalisme duidelijk werd, ontstond een nieuwe fase in het bevrijdingsproces, gebaseerd op boeddhistische principes, maar die ook de religieuze minderheden van Sri Lanka insluit.

Hopelijk breidt dergelijke evolutie zich verder uit, verder dan de *Sarvodaya* beweging, in alle cirkels van de Sri Lankaanse maatschappij.

b. Publicaties over de beweging

Macy, J.R., *Dharma and Development: Religion as Resource in the Sarvodaya Self-help Movement*. W. Hartford, CT: Kumarian Press, 1983.

Goulet, D., *Survival with Integrity: Sarvodaya at the Crossroads*. Colombo, Marga Institute, 1981.

Kantowsky, D., *Sarvodaya: The Other Development*. New Delhi, Vikas, 1980.

Moore, C., *Paraprofessionals in Village-Level Development in Sri Lanka: The Sarvodaya Shramadāna Movement*. Ithaca, NY, Cornell University Press, 1981.

Nandesena Ratnapala, *Sarvodaya and the Rodiyas: The Birth of Sarvodaya*. Ratmalana, Sri Lanka, Sarvodaya Research Institute, 1979.

Nandesena Ratnapala, *The Sarvodaya Movement: Self-Help Rural Development in Sri Lanka*. Essex, CT: International Council for Educational Development, 1978.

Nochtans, op het ogenblik dat dit essay wordt geschreven (mei 1983) is niet alle nieuws van Sri Lanka hoopgevend. Lokale verkiezingen hebben aanleiding gegeven tot kommunaal geweld. Voor de eerste keer sinds de onafhankelijkheid is de kloof in rijkdom tussen de verschillende klassen toegenomen, en dit na 35 jaren toenemende vernauwing van die kloof. Gedurende mijn laatste bezoek aan Sri Lanka in januari 1982 was er een stijgende missionarissenactiviteit merkbaar.

Dit alles wordt vermeld, niet om Sri Lanka te veroordelen, maar om aan te duiden dat de postkoloniale situatie gemeenschappelijke kenmerken vertoont met andere volken die in recente tijden onafhankelijkheid verworven hebben. De onderdrukking is, niettegenstaande het door de boedddhistische renaissance en andere nieuwe creatieve fasen in het bevrijdingsproces efficiënt werd geweerd, niet op een magische wijze weggetoverd. De plantage-economie en een ongezonde nadruk op toerisme, als een middel om deviezen binnen te halen, worden nog steeds in Sri Lanka en vele andere landen van de Derde Wereld aangetroffen.

Op dit ogenblik zijn er twee belangrijke experimenten die de aandacht van de wereld vragen. Het eerste is het plaatsen van Sri Lanka binnen de wereldeconomie door president Jayawardene. Op die manier laat het de munt toe binnen de internationale markt te evolueren en nodigt het buitenlandse investeringen uit voor het Mahaweli Project. (Met het Mahaweli Project hoopt men zowel irrigatie als hydro-electriciteit te verschaffen). De werkloosheid is als een rechtstreeks gevolg van deze politiek aanzienlijk afgenomen.

Het andere experiment is de *Sarvodaya* beweging. Of zij een buitengouvermentele plattelandsontwikkelingsorganisatie zal blijven, of werkelijk Sri Lanka's regering zal worden, valt af te wachten. Nochtans, zoals Sri Lanka op een efficiënte en creatieve manier zijn problemen in het verleden tegemoet trad, zo zal men op dezelfde manier verder gaan. De visie die wordt voorgehouden is deze van een niet-kommunalistische, boeddhistische maatschappij en economie. Het feit dat deze visie nog niet volledig kan gerealiseerd worden of definitief geformuleerd is, zou niet in het minst de dwingende kracht van dergelijke visie mogen afremmen.

TAMILS EN SINHALEZEN

Nathan K

ATZ*

Vaak hoort men de termen ‚Sinhalezen’ en ‚Tamils’ gebruiken. Maar waar spreekt men dan eigenlijk over? Gaat het om twee rassen? Twee talen? Of zijn het slechts willekeurige aanduidingen, gebruikt naargelang de zijde waarnaar de balans overhelt? Na juli 1983, toen enkele zeer bloedige anti-Tamil pogroms plaatsvonden, kregen deze termen in elk geval een zeer geladen betekenis en stonden ze in verband met allerlei economische en politieke frustraties. De termen leiden nu een eigen leven en zijn onvervreemdbare realiteiten in de Sri Lankaanse maatschappij.

Tijdens bovengenoemde crisis had *Newsweek* het over een conflict tussen ‚lichthuidige Sinhalezen’ en ‚donkere Tamils’. Als het niet om zo’n ernstige aangelegenheid gegaan had, hadden de Sri Lankanen allicht kunnen grinniken om deze al te grote simplificatie. De structuur van de Sri Lankaanse maatschappij is immers heel wat ingewikkelder dan de opsplitsing in wit en zwart suggereert: sommige Sinhalezen zijn bijna zwart en een flink aantal Tamils bijna blank.

In Sri Lankaanse kranten worden heftige polemieken gevoerd over de vraag of het hier nu al dan niet om twee ‚rassen’ gaat. Gematigde geesten wijzen op culturele en geografische affiniteiten tussen beide groepen. Ze bekampen de extremistische stelling die zegt dat de Sinhalezen tot het Indiase ‚Arische’ ras behoren door als tegenargument aan te voeren dat het hier gaat om een taalfamilie, niet om een ras. Chauvinisten uit beide kampen halen historische ‚bewijzen’ aan om aan te tonen wie eerst op het eiland arriveerde. Sommige Sinhalezen beschouwen de Tamils als Zuidindiase ‚kolonisten’, die 2000 jaar geleden in Sri Lanka aankwamen. Sommige Tamils daarentegen voeren aan dat zij de origi-

* Prof. Nathan Katz is verbonden aan het Williams College, Massachusetts, USA. De vertaling van het artikel is van Lieve De Brabandere.

nele bewoners van het eiland zijn en dat wat nu Sinhalezen zijn, slechts de nakomelingen zijn van Bengaalse verschoppelingen die in de 6de eeuw vóór Chr. o.l.v. Vijay naar Sri Lanka kwamen afzakken, en daar trouwden met Tamil vrouwen. ,Sinhalees' als taal en cultuur zou dan slechts een mengeling van Bengālī en Tamil elementen zijn. Beide strekkingen halen dubieuze archeologische argumenten aan, maar vergeten dat ze zich vanaf het begin vergissen: het begrip ,ras' is irrelevant voor de Sri Lankaanse problematiek. Een waardevol perspectief biedt de geschiedenis van Sri Lanka. Hebben Tamils en Sinhalezen zichzelf altijd beschouwd als onverzoenbaar tegengesteld? Hoe zagen ze zichzelf 100, 500, 1000 jaar geleden? Antropologisch bewijsmateriaal toont aan dat de grenzen tussen beide groepen nogal variabel zijn: sommige hedendaagse Sinhalese groepen werden enkele honderden jaren geleden beschouwd als Tamil. Door het ,aannemen' van een andere taal, beroep, religie enz. werd men dan bij de ene, dan bij de andere groep gerekend, en de ondoordringbare afbakening van tegenwoordig is zeker niet van alle tijden geweest.

Sommige oppervlakkige analyses beschouwen de religie als de doorslaggevende factor: de Sinhalezen zijn boeddhist en de Tamils zijn hindoe. Inderdaad zijn de Sinhalezen, die 73% van de bevolking vertegenwoordigen, vooral boeddhistisch, en de Tamils (18%) zijn hoofdzakelijk hindoe. Deze cijfers zeggen echter niet alles: de christelijke bevolkingsgroep (8%) heeft leden uit beide groepen, en de muslim groep (7%), die bijna volledig Tamil spreekt, wordt beschouwd als een aparte etnische groep, de ,Moren'. Bovendien onderscheiden de Tamils in hun eigen bevolkingsgroep een aantal sub-groepen. De etnisch-religieuze ,lijnen' zijn echter nog waziger dan deze cijfers suggereren. Veel Tamils zijn boeddhist geweest (en later werden ze dan vaak Sinhalees) en veel Sinhalezen die zichzelf boeddhist noemen, volgen hindoe rituelen en vieren hindoe feestdagen. Religieus syncretisme is sterk aanwezig in gans Zuid- en Oost-Azië. Alle boeddhisten hebben een hoge achting voor Buddhaghosha, een monnik uit de 5de eeuw die een gezaghebbend commentaar schreef op de boeddhistische canon en die het Theravada Boeddhisme de vorm gaf die het ook nu nog grotendeels vertoont. Toch was Buddhaghosh een Tamil. Dit geldt trouwens ook voor Nāgārjun, de grootste filosoof van het Mahāyāna Boeddhisme. De grootste Sinhalese koning van de laatste eeuwen was Kīrti Srī Rājasinha (1747-1782). Als boeddhistische vorst vervulde hij zijn taak door de kloosterorden, de *sangha*, te ,zuiveren'. De grootste huidige kloostergemeenschap, de *Siyam Nikāya*, werd door hem gesticht. Hij lag ook aan de basis van het boeddhistisch réveil dat de Kandy-cultuur tijdens de 18de eeuw tot nieuw leven bracht. En ook de koning Kīrti Srī was Tamil. Eens te meer blijkt dat grenzen op basis van ,ras' of ,religie' zeer vaag en niet erg stevig zijn.

Als noch ras, noch taal of religie het conflict tussen Tamils en Sinhalezen ,rechtvaardigen', wat dan wel? Om deze vraag te kunnen beantwoorden, zal eerst aandacht geschonken worden aan de mening van de twee partijen waar de westerse waarnemers zich gewoonlijk toe beperken, het *Tamil United Liberation Front* (TULF) en de *United National Party* (UNP). De TULF wordt meestal geacht de Tamil gemeenschap in zijn geheel te vertegenwoordigen, maar eens te meer liggen de zaken niet zo eenvoudig. Over de Tamils spreken alsof het een homogene groep betreft, is fout. In het algemeen zijn er min of meer grote culturele en politieke verschillen en belangen te bespeuren:
– de Jaffna Tamils leven in de noordelijke provincie van Sri Lanka, met Jaffna als hoofdstad.
– de oostelijke Tamils omvatten 1/3 van de bevolking van de oostelijke provincie. De Sinhalezen en muslims zorgen ieder ook voor 1/3.
– de Colombo Tamils wonen temidden van de Sinhalese meerderheid rond de hoofdstad van het land.
– de ,Indiase Tamils' zijn de meest uitgebuite en de armste gemeenschap van het eiland. Ze werken in de thee — en rubberplantages in de centrale hooglanden.
– de overige Tamils wonen in kleine groepen verspreid over het eiland.

Elk van deze groepen heeft eigen belangen, en de TULF zou hooguit kunnen stellen dat ze de Jaffna Tamils vertegenwoordigt. Tijdens de parlementsverkiezingen van 1977 haalde de TULF alle 14 zetels in de noordelijke provincie. Ze haalde 72% van de stemmen in Jaffna en 58% van het totaal. In het oosten haalde ze echter slechts 4 van de 12 zetels (de UNP haalde de rest), en hun eis om een onafhankelijke Tamilstaat te creëren in het noorden én het oosten was in dit laatste gebied dan ook zeker niet haalbaar. De Indiase of plantage-Tamils zouden nauwelijks baat hebben bij een dergelijke staat — die *Eelam* zou heten — omdat hun gebied er niet toe zou behoren. De meeste plantage-Tamils steunen de *Ceylon Workers Congress,* geleid door de minister van landelijke economische ontwikkeling in de regering van president Jayewardene's UNP-regering, S. Thondaman. De TULF haalde geen zetels buiten het noorden en het oosten, en de Tamils uit de rest van Sri Lanka steunden een of andere door Sinhalezen gedomineerde partij. De bewering van de TULF, als zou zij alle Tamils vertegenwoordigen, is dus zeer twijfelachtig.

De TULF is vrij sterk in het noorden, maar het is niet het enige politieke machtsblok. Er zijn ook radicalere groepen, zoals de *Liberation Tigers of Tamil Eelam* (LTTE), geleid door V. Prabhakaran, en de *People's Liberation Organization of Tamil Eelam* (PLOTE), o.l.v. Uma Maheshwaram. De macht van deze groepen ligt echter niet in een brede steun van de bevolking, zoals propagandistische Tamils in het Westen voorhouden, maar in hun effectief gebruik van het meest kenmerkende 20ste-eeuwse politieke wapen: berekende terreur. Wie als Tamil wilde onderhandelen met de regering, kon rekenen op een spoedige eliminatie. Eén voorbeeld. De Sri Lankaanse universiteiten gingen op 2 januari 1984 weer open, zes maanden na de juli-rellen. Aan de universiteit van Peradeniya, in de buurt van Kandy, waren Tamil studenten uit het noorden meermaals lastig gevallen. Bijna allen daagden in januari weer op, maar enkele weken later ontvingen deze studenten dreigbrieven, afgestempeld in Jaffna: ,men' zou afrekenen met hun families in het noorden, als ze niet ogenblikkelijk Peradeniya zouden verlaten. Tegenwoordig zijn er zo goed als geen Tamil studenten meer in Peradeniya.

In het najaar van 1983 verlieten alle TULF-parlementairen hun zetel en begonnen ze, op één na, aan een drie maand lange boycot van het wetgevend werk. Een gematigde stellingname komt men bij TULF-politici trouwens zelden tegen, vooral niet wanneer de secretaris-generaal van de partij, A. Amirthalingam, het woord neemt. Vaak neemt de TULF ook een dubbelzinnige houding aan, afhankelijk van het publiek dat men wil bereiken. Zo noemt een van de belangrijkste groeperingen binnen de partij zich de *Tamil Federal Party*. In het Tamil noemt ze zich echter *Illankai Tamil Arasu Kadchi,* wat zoveel betekent als *Partij van de Tamil Staat.* Federalisme of separatisme, het hangt er maar van af.

In een ,typische' week van januari 1984 vermoordden noordelijke radicalen twee Sinhalese politie-agenten, ze pleegden de grootste bankoverval uit de Sri Lankaanse geschiedenis, gooiden een krachtige bom in een regeringsgebouw en zorgden ervoor dat Tamil studenten van universiteiten in Sinhalese gebieden ,verbannen' werden. Toen 9 Tamil studenten hiertegen protesteerden d.m.v. een hongerstaking werden ze, samen met drie verpleegsters die hen verzorgden, gekidnapt door PLOTE-militanten. De verpleegsters zijn inmiddels terecht, maar van de studenten werd niets meer gehoord. Volgens veel Sinhalezen zijn de anti-Tamil rellen van juli 1984 vooral door dit soort daden van terrorisme veroorzaakt én verantwoord geworden. Maar die stok was iets té gemakkelijk gevonden. Gerechtvaardigde weerwraak is in veel gevallen, en ook hier, een vorm van slechte trouw en zelfbedrog. Anti-Tamil pogroms kwamen al voor in 1958, zonder voorafgaande ,terreur' van Tamils.

Ook de UNP, de centrum-rechtse regeringspartij, is geen monoliet. Momenteel staan president Jayewardene, premier R. Premadasa, minister van financiën Ronnie DeMel en minister van handel Lalith Athulathmudali voor het voetlicht. Onder hun bewind, dat door DeMel gekarakteriseerd wordt als ,pragmatisch socialisme', is de economie uit zijn isolement geraakt, de vérhouding tussen de prive- en de staatssector is gezonder gemaakt en de vriendschapsbanden met de USA zijn verstevigd. Onder invloed van de Wereldbank en het IMF zijn de uitgaven voor sociale voorzieningen sterk beperkt, en dat zou zich wel eens tegen de regering kunnen keren.

Bandaranaike en Jayewardene

De Sinhalese rechtervleugel van de partij wordt het beste belichaamd door de minister van Industrie en Wetenschap, Cyril Mathew. Volgens talrijke geruchten zou Mathew een toonaangevende rol gespeeld hebben in de juli-pogroms, maar bewijzen daarvoor zijn niet beschikbaar. Hoe dan ook, velen zien hem als de verdediger van de Sinhalese belangen. Van Jayewardene vreest deze groep dat hij ,uitverkoop' zal houden ten voordele van de Tamils, en Mathew moet dan de eigen belangen beschermen. Tijdens de centrum-linkse regering van Sirima Bandaranaike en haar *Sri Lanka Freedom Party* (SLFP) had Sri Lanka een gesloten, protectionistische economie die vooral gedomineerd werd door Sinhalezen, die nu van hun pluimen moeten laten door het opengooien van de markt. De juli-rellen waren dan ook vaak gericht tegen onderne-mingen in handen van Tamils. Geen enkele regering kan in Sri Lanka aan de macht komen of blijven zonder de steun van Sinhalees-nationalis-tische figuren.

De eerste regering die resoluut voor deze koers koos was die van de SLFP-premier S.W.R.D. Bandaranaike, die in 1959 opgevolgd werd door zijn vrouw nadat hij vermoord was door een boeddhistische monnik. Hij werd gesteund door de Sinhala-elite, inlandse geneesheren landbouwers en, vooral, door boeddhistische monniken. De privileges die etnische minderheden als de Tamils tijdens de Britse heerschappij genoten hadden, werden afgeschaft. Een van zijn allereerste regerings-besluiten was het uitvaardigen van de ‚Sinhala Only'-wet, waarna het Engels door het Sinhala vervangen werd als officiële taal. Sinhala was de taal van 3/4 van de bevolking, maar de koloniale machthebbers hadden ze steeds genegeerd. Men moest Engels spreken om toegelaten te worden tot de universiteit, het openbaar ambt en de internationale handel.

De Tamils hadden zich spoedig bij deze situatie neergelegd, o.a. ook als verzet tegen de Sinhala meerderheid. Voor veel Tamils was de ‚Sinhala Only'-wet dan ook het symbool van hun achteruitstelling. Voor de eerste Sinhalezen daarentegen was het een als rechtvaardig aange-voelde hernieuwing van hun nationale trots en hun anti-koloniale gevoe-lens. De rellen van 1958, de bloedigste uit de geschiedenis van het land, kwamen voort uit deze taalkundige tegenstelling.

Premier Bandaranaike getuigde van een pragmatische kijk. Daarom trachtte hij de gevolgen van zijn wet te verzachten door te onderhande-len met S.J.V. Chelvanayakam, de leider van de *Tamil Federal Party,* met het aanbod van een beperkte regionale autonomie en de mogelijk-heid in sommige gebieden ook Tamil te gebruiken. Indien deze onder-handelingen tot een goed einde waren gebracht zouden de tegenstellin-gen die Sri Lanka nu verscheuren allicht niet zo scherp zijn. De onderhandelingen sprongen af, o.m. door massale protesten, geleid door de huidige president J.R. Jayawardene, die zich toen in oppositie bevond.

Onderhandelingen

Vandaag liggen de kaarten anders. Iedereen is er wel van overtuigd dat Jayewardene met de beste bedoelingen bezield is in het nastreven van een definitieve regeling, en hij is een van de ferventste voorstanders van spoedige ronde-tafelconferenties met alle betrokken partijen, waarin voorstellen besproken zullen worden die sterk doen denken aan die van Bandaranaike van bijna dertig jaar geleden: regionale autonomie, lokale wetgevende lichamen, een ,redelijk' gebruik van Tamil, veiligheidsdiensten die de samenstelling van de plaatselijke bevolking weerspiegelen, en dit alles in de context van een eenheidsstaat. Maar het is niet ondenkbaar dat zijn ,opportunisme' van 1957 hem nu verweten wordt.

Er bestaat geen twijfel over dat de juli-pogroms de ontwikkeling van Sri Lanka ernstig in het het gedrang brengen. In een interview vertelde de minister van Financiën DeMel, dat zijn ontwikkelingsprogramma hierdoor verscheidene jaren achterstand heeft opgelopen. De vernielde industriële infrastructuur, de zware veiligheidsuitgaven, de opvang van vluchtelingen en het wegblijven van buitenlandse investeringen betekenen een zware last voor het land.

Interessant is dat Jayewardene's verzoeningspogingen op de steun kunnen rekenen van de traditioneel linkse, Moskou-georiënteerde *Communistische partij* (CP) en Trotskistische *Lanka Samma Samaja Party* (LSSP). Alhoewel deze linkse partijen, die sinds 1977 uit het parlement verdwenen zijn, een beperkte invloed hebben, vooral binnen de kring van Engelssprekende Colombo-intellectuelen en enkele stedelijke handelscentra, behielden zij een gerespecteerde en erg geapprecieerde stem. Op zijn recente partijbijeenkomst kende CP-voorman Keuneman zijn stem toe aan het ronde-tafel initiatief en onderstreepte hij zijn overtuiging dat de dieperliggende economische tegenstellingen voortsproten uit etnische conflicten.

De centrum-linkse partijen zijn eerder dubbelzinnig in hun stellingname. Mrs. Bandaranaike, leider van de SLFP, twijfelde wekenlang vooraleer zij, onder zware presidentiële druk wilde participeren aan de ronde-tafelgesprekken. Bij een eventuele afwezigheid van de SLFP kon de conferentie bij voorbaat als mislukt worden beschouwd, daar zij dan als parlementaire oppositie en 's lands meest geloofwaardige anti-UNP-kracht, bij machte was elke overeenkomst te dwarsbomen. Na drie weken moeizaam onderhandelen trok het SLFP zich plots terug. De reden hiervoor was het bezoek van enkele TULF-afgevaardigden aan het Zuidindiase Tamil-Nadu, dat plaatsvond bij een korte onderbreking van de besprekingen. Deze geheime verstandhouding van de Tamils met krachten die de Sri Lankaanse veiligheid bedreigden, werd door het SLFP ervaren als een schending van vertrouwen en stond aldus het verdere verloop van de besprekingen in de weg. Na een verklaring voor deze ontmoeting in Zuid-India is de TULF samen met de andere ronde-tafel participanten in onderhandeling gegaan met de SLFP om de gesprekken verder te zetten.

Binnen de SLFP zijn de meningen ook verdeeld. Dit leidde in januari j.l. tot de oprichting van *Sri Lanka People*'s *Party* (SLPP). Zij treden naar buiten als de aanhangers van de harde lijn en hebben een eerder chauvinistische visie op de Sinhalese kwestie. Deze partij beschuldigde Mrs. Bandaranaike van nepotisme. Haar zoon Anwia werd onlangs benoemd tot leider van de oppositie, terwijl andere, meer geschikte kandidaten gewoon werden verwaarloosd. Mrs. Bandaranaike werd in 1980 trouwens ontzet uit haar burgerrechten wegens anti-democratische buitensporigheden gedurende haar regering in 1970-1977. Een andere kleine, linkse partij, de *Mahajana Eksath Peramune* (MEP) trok zich reeds na de eerste week terug uit de besprekingen, met de bewering dat Jayewardene te gemakkelijk toe zou geven aan de Tamil-eisen. Het chauvinisme in Sri Lanka loopt dwars doorheen elke ideologie. Zowel rechts als links gebruiken het om politieke munt uit te slaan. Dat dit, misschien meer dan enige andere factor een overeenkomst in de weg staat is evident. Het ziet er naar uit dat enkel pragmatische centrumfiguren en *old left* ernstige inspanningen leveren om het probleem op te lossen. *New left* is niet vertegenwoordigd bij de onderhandelingen.

De *Jatika Vimukhti Peramuna* (JVP), een radicale linkse partij werd verbannen na de juli-pogroms. Deze partij was de motor achter de gewapende opstand die de Bandaraike-regering in 1971 poogde omver te werpen. Dank zij Jayewardene's presidentiële amnestie-verlening in 1978 verscheen de JVP terug op het politiek toneel. Veel aanhang kon ze niet winnen: bij de verkiezingen in 1982 wist zij slechts 2% van de stemmen te veroveren. Door Jayewardene krijgt ze nu de verantwoordelijkheid — althans gedeeltelijk – voor het juli-geweld (1983) in de schoenen gescho-ven, wat tot toe nog niet bevestigd kon worden. Historisch gezien is de stellingname van de JVP niet zo duidelijk, alhoewel ze zowat een jaar geleden hun steun toekenden aan de LTTE en de PLOTE. De JVP is in hoofdzaak een landelijke beweging, met de boeren als voorhoede in de strijd. Zij zijn de verdedigers van de Sinhalese zaak. Hun leider, Rohan Wijeweera is Sri Lanka's ‚meest gezochte misdadiger', die zich, volgens de geruchten althans, schuil houdt in de Sovjet-ambassade in Colombo.

Een andere, eveneens op een rurale achterban steunende politieke macht verdient de aandacht. De *Sarvodāy Shramadan Movement,* een soort regenboog-coalitie die zich sterk afzet tegen het communaal geweld. Hun leider, Dr. A.T. Ariyaratne, recht voor de vuist in zijn afwijzing van de pogroms, lanceerde een massale vredeswandeling, in de stijl van Mahātmā Gāndhī, van de heilige stad Kataragami in het diepe zuiden naar Nagadipa, nabij Jaffna in het noorden. Hij organiseerde eveneens een ‚nationale-vriendschap conferentie' in oktober (1983) in Colombo en trachtte aldus de massa op een vredelievende manier te mobiliseren. Met weinig succes echter. Na al zijn pogingen om niet in het politieke touwtrekken verstrikt te raken, maakte hij een strategische fout, door bij de regering steun te zoeken voor zijn geplande vredesmars. Toen in december een 5000 deelnemers, zowel hindoes, muslims, boeddhisten als christenen in Kataragama verzameld waren om de mars aan te vangen werd deze door Jayewardene abrupt afgelast. De actie zou zogenaamd de voor januari geplande en uiterst delicate ronde-tafelgesprekken in gevaar brengen. Op deze manier werd de vredesbeweging buiten spel gezet en werd Ariyaratne van zijn imago als vredesgezant beroofd.

Er is nog een andere politieke kracht in Sri Lanka die enige aandacht verdient, nl. de boeddhistische monniken. Wanneer die zich verenigen, zoals in 1956, vormen ze een geduchte politieke macht. Politieke partijen zijn zich daarvan bewust en elke partij tracht een aantal monniken in haar rangen op te nemen om zo volgens de ‚verdeel en heers regel' hun invloed te neutraliseren. Het lijkt er echter op dat de verdediging van de Sinhalese belangen tot een hereniging van de *sangha* kan leiden.

Boeddhistische monniken nemen een duidelijk standpunt in m.b.t. politieke, sociale en economische onderwerpen. Hoewel ze een overtuigde afschuw voor geweld te kennen geven, is er haast geen enkele monnik die enige sympathie vertoont voor Tamil-slachtoffers of hun problemen. Haast geen enkele vindt de Tamilgrieven tegenover de regering begrijpelijk. Sterker nog is dat ze de Sinhalezen als de verongelijkte partij aanwijzen, een visie die overeenstemt met de aanhangers van de harde lijn.

Eén van 's lands meest eminente monniken is de eerbiedwaardige Dr. Walpolu, een internationaal gerenommeerd geleerde. In een recente rede onderstreepte hij dat het terrorisme de rechtstreekse oorzaak was voor het juli-geweld. Ongetwijfeld is het terrorisme van de Eelamisten één van de grote problemen van Sri Lanka, maar uit deze taktiek van „geef de schuld aan het slachtoffer" blijkt het compromisloze standpunt van de harde lijn duidelijk.

Jayewardene heeft zijn best gedaan om de monniken te muilkorven, voor de duur van de ronde-tafelgesprekken tenminste. Het is nu echter niet uitgesloten dat deze, inspelend op de nationalistische gevoelens, een enorme invloed kunnen uitoefenen op de Sri Lankaanse politiek in de nabije toekomst.

De Engelssprekende elite kijkt reeds lang uit naar een overeenkomst. Communaal geweld is immers slecht voor de zaken en bovendien is deze groep niet rechtstreeks betrokken bij het vijandelijke gebeuren. Toen Engels nog de voertaal was aan de universiteiten bestond er tussen Sinhalezen en Tamils een hechte vriendschap. De ommekeer kwam in 1916 toen het *Swabhāsh* programma werd doorgevoerd, d.w.z. Tamils en Sinhalezen kregen ieder les in hun eigen taal. Een gevolg hiervan was dat beide groepen geen gemeenschappelijk medium meer bezaten en zich bijgevolg steeds verder van elkaar verwijderden. Veel Tamils en Sinhalezen kunnen letterlijk niet meer met elkaar spreken, een feit dat reeds meerdere stemmen deed opgaan om terug aan te sluiten bij het gebruik van Engels in onderwijs en administratie, alle nationalistische gevoelens ten spijt.

Het is erg moeilijk om de gevoelens van de massa, op wie uiteindelijk elk besluit terecht komt, weer te geven. Een feit is dat de communalistische conflicten geen altijd aanwezig gegeven vormen in de Sri Lankaanse geschiedenis. Tamils en Sinhalezen die bevriend zijn en de gemeenschappelijke feesten en huwelijken tussen beide groepen zijn hiervan een overtuigend bewijs.

Perspectieven

De regeringen van Sri Lanka hebben er altijd naar gestreefd om onpartijdig te zijn in het erkennen van boeddhistische, hindoe, muslim of christelijke feestdagen als nationaal feest. Hoe de chauvinisten van welke zijde dan ook de Sri Lankaanse geschiedenis mogen interpreteren, gedurende eeuwen domineerde het vriendschappelijk karakter de relaties tussen beide gemeenschappen.

Een punt dat de huidige regering zich tot taak stelt is het evenredig verdelen van betrekkingen in openbare diensten en universitaire posities tussen 's lands diverse etnische gemeenschappen. Wanneer men statistieken betreffende werkloosheid, alfabetisme, gezondheid en aanwezigheid in de hoger maatschappelijke strata vergelijkt, stelt men een opvallend evenwichtige vertegenwoordiging vast. Jammer genoeg blijken noch de Sinhalezen, noch de Tamil-chauvinisten de gegevens objectief te analyseren en beide groepen voelen zich nog steeds tekort gedaan.

Om de politisering van deze gevoelige materie te vermijden wil Jayewardene elk ronde-tafel besluit aan een referendum onderwerpen. Veel Tamils vrezen dat de Sinhalese meerderheid elk eerlijk en onpartijdig besluit zal verwerpen, en menige Sinhalees scherpt zijn politieke wapens om een eventueel bedekte toegeving uit de weg te ruimen. De weg die Jayewardene wil volgen is niet zonder gevaar. Praktisch zou elke factie indien ze hieruit politieke munt wil slaan een campagne kunnen voeren tegen deze akkoorden en aldus de resultaten van een referendum vervormen.

Anderzijds, Jayewardene wenst niets liever dan een overeenkomst, waarbij hij echter wel wil vermijden dat deze ervaren wordt als iets dat van hogerhand is opgelegd. Een referendum over een mogelijke oplossing is dan wellicht de meest geëigende manier om dit te realiseren.

Dit roept een aantal vragen op: zullen de extremistische elementen van het UNP, de boeddhistische monniken die verlangend uitkijken naar een herstel van hun politieke macht en prestige van zo'n dertig jaar geleden, de uiterst prikkelbare oppositiepartijen en de gematigde Tamils met een compromis genoegen kunnen nemen? Zullen deze laatsten er op hun beurt in slagen het terrorisme — dat een spiraal van geweld veroorzaakt en als excuus dient voor gewelddadige pogroms — in te dijken. Jayewardene bevindt zich niet bepaald in de meest benijdenswaardige positie, maar een doorwinterd politicus als hij mag in staat geacht worden om beslissingen te nemen die het land uit zijn benarde positie moeten helpen.

Vanaf 1978 is het land een nieuwe, open economische koers gaan volgen. De kloof tussen arm en rijk werd groter. Gedurende de regering van Jayewardene verdubbelde het BNP (van 175$ tot 330$ per hoofd per jaar). Het budget voor sociale voorzieningen werd echter drastisch beperkt en de relatieve welstand van weleer is er sindsdien op achteruit gegaan. Dit uit zich o.a. in het aantal bedelaars die de hoofdstraten van Colombo bevolken, een beeld dat 5 jaar terug nog ongekend was. Meer dan de helft van de bevolking leeft in armoede. Recente prijsverhogingen voor basisvoedingsmiddelen lokten slechts een apathische stilte uit, een camouflage voor de onderliggende, rijpende spanningen.

Sinds de aanvang van Jayewardene's ambtstermijn is de werkloosheid gedaald met 50%, het openbaar vervoer uitgebreid en de rijstvoorziening is in eigen handen gekomen. Voor een aantal andere essentiële voedingsmiddelen is men aardig op weg naar zelfvoorziening, ambitieuze hydro-electrische en irrigatieplannen beginnen vruchten af te werpen. Op dit vlak mag men dan ook zeggen dat deze regering zeer goed gepresteerd heeft. Men mag zich daar niet blind op staren. In de krottenwijken nabij Colombo lopen nog steeds jongeren, dromend van Japanse wagens en kleuren-T.V.'s, tekens van welstand waar ze zelf geen deel aan hebben.

Het resultaat van een open, economische politiek is een snel stijgend verwachtingsniveau, met alle gevolgen vandien.

EEN TAMIL STAAT IN SRI LANKA?

Lieve DE BRABANDERE

Sri Lanka, het ‚idyllische' eiland op ongeveer 45 km afstand van de zuidelijke tip van India is een multi-ethnisch, — cultureel en — religieus land. Volgens de census van 1981 bedraagt de totale bevolking bijna 15 miljoen zielen. De Sinhalezen, meestal boeddhistisch, maken 74% van de inwoners uit. Zij zijn dus veruit de talrijkste groep op het eiland; hun taal is het Sinhalees. Ze beweren van Arische oorsprong te zijn, komende vanuit Noord-India. De tweede belangrijkste groep zijn de Tamils, van Dravidische oorsprong, die het Tamil spreken en tot het hindoeïsme behoren. De Tamils onderscheiden zich op hun beurt in twee groepen: de Lanka-Tamils die vooral in het noorden en het oosten wonen en nakomelingen zijn van Tamils die eeuwen geleden het eiland zijn binnengetrokken (12,6%). De India-Tamils werden pas vorige eeuw door de Britten geïmporteerd om als semi-slaven op de plantages te werken (5,5%). Andere minoriteiten naast de Tamils zijn de Moren (muslims) met 7,1%, de Burghers (nakomelingen van de Hollandse en Portugese kolonisatoren, overwegend christenen) met 0,3% en de Maleiers met 0,3%.

In dit hoofdstuk gaan we de oorzaken van de spanning na die doorheen de jaren de relaties tussen de Sinhalese meerderheid en de Tamil minderheid heeft vergiftigd. Sinhalezen en Tamils beschuldigen elkaar ervan een te groot deel van de economische koek voor hun rekening te nemen.

Bloedige onlusten verstoren de rust.

Lanka dipa, „het schitterende eiland", voor de Chinezen „het Land zonder Droefheid", voor de Tamils van Zuid-India „het Eiland der Edelstenen", dit zijn enkele van de flatterende namen die Sri Lanka werden toegevoegd in de loop der eeuwen. De recente onlusten waarmee het eiland in april 1983 het nieuws haalde doen de vermelde poëtische

335

omschrijvingen helaas niet veel eer aan. Botsingen tussen Tamil separatisten en Sinhalese regeringssoldaten waarbij onschuldige burgers het leven verloren, Tamils die een boeddhistische tempel in brand staken, Tamil winkels die door Sinhalezen werden geplunderd, het is geen onbekend fenomeen. Hiermee werd opnieuw een oud zeer van Sri Lanka in de kijker geplaatst.

Sinds Julius Richard Jayewardene in 1982 bij de presidentsverkiezingen opnieuw verkozen werd, heeft hij het bijzonder druk gehad om de Sinhalees-Tamil conflicten het hoofd te bieden.

In de „zwarte week" van 25 juli 1983 barstte dit conflict in alle hevigheid los nadat in een gevecht tussen Tamil Liberation Tigers en regeringssoldaten 13 soldaten sneuvelden. Een orgie van geweld brak uit in Colombo en andere steden. Sinhalese benden trokken met precieze adressenlijsten in de hand naar Tamil huizen, winkels en bedrijven om ze in de as te leggen. De balans die na de gewelduitbarsting werd opgemaakt meldde volgens officiële bronnen 300 doden (niet-officieel: 2000 slachtoffers) en meer dan 100.000 daklozen. Het grootste aantal Tamil vluchtelingen werd in ijlings opgetrokken kampen opgevangen, terwijl duizenden vanuit Colombo vluchtten naar het Tamil gedomineerde noorden (Jaffna-schiereiland) of naar Tamil Nadu in Zuid-India waar hun rasgenoten wonen. Jayewardene's regering reageerde met het verbieden van drie marxistische partijen: de *People*'s *Liberation Front,* de neotrotskistische *Nava Sama Samaj Party* (New Equality Party) en de pro-Moskou *Communist Party.* Dit ontlokte Mrs. Bandaranaike, ex-premier, de opmerking dat de regering hard haar best deed om zondebokken te vinden. Vele Tamils zijn ervan overtuigd dat de overheid deze Sinhalees-Tamil botsingen zoniet georchestreerd dan toch getolereerd heeft.

De Tamil adressenlijsten in handen van de Sinhalese plunderaars moeten van hogerhand doorgespeeld zijn, het leger en de politie (overwegend Sinhalees) lieten het geweld grotendeels betijen. Tamils poogden ordehandhavers om te kopen om toch enige bescherming te genieten. Als antwoord op het ethnisch geweld keurde het parlement het zesde amendement op de grondwet goed dat het streven naar een afzonderlijke staat verbiedt en strenge straffen oplegt aan eenieder, binnen of buiten het land, die het separatistische streven ondersteunt of financiert. Hiermee werd de belangrijkste oppositiepartij, de TULF (Tamil United

Liberation Front) met de rug tegen de muur geplaatst. Bij verkiezingen in 1977 stemden de Lanka-Tamils massaal op de TULF die zich met een separatistisch manifest in de verkiezingsstrijd geworpen had.

Ceylon Citizenship Act

De eis voor een eigen Tamil staat, *Eelam* genaamd, die de noordelijke en oostelijke provincie zou omvatten, het traditionele thuisland van de Lanka-Tamils, is pas expliciet geformuleerd geworden in 1976 met de oprichting van de TULF. In een interview met de Indiase krant ,,The Hindu" verklaart de leider van de TULF, Amirthalingam, hoe het Tamil standpunt zich doorheen de jaren geradicaliseerd heeft, naarmate de opeenvolgende Sinhalese regeringen doof bleven voor de Tamil verzuchtingen. De discriminerende maatregelen tegenover de Tamil minoriteit hebben volgens Amirthalingam de Tamils gedwongen naar het separatistische wapen te grijpen. Het startte reeds bij de onafhankelijkheid in 1948. Ondanks het feit dat de Tamils zich actief in de onafhankelijkheidsbeweging hadden geëngageerd werden zij maar matigjes daarvoor beloond. De Sinhalese regering herleidde de India-Tamils — als gastarbeiders door de Britten vanaf 1850 geïmporteerd om op de thee-, rubber- en kokosnootplantages te werken — tot statenloze personen.

Amirthalingam, leider van de TULF

337

De *Ceylon Citizenship Act* van 1948 die dit bewerkstelligde was wellicht eerder geïnspireerd door klasse-belangen dan door ethnische belangen. De Tamil arbeiders toonden zich steeds meer militant, uitten hun ongenoegen met hun mensonwaardige leefsituatie via een gezamenlijke staking met de Sinhalese arbeiders in 1946-47 en stemden overwegend voor de marxistische partijen in de verkiezingen van 1947. Een wet in 1949 koppelde het stemrecht aan het burgerrecht en ontnam de India-Tamils elke kans op politieke inspraak. Hiermee poogde de regering de opkomende dreiging van links de kop in te drukken en was er geen gevaar meer dat de India-Tamils op de links georiënteerde *Ceylon Indian Congress* (CIC), de trotskistische *Lanka Sama Samaj Party* of de communistische partij zouden stemmen zoals het geval was in 1947. De wet van 1949 veroorzaakte dus een ondervertegenwoordiging van de Tamils in het parlement wat uiteraard de Sinhalezen een extra-voordeel opleverde.

Sinhala-Only Act

Onder premier Solomon Bandaranaike (stichter van de SLFP, *Sri Lanka Freedom Party,* in 1951) werd de Sinhala-Only Act goedgekeurd (1956) waardoor het Sinhalees als enige officiële taal werd erkend. Het had er veel van weg dat Bandaranaike zijn huik naar de wind hing. Deze wet druiste nl. regelrecht in tegen het SLFP-manifest van 1951:

> „Het is uiterst noodzakelijk dat het Sinhalees en het Tamil onmiddellijk als officiële talen worden aanvaard, zodat het volk van dit land ophoudt een vreemde te zijn in zijn eigen streek. De administratie van de regering moet in het Sinhalees en het Tamil verricht worden".

S. Bandaranaike behoorde tot de UNP, *United National Party,* vooraleer hij eruit stapte en zijn eigen SLFP stichtte.

Noemenswaardige verschillen tussen de beide partijen inzake beleidsvisies vielen niet te noteren, wat niet wegneemt dat zij bij verkiezingen steeds tegenover elkaar kwamen te staan. Beide partijen poogden ook om beurt munt te slaan uit de Tamil zaak, hetzij door allerlei beloften te doen aan de Tamils (die niet werden ingelost) om Tamil stemmen te ronselen, hetzij door de Sinhalese nationalistische toer op te gaan en door een harde houding tegenover de Tamils de Sinhalese meerderheid op de hand te krijgen.

Met de *Sinhala-Only Act* wilden de Sinhalezen de openbare diensten voor de Tamil-sprekende minderheid ontoegankelijk maken, omdat de Tamils er volgens de Sinhalese opinie een proportioneel te groot aantal jobs bezet hielden. In deze doelstelling zijn de Sinhalezen bijzonder goed geslaagd als men weet dat zij nu zowat 90% van de banen voor hun rekening nemen. Er doet zich dan ook een toenemende brain drain voor van de Tamil gemeenschap, de intellectuele elite ziet zich genoodzaakt om in het buitenland (Australië, West-Duitsland, Groot-Brittannië en Maleisië) een bestaan op te bouwen. Gefrustreerd omdat ze in eigen land geen kansen geboden krijgen, worden zij niet zelden fervente supporters van een onafhankelijke Tamil staat. De TELF, *Tamil Eelam Liberation Front,* een extremistische afscheidingsbeweging van de TULF die elk alternatief voor een eigen Tamil staat afwijst, kan bogen op een ruime sympathie onder de emigranten.

De *Sinhala-Only Act* werd door de Tamils uiteraard niet in dank afgenomen. Zij namen hun toevlucht tot vreedzame demonstraties, geweldloze acties *(satyāgraha)* die echter met geweld werden beantwoord, o.m. door de *Eksath Bhikkhu Peramuna,* een partij van boeddhistische monniken die de *Sinhala-Only Act* sterk favoriseerden.

Beloften niet vervuld

Als antwoord op het vreedzame Tamil verzet (een separatistische eis was tot dusver nog niet geformuleerd geworden) sloot de premier Bandaranaike een akkoord met Chelvanayagam, de leider van de *Tamil Federal Party* (FP). De FP had zich van het Tamil congress afgesplitst dat in de regering zetelde toen de Citizenship laws werden goedgekeurd. Het akkoord (1957) tussen Bandaranaike en Chelvanayagam garandeerde het gebruik van de Tamil taal voor briefwisseling met de regering, het gebruik van Tamil in de administratie van de noordelijke en oostelijke provincies, het installeren van gewestraden die een billijke hoeveelheid autonomie met zich zouden meebrengen en de belofte dat de Tamil gebieden niet door de Sinhalezen zouden gekoloniseerd worden. Het *B-C pact,* zoals het akkoord werd genoemd, werd nooit geïmplementeerd, daar stak J.R. Jayewardene van de UNP (de huidige president) een stokje voor. Hij leidde een optocht naar Kandy om er de goden hun zegen af te smeken voor zijn campagne tegen het *B-C pact.* De Eksath Bhikkhu Peramuna liet zich evenmin onbetuigd in zijn protest tegen het Bandaranaike-Chelvanayagam akkoord. Uiteindelijk bezweek Bandaranaike aan de niet-aflatende pressie en trok het akkoord in. Rellen volgden, 10.000 Tamils kwamen bijeen in vluchtelingenkampen in Colombo en werden naar Jaffna overgebracht. De Sinhalese doctrine zegevierde: Sri Lanka is het *dhammadvīpa,* ‚het eiland van de (boeddhistische) religie'. Het was enkel ‚dankzij de Sinhalese grootmoedigheid' dat op het eiland nog ruimte gelaten werd voor andere elementen zoals de Tamils met hun Zuidindiase Dravidische cultuur en hindoe religie. Toen de Bandaranaike-regering in een wanhopige verzoeningspoging een wet uitvaardigde die een beperkt gebruik van Tamil toestond in de noordelijke en oostelijke provincies, moest S. Bandaranaike deze toegeving met zijn dood betalen. Een monnik, sympathizerend met de *Eksath Bhikkhu Peramuna,* schoot Bandaranaike dood in 1959. De wet werd nooit toegepast. Hiermee kwam geen einde aan het politieke touwtrekken. Bij de verkiezingen van maart 1960 won geen enkele Sinhalese partij de absolute meerderheid. De Tamils werden voor steun aangezocht, de SLFP beloofde hen in ruil daarvoor het *B-C Pact* ten uitvoer te brengen. De SLFP won in de nieuwe verkiezingen maar vergat zijn belofte. Hetzelfde verhaal speelde zich in 1965 ongeveer volgens dezelfde lijnen af met de UNP.

India-Tamils niet gewenst

Ondertussen bleef het netelige probleem van de statenloze India-Tamils onopgelost. Sri Lanka en India speelden de verantwoordelijkheid voor deze verschoppelingen naar elkaar toe. Totdat in 1964 een overeenkomst werd bereikt tussen Lal Bahadur Shastri, de Indiase premier, en Sirimavo Bandaranaike, premier van Sri Lanka en weduwe van de vermoorde premier. Het *Sirimavo-Shastri pact* stipuleerde dat in ruil voor de toekenning van het Lankaanse burgerschap aan 300.000 India-Tamils, India 525.000 personen als Indiase burgers zou opnemen. In 1981 verstreek dit pact en nog steeds verblijven de statenloze burgers in erbarmelijke omstandigheden in de Lankaanse plantagegebieden. De voorzieningen inzake onderwijs, gezondheidszorg en huisvesting zijn minimaal, en dit terwijl de India-Tamils met hun arbeid een zeer aanzienlijk deel van de buitenlandse deviezen leveren. Het lot van hun soortgenoten die naar Zuid-India overgeplaatst werden is er niet rooskleuriger op geworden. Zonder enige financiële middelen, losgerukt van hun familie, vrienden en vertrouwde omgeving kwamen ze in een heel onzekere situatie terecht waarin ze elke (on)mogelijke klus gretig aanpakten om zich in leven te houden. Zoals een Tamil het schrijnend uitdrukte: ‚In Sri Lanka hadden we geen stemrecht, hier (India) hebben we niets, behalve stemrecht'. Toen J.R. Jayewardene in 1977 aan de macht kwam, beloofde hij onder meer aan de statenloze Tamils het burgerschap te verschaffen. Na zeven jaar is men nog geen stap dichter bij die belofte geraakt. De Tamils vrezen dat zij ooit vroeg of laat uit de plantages zullen moeten verdwijnen.

Terwijl plantage-arbeid vroeger voor de Sinhalezen te min was, zijn er nu veel Sinhalezen bereid de plaatsen van de India-Tamils in te nemen, gezien het nijpende tekort aan jobs. In 1964 was het probleem van de werkloosheid nog niet zo acuut; nu vormen de Sinhalezen reeds 40% van de plantage-bevolking.

Het separatisme steekt de kop op.

Toen Mrs. Bandaranaike in 1970 opnieuw aan de macht kwam, in de coalitieregering met de LSSP en de CP, bleven de Tamils met hun voorstellen voor een gesloten deur staan. Hun suggesties voor een federale regeringsvorm en een beperkt Tamil taalgebruik in de administratie werden nooit in aanmerking genomen voor de nieuwe grondwet van 1972. Daarop besloten de Tamils een verenigd front te vormen en stichtten de TUF, *Tamil United Front.* Daartoe behoorden de *Federal Party* van Chelvanayagam, het *Tamil Congress,* de *Ceylon Workers Congress* van Thondaman (die de plantage-Tamils vertegenwoordigt) en nog enkele kleinere groepen. Op dat ogenblik roerde de TUF het thema van een eigen Tamil staat nog niet aan en werden meer bescheiden voorstellen geopperd zoals een grotere mate van autonomie, en het beschermen van de Tamil taal.

Toen de vierde *International Tamil Research Conference,* gehouden te Jaffna in 1974, door een heel hardhandig — voor sommige deelnemers fataal — politie-optreden werd verstoord, was de maat voor de Tamils vol. Zij oordeelden dat een onafhankelijke en vrije staat blijkbaar de enige efficiënte bescherming bood tegen het Sinhalese chauvinisme. De discriminatie van de Tamils liet zich ook voelen in een beperkte mogelijkheid tot toegang aan de universiteiten. Een en ander leidde in 1976 tot het veranderen van de TUF in TULF *(Tamil United Liberation*

Front), een partij die de eis van een onafhankelijke Tamil staat hoog in haar vaandel voert.

Inmiddels laat de militante Tamil jeugd sinds de jaren '70 op een vrij onzachte manier van zich horen. De extremistische *Liberation Tigers* vormen een kleine guerilla-groep die via aanslagen hun zaak proberen kracht bij te zetten. De regeringssoldaten hebben het blijkbaar moeilijk om de Tamil Tigers van de andere Tamils te onderscheiden, niet zelden vallen onschuldige slachtoffers onder de kogels van de soldaten (90% van de strijdkrachten bestaat uit Sinhalezen.) De voortdurend terugkerende rellen betekenen echter niet dat Sinhalezen en Tamils elkaar haten. Vele Tamils konden bij Sinhalese vrienden schuilen tijdens de onlusten. Er is eerder sprake van een kunstmatig opgejutte polarisatie tussen beide bevolkingsgroepen die in de kaart speelt van de Sinhalese partijen en die tevens de aandacht weghoudt van de ernstige problematiek van de arme Sinhalese/Tamil boeren. Deze polarisatie vindt een dankbare voedingsbodem in het feit dat onder de Britten de Tamils een dominante positie innamen in de bestuurlijke en administratieve functies. Dit was gedeeltelijk te wijten aan de moeilijke levensomstandigheden in het droge noorden, waar overbevolking en weinig grond vele Tamils ertoe dwongen na de schoolopleiding een baan te zoeken in de tertiaire sector.

Feiten en legenden.

Verder wordt voor de polarisatie tussen Tamils en Sinhalezen overvloedig gebruik gemaakt van legendarische of historische verhalen. De Sinhalezen houden uiteraard staande dat zij als eerste voet aan Sri Lankaanse wal hebben gezet nl. in de 6de eeuw v. Chr. onder leiding van de Noord-Indische koning Vijay. Hij zou de kleinzoon zijn van een Indiase koning en een leeuwin. Er blijkt echter geen historische evidentie beschikbaar te zijn voor dit verhaal. Volgens de *Mahāvamsha,* de boeddhistische kroniek, werd het Boeddhisme in de 3de eeuw v. Chr. in Sri Lanka geïmporteerd door de monnik Mahinda, vermoedelijk de zoon van de grote Indiase keizer Ashok (273-232 v. Chr.). Stilaan nam de Sinhalese ideologie vorm aan: de Sinhalezen waren de behoeders van het Boeddhisme „in zijn zuivere vorm« en Ceylon werd in hun ogen zowel het *sinhadvīpa* (eiland van de ,leeuw' of van de Sinhalezen) als het *dhammadvīpa* (eiland van de ,boeddhistische' religie).

De Tamils op hun beurt weigeren zich als een immigranten-gemeenschap te laten beschouwen en stellen dat zij minstens even lang de bewoners zijn van het eiland als de Sinhalezen. De geschiedenis verhaalt meer dan één veldslag tussen boeddhistische Sinhalese koningen en hindoe Tamils. Vanaf de 2de eeuw v. Chr. tot in de 13de eeuw werden vanuit Zuid-India herhaaldelijk Dravidische invasies georganiseerd waarbij de Sinhalezen het onderspit moesten delven.

Maar dat neemt niet weg dat er ook perioden van vrede en samenwerking waren, dat Sinhalese koningen Tamil prinsessen huwden en dat Tamils vooraanstaande functies bekleedden aan de Sinhalese hoven. Vast staat dat van de 13de tot de 17de eeuw na Chr. in het noorden (Jaffna) en het oosten een onafhankelijk Tamil koninkrijk zich recht hield. Op basis van dit historisch gegeven eisen de huidige Tamil separatisten de restauratie van een eigen Tamil staat, Eelam.

De vroegere invasies vanuit Zuid-India hebben bij de Sinhalezen een ingewortelde vrees gecreëerd voor Tamil dominantie. Op dit ogenblik leven 50 miljoen Dravidische Tamils in de Zuidindiase deelstaat Tamil Nadu. De huidige regering uit beschuldigingen aan het adres van Tamil Nadu als zouden zich daar trainingskampen en schuilplaatsen bevinden van de Liberation Tigers. Om de invloed vanuit Tamil Nadu op de Lankaanse Tamils zo veel mogelijk te reduceren, verbood de vroegere premier Mrs. Bandaranaike de invoer van Tamil kranten, tijdschriften en films naar Sri Lanka. Prominente figuren uit Tamil Nadu (de premier en filmacteurs) werden een visum voor Sri Lanka ontzegd.

De welluidende Chinese omschrijving van Sri Lanka als ,Eiland zonder droefheid' lijkt — voorlopig althans — helemaal niet met de realiteit overeen te komen.

ORIENTALISTE, P.B. 41, B-3000 Leuven